धर्म निरपेक्षता बनाम राष्ट्रीय संस्कृति

कुबेरनाथ राय के निबन्ध

धर्म निरपेक्षता बनाम राष्ट्रीय संस्कृति

कुबेरनाथ राय

सम्पादक

मुहम्मद हारुन रशीद खान

लोकभारती प्रकाशन

लोकभारती प्रकाशन
पहली मंजिल, दरबारी बिल्डिंग, महात्मा गांधी मार्ग
प्रयागराज-211 001
वेबसाइट: www.lokbhartiprakashan.com
ईमेल : info@lokbhartiprakashan.com

शाखाएँ : 1-बी, नेताजी सुभाष मार्ग, दरियागंज
नई दिल्ली-110 002
अशोक राजपथ, साइंस कॉलेज के सामने
पटना-800 006
36 ए, शेक्सपियर सरणी, कोलकाता-700 017

पहला संस्करण : 2023

सुपर माधव ग्राफिक्स
प्रयागराज द्वारा मुद्रित

DHARM NIRPEKSHTA BANAM
RASHTRIYA SANSKRITI
Edited *by* Mohd. Harun Rashid Khan

ISBN : 978-81-961206-8-9

मूल्य: ₹ 795

अनुक्रम

भूमिका

अपने साहित्यधर्म के बारे में लिखते हुए स्व. कुबेरनाथ राय ने बहुत नपे तुले शब्दों में देश के भीतर के मूल संकट को इच्छाशक्ति का संकट माना है। इसके फलस्वरूप ज्ञान प्रभावहीन हो गया है और क्रिया विकृत प्रतिक्रियावादी कहे जाने का जोखिम उठा कर भी श्री राय संचार माध्यमों द्वारा परोसे जा रहे 'उत्तेजक काम और राजनीति' प्रेरित उग्र क्रोध को इस विचलन और विकृति के लिए उत्तरदायी ठहराते हैं। वे चिन्तित हैं कि राजनीति सपाट सतही अमूर्त फार्मूलों से संवेदनाविहीन मनुष्य की रचना कर रही है। वे स्वयं संवेदनशील सहज मनुष्य के पक्षधर हैं। वे गाँधी के सूत्र शान्त, सहज, सुन्दर में विश्वास रखते हैं। अतः उनका लेखन उपर्युक्त दोनों अतियों से बचकर चला है-'जो शान्त है अर्थात् उग्र क्रोध का वाहक नहीं है, जो सहज है अर्थात् जो कृत्रिम सुख की तृष्णा से पीड़ित नहीं है, वही असली सुन्दर है। इसी असली सुन्दर को मैंने अपने ललित निबन्धों में व्यक्त करने की चेष्टा की है।'

प्रेमचन्द की भाँति कुबेरनाथ राय ने दृढ़ शब्दों में कहा है कि साहित्य राजनीति का अनुचर नहीं है। सही स्थिति में दोनों परस्पर पूरक हैं लेकिन आज रचनात्मक सामंजस्य बिखर गया है। अतः मनुष्यत्व को प्रकृति और ईश्वर से जोड़ने की जरूरत है। अनेक लोगों को 'ईश्वर' से जोड़ने की बात अप्रासंगिक लग सकती है लेकिन श्री राय गाँधी चिन्तन से प्रेरणा लेते हैं। उन्हें खेद है कि अभी तक गाँधी-चिन्तन का हीनयान अर्थात् दुर्बल पक्ष ही सामने अधिक आया है। उन्हें 'हिन्द स्वराज' में दिए गए संकेत आज भी महत्त्वपूर्ण लगते हैं।

श्री राय कृत 'प्रिया नीलकंठी' के निबन्ध क्रुद्ध ललित कहे गए थे और परवर्ती संग्रहों में भी आक्रोश और लालित्य सहचर रहे हैं। लेकिन धीरे-धीरे श्री राय के निबन्ध वैचारिक और गूढ़ होते गए हैं। ऐसी शिकायत प्रबुद्ध पाठकों ने की थी। आचार्य विद्यानिवास मिश्र को लगा था वे दिन प्रतिदिन दार्शनिक की तरह गूढ़ होते जा रहे हैं। अच्छा हो कि वे पहले की तरह जमीन से जुड़े रहें और यह जुड़ाव उनकी भाषा में पूर्ववत् प्रकट होता रहे।

शिव प्रसाद सिंह को लगा था कि बाद के दिनों में श्री राय आत्मरति भाव से पीड़ित हो गए थे।

इस परिवर्तन के बावजूद असली सुन्दर को उजागर करने का संकल्प परवर्ती संग्रहों में अनुपस्थित नहीं है। धर्मनिरपेक्षता बनाम राष्ट्रीय संस्कृति के अधिकतर निबन्ध समय, समाज साहित्य अर्थात् समग्र जीवन के वास्तविक सौन्दर्य के अन्वेषण में संलग्न है।

यह छिपी हुई बात नहीं है कि श्री राय भारतीय दर्शन, संस्कृति, साहित्य के प्रति भरपूर सम्मान भाव रखते हैं। देशबोध और मैथिली शरण गुप्त शीर्षक निबन्ध में वे देशबोध अर्थात् भारतबोध की अवधारणा प्रस्तुत करते हैं यह बोध दम, त्याग और अप्रमाद पर आधारित है और कतई संकीर्ण नहीं है। श्री राय निभ्रान्त हैं कि भारतबोध, भाषा और सम्प्रदाय पर आधारित राष्ट्रवाद नहीं है। ऐसे राष्ट्रवाद का वरण करना पीछे लौटना है। भारत बोध व्यापक है-'तो यह विदेशी हेलिओडोरेस अथवा बाद में इतिहास के आपसी, रसखान, खुसरो, अकबर- शेरशाह या सी.एफ.एंड्रस एनीवेसेंट और सिस्टर निवेदिता, ये सबके सब उसी देशबोध या भारतबोध में अन्तर्भुक्त होकर अपने जन (इनसाइडर) बन जाते हैं, देशी बन जाते हैं। इन्हें कभी भी हमारा मन 'विदेशी' स्वीकार नहीं कर सकता।'' वे मानते हैं कि पराधीनता में भी भारतबोध देशवासियों में विद्यमान था अतः गाँधी, रवीन्द्रनाथ, अरविन्द ने विश्व चिन्तन को प्रभावित करने में सफलता पाई। देशबोध के पुनर्जागरण को आवश्यक मानते हुए श्री राय इसे सार्वभौम मानववाद का नामान्तर मानते हैं इसे उन्होंने कहीं 'वेदान्ती मानववाद' भी कहा है भारतबोध के अभाव को देखते हुए उनका आक्रोश जब-तब मार्क्सवादियों के प्रति कटु हो जाता है और संकीर्ण इस्लामी मानसिकता का भी प्रतिवाद करता है।

श्री राय ने भारत के मार्क्सवादी बुद्धिजीवियों की भूमिका को तीसोत्तरी के ब्रिटेनवासी बुद्धिजीवियों की ब्रिटिश जाति का मनोबल क्षीण करने जैसा माना है। उनके अनुसार' ''इनकी दृष्टि में देशबोध अप्रासंगिक और फालतू बात है और कभी अन्तरराष्ट्रीय दृष्टि के नाम पर तो कभी बुद्धिवाद के नाम पर तो कभी जनवादी मोर्चे के नाम पर भारतबोध या देशबोध को हर तरह से क्षीण और दुर्बल करने की अपचेष्टा में लगे हैं।'' इस टिप्पणी में सत्यांश है लेकिन श्रीराय के दृष्टिपथ में सहजानन्द सरस्वती, राहुल जी रामविलास जी भी तो रहे ही होंगे, जिन्होंने वामपन्थी होते हुए भी देश की गरिमा को बढ़ाया है, आम भारतीय के पक्ष में डट कर खड़े रहे हैं। सहजानन्द सरस्वती

पर तो उन्होंने विस्तार से लिखा भी है। मुस्लिम साम्प्रदायिकता पर प्रहार करते समय भी राय ने इतिहास, संस्कृति को खंगालते हुए कुछ तीखे सवाल उठाए हैं। इस्लाम के अरबी इरानी संस्करण को वे प्रगतिशील और सहिष्णु मानते हैं जबकि भारत में इस्लाम का तुर्क संस्करण क्रूरता और विध्वंस की नीति लेकर आया। असम के एक मुसलमान मन्त्री ने गाँधी प्रतिभा को माला पहनाना मजहब के विरुद्ध बताया था। जमीयत-उल-उलमाए हिन्द ने मन्त्री महोदय के कार्य को इस्लामी शिक्षा के अनुरूप बताया था। श्री राय ने इस प्रसंग के माध्यम से धर्म निरपेक्षता और राष्ट्रीय संस्कृति पर विचार किया है। श्री राय धर्म और संस्कृति को एक नहीं मानते संस्कृति उनकी दृष्टि में जातीय अभिरुचि के संस्कारों से सम्बन्धित है। बौद्धिक कलात्मक, दार्शनिक अभिरुचि से लेकर खानपान की अभिरुचि तक इसमें संश्लिष्ट है। इसके दो प्रमुख स्रोत हैं-धर्म और सौन्दर्योपासना। सौन्दर्योपासना जीवन को सत्य, शिव, सुन्दर प्रदान करने की सेक्यूलर प्रणाली है। अत: सांस्कृतिक उत्तराधिकार की अवमानना कोई मर्दानगी नहीं है। श्री राय ने प्रश्न किया है-'चीनी' मुसलमान चीनी संस्कृति पर इंडोनेशियाई मुसलमान इंडोनेशियन संस्कृति पर फारसी मुसलमान फारसी संस्कृति पर गर्व कर सकता है तो हिन्दी मुसलमान हिन्दी संस्कृति पर गर्व करने में इस्लाम के नाम पर बट्टा लगाना क्यों मानता है?'

कुबेरनाथ राय ने प्रो. हुमायूँ कबीर के एक लेख भारत की राष्ट्रीय एकता के बहाने से साम्प्रदायिकता की समस्या पर विचार किया है। ये प्रो. कबीर के इस विचार से सहमत हैं कि इतिहास को साम्प्रदायिक रूप न दिया जाए लेकिन इस अवधारणा के तहत मुसलमान शासकों की धर्मान्धता और अत्याचार को छिपा देने के पक्ष में वे नहीं हैं। अत: उन्होंने बेबाकी से कई टिप्पणियाँ की हैं और कई तीखे सवाल उठाए हैं।

अलाउद्दीन खिलजी ने चीजों के भाव तय करने की चेष्टा की थी। इसे सेक्यूलर इतिहासकार बहुत क्रान्तिकारी कदम मानते हुए खिलजी के मर्मान्तक अत्याचारों की चर्चा तक नहीं करते। इस दृष्टि से देखने पर खिलजी एक मंगलकारी शासक के रूप में सामने आएगा। कुबेरनाथ राय का आक्रोश है कि क्या यह सत्य का मजाक नहीं है? इस तरह के आंशिक सत्य हिन्दू-मुस्लिम एकता के नाम पर परोसे गए तो भूषण और पद्मिनी पाठ्यपुस्तकों से गायब होने ही थे, प्रताप एक कबीले का सरदार मात्र रह जाएगा। मानसिंह राष्ट्रीय नायक बनेगा और महाराष्ट्र वालों का डर न हो तो शिवाजी भी

विस्मृति के गर्भ में होंगे श्री राय ने प्रो. कबीर द्वारा औरंगजेब का बचाव करने और ब्राह्मणों को भारत के पतन का जिम्मेदार बताने का कड़ा प्रतिवाद किया है। शंकर के अद्वैतवाद पर इस्लाम का प्रभाव बताने को ये जबर्दस्ती मानते हैं। श्री राय के अनुसार इस्लाम में अद्वैत लाने की चेष्टा ईमाम गजाली जैसी प्रतिभाओं ने 10वीं एवं 11वीं शती में की थी। ऐसी अवस्था में शंकर को इस्लाम का ऋणी बताना बौद्धिक अराजकता है, चाहे उद्देश्य कितना भी सुन्दर क्यों न हो। निर्भीक कथन श्री राय के लेखन की प्रमुख विशेषता है, वे इस अभिमत का खंडन करते हैं कि भारत में इस्लाम का प्रवेश आक्रामक रूप में न होकर व्यापारी और नाविक संगठन के रूप में हुआ था।

होमर, रामकथा, वादलेयर, खलील जिब्रान, परिष्कारीकरण (केथार्सिस) मैथिलीशरण गुप्त आदि के सन्दर्भ में उन्होंने जो कुछ लिखा है वह उच्चकोटि के अध्येता के आलोचनात्मक विवेक की गवाही देता है। इनमें उनको मौलिक और निर्भीक स्थापनाएँ ध्यान खींचती हैं। वेबर जैसे मनीषियों ने नारी अपहरण के साम्य पर रामकथा को होमर की ट्रॉयगाथा से प्रेरित प्रभावित माना है। डॉ. सुनीतिकुमार चाटुर्ज्या और डॉ. सुकुमार सेन ने कालान्तर में इस अवधारणा की पुनः परीक्षा का प्रस्ताव किया था। हेलेन चार बच्चों की माँ थी और स्वेच्छा से पेरिस के साथ गई थी उसका अपहरण सीता के अपहरण से तुलनीय न हो सकता अतः श्रीराय होमर वाल्मीकि में दाता गृहीता सम्बन्ध स्थापित करने के विरुद्ध है। वे ग्रीक-बोध को असहायता, यन्त्रणा और हताशा के बोध तक सीमित मानते हैं जबकि भारतीय साहित्य इसी बोध को रस रूप में प्रतिष्ठित करता है और इसका ज्ञान रूप दर्शन बन जाता है श्री राय ने महाकवि होमर के महत्त्व को अनदेखा नहीं किया है। वे गम्भीर विवेचन के बाद इस निष्कर्ष पर पहुँचे हैं कि भाव की उदात्तता और गहराई को होमरीय गाथा में प्राथमिकता प्राप्त है। शिल्प कौशल दूसरे स्थान पर है वादलेयर की कविता में उन्हें एक अनोखा विरोधाभास दिखाई देता है। इनकी कविता में हम आनन्द की चरम परिणति पाते हैं और इसके समानान्तर नरक की भयंकरता भी उसे रोमांटिक लेखक मानते हुए उसके लेखन में नए प्रकार का उदास अध्यात्मवाद और व्यक्तित्व से कटे रोमानीवाद को रेखांकित किया गया है। खलील जिब्रान को श्री राय ने टैगोर, नो-गू-ची के साथ एशिया की साहित्यिक त्रिमूर्ति के अन्तर्गत रखा है। वे इन्हें न तो साम्प्रदायिक मानते हैं, न सेक्यूलर के रूप में देखते हैं। जिब्रान की बौद्धिक पृष्ठभूमि की मुख्य ताकत उन्हें सूफीवाद मिश्रित नवप्लेटोवाद सिद्धान्त लगता है। इनके राष्ट्र सम्बन्धी

उद्गारों को भारतीयों के लिए भी ग्राह्य माना गया है अरस्तू के केथार्सिस पर विचार करते हुए श्री राय ने अभिनवगुप्त भट्टनायक, आचार्य रामचन्द्र शुक्ल आदि की अवधारणाओं पर भी विचार किया है।

चाहे राजनीतिक मुद्दे हैं, चाहे इतिहास के सवाल हों या साहित्य-विवेचन हो, श्री राय के बहु पठित और गम्भीर विश्लेषक होने का प्रमाण मिलता है। वे कभी द्विधाग्रस्त नहीं होते हैं, इसलिए प्रायः दो टूक और निर्भीक उपपत्तियाँ उनके निबन्धों में ध्यानाकर्षक है। भारत-बोध या देशप्रेम के आसपास विचरण करती उनकी चिन्तना अनेक पूर्वग्रहों का सतर्क उन्मूलन करती है। यह सत्य है कि धर्मनिरपेक्षता बनाम राष्ट्रीय संस्कृति के कई निबन्धों में वैचारिक गरिष्ठता अधिक है फिर भी मौलिक स्थापनाओं के चलते वे पठनीय बने रहते हैं आज के संक्रमणशील यथार्थ और वैचारिक द्वन्द्ध को समझने और वांछित सन्देश सम्प्रेषित करने में वे प्रासंगिक हैं श्री राय के ये निबन्ध विस्मृति के आखेट बने रह जाते अगर डॉ. मुहम्मद हारून रशीद खान ने उन्हें सम्पादित और प्रकाशित करने का बीड़ा न उठाया होता। इसके लिए कुबेरनाथ राय के पाठक और प्रशंसक उनके आभारी होंगे, इसमें कोई सन्देह नहीं है। इन निबन्धों से असहमति की गुंजाइश कम नहीं है लेकिन श्री राय की अध्ययनशीलता, तर्कपूर्ण विश्लेषण, मौलिक वैचारिकता की उपेक्षा सम्भव नहीं है। श्री राय ने लोक साहित्य और संस्कृत वाङ्मय का बहुत सहारा न लेते हुए अपने ललित निबन्धों का जो विशेष मुहावरा गढ़ा था, वह इन रचनाओं में भी अपनी ऊर्जा और दीप्ति के साथ वर्तमान है।

डॉ. वेदप्रकाश 'अमिताभ'
डी-131 रमेश विहार अलीगढ़-202001

आभार ज्ञापन

'धर्मनिरपेक्षता बनाम राष्ट्रीय संस्कृति' ललित निबन्धकार कुबेरनाथ राय जी के नए निबन्धों का संकलन है। कुबेरनाथ राय जी के जीवन-काल से ही उनसे जुड़ा रहा हूँ। जब वे स्वामी सहजानन्द महाविद्यालय के प्राचार्य थे, तब मैं उस महाविद्यालय का विद्यार्थी था। 5 जून 1996 को उनके निधन के बाद मेरा एक ही लक्ष्य रहा है, उनके बिखरे निबन्धों को खोजकर पुस्तकाकार प्रकाशित कराना। यह काम मैंने बिना किसी शोरगुल के निःस्वार्थ भाव से बड़ी ईमानदारी के साथ करता रहा हूँ, आगे भी करता रहूँगा।

मुझे लगता है कि कुबेरनाथ राय जी जितनी अच्छी अंग्रेजी लिखते थे, हिन्दी उतनी अच्छी नहीं। यह बात महत्त्वपूर्ण नहीं है कि वे अंग्रेजी के मेधावी विद्यार्थी रहे और आगे चलकर इसी भाषा के असम में 27 वर्षों तक शिक्षक रहे। महत्त्वपूर्ण यह जरूर है कि "अ नोट आन वादलेयर्स पोइट्री" (द कैलकेटा रिव्यू), अंक जून, 1962, "खलील ज़िब्रान: अ माडर्न सूफी पोएट" (द कैलकेटा रिव्यू), अंक अगस्त, 1963, "केथार्सिस" (द कैलकेटा रिव्यू), अंक मई, 1964 तथा अन्य कुछ विषयों पर लिखे गए अंग्रेजी में निबन्ध भाषा की दृष्टि से प्रौढ़ एवं सुगठित हैं। कुबेरनाथ राय जी अगर सचमुच अंग्रेजी में लेख लिखते तो शायद साहित्य को बड़ा योगदान होता। बहरहाल हर लेखक की अपनी सीमा होती है, कुबेरनाथ राय जी की भी अपनी सीमा थी।

इस संकलन की लम्बी भूमिका गुरुवर डॉ. वेद प्रकाश 'अमिताभ' जी ने बड़े मनोयोग से लिखी है। उनका मैं हृदय से आभारी हूँ। कुबेरनाथ राय जी के पुत्र श्री कौशलेन्द्र कुमार राय ने सहृदयतापूर्वक पुस्तक प्रकाशित कराने की अनुमति दी। उनके प्रति भी मैं आभारी हूँ। देर से ही सही इस पुस्तक को प्रकाशित करने में लोकभारती के निदेशक श्री रमेश ग्रोवर जी का और श्री धर्म नारायण मिश्र जी का संवेदनापूर्ण मार्गदर्शन के लिए भी आभारी हूँ। कुबेरनाथ राय जी के निबन्धों को खोजने में मेरे साथ लगातार भाग-दौड़

करनेवाले श्री रामनिवास यादव जी के रहते कुबेरनाथ राय जी के काम में बाधा आने का कोई प्रश्न ही नहीं उठता।

कुबेरनाथ राय जी के अनुपस्थिति में उन्हें सादर नमन के साथ यह पुस्तक उनकी स्मृति को समर्पित है।

दिनांक : 02.01.2023 **—मुहम्मद हारून रशीद खान**

होमरीय गाथा और रामकथा

इतिहास और मिथोलॉजी (पौराणिक कथाशास्त्र) के अध्ययन में आजकल तुलनात्मक और विश्लेषणात्मक पद्धतियों का ही जोर है। संश्लिष्ट दृष्टि और सामान्यीकरण (generalisations) का महत्त्व घटता जा रहा है। किसी भी संश्लिष्ट, समन्वित अनुभव पर आधारित रचना को रेशे-रेश अलग कर दो, फिर निष्कर्ष निकालो "यह कुछ कपास है और कुछ रेशम" परन्तु इस उपलब्ध सत्य द्वारा उसके संश्लिष्ट रूप की आकृति-प्रकृति पर कोई धारणा नहीं बन पाती कि वह 'हंसाछापी' दुकूल थी, चित्रसारी थी, अथवा सादी पाढ़ की धोती थी। सौ में नब्बे स्थितियों में यह विश्लेषणात्मक तुलनात्मक पद्धति ऐसे ही सत्य उपलब्ध कराती है जो हम साक्षात् सत्य से दूर ले जाकर सत्य के गहरे अन्धकूप में ढकेल देते हैं। सौ में नब्बे स्थितियों में इस पद्धति से उपलब्ध सत्य वैसे ही होता है जैसे कोई कहे कि 'क' किलो खू 'ख' किलो हड्डी 'ग' किलो मज्जा और मलमूत्र और 'घ' धन-इंच शून्य स्थान को कहते हैं 'मनुष्य'। मनुष्य क्या, मनुष्य-देह के बार में भी इससे कोई आइडिया नहीं बन पाती। यद्यपि यह विश्लेषण सत्य ही है तो भी सत्य होते हुए भी, सत्य से कितना दूर है?

इन सब बातों के बावजूद आज विद्याजगत में जोर है इसी विश्लेषणात्मक और तुलनात्मक पद्धति का, क्योंकि यह पद्धति हमारे आधुनिक और वैज्ञानिक होने के दम्भ से जुड़ी हुई है। वैज्ञानिक पद्धति विश्लेषण और तुलना पर आधारित है। परन्तु वैज्ञानिक ढंग की विश्लेषणपरकता यान्त्रिक होती है। साहित्यालोचन और मिथोलॉजी के अध्ययन में यह बढ़ती यान्त्रिकता हमें आज खलती नहीं, क्योंकि यह हमारे अध्ययन को वैज्ञानिक होने का दम्भ प्रदान करती है।

यन्त्र और आँकड़ाशास्त्र पर आधारित नई संस्कृति का दुष्प्रभाव कला, साहित्य, चिन्तन सब पर बुरी तरह पड़ा है। चित्रकला और स्थापत्य ज्यॉमेट्री बनकर रह गए हैं। साहित्य की आधारभूमि कथा और मिथ की इस यान्त्रिक

पद्धति पर ढालकर देखा जा रहा है कि साहित्य तथा अंकगणित का प्रमेय ही समाप्त हो गया है। लोग भूलते जा रहे हैं कि साहित्य मानवीय मूल्यों, यथा सच्चाई, ईमानदारी, सौन्दर्यबोध, प्रेम, करुणा, त्याग आदि पर स्थापित है और ये मूल्य वैज्ञानिक यान्त्रिक पद्धति द्वारा समझे नहीं जा सकते क्योंकि इनके माप की इकाई नहीं है। तो भी हम जबर्दस्ती इकाई बनाने के फेर में हैं। कथारूढ़ियों और बिम्बों की संख्या तथा सूचक (index) तैयार करके एक साहित्य का गणितशास्त्र या आँकड़ाशास्त्र बनाया जा चुका है। जीवन की अभिव्यक्ति है साहित्य और जीवन की प्राण-चेतना पर गणित के कानून लागू नहीं होते हैं, जीवन और साहित्य में 2×3=3 और 5 प्रायः देखा जाता है जबकि गणित में सदा 2×3=4 ही होगा; गणित मात्र बुद्धि (reason) पर आश्रित है, परन्तु जीवन और फलतः साहित्य, बुद्धि से ज्यादा भाव, प्रज्ञान (intuition), सहज-वृत्ति (instinct) पर आश्रित है। ये सारी बातें जान-बूझकर भुला दी जाती हैं वैज्ञानिकता के व्यामोह या दुराग्रह के कारण।

वस्तुतः मानविकी (humanities) के क्षेत्र में विश्लेषणात्मक और तुलनात्मक प्रणालियों के यान्त्रिक आरोपण की कोई युक्ति नहीं। वे महत्त्वपूर्ण हैं, अध्ययन की उपलब्धि में सहायक हैं, उनसे रास्ते पर काफी रोशनी पड़ती है, परन्तु इतना होते हुए भी वे सर्वेसर्वा और एकमात्र निर्भर योग्य नहीं मानी जा सकतीं। एक उदाहरण लें। मिथों के अध्ययन में उनके बिम्बों और कथारूढ़ियों के मूल प्रारूपों को विषयवस्तु के अध्ययन की इकाई माना जाता है। एक पर्याप्त प्रचलित बिम्ब-प्रारूप है 'दो पुरुषों के बीच एक नारी।' व्यवहार में हम जानते हैं कि दो पुरुषों के बीच एक नारी, यह बिम्ब अनेक किस्म के मानवीय सम्बन्धों का द्योतक है। परम शिव और भैरव के बीच महायोगिनी, राम-लक्ष्मण के बीच सीता, कृष्ण-बलराम के बीच सुभद्रा, ब्रह्मजीव के बीच माया, शिव गणपति के बीच पार्वती, सुन्द-उपसुन्द के बीच तिलोत्तमा इत्यादि। ये सारे मानवीय सम्बन्ध भिन्न-भिन्न हैं। परन्तु विश्लेषण की यान्त्रिक पद्धति इन सारे सूक्ष्म प्रभेदों को भुलाकर दो पुरुष के बीच नारी का अर्थ जार-भाव मात्र करती है। क्योंकि इस पद्धति में स्थितियों का विश्लेषण करने के बाद अर्थ खोजते समय अत्यन्त सरलीकृत सपाट फार्मूलों का उपयोग होता है। सम्बन्धों के इस सरलीकरण के पीछे है फ्रायड की बहु विज्ञापित परन्तु अर्द्धसत्य थ्योरी, कि नर-नारी के बीच जार-भाव ही मूल भाव है।

इस सरलीकृत फार्मूले या सूत्र पर उपर्युक्त सारे मिथ-बिम्बों को कसने पर क्या अनर्थ हो जाएगा, यह स्पष्ट है। इस यान्त्रिकता और अति सरलीकरण

के अतिरिक्त इस पद्धति में एक बड़ा दोष यह है कि यह कभी भी पूर्णरूपेण लागू नहीं की जा सकती, सर्वदा आंशिक ही रह जाती है। दो वस्तुओं की सर्वांगपूर्ण और समग्र तुलना असम्भव है, क्योंकि कोई भी दो वस्तुएँ या प्राणी शतशः एक किस्म के नहीं होते। एक ही पेड़ की दो पत्तियाँ भी हूबहू एक-सी नहीं होतीं, तो शत-प्रतिशत सर्वांग तुलना कैसे होगी? कोई-न-कोई पिक या कोण ऐसा निकलेगा ही जो इस तुलना के ढाँचे से बाहर छूट जाएगा। जीवन में एकता है, सामूहिकता है, परन्तु साथ-ही-साथ उसी के समानान्तर विविधता और वैयक्तिकता भी है। जो वैयक्तिक विशिष्टता है वह अन्य से अतुलनीय रह जाती है। ऐसी हालत में महज दो-चार कोणों की पारस्परिक तुलना और विश्लेषणात्मक पद्धतियों का महत्त्व स्वीकार्य है, परन्तु एक सीमा तक ही, और सर्वात्मक महत्त्व तो कदापि नहीं। विषय के स्वयं निष्ठ अध्ययन के साथ तुलनात्मक को, संश्लिष्ट दृष्टि के साथ विश्लेषणात्मक को जोड़कर परक के रूप में स्वीकार करना ही समीचीन है, अकेले-अकेले नहीं।

आज से कमोबेश सौ वर्ष पूर्व वेबर (Webber) ने इसी तुलनात्मक दृष्टि के आधार पर वाल्मीकि रामायण पर होमरगाथा के प्रभाव की बात उठाई थी। परन्तु इसका खंडन देशी और विदेशी विद्वानों द्वारा इस दृढ़ता से हुआ कि बात वहीं-की-वहीं रह गई। इधर पुनः 1975 में द्वितीय या अन्तरराष्ट्रीय रामायण-सेमीनार में डॉ. सुनीतिकुमार चाटुर्ज्या महोदय ने पुनः उसी बात को संकेत रूप में उपस्थित किया और इस प्रश्न पर भारतवर्ष के विद्वानों में प्रबल वितर्क और मतभेद की सृष्टि हो गई। रामायण पर विदेशी प्रभाव के विरोधी विद्वानों में अग्रगण्य थे प्रसिद्ध इतिहासकार डॉ. रमेशचन्द्र मजूमदार। डॉ. चाटुर्ज्या की बातों का ही उपवृंहण एवं समर्थन करते हुए तथा उपर्युक्त विश्लेषणात्मक-तुलनात्मक पद्धति को अपनाते हुए प्रसिद्ध भाषाविद् डॉ. सुकुमार सेन ने भी एक पुस्तिका लिखी है रामकथार प्राक् इतिहास। अवश्य ही डॉ. चाटुर्ज्या अथवा डॉ. सेन अपने मतों की स्थापना न करके इस दृष्टिकोण से पुनः परीक्षा करने का प्रस्ताव करते हैं और होमरीय या विदेशी प्रभाव के बारे में डॉ. चाटुर्ज्या कुछ स्पष्ट संकेत भी देते हैं। चाटुर्ज्या महोदय का वह विवादास्पद प्रबन्ध (या उस प्रबन्ध का मूल प्रारूप) उनकी मृत्यु के बाद प्रकाशित हुआ है: Ramayan: Genesis, Exodus & Development शीर्षक से। यों इसके प्रकाशित रूप को पढ़कर ऐसा नहीं लगता है कि यह प्रबन्ध इतने विवाद के तूफान की सृष्टि कर सकता है।

अवश्य ही दो विवादास्पद बातों का उसमें स्पष्ट निर्देश है। एक तो यह कि रामकथा का मौलिक स्वरूप दशरथ जातक में सुरक्षित है और दूसरी बात यह कि इस महाकाव्य की विधा और वातावरण पर ग्रीक गाथाओं का, विशेषत: होमरीय महाकाव्यों का प्रभाव हो सकता है। प्रथम को हम यहाँ पर मुल्तवी रखते हैं और द्वितीय प्रश्न पर ही यहाँ पर हम विचार कर रहे हैं। डॉ. चाटुर्ज्या की पूरी थीसिस के अन्दर चार मुख्य विचार-बिन्दु उपस्थित किए गए हैं :

2. रामकथा एकलोइया (monolithic) या एकहन (homogenous) कथा नहीं। इसका विकास अनेक देशखंडों और कालखंडों में हुआ है और उन देश-काल खंडों के अन्दर रहनेवाली जातियों और समुदायों को कथा-रूढ़ियों और भाव-बिम्बों का इसकी अन्तर्भूमि में समावेश होता गया है। कथा के मूल रूप पर अलंकरण की बहुत-सी परतें चढ़ती गई है। (यह सभी मानते हैं कि आदिम वीर गाथाएँ, यथा रामकथा, कृष्णकथा या देवासुर कथाएँ विकासमान रही हैं। अत: इस मुद्दे से किसी की असहमति होने का प्रश्न नहीं उठता। असहमति हो सकती है किसी विशेष जाति या समुदाय के योगदान की सत्यता असत्यता को लेकर। परन्तु इस स्थापना का मूलभूत सिद्धान्त विवाद से परे है।)

2. मूलत: यह महापुरुष गाथा है। इसके वीरगाथात्मक स्वरूप का उन्नयन अवतार कथा के रूप में बाद में हुआ है जब राम को विष्णु का अवतार माना जाने लगा। (इससे भी हम सहमत हैं। परन्तु असहमति है 'कब' के प्रश्न को लेकर। बँगाली विद्वान रामावतार की स्वीकृति को दसवीं शती ईस्वी में लाना चाहते हैं। परन्तु महाभारत, रघुवंशम् और दशरथ जातक जिसमें बोधिसत्त्वावतार का उल्लेख है, बहुत पूर्व ही प्रमाणित हो चुके थे, जिनमें राम के अवतार होने की बात स्वीकृत है। वाल्मीकि के मूल रामायण में अवश्य ही रामचन्द्र नरोत्तम पुरुष ही हैं। परन्तु नरोत्तम में विष्णु की दिव्य-विभूति का प्रतिपादन अवतारवाद के प्रारम्भ से ही चलता आया है और यह अवतारवाद बौद्धयुग के पूर्व जन्म ले चुका था। वैदिक संहिता में ही त्रिविक्रम तथा वाराह अवतारों का उल्लेख है। अत: महापुरुष राम के अवतार होने की बात निश्चय ही ईसापूर्व शताब्दियों में ही निश्चित हो चुकी थी।)

3. रामकथा के अब तक प्राप्त संस्करणों में दशरथ जातक (अपने मूल पाली रूप में मात्र उपसंहार के 5-6 श्लोकों के अतिरिक्त, यह अनुपलब्ध है, यद्यपि ईसा की प्रथम शती का चीनी अनुवाद मौजूद है) ही सर्वाधिक प्राचीन है और कथा का मूल रूप इसी से ज्ञात हो सकता है। दशरथ जातक की कथा

मात्र वनवास और चित्रकूट के प्रसंग तक ही जाती है। सीता-लक्ष्मण भरत के साथ लौट आते हैं। राम वनवास की अवधि पूरी करके लौटते हैं तो सीता के साथ राज्य का अधिग्रहण करते हैं। इस जातक में राम-लक्ष्मण-भरत तीन भाई हैं। सीता राम की बहन है। बाद में पत्नी भी बनती है। भरत विमाता पुत्र हैं। लंका-प्रसंग इस जातक में अनुपस्थित है। वानर-गाथा और राक्षसगाथा इसमें बाद के परिवर्द्धन मात्र हैं। (ईसापूर्व चतुर्थ शती का यह मूल दशरथ जातक ही असल रामकथा है, इस पर हमें आपत्ति है। अपने दृष्टिकोण का विवेचन हम अन्यत्र कर चुके हैं।)

4. होमर की ट्रॉय-गाथा की थीम भी 'अपहरण और उद्धार' ही है। रामकथा से इसका वस्तुगत साम्य है। सम्भवत: होमर का पर्याप्त प्रभाव पड़ा है वाल्मीकि के ऊपर, कथावस्तु के सम्पादन और विधा के चयन दोनों क्षेत्रों में। यों ये बातें चाटुर्ज्या प्रस्ताव रूप में ही रखते हैं। (इससे हम सर्वथा असहमत हैं और अपनी असहमति का आधार इस निबन्ध के दौरान हम स्पष्ट करेंगे।)

चाटुर्ज्या महोदय का कथन है की ग्रीक और हिन्दू आर्यों के बीच 1200 वर्षों तक साहित्यिक, दार्शनिक और शिल्पगत तथा व्यापारिक आदान-प्रदान होते रहे हैं। ऐसी हालत में हमें डायन क्रिसोस्टम (Dion Chrysostom 40 से 112 ई., प्रसिद्ध ग्रीक अध्यापक और आलोचक) की इस उक्ति पर, जो उसके 53वें व्याख्यान में पाई जाती है, कि, ''होमर का काव्य भारत में भी गाया जाता है जहाँ यह उनकी भाषा में अनूदित है... और सुदूर भारतवासी भी प्रायम की वेदना, अन्द्रोमीशी का विलाप तथा हेक्टर-एकिलीज की वीरता से अपरिचित नहीं, हमें विश्वास का रुख नहीं अपनाना चाहिए। प्रायम की वेदना आन्द्रोमीशी का विलाप हेक्टर-एकिलीज की वीरता का समानान्तर रूप रामायण-महाभारत में मौजूद है। उदाहरण के लिए धृतराष्ट्र, गान्धारी, उत्तरा, अर्जुन, कर्ण महाभारत में और दशरथ, कौशल्या, सीता, लक्ष्मण, मेघनाद रामायण में। परन्तु हम यह नहीं कह सकते कि यह प्रत्यक्ष प्रभाव या सचेत अनुकरण का द्योतक है। तो भी तुलनात्मक साहित्य के गम्भीर अनुशीलन के बगैर हम इस सम्भावना को अस्वीकार नहीं कर सकते कि ग्रीक वातावरण तथा ग्रीक काव्य-विधा का भारतीय मन पर प्रभाव पड़ा है, भले ही वास्तविक कथा पर न पड़ा हो। (But we cannot say that there was direct influence of conscious deliberate imitation. The likelihood of Greek atmosphere or types or genre, If not actual story, influencing the Indian mind cannot be gainsaid without serious consideration from the point of view of comparative literature. Page-26, 'Ramayan' Genesis, Exodus and Development.)

वस्तुतः चाटुर्ज्या महोदय प्रत्यक्ष अनुकरण की बात पर जोर नहीं दे रहे हैं परन्तु ग्रीक विधा (होमरीय महाकाव्य विधा) तथा ग्रीक वातावरण (वातावरण से तात्पर्य सम्भवतः बिम्बविधान, और कथारूढ़ियों के माध्यम से रचित भागवत वातावरण या मानसिक दृष्टिभंगी से है। इन दोनों का प्रभाव भारतीय प्रतिभा या सर्जनात्मक मन पर पड़ सकता है ऐसी उनकी धारणा है। वे अपनी धारणा की पुष्टि के लिए एक उदाहरण भी उसी पृष्ठ पर रखते हैं : ''पचास शीर्ष तथा सौ हाथवाले असुर 'ब्रायोरिओस' की ग्रीक कल्पना ने ही दसशीर्ष तथा बीस भुजावाला 'रावण' प्रदान किया होगा भारतीय साहित्य को।'' (So fifty-headed and hundred handed 'Brioreos' from the Greek legends might have given 'Ravana' to India with his ten heads and twenty hands Page-26) परन्तु तथ्य तो यह है, जैसे कि ज्योतिष के सम्बन्ध में यवन प्रभाव के स्पष्ट प्रमाण मिलते हैं वैसे स्पष्ट प्रमाण साहित्य पर ग्रीक या यवन प्रभाव के बारे में नहीं मिलते। डॉ. चाटुर्ज्या अपनी अटकलबाजी के प्रमाण में जिस डायन क्रिसोस्टम का नाम लेते हैं वह वस्तुतः, एक अल्पख्यात अध्यापक मात्र है और महज उसकी एक पंक्ति के, जो ऊप उद्धृत की गई है, आधार पर कोई निर्भर योग्य निष्कर्ष नहीं निकाला जा सकता। वह पंक्ति भी महज एक अफवाह का आभास देती है। स्वयं क्रिसोस्टम किसी भारतीय काव्य से परिचित नहीं था। यह भी पता नहीं चलता कि उसका तात्पर्य किस भारतीय काव्य से है, रामायण से या महाभारत से। यह पंक्ति ठीक है वैसी ही है, जैसे द्विवेदी युग के आर्यसमाजी उपदेशकों का कथन कि जर्मन लोग हिन्दुस्तान से वेद चुराकर ले गए और उसे ही पढ़-पढ़कर उन्होंने सारे वैज्ञानिक आविष्कार किए। तथ्य तो यह है कि वेबर के जमाने में यह उक्ति महाभारत से जोड़कर देखी जाती थी, तो आज उस चाटुर्ज्या रामायण से जोड़ रहे हैं। ऐसी उड़ती पड़ती खबर, जो किसी भिक्षु या नाविक या सौदागर के द्वारा क्रिसोस्टम को मिली होगी, इतनी बड़ी बात का प्रमाण नहीं बनाई जा सकती।

तथ्य तो यह है कि प्रभाववाली बात अब यूरोपीय विद्वान भी पहले से उलटी दिशा में सोचने लगे हैं और कुछ लोगों की धारणा है कि वर्जिल के

लैटिन महाकाव्य ईनीड (Aeneid) (प्रथम शती) पर महाभारत की व्यंजना का स्पष्ट प्रभाव है (महाभारत : बी. वॉन नुटेन, बर्कले विश्वविद्यालय। अध्याय:6)। जिस किसी भी व्यक्ति ने वाल्मीकि और होमर दोनों को पढ़ा है और जो दुराग्रहग्रस्त नहीं है, वह कभी भी मंजूर नहीं करेगा कि प्रायम और दशरथ, हिक्यूबा और कौशल्या तथा एकिलीज और लक्ष्मण में व्यक्तित्व और कथात्मक परिवेश के क्षेत्रों में रत्ती भर भी साम्य है। हेक्टर और मेघनाद में स्थितिगत समानता है, परन्तु समूची कथात्मक प्रकृतिकर को देखते हुए इस संयोगवश प्राप्त साम्य मुख को किसी निर्णय का आधार नहीं बनाया जा सकता। अगर हम प्रायम, हिक्यूबा, आन्द्रोमीशी और एकिलीज को रामायण के पात्रों में उतरते देखते हैं तो यह ऐसी विकृत-दृष्टि का नमूना माना जाएगा जो हिटलर और मुसोलिनी में रामचन्द्र और युधिष्ठिर को देखती है। एक ओर है भारतीय आर्य एवं आर्येतर लोकानुश्रुतियाँ और जीवन्त परम्पराओं के पर्वताकार प्रमाण और दूसरी ओर है एक ग्रीक अध्यापक की राह चलती उक्ति, जो वह होमर के महत्त्व-प्रतिपादन के सिलसिले में कह जाता है। परन्तु डॉ. चाटुर्ज्या पहली के प्रति आँखें मूदकर दूसरी को ही प्रमाण-सूत्र के रूप में ग्रहण करते हैं। यह एक अनर्गल निर्णय है। ब्रायोरिओस (Brioreos) नामक ग्रीक लोक कथाओं के एक पचास सिर और सौ हाथवाले राक्षस को उन्होंने 'रावण' का मूल प्रारूप माना है (या माने जाने की सम्भवना व्यक्त की है), यह भी एक भित्तिहीन अटकलबाजी है। राक्षस या असुर के अद्‌भुत व्यक्तित्व की कल्पना सुमेरीय, व मिस्त्रीय, भारतीय, आदि सभी जातियों हो आदिम लोक-कल्पना की एक अत्यन्त बहुप्रचलित घटना है। भारतीयों ने असुर के ही नहीं, आदिम विराट शक्ति की कल्पना सहस्त्रशीर्षापुरुष: के रूप में ऋग्वेद में ही कर डाली है। दसशीश, बीस भुजावाले पुरुष की कल्पना के लिए ग्रीक साहित्य में उधार खाता खोलने की क्या जरूरत आ पड़ी? अथर्ववेद में ही तो यह मन्त्र मौजूद है: ब्राह्मणो जज्ञे प्रथमो दशशीषो दशास्य:। स सोमं प्रथम पपां स। चकाररसं विषम्। कांड 4, अनुवाक 2, सूक्त-1 (वह ब्राह्मण दस सिर, दस मुखवाला पहले पहल पैदा हुआ, सोम का पान किया और विष को नीरस तेजहीन कर दिया)। डॉ. चाटुर्ज्या रावण में 'श्व' (नाद) और ब्रायोरिअस (चिल्लानेवाला) के अन्दर चिल्लाहट के संकेतों पर बल देते हैं। परन्तु तथ्य तो यह है कि रावण का परम्परागत अर्थ है 'रुदन करानेवाला', स्वयं रोने चिल्लानेवाला नहीं और दूसरी बात यह है कि रावण का प्रकृत अर्थ है 'राजा', जैसा कि पार्जिटर ने दिखाया है कि पुरानी तमिल (दूरेवण) पुरानी

मलयालम (इराण) में 'राजा' के द्योतक शब्दों को ध्वनि 'रावण' शब्द की ध्वनि से मेल खाती है। यह लंका के राजा की परम्परागत उपाधि मात्र है। जो रावण राम से 27 पीढ़ी पहले अनरण्य से लड़ा, वह और कोई था। जो रावण रामचन्द्र से लड़ता है उसका नाम है दशग्रीव या दशकन्ध। (दक्षिण-पूर्व एशिया में दशकोन्धा शब्द ही ज्यादा चालू है, रावण शब्द कम चलता है।) यह दशग्रीव या दशस्कन्ध या दशकंठ जो हो, एक व्यक्तिवाचक संज्ञा है, दशरथ की तरह। दश शब्द का अर्थ यहाँ 'बहुत' होता है, शत या सहस्र की तरह। दशग्रीव या दशशीश का अर्थ हुआ 'बहुत जनों का शीर्ष' यानी सरदार। बाद में वाल्मीकि के मूल का विस्तार करनेवाली प्रतिभाओं ने दशशिरों की कल्पना कर डाली और तब उसी के साथ बीस बाँहों की भी कल्पना न चालू हुई। कहने का तात्पर्य यह कि रावण नाम और उसकी आकृति के लिए ग्रीकों के पास जाने की जरूरत नहीं। उस आदिमयुग (?) में अपने आसपास ही ऐसी अद्भुत कल्पनाओं वाली उक्तियाँ और कथाएँ पर्याप्त थीं।

सुनीतिकुमार चाटुर्ज्या महोदय वातावरण और विधा की बात करते हैं। उनके अनुसार महाकाव्य के वातावरण तथा काव्य-रूप (विधा) के क्षेत्र में हम ग्रीकों के ऋणी हो सकते हैं। पहले हम काव्य-रूप या विधा के प्रश्न को लें। इलियड और ओडिसी दोनों महाकाव्य कहे जाते हैं। परन्तु होमरीय महाकाव्य की आकृति-प्रकृति भारतीय महाकाव्यों से मेल नहीं खाती। इलियड के प्रारम्भ में मंगलाचरण है : हे देवी, तुम एकिलीज के उस महाक्रोध का गान करो जिसके कारण हजार-हजार ग्रीक योद्धाओं की महान आत्माएँ मृत्यु के अन्ध-पाताल में फेंक दी गईं और पड़ी रहीं रणक्षेत्र में गिद्धों और कुत्तों का भक्ष्य बनने के लिए उनकी देह।

यह मंगलाचरण भारतीय अर्थ में किसी महाकाव्य की सूचना नहीं देता बल्कि ले-देकर किसी केन्द्रीय ट्रैजिक घटना का ही संकेत देता है। वस्तुतः इलियड की कथावस्तु ट्रैजिक पैटर्न पर कसकर बाँधी गई है और यह कसाव भारतीय महाकाव्यों की प्रकृति के बिलकुल विपरीत है जिसमें कथा एक बीज से वैसे ही मुक्तभाव से ऊगती है जैसे वृक्ष का स्वाभाविक शाखा-विशाखा प्रसार होता है, बिना काट-छाँट के। भारतीय कथावस्तु उगती-बढ़ती हुई एक जंगल के रूप में बदल जाए (जैसे महाभारत में) तो भी कोई हर्ज नहीं। परन्तु ग्रीक महाकाव्य में नाटक के प्लॉट जैसा कसाव है और यह उसका एक बड़ा गुण माना जाता है। इलियड की कथावस्तु प्रसिद्ध कथा हेलेन का अपहरण और ट्रॉय युद्ध की गाथा का एक अंशमात्र है। यह

उसकी अन्तिम छोर की एक घटना भर है। इस कथावस्तु को संक्षेप में इस प्रकार कह सकते हैं-

युद्ध के दौरान में एकिलीज को क्रोध होता है अपने साथियों पर क्योंकि शत्रुपक्ष से अपहृता उसकी प्रेमिका दासी को (शत्रुपक्ष की अपहृता कन्याएँ वीरों के लिए पुरस्कार स्वरूप हैं और उनकी स्थिति भोग्यादासी जैसी ही रहती है।) अन्य सतीथ्र्य नायकगण लौटा लाते हैं। फलतः ग्रीकपक्ष का महानतम योद्धा एकिलीज रुष्ट होकर युद्ध त्याग देता है। चुपचाप जा बैठता है अपने शिविर में। तत्पश्चात् युद्ध-पर-युद्ध होते हैं और ग्रीक सेना पराजय-पर-पराजय भोगती है। दोनों पक्षों के एक-से-एक चुने हुए देवोपम पुरुष हताहत होते जाते हैं। अन्त में एक दिन एकिलीज का तरुण मित्र पैत्राक्लस उसका कवच पहनकर युद्ध में जाता है। ट्रॉय सेनापति वीर हेक्टर उसे ही एकिलीज समझ कर मार डालता है। तब एकिलीज का क्रोध जगता है और वह युद्ध में उतर जाता है तथा निर्ममतापूर्वक हेक्टर का वध करके उसके शव को अपमानपूर्वक रथ में बाँधकर घसीटता है।... अन्त में इस एकिलीज की मृत्यु होती है। ट्रॉय पक्ष के पेरिस के धनुष से छूटे तीर के द्वारा। तीर एड़ी में लगता है और उसकी मृत्यु होती है।

बस महाकाव्य समाप्त। हेलेन का अपहरण तथा ट्रॉय युद्ध का कारण इस कथावस्तु के प्रारम्भ में छूट जाता है। इस युद्ध का उपसंहार का ट्रॉय का ध्वंस और ग्रीकविजय, जो दोनों एकिलीज की मृत्यु के बाद की घटनाएँ हैं वह भी महाकाव्य के बाहर की बात है। सम्पूर्ण कथावस्तु एक बीच की घटना है जिसका नायक है एकिलीज और यह एक ट्रैजिक नायक है। ट्रैजिक की तरह इस महाकाव्य Hubris (ट्रैजिक-बीज) अर्थात् अहंकार) Harmania (ट्रैजिक मूल) Peripetiea (भूल का परिणाम) तथा Nemisis (ट्रैजिक अवसान) के सारे स्तर घटित होता है। नायक का अहंकार ही वह बीज है जिससे अनेक ग्रीक योद्धाओं की पराजय पूर्ण दुर्गति और मृत्यु होती है और अन्त में वह अहंकार त्याग कर रणक्षेत्र में उतरता है तो इसके पीछे भी अहंचेतना ही रहती है। फिर स्थापित ऋत और देवताओं के निर्देश के विरुद्ध मृत शत्रु के शव को वह अपमानित करता है। यह उसके अहंकार का दूसरा रूप है। स्पष्ट है कि यह महाकाव्य के ढाँचे में स्थापित एक ट्रैजिडी है जिसमें न तो भारतीय मंगलाचरण के लिए स्थान है और न किसी भरत-वाक्य के। पूरी कथा वस्तु का संगठनात्मक ढाँचा (Structure) ही उस विधा से भिन्न है जिसे भारतीय दृष्टि महाकाव्य कहती है। गाथा के रूप में गाये जाने

के कारण ही इलियड महाकाव्य कहा जाता है अन्यथा भारतीय शब्दावली में उसे खंडकाव्य मात्र कहा जाएगा। इस ग्रीक नायक में वे सारे गुण मौजूद है जो भारतीय दृष्टि में प्रतिनायक के अन्दर होने चाहिए।

होमर का दूसरा महाकाव्य है ओडिसी (Odyssey) जिसका संक्षिप्त कथानक कुछ ऐसे है-

ग्रीक नायक युलिसिस ट्रॉय-युद्ध के बाद घर लौटता है परन्तु समुद्र देवता का आक्रोश उसके ऊपर है। उसकी नौ वाहिनी समुद्र में तितर-बितर हो जाती है। वह स्वयं डूबने से किसी तरह बचता है और तट-देश की राजकन्या नासिका उसे घर ले जाती है। उसके पिता के सम्मुख युलिसिस अपनी विचित्र अद्भुत भटकावों से भरी समुद्र-यात्रा की कथा तथा अपना परिचय एवं ट्रॉय-ध्वंस का अन्तिम पर्व (जो इलियड में छूट गया है) सब कुछ पर्व-प्रतिपर्व कहता जाता है अपनी गाथा का स्वयं व्यास बनकर। वह किस तरह वरुण-पुत्र एकाक्ष असुर के देश में, मायाविनी नारी सर्सी (कर्की) के देश में, पाताल लोक में, मृतात्माओं के देश में भटकता हुआ अन्त में थका, पराजित, ध्वस्त होकर अकेले-अकेले समुद्र तट पर बहता हुआ आ लगा है- यह सब उसके मुख से कवि कहलाता है। अन्त में वह नासिका के पिता की सहायता से अपने देश इर्थका लौटने में सफल होता है और वहाँ अपनी पत्नी को दुराग्रही प्राणि प्रार्थियों के बीच पाता है। तत्पश्चात् उन दुराग्रहियों की हत्या करके वह पत्नी और पुत्र से पुनः प्रेमपूर्वक मिलता है।

संक्षेप में ओडिसी की यही कथा है। वस्तुतः ओडिसी एक यात्रा-काव्य है। यात्रा या अनुसन्धान-यात्रा की कथा-रूढ़ि ग्रीक कथा-रूढ़ि नहीं, बल्कि मूलतः यह सुमेरीय बेवीलोनीय यानी प्राच्य कथा-रूढ़ि है। परताल तोम में अमृत-बूटी के लिए सुमेरीय नायक गिलगमेश यात्रा करता है। ओडिसी वस्तुतः ग्रीक प्रकृति का काव्य न होकर प्राच्य रोमान्स-कथा जैसी है जो अरबी-फारसी और संस्कृत के परवर्ती साहित्य में प्रचुर मात्रा में आई है- आरण्यायिका के रूप में। कुछ लोगों का तो खयाल है कि होमर ने इसे लिखा ही नहीं। परन्तु इस अस्वीकृति के लिए प्रचुर प्रमाण नहीं। यह केवल अटकलबाजी है। एक ही लेखक दो किस्म की सूचनाएँ लिख सकता है। ईलियट की कथावस्तु और अभिव्यक्ति ठंडी, क्रूर, क्लासिकल और गम्भीर है। जीवन और मृत्यु को स्तव्ध कर देनेवाला ट्रैजिक-बोध इस महाकाव्य की नस-नस में है। परन्तु ओडिसी में सुन्दर और अद्भुत का विचित्र मिश्रण है जो इसके हृदय में रूमानियत की स्थापना करता है। दोनों महाकाव्यों की भाषा,

शब्दावली, उपमा, छन्द एक जैसे हैं। परन्तु कथावस्तु ढाँचा और मौखिक प्रकृति तथा अन्तिम प्रभाव दोनों में भिन्न-भिन्न है।

अनुसन्धान यात्रा अर्थात् Quest यूरोपीय साहित्य की एक अतिपरिचित थीम है। इसका प्रस्थान बिन्दु है एशिया का। (अथवा अब तक ज्ञात विश्व साहित्य में) और सर्वप्रथम महाकाव्य Gilgamesh जो वैदिक संहिताओं के प्राचीनतम अंशों का समकालीन है अथवा पूर्ववर्ती। नायक गिल्गमेश अमृत बूटी के लिए अन्ध पाताल (नरक) में यात्रा करता है। इस रूढ़ि का अनुकरण होमर की ओडिसी, वर्विल के ईनीड, दांते की डिवाइन कामेडी, मिल्टन के पैराडाइज रिगेंड, ग्येटे के फास्ट (वालपर्जिस रात्रीवाला प्रसंग) इत्यादि प्रतिनिधि रचनाओं में पाया जाता है। अन्ध अतल लोक में अमृत, रहस्य या किसी अन्य सिद्धि के लिए अवरोहण, यह पश्चिमी साहित्य की लोकप्रिय थीम है। बीसवीं शताब्दी में इस अन्ध-अतल लोक ने पाताल मृतात्माओं के देश का स्थान ले लिया है, फ्रॉयड का अवचेतन लोक जो दमित वासनाओं का लोक है। इसके विपरीत भारतीय साहित्य में अमृत के लिए उध्र्वयात्रा, तथा समुद्र-मन्थन ये दो प्रतीकात्मक रूढ़ियाँ प्रचलित हैं। परमधरम का पथ, देवयान-धूम्रयान, अमृत के लिए सुपर्ण की व्योम-यात्रा, सीतान्वेषण के लिए हनुमान का समुद्र-सन्तरण (समुद्र भी अन्तरिक्ष का ही प्रतीक है), युधिष्ठिर का स्वर्गारोहण, ये सभी प्रसंग प्रतीकात्मक रूप से ऊध्र्वयात्रा की, ध्यान-लोक की, अति मानस-शिखर, की (अरविन्द की सावित्री प्रसाद की कामायनी दिनकर की उर्वशी), विविध अभिव्यक्तियाँ है। भारतीय चेतना उध्र्वमुखी है, सूर्य-प्रतिबद्ध है, तो यूरोपीय चेतना अतल-मुखी है और अन्धकार में विचरणशील है। दोनों अपनी-अपनी जगह पर सही और महत्त्वपूर्ण है। दोनों एक-दूसरे की पूरक हो सकती है। अवचेतन उतना ही महत्त्वपूर्ण और सही है जितना कि अतिमानस यानी ऊध्र्वचेतन। दिक्कत तब होती है जब एक की प्रामाणिकता स्वीकार करके दूसरे को अस्तित्वहीन कल्पना कहकर घोषित करने का प्रयत्न होता है। वस्तुतः पश्चिमी रुचि में होमर के इलियड तथा ग्रीक मिथोलॉजी के द्वारा मानसिक धुरवीकरण या स्थिरीकरण इस प्रकार हो चुका है कि भवरुज और भ्रान्ति, व्याधि और भटकाव ही उसे स्वादिष्ट लगते हैं। भवरुजों का शमन करके, भ्रान्तियाँ को काटकर अनुभव के किसी 'विरज विशुद्ध' लोक में प्रवेश करने में उनकी रुचि नहीं। वे विपरीत स्वाद के ही आदती हो चुके हैं।

कहने का तात्पर्य यह है कि इलियड की विधा महाकाव्य होते हुए भी नाटकपरक है और ओडिसी की विधा इसकी महाकाव्यात्मक शैली भाषा के बावजूद उपन्यासमूलक है। दोनों महाकाव्य किसी भी दृष्टि से भारतीय महाकाव्य, विशेषत: रामायण से विधा (काव्य-रूप, Form या Genre) के सन्दर्भ में कोई समानता नहीं रखते। अत: रामायण पर होमर का विधागत प्रभाव एक आधारहीन अटकलबाजी है। भारतीय महाकाव्य विशेषत: रामायण चरित-काव्य है, ठीक से ही जैसे ईसाई गॉस्पेल (Gospel) चरित-काव्य है। परन्तु ईसाई गॉस्पेल की रचना के बहुत पूर्व ही रामायण बन चुका था।

भारतीय चिन्तन का मूल प्रश्न है 'अथातो पुरुष जिज्ञासा।' दर्शन के क्षेत्र में यह पुरुष है ब्रह्म (विभुरूप) तथा आत्मा (अणुरूप) एवं साहित्य के क्षेत्र में यह पुरुष है पुरुषोत्तम। वह पुरुषोत्तम कैसा है कौन है, कैसे आचरण करता है? इस जिज्ञासा के ही समाधान में भारतीय महाकाव्य लिख गए हैं। रामचन्द्र, कृष्ण, युधिष्ठिर, बुद्ध आदि ऐसे ही पुरुषोत्तम चरित्र हैं। इनका चरित-काव्य ही हमारे यहाँ महाकाव्य बना है। इनकी विधा वानस्पतिक है। जैसे बीज से वृक्ष का शाखा-प्रशाखा प्रस्तार होता और वृक्ष से जंगल का, वैसे ही सप्राण पद्धति पर कथा उगती और बढ़ती है। परन्तु बीज है पुरुष। वही केन्द्र है। वही अक्षर-ब्रह्म का निवास है। उसी का शाखा-प्रशाखा वानस्पतिक विस्तार है जीवन। भारतीय महाकाव्य की विधा यही महीरुह प्रस्तार है, जो बीज चेतना का अन्तर्निहित ऐश्वर्य व्यक्त करता है। यहाँ मात्र अहंकार या भ्रान्ति की केसस्टडी नहीं (जैसे इलियड) या मात्र रूमानी यात्रा नहीं। यहाँ सम्पूर्ण जीवन की अन्तर्निहित पुरुषोत्तम प्राणशक्ति का उद्घाटन है चरित-काव्य के ढाँच में। यहाँ विधा की प्रकृति न तो नाटकपरक है और न उपन्यास-मूलक। यहाँ विधा का स्वरूप कमोबेश बायग्राफिकल (जीवनचरितात्मक) है। रामायण राम का जीवनचरित है, महाभारत युधिष्ठिर का तो भागवत (दशम स्कन्ध) श्री कृष्ण का।

चाटुर्ज्या महोदय ने विधा यानी काव्य रूप के बाद वातावरण की बात की है। वातावरण से उनका तात्पर्य क्या है, यह स्पष्ट नहीं होता। सम्भवत: इसके भीतर विश्वदृष्टि (World View), आदर्श बोध तथा बिम्बों और चरित्रों की प्रकृति आदि आ जाते हैं। इन दृष्टियों से देखने पर भी होमरीय महाकाव्यों और रामायण में आकाश-पाताल का अन्तर है। पहले विश्वदृष्टि की बात लें। प्रत्येक कवि या लेखक की विश्व और जीवन के बारे में एक विशेष दृष्टिभंगी उसकी रचना से व्यक्त होती है। उसे उस कवि या लेखक

की विश्वदृष्टि कहते हैं। इलियड की विश्वदृष्टि क्या है? उसे संक्षेप में इस प्रकार कह सकते हैं।

(1) जीवन एक युद्ध है।

(2) इस जीवन युद्ध में नियति द्वारा हमारी भूमिका निर्धारित हैं उसे देवता भी नहीं टाल सकते- देवगण स्वयं इस नियतिचक्र के अधीन हैं।

(3) जीवन का चरम बोध है ट्रैजिडी यानी मनुष्य जीवन में निहित करुणा का बोध तथा नियति-लीला के प्रति दया का बोध। अतः ले-देकर सन्त्रास के मध्य जीना और धैर्यपूर्वक अपनी चरम नियति के प्रति बेपरवाह रहते हुए जो लेना ही हमारी चरम सार्थकता है।

(4) नियति अपना ट्रैजिक लक्ष्य उपलब्ध कराने के लिए हमारे अन्दर के अहंकार (Hubris) को मर्यादा से बाहर कर देती है फलतः हम कोई ट्रैजिक भूलकर बैठते हैं, और अन्त में वह अन्ध, अमोघ-नियति हमें आ पकड़ती है।

बड़े-बड़े नायक जो देवपुत्र थे, जिन्हें भगवती देवियों ने गर्भ में धारण किया था। वे भी बच नहीं पाते। यही है होमरीय महाकाव्य इलियड की विश्वदृष्टि। इलियड वस्तुतः एकिलीज के अहंकार से उत्पन्न ट्रैजिक ध्वंस का महाकाव्य है जिसके लिए नियति अपना अटल निर्णय ले चुकी है। वे बड़े-बड़े महानायक पुतुल की तरह मंच पर सक्रिय हैं। पीछे है नियति के हाथ जो सूत्र संचालन कर रहे हैं। अतः करुणा और भय व्यर्थ है। जो अटल है उसके लिए क्या करुणा और क्या भय? हमारी वीरता, महिमा, गरिमा इसी में है कि हम मजबूत कलेजे से अपनी भूमिका खेलते चलें। इससे अधिक के लिए मनुष्य जीवन में गुंजाइश या फाँक नहीं।

होमर के दूसरे महाकाव्य की विश्वदृष्टि है : जीवन एक भटकाव है, भ्रान्ति है, भूल-भुलैया है। एक-से-एक क्रूर प्रसंग, भयानक प्रसंग तथा एक-से-एक लीलामय रति-संकेत और मोहक चेहरे, सभी-के-सभी इस भटकाव के भिन्न-भिन घाट हैं। घाट-घाट से गुजरते हुए अन्त में एक दिन सारी भ्रान्तियाँ कट जाती हैं। देवताओं के आशीर्वाद से हम सही गन्तव्य पर पहुँच जाते हैं। किसी देवता के रोष या क्रोध से यह भटकाव और भ्रान्तियाँ भोगनी पड़ती हैं और उसी या किसी अन्य देवता के आशीर्वाद से भ्रान्तियाँ भोगनी पड़ती हैं और उसी या किसी अन्य देवता के आशीर्वाद से भ्रान्ति कटती है और प्रकाश का हम आलिंगन करते हैं। परन्तु जीवन का कट-मधुर रूप इन्हीं भ्रान्तियों से सजे पथ जैसा है।

ओडिसी का नायक वरुण के क्रोध के कारण दर-दर भटकता है समुद्र में और अन्त में रति (अफ्रीदीती) की कृपा से घर पहुँचने में सफल होता है आर पत्नी पुत्र से पुनर्मिलन होता है। ओडिसी वस्तुतः सुमेरीय महाकाव्य गिलगमेश से प्रभावित है। सुमेरीय संस्कृति में सूर्य (उतू utu) महान देवता था। सौरोपासना की मुख्य भूमिका रही है सुमेरिया। भारतीय, ईरानी, मिसरी और ग्रीक सौरोपासना पर सुमेरीय प्रभाव है। भारतीय-ईरानी-ग्रीक आर्यों के पूर्वज कभी सुमेरीय अंचल के आसपास रहते थे। गिलगमेश की अन्धअतल देश की यात्रा ओडिसी में अपना रूप बदलकर आ गई है। सारे आर्य महाकाव्यों के मूल में एक सर्वनिष्ठ प्रतीक के रूप में सूर्य कथा विद्यमान है। आर्य सम्भवतः सुमेरिया में आने के पूर्व ही अग्नि और सूर्य से जुड़े हुए थे। ओडिसी में नायक ओद्युसियस (युलिसिस) सूर्य का प्रतीक है और उसकी पत्नी पिनीलोपी चन्द्र प्रतीक है। ग्रीक पंचांग के अनुसार 19 वर्ष के बाद शरत-सम्पात और 'नया चाँद' दोनों एक ही दिन पड़ते हैं यानी 19 वर्ष बाद सूर्य और चन्द्र पूर्णतः एक ही बिन्दु पर मिलते हैं 20वें वर्ष के प्रारम्भ में। युलिसिस भी अपनी पत्नी से 20वें वर्ष में मिलता है।

कहने का तात्पर्य यह कि इलियड और ओडिसी की सार्वभौम या विश्वदृष्टियाँ संक्षेप में क्रमशः जीवन-युद्ध है और जीवन मायापथ पर भटकाव है और दोनों सन्दर्भो में मनुष्य नियति या देवताओं की इच्छा का क्रीड़ा-पुतुल है। जाहिर है कि यह विश्वदृष्टि भारतीय महाकाव्यों की विश्वदृष्टि से मेल नहीं खाती। भारतीय महाकाव्य भ्रान्तियों के ट्रैजिक परिदर्शन पर ही समाप्त नहीं होते। इस ट्रैजिक दुःख-सुख को अतिक्रान्त करके जो बोध स्थित है परमात्मा का सद्स्वरूप। इस सद् का चिद् रूप उतारा जाता है मानुषी-रूप में 'रस' की आकृति में। मानुषी-रूप में रस की आकृति धारण करके यह चिन्मय रूप बैठा है। यह है पुरुष के मध्य पुरुषोत्तम तत्त्व। इस पुरुषोत्तम-तत्त्व की झाँकी देने के लिए जिस विश्वदृष्टि को भारतीय कवि अपनाता है वह है यज्ञ-प्रतीक या तपस प्रतीक। जीवन एक यज्ञ है, प्रत्येक जीवन एक यज्ञ वेदी है, जिसमें हम अपने चतुर्पुरुषार्थ द्वारा आहुति दे रहे हैं। आहुति भक्षण करती हुई अग्निशिखा सा रूप और गन्ध उतना ही दिव्य होगा। उसमें देवता का अवतरण हो जाता है। तप भी एक तरह का यज्ञ ही है वैसा यज्ञ पुनः। वैसा ही यज्ञ है गार्हस्थ्य। रामायण और महाभारत इसी तथ्य को व्यक्त करते। जीवन यज्ञ है और इस यज्ञ के माध्यम से मनुष्य अपने अन्दर निहित पुरुषोत्तम को जीवन की अग्नि शिखा में उद्घाटित करता है। यह विश्वदृष्टि से सर्वथा भिन्न है।

इस विश्वदृष्टि से जुड़ा है आदर्शबोध। भारतीय महाकाव्यों का लक्ष्य या आदर्श है चतुः पुरुषार्थ की स्थापना। पुरुषोत्तम चरित्र-रस की महत्तम स्थिति को व्यक्त करता है और इसी रस की शैली में कवि चारों पुरुषार्थों का आदर्श उपस्थित करता है। पुरुषार्थ का वह पथ जो रस रूप पुरुषोत्तम से जुड़ा है, दु:शील और विकृतशील का पथ नहीं हो सकता है। अतः पुरुषार्थ का सही पथ शील का पथ है। शील-पथ पर चालित पुरुषार्थ साधना ही धर्म कही जाती है। इसी धर्म की प्रेरणा देने के लिए महाकाव्य लिखे गए हैं व्यास और वाल्मीकि के द्वारा। सावित्री मन्त्र में जो प्रेरणा है वही प्रेरणा भारतीय महाकाव्यों में रस की रीति से उपस्थित की गई है-भर्गोदेवस्य धीमहि अर्थात् भगवद् उपासना और धियो योनः प्रचोदयात् अर्थात् शील के पथ पर पुरुषार्थ का प्रचोदन। ऐसी प्रेरणामूलक भूमिका बाइबिल की है। परन्तु ग्रीक महाकाव्यों की नहीं। वे साहित्यिक आनन्द की सृष्टि के लिए लिखे गए हैं और उपर्युक्त विश्वदृष्टि के माध्यम से वे उस आनन्द को देते हैं। ग्रीक महाकाव्य आदिम वीरगाथा युग से सम्बन्धित है और उनका सारा आदर्श व्यक्तिगत कीर्ति और महिमा से ही जुड़ा है। एकिलीज अपनी व्यक्तिगत वीरता की महिमा से कीर्तिमान है। उसकी वीरता किसी आदर्श-रक्षा से नहीं जुड़ी है। वह ले-देकर एक अहंकार का पोषण मात्र है। ओडिसी का नायक सूर्य प्रतीक है। वह घाट-घाट भटकता हुआ अन्त में प्रिय पत्नी (चन्द्र प्रतीक) से मिलता है। उसकी भटकन भरी यात्रा भी सूर्य को अस्ताचल के बाद अन्धकार में चालू यात्रा का प्रतीक है। अन्धकार या भ्रान्ति कटती है। ऊषाकाल है युलिसिस का स्वदेश पहुँचना और सारी भटकन का अन्त।

यह कथा सूर्य प्रतीक होते हुए भी एक वैज्ञानिक या खगोलीय तथ्य का रूपक मात्र है। यह व्यक्ति की भटकती आत्मा का चित्र है जो भटकने के लिए अभिशप्त है और अन्त में देवी अनुग्रह से उस भटकाव का अन्त और आत्मा का उद्धार होता है। वस्तुतः यह ग्रीक वीरगाथा-दृष्टि का काव्य ही नहीं ज्ञात होता है। यह अन्त में एक इकाई विश्वदृष्टि का संकेत करता है। भटकती सूर्य प्रतीक आत्मा, आत्मा की काली रात, अन्त में कृपा या Grace द्वारा शुभ का आरोहण। दांते की डिवाइन कामेडी की मूल रूह ओडिसी की रूह है। यह कथा उत्प्रेरक होती हुई शुद्धतः रुझानी आनन्द भर है। यह किसी वृहत्तर कर्मयोग से जुड़कर हमें रहस्यवाद की भूमि पर उतार देती है। यह आत्मोद्धार की कथा है, किसी अन्य के उद्धार के लिए नहीं। ओडिसी में नायक की अनुपस्थिति में उसकी पत्नी (19 वर्ष तक प्रोषितपतिका व्रत धारण

करने के बाद) अधीन पाणि-प्रार्थियों से घिरी है। उसकी असहाय अवस्था में नायक युलिसिस जाकर उन पाणि-प्रार्थियों का वध करके उसका भी उद्धार करता है। परन्तु महाकाव्य की यात्रा-कथा का लक्ष्य पत्नी का उद्धार नहीं। वह तो अपने गृहागमन के लिए की गई यात्रा की कथा है। अतः यह घटना महाकाव्य का उद्देश्य नहीं। यह अन्तिम घटना मात्र है। इसमें स्वयंवर आयोजन की बात भी आती है। जिसमें प्रसिद्ध धनुषप्रसंग आता है। युलिसिस की पत्नी उन अधीर प्राणि प्रार्थियों से युलिसिस का धनुष चढ़ाने को कहती है। जो इस परीक्षा में सफल होगा उसी को वह वरण करेगी। ठीक इसी समय नायक छद्मवेश में उपस्थित होता है और अपने उसी धनुष पर डोरी चढ़ाकर निहत्थे पाणि-प्रार्थियों की हत्या करके पत्नी का उद्धार करता है।

इलियड में अपहरण कथा है, ओडिसी में यह धनुष-प्रसंग। इन्हीं दोनों रूढ़ियों के कारण वेबर को ऐसा लगा था कि वाल्मीकि पर होमर का प्रभाव है। अपहरण-कथा तो उस आदिम युग की प्रत्येक जाति और प्रत्येक क्षेत्र की अनुभूत घटना है और ऐसी रूढ़ियों प्रत्येक जाति की लोक कथाओं में विद्यमान हैं। रह गई धनुष-प्रसंग की बात। स्वयंवरण में बल-परीक्षण (वीर्य-शुल्क) एक बहुप्रचलित पद्धति है। भारतीय आर्यों और किरातों दोनों में धनुष विद्या बढ़ी-चढ़ी थी। ग्रीकों का प्रधान अस्त्र तो शूल या भाला ही है। तलवार और धनुष गौण थे। परन्तु भारतीय महाकाव्यों में धनुर्वेद का प्राधान्य है। धनुष विद्या को वेदांग का एक स्वरूप यहाँ माना गया है। अतः यहाँ की कथा-रूढ़ि में धनुष का अभिप्राय (मोटिफ) देशी उपज है।

धनुषमख या धनुमह लोकायत धर्म के अन्दर एक विशिष्ट उत्सव रहा है। अन्य किसी देश के लोक-धर्म में धनुषमख का ऐसा महत्त्व है या नहीं, कहना कठिन है। इन्द्रमख के समानान्तर धनुषमख की आर्य-आर्येतर विभिन्न लोकायत परम्परा भारतीय लोक संस्कृति में, भारतीय बन्दरगाहों पर उतरनेवाले दो-चार यूनानी व्यापारियों से आई होगी यह बात हास्यास्पद लगती है। (देखिए भारतीय लोकधर्म डॉ. वासुदेवशरण अग्रवाल)। रामायण, महाभारत तथा भागवत तीनों में धनुषमख तथा धनुष चढ़ाने का प्रसंग मिलता है। यह शुद्ध देशी परम्परा के अनुकुल है। आर्येतर किरात जनजातियों में भी (यथा खासी, जयन्तिया के पार्वतीय क्षेत्रों में) शर-सन्धान की वार्षिक प्रतियोगिता वैसे ही होती हैं जैसे उत्तर भारत में नागपंचमी के दिन मल्ल-विद्या की। उसे व्यर्थ ग्रीक प्रतिभा से जोड़ने का कोई तुक नहीं। यह तो वैसे ही हुआ जैसे भारतीय भोजन करते हैं, ग्रीक भी भोजन करते हैं। अतः निश्चय ही

ग्रीकों से ही भरतीयों ने सीखा होगा। खुद उन्हें भोजन करना कैसे आ सकता है भला? वेबर के प्रमाणहीन अटकल कुछ इसी किस्म के हैं। वस्तुतः दोनों काव्य परम्पराओं में वादरायण सम्बन्ध भी प्रमाणित नहीं होता।

सबसे बड़ा प्रभेद हम पाते हैं भारतीय और ग्रीक चरित्रों की अवधारणा में, उनकी प्रकृति सर्वथा परस्पर भिन्न है। देवता, असुर जैसी भिन्नता। ग्रीक महाकाव्यों के चरित्र घोर यथार्थवादी हैं और आदिम संवेदनाओं का अनगढ़ रूप उनमें विद्यमान है। ये नृशंस और निर्मम है। काम और क्रोध दोनों क्षेत्रों में उनकी नृशंसता उनकी विशिष्टता है। वे महाकाव्य के अन्दर अपने अहंकार और अपनी भ्रान्तियों के भीतर जीते हुए भी बड़े सजीव लगते हैं। इलियड के चरित्रों की आदिम क्रूरता और खूँखारपन देखकर लगता है कि महाकवि होमर ने भी जीवन में उन योद्धाओं की आँखों से ही देखा है जो शिरस्त्राण के गोल छिद्रों से भावहीन ठंडे रूप में विश्व को देखती है और संहार की तृषा ही उनकी तृषा है। प्रत्येक योद्धा के मन में है अपनी कीर्ति की स्थापना और ट्रोजन नगर की लूट तथा ट्रोजन नारियों के साथ बलात्कार का सुखद स्वप्न। यह सुखद स्वप्न ऊँची आवाज में बार-बार दुहराया जाता है। होमरीय महाकाव्यों के बाहर भी होमरगाथा की काव्यमाला (Epic Cycle) है जो अन्य कवियों के द्वारा विरचित है। होमरीय Epic Cycle में विशेष रूप से ये कृतियाँ आती हैं, जिन्हें प्रोक्लुस ने (ईसा की पाँचवीं शती का एक विद्वान) में उल्लिखित किया है Trojan Epic Cycle के शीर्षक से।

1. Cypria (कवि Stasinus- इसमें पेरिस का निर्णय जिससे ट्रॉय युद्ध का बीज-वपन होता है, से लेकर chryscio और Briescis दोनों नायिकाओं के अपहरण तक की कथा है।

2. Illiad (कवि होमर जिसकी चर्चा ऊपर हो चुकी है।

3. Aethiopis (कवि Miletus, नायिका है Penthiseliqa जो योद्धाकुमारी कन्या थी और ट्रोजन पक्ष से लड़ी थी। इसमें युद्ध के अन्तिमांश की कथा है)।

4. लघुइलियड (चार सर्गों में, कवि है Lesches)

5. इलियड का पतन (कवि Arctinus)

6. ग्रीक नायकों का गृहागमन (कवि है Agias)

7. Odyssey (होमर, जिसकी चर्चा ऊपर हो चुकी है)

8. Telegonia (Eugammon)

9. Stesichous की हेलन गाथा।

इनके अतिरिक्त अन्य प्राप्त-अप्राप्त कवियों द्वारा रचित कृतियों को अन्य स्त्रोतों से सूचना मिलती है। होमर के ही समकक्ष का दूसरा महाकवि Hesiod है। उसकी कृति Work and Days में इन कथाओं के अन्य रूप और संस्करण मिलते हैं। दूसरे शब्दों में जब हम होमरीय कथा या होमरीय गाथा (Hormeric Saga) की बात करते हैं तो उसका तात्पर्य इस सम्पूर्ण परम्परा से हो जाता है केवल lliad और Odyssey से नहीं। ठीक वैसे ही जैसे रामायण गाथा का अर्थ केवल वाल्मीकि रामायण ही नहीं होता। इस समूची काव्य परम्परा में जो ईसा पूर्व 800 से 400 ईस्वी तक फैली है ग्रीक नायकों का जो चरित्र उभरता है वह घोर आदिम है। ओडिसी का रूमानी नायक ट्रॉय ध्वंस के बाद हेक्टर के नवजात शिशु को पाता है, तो चट्टान पर क्रूरतापूर्वक पटक-पटक कर उसका भेजा बाहर करके आनन्द पाता है। इलियड का नायक एकिलीज शत्रु हेक्टर के किशोर भ्राता को, जो वीरता पूर्वक युद्ध में उतरा था, पकड़ कर रात को अपने खेमे में बन्दी बनाकर रखता है और क्रूरतापूर्वक सम्भोग करता है कि सबेरे उस किशोर का अवशेष रह जाता है टूटी हड्डियोंवाला शव। (अवश्य यह घटना इलियड के बाहर की है परन्तु Epic Cycle के अन्तर्गत ही है।) होमर के इलियड और ओडसी के बाहर भी इस थीम की कहानियों को होमरगाथा ही कहा जाता है। उनमें कुछ तो होमर से प्राचीनतर है। कुछ समकालीन और कुछ हैं बाद की। एकिलीज के बारे में बहुत-सी कथाएँ चालू है, जो इलियड से बाहर है। उदाहरण के लिए शत्रु पक्ष की नारी योद्धा पैन्थीसिलिया के शव के साथ क्रूरतापूर्वक सम्भोग। एकिलीज का यह कुकृत्य ग्रीक पक्ष के अन्य वीरों को भी अनुचित और अमानुषिक लगा था। (ग्रीक मिथ्य भाग-2, पृ.313, राबर्ट ग्रेव्ज) ऐसे चरित्रों से यदि कोई राम युधिष्ठिर की कौन कहे, भारतीय रावण की तुलना भी अन्याय ही होगी। रावण दुर्योधन आदि इनकी तुलना में बड़े ही मानवीय और शरीफ हैं। तो भी कुछ लोग कह बैठते हैं कि प्रायम-हिक्यूबा हेक्टर एकिलीज के साथ दशरथ-कौशल्या-मेघनाद और लक्ष्मण के चरित्र के साम्य की बात Dion Chrystostom की एक उक्ति के आधार पर, तो बस हक्का-बक्का रह जाना पड़ता है। हेलेन स्वेच्छापूर्वक चार बच्चों की माँ होकर भी पेरिस के साथ भागी थी। वह पति मिनिलास के व्यवहार से तुष्ट नहीं थी या उसकी प्रेमकला से परितुष्ट नहीं थी। इस अपहरण की तुलना रावण द्वारा सीता के अपहरण की कैसे हो सकती है? केवल अपहरण का अभिप्राय समान होने से दोनों को समानधर्मी मानना उस यान्त्रिक दृष्टि का परिणाम है जो

विश्लेषणात्मक पद्धति को एक गणित का रूप दे चुकी है। कहते हैं कि किसी की खुरपी के बेंट की लकड़ी थी बेर (बदरि) की लकड़ी। एक अन्य सज्जन के छप्पर में बेर की लकड़ी का एक टुकड़ा लगा था। तो पहले ने दूसरे से कहा भाई हम लोग तो परस्पर घनिष्ठ भाव से सम्बन्धित हैं। हमारी खुरपी का बेंट बेर की लकड़ी का, आपके छप्पर की तीली बेर के काठ की। सो हमारे आप में बादरायण सम्बन्ध सिद्ध हुआ। आलोचना की विश्लेषणात्मक गणितीय पद्धति मुझे इसी कहानी का स्मरण करा देती है।

समूची ट्रॉय गाथा में मनुष्य आदिम संवेदनाओं और तीव्र लालसाओं को लेकर भ्रान्ति और नियति के बुने जाल में भटक रहा है। इस भटकाव की तीव्रतम अनुभूति और उससे जुड़ी यन्त्रणा, भय और आत्मकरुणा की स्थितियों निश्चय ही यथार्थ जीवन की तीक्ष्ण अनुभूतियाँ हैं। यूनानी द्वीपों की निसर्ग-प्रकृति भी एक ही साथ उदास, शीतल और क्रूर साथ ही सुन्दर और उन्मत्त उदात्त भी है। छोटे-छोटे द्वीप पुंज, शिलाखंड और पहाड़ी भूमि। तट की शिलाओं से टकराता फेनिल नील जल और मदिरावर्णी उद्दाम नील समुद्र ! ग्रीक नारी-पुरुषों के अंगों में यही चट्टानी बल और दृढ़ता है, उनके मन में एक ओर संगमरमर जैसी शीतल निर्ममता है तो दूसरी ओर मदिरा-उन्मत्त लालसा का समुद्र। ग्रीकों का क्लासिकल साहित्य इसी प्रकृति को व्यक्त करता है। उनके लिए प्रेम का रूमानी भावुक अर्थ अज्ञात था। प्रेम था काम-ज्वार। रमण-तृषा के ऊपर ग्रीक प्रेम उठा ही नहीं।

यूरोपीय काव्य में प्रेम की रूमानी परम्परा का सूत्रपात मध्ययुग में अरब और एशिया के प्रभाव से होता है। अरबी कवि प्रारम्भ से ही नारी के चन्द्र-मुख के प्रति सूफी भाव रखते हैं। तृषार्त हाहाकार करते जलहीन मरुस्थल में नारी का बुर्के के पीछे छिपा मुँह दिखाई पड़ा, मानों अन्तर की मरुभूमि पर चाँदनी फैल गई, चन्द्रोदय हो गया। सलीबी युद्ध में यूरोपवासी अरबों के निकट आए और रूमानी सूफी प्रेम का पाठ अपने दुश्मनों से ही पढ़ा। ग्रीक भाषा में (Eve) शब्द का अर्थ होता है नारी, जिससे (evil) शब्द बनता है। अंग्रेजी में ईसाई दृष्टि से भी प्रारम्भ में नारी को काम-प्रलोभन ही माना था। बाद में उसे ईश्वर की माँ का दर्जा मिला और वह भाववादी रहस्यवादी संस्कारों का केन्द्र बनी, जिसका श्रेष्ठतम रूप पाते हैं 10वीं शती के ईसाई महाकाव्य डिवाइन कामेडी में। परन्तु आदिम ग्रीक साहित्य मं तो क्रूर रमण-तृषा है, क्रोध है, भावहीन नृशंसता है। अवश्य ही ओडिसी का स्वर कुछ भिन्न है। सोफोक्लीज की ग्रीक ट्रैजडी में तथा होमर के इलियड में जीवन को

अन्तर्निहित करुणा और असहायता को तथा उसके सहन करने के गम्भीर धैर्य को ही विषय-वस्तु बनाया गया है। असहायता बोध, यन्त्रणा बोध तथा हताशा में ही ग्रीकों द्वारा लब्ध जीवन का गम्भीरतम बोध चुक जाता है। गोया इसके आगे कुछ और हो ही नहीं। गोया इससे गहरे में उतरने की कोई गुंजाइश ही न हो। वस्तुतः यह बिन्दु ही कला और साहित्य में बोध का चरम बिन्दु नहीं माना जा सकता। इसका अतिक्रान्त करके एक ऐसा सत्य लब्ध होता है जो एक ही साथ शिव और सुन्दर दोनों है। भारतीय साहित्य इसी सत्य को व्यक्त करता है और इसी सत्य की रस रूप में प्रतिष्ठा करता है साहित्य में तथा ज्ञान रूप में प्रतिष्ठान करता है दर्शन में। इस सत्य का रसमय चेहरा साहित्य बन जाता है तो ज्ञान बन जाता है दर्शन।

यूरोपीय साहित्य, जो ग्रीक संस्कारों का उत्तराधिकारी है, जिसे 'जीवन का गम्भीर बोध' और 'सत्य' मानकर ग्रहण करता वह है वस्तुधर्मी वास्तव्य। यह वास्तव्य सम्पूर्ण सत्य नहीं है। वास्तव्य सत्य का वह अंश है जो धरातल पर या धरातल के नीचे अन्ध अवचेतन में धरातल की दमित वासनाओं के प्रेत के रूप में है। यह ले-देकर अन्नमय-प्राणमय तथा अंशतः मनोमय स्थितियों तक ही जाता है। ऊर्ध्वगामी पथ पर संचरण करने पर इससे ऊपर की स्थितियाँ लब्ध हो सकती हैं जो सत्ता के प्रज्ञान (intuitional) स्तर या उससे ऊपर आत्मिक (Spiritual) स्तर तक जाती है। यूरोपीय (जो मूलतः ग्रीक है) प्रज्ञा का वास्तव्य के भीतर मनोवैज्ञानिक स्थिरीकरण (Fixation) हो गया है कि वह वास्तव के रस को ही चरम स्वाद मान बैठा है। किसी कुत्सित बोध के प्रति भी यदि मानसिक स्थिरीकरण घटित हो जाए तो उसमें मौज आने लगती है। जीव-हत्या या रतिक्रिया इसी किस्म की मौजें हैं। परपीड़न (Sadism) और आत्म-पीड़न (masochism) की सारी स्थितियाँ इसी प्रकार के स्थिरीकरण के कारण आनन्ददायक लगती हैं। वस्तुतः देखा जाए तो यूरोपीय साहित्य के मूलाधार ग्रीक साहित्य में जिस 'जीवन का गहनतम बोध' 'मृत्यु का या दुःख का निष्काम शीतल बोध' आदि कहकर सराहा जाता है (और इसी कारण यह अनुभव पैटर्न यूरोपीय रुचि का सहज अंग बन चुका है।) वह सब कुछ मात्र परपीड़न (Sadism) या आत्मपीड़न (masochism) का रस या आनन्द है। जिसे आधारभूत यथार्थवाद, प्रकृत यथार्थवाद, अवचेतन का अन्धगुहा के भीतर अवतरण का सुख आदि-आदि कहकर लोभनीय बताया जाता है। वह वस्तुतः अप्राकृतिक व्यभिचार के सुख जैसा है। वास्तविक सुख नहीं। वास्तविक सुख तो आनन्द है, जिससे सम्पुटित

स्तब्ध मन आन्हलादित होकर दल-प्रतिदल प्रस्फुटित होकर अपनी सम्पूर्णता पा लेता है। प्राकृतिक रति क्रिया में, जब वह समान भाव से पारस्परिक समर्पण से युक्त हो तो मन ऐसी ही सम्पूर्णता कुछ काल के लिए लब्ध करता है। यह सुख आनन्द की कोटि में आता है। क्योंकि यह आत्मक्षयी नहीं है। परन्तु जिस सुख से आत्मा क्षयग्रस्त जैसी हो, वह सुख अप्राकृत व्यभिचार की कोटि से ऊपर मन को उठा नहीं सकता। आधारभूत यथार्थवाद, अवचेतन का साहित्य और उसका पूर्वगामी रूप ग्रीक ट्रैजडी और ग्रीक महाकाव्यों की क्षयी संवेदना, भ्रान्ति और भटकाव को साहित्य में बोध का चरमबिन्दु मान बैठने से यूरोपीय रुचि का एक तरह से इतना स्थिरीकरण हो चुका है कि ईसाई उपासना भी उसे पूरा-पूरा नीरुज और विशुद्ध नहीं कर पाई। यूरोप मानसिक रूप से ग्रीक ही रह गया।

ऐसे ग्रीक साहित्य के मानसिक बौद्धिक वातावरण का कोई प्रभाव भारतीय महाकाव्यों पर पड़ा हो, इस बात की कल्पना भी नहीं की जा सकती। उन्नीसवीं शती के उत्तरार्द्ध और बीसवीं शती में यूरोपीय साहित्य, विशेषत: अंग्रेजी साहित्य का प्रभाव भारतीय साहित्य पर अवश्य पड़ा है परन्तु अंग्रेजी साहित्य में जो कुछ सजातीय या सतीर्थ नहीं था वह छायावादी युग तक हमें प्रभावित नहीं कर सका। अंग्रेजी रोमांटिक कविता का मूल ही भारतीय है। उपनिषद-चिन्तन से ग्रीक पीथोगोरस, पीथोगोरस से नव्य प्लेटोवाद और फिर जर्मन भाववादी दर्शन, जर्मन भाववादी दर्शन से अंग्रेजी रूमानी कविता तक एक अविच्छिन्न भावधारा है, जिसका मूल है भारतीय। इसी से शेली और वर्ड्सवर्थ का प्रभाव रवीन्द्रनाथ और रवीन्द्रोत्तर छायावादियों पर पड़ा। परन्तु रोमांटिक कविता का ही वायरस भारत को प्रभावित नहीं कर सका। शेक्सपियर के सुखान्त नाटकों का भारतीय नाटककारों यथा-द्विजेन्द्र लाल राय या जयशंकर प्रसाद पर पड़ा पर क्योंकि अंग्रेजी रोमांटिक कामेडी और संस्कृत नाटक समानधर्मी हैं। परन्तु शेक्सपियर की भ्रान्ति, अवसाद और आत्मक्षय पर चुक जानेवाली फलश्रुति जो ट्रैजिक संवेदना की प्रत्यक्ष उत्तराधिकारिणी थी, किसी भी भारतीय लेखक को 1930 से पूर्व तक वह प्रभावित नहीं कर पाई। जब इतनी बड़ी पगड़ी और तिलकवाला शेक्सपियर भी जो देशकाल सम्प्रदाय-निरपेक्ष मनुष्य मन का इतना सूक्ष्म व्याख्याता है, अंग्रेजी शिक्षा में अवगाहन करते हुए भारतीय मन को प्रभावित नहीं कर पाया तो प्रारम्भिक शतियों के उड़ते-पड़ते अल्प व्यापारिक सांस्कृतिक संस्पर्शवाले काल में ग्रीक काव्यगत वातावरण से प्रभावित होने की बात ही

नहीं उठती। ऐसा होना सर्वथा अकल्पनीय है। ग्रीक रसबोध (प्रकारान्तर से यूरोपीय रसबोध ही) भवरुजों के स्वाद पर ही समाप्त हो जाता है, जबकि भारतीय रसबोध, सकल भवरुजों को शान्ति उपलब्ध कराके निरुजता और विशुद्ध-विरज सुख में प्रवेश कराता है। ग्रीक साहित्य की (मेरा तात्पर्य काव्य और नाटक से ही है। दर्शन से नहीं) महिमा और चाहे जो कुछ है, परन्तु वह निरुजं विरज विशुद्धम् से सौ हाथ दूर चलता है, वह निरुजता-विरजता और विशुद्धता के मर्म की कौन कहे उनके उपकंठ में भी प्रवेश नहीं पाता है। दूसरी ओर भारतीय आदि महाकाव्य का विषय ही है अनुभव की निरुज-विरज और विशुद्ध भूमि का उद्घाटन! ग्रीक और भारतीय महाकाव्यों की प्रकृति सर्वथा विपरीतधर्मी है।

मैं उन भारतीयों में नहीं हूँ जो हठपूर्वक विश्व-इतिहास के सारे श्रेय-प्रेय का अधिकारी भारत को ही मानते हैं। मैं मानता हूँ कि भारत की ही तरह ग्रीस, मिसर, प्राचीन इराक (सुमेरिया-बेबीलोन) और चीन भी मानव-इतिहास की प्रसव-भूमियाँ रही हैं और भूमध्य सागर तथा दजला-फरात की घाटी का महत्त्व सप्तसिन्धु तथा हिमालय भूमि से कम नहीं। मैं यह भी मानता हूँ कि आप लोग बाहर से आए हैं और सम्भवतः वोल्गा के दक्षिण और काश्यप समुद्र के उत्तर-पूर्व कहीं पर उनकी मूल भूमि थी और वहीं से वे लोग पहले शुद्ध आर्य रूप में, फिर शक-आर्य रूप में सारे विश्व में जा फैले। सुमेरिया के दक्षिण अंचल में तथा फरात (भरत) नदी की उत्तरी उपत्यका में आर्यों का द्वितीय पड़ाव था और वहीं से एक भाग एशिया माइनर में फैल गया। वे हो आगे चलकर समुद्र पारकर ग्रीक द्वीप समूह में भी प्रवेश कर गए अपनी पितृप्रधान सभ्यता के साथ। उन दिनों सारा ग्रीस एक अन्य नस्ल के लोगों से भरा हुआ था जो मूलतः भूमध्यसागरीय थी, मातृसत्ता-प्रधान थी, चान्द्री (Lunar) देवियों की उपासक थी और शासिकारानी धरती पर चन्द्रमा (स्त्रीलिंग) का प्रतिनिधि मानी जाती थीं। कुछ विद्वानों के मतानुसार यह अज्ञात नस्ल (जो नवागत आर्यों में बिलकुल खप गई) सम्भवतः वही थी जिसे भारत में द्राविड़ कहा जाता है। कुछ लोगों के अनुसार ये लोग द्राविड़ नहीं, मालव-निषाद (आस्ट्रिक) थे। जो हो, परन्तु नवागत आर्य कबीलों ने अपनी पुरुष प्रधान संस्कृति के साथ तथा अपने मूल देवता द्यौ या द्यु (आकाश) अर्थात् जेउस (Zeus) के साथ इस के साथ इस प्रदेश पर अपना दखल जमा लिया, परन्तु उनकी मिथोलॉजी तथा लोकगाथाओं में सुमेरीय संस्कृति के अवशेष रह गए। उदाहरण के लिए ओडिसी मूलतः

सुमेरीय महाकाव्य गिलगमेश के ढाँचे पर बना है तथा उसी सुमेरीय अंचल से जिसमें हित्ती और मैत्रायणी नामक आर्य बस्तियाँ थीं। वह एक सौर महाकाव्य है। आर्यों के अन्य कबीले पूर्व दिशा की ओर बढ़े। कुछ ईरान में रह गए। कुछ शक भूमि के आगे सीधे पूर्व की ओर बढ़ते-बढ़ते तुषारिस्तान (वर्तमान चीनी तुर्किस्तान) तक गए। ये थे ऋचीक और तुषार आर्यगण। ये ही उत्तर कुरू की संस्कृति रचते हैं। बहुत काल बाद इन्होंने जम्मू तथा हिमाचल प्रदेश में प्रवेश किया, तत्पश्चात् हरियाणा उत्तर प्रदेश में। ये थे चन्द्रवंशीय आर्यगण, परन्तु इनके भारत प्रवेश के हजारों वर्ष पूर्व आर्यों के कुछ अन्य कबीले शकभूमि और खारेज्म से ही दक्षिण-पूर्व की ओर मुड़े थे तथा गान्धार एवं पश्तोभूमि पार करते हुए सप्तसिन्धु में जा बसे थे। ये लोग ऋचीक-तुषार आर्यों के आगमन के बहुत पूर्व ही गंगा से देव सदानीरा तक के उर्वर क्षेत्रों में फैल चुके थे। अत: ये चान्द्रवंशीय आर्यों के पूर्ववती हैं और पुराणों में ये ही सूर्यवंशीय और इक्ष्वाकुवंशीय कहे जाते हैं। भरत का एक अर्थ सूर्य होता है। भरत: आदित्य: तस्य मा भारती (निरुक्त)। ये इक्ष्वाकुवंशीय कबीले सुमेरिया की सौर उपासना भूमि से आए थे। वहाँ की एक नदी का नाम भी भरत (फरात) है। इनकी उपासना तथा जातीय स्मृति में सुमेरीय-बैबीलोनीय संस्कृति के बहुत से अवशेष रह गए थे। पुराणों में वर्णित सृष्टि के आदि-पर्व की कथाएँ सम्भवत: आर्यों के सुमेरीय प्रवास की अनुस्मृतियाँ हैं। सुमेरु तथा कश्यप समुद्र ये दो नाम ही अपने में महत्त्वपूर्ण संकेत देते हैं। सुमेरिया-बैबीलोन के राजाओं की सूची में दशरथ, शतरथ जैसे नाम हैं। सुमेरिया के प्रथम शासक जो महागुरु और महाराज दोनों होते थे इस्साकु (Issaku) कहे जाते थे (गाईन चाइल्ड : What Happend in History)। सुमेरियन सूर्योपासक थे। प्राचीन सुमरीय चित्रों में सुमेरियन धर्मगुरुओं की पोशाक भारतीय पंडितों की पोशाक जैसी ही लगती है। आर्यों के मूल प्रधान देवता सूर्य या आदित्य नहीं थे। उनके मूल प्रधान देवता थे मित्र, इन्द्र, वरुण और अग्नि तत्पश्चात् सविता (मित्र) का द्वादश आदित्य रूपों में विकास हुआ। धीरे-धीरे सूर्य या मित्र प्रधान होते गए। यह सब सम्भवत: सुमेरीय प्रभाव की गहरी अनुस्मृतियों के कारण हुआ। अत: पुराणों का आदि पर्व, इक्ष्वाकु और प्रथम प्रजापतियों की कथाएँ अन्तरराष्ट्रीय हैं,- जैसे जलप्लावन, मत्स्यावतार, मनु की नौका, सुपर्ण की अमृत यात्रा, मरुत देवता (सुमेरियन मरदुक अर्थात् प्रभंजन), ओफायन (हिरण्यगर्भ नाग) के द्वारा सृष्टि, आदि मिथ बीज रूप से आर्य पितरों की पुरानी प्रवासभूमि से जुड़ी कथाएँ या बिम्ब हैं। परन्तु ऐसी

सारी कथाएँ जिनका मूल भारतेतर या बाहरी है, हमारी सृष्टि-कथा के प्रथम पर्व 'सत्ययुग' या कृतयुग तक ही सीमित है। त्रेता, द्वापर की कथाएँ भारत में आकर बनी हैं और यहाँ की ऐतिहासिक घटनाओं और लोककथाओं के सम्मिश्रण से विकसित हुई हैं। त्रेता, द्वापर की कथाओं की प्रकृति ही विशुद्ध देशी यानी भारतीय लगती है।

ग्रीक और भारतीय आर्य शाखाएँ बहुत सुदूर अतीत में एक-दूसरे से परिचित रही होंगी। ग्रीक-आर्य मिथों के दो तीन प्रधान नाम ही परिचित जैसे लगते हैं। वे हैं Zeus (जेउस, द्यौस या द्यु अर्थात् व्योम) Here (हारी या श्री) Uranus (यूरेनस या वरुणस)। यह होरी या हीरा भारत में इला या इड़ा भी हो सकती है इड़ा अर्थात् सावित्री अर्थात् व्योम (द्यु) की प्रभा! पर ग्रीक मिथों में जेउस ही इन्द्र है तथा हीरी है इन्द्राणी। इसके सिवा और कोई विशेष साम्य नहीं। इससे पता चलता है कि दोनों शाखाएँ अत्यन्त प्रारम्भिक काल में ही परस्पर विच्छिन्न हो गईं। ग्रीक मिथों का विकास अपनी पूर्ववर्ती ग्रीक लोक-संस्कृति (जो सम्भवत: भूमध्यसागरीय द्राविड़ या सेमेटिक संस्कृति ही रही होगी) के परिवेश में एक सर्वथा भिन्न ढंग से हुआ है। यह . पूर्ववर्ती संस्कृति मातृसत्ता-प्रधान थी। ग्रीक भाषा में एक नाम है (Uranus) 'गनीमीद'। यह लड़का है जो ग्रीक-इन्द्र जेउस की किशोर प्रेमिका तथा साकी बनता है। मीद का अर्थ है मधु। यह ध्वनि-खंड सारी आर्यभाषाओं में मौजूद है। गनी शब्द का अर्थ है गण की नारी अर्थात् गणिका और रानी दोनों। भारतीय भाषाओं में यह गणिका बनकर समूह-वेश्या का अर्थ देता है। परन्तु अंग्रेजी का क्लीव शब्द इसी गनी शब्द से (स्वर-विपर्यय यथा ग=ाक) निकला। अत: यह शब्द कभी रानी अर्थ देता रहा होगा और गनीमीद का अर्थ है- मधु की रानी (Queen of wine)

वह किशोर पुरुष था, इस प्रकार के समलिंगी प्रेम का कोई भी सन्दर्भ भारतीय इन्द्र में नहीं है। ग्रीक जेउस एवं उसके अपोलो (सूर्य) आदि भाईगण माता की प्रेरणा से अपने पिता यूरेनस को अपने सिंहासन से पदच्युत करके देवलोक पर अधिकार करते हैं। भारतीय देवकथा-शास्त्र में इस परम्परा का कहीं भी उल्लेख नहीं। वस्तुत: उपर्युक्त दो-तीन नामों के ध्वनि-साम्य के अतिरिक्त और कोई उल्लेखनीय समानता नहीं है। ग्रीक और भारतीय देवताओं में, दोनों का अपने-अपने देश की लोक-संस्कृति के अनुसार स्वतन्त्र विकास हुआ है। जब आदिम आर्यगण एशिया माइनर को पारकर ग्रीक द्वीपों में घुसे, तो वहाँ के आर्येतर कबीलों से मुकाबला हुआ। उस

समय सारा ग्रीक-द्वीप समूह देवी के उपासकों से भरा हुआ था। इस प्रथम आदिम पुरुष-प्रधान संस्कृति के मिथकीय प्रारूप है महाअसुरगण (Titan)। महाअसुर आकर देवी अर्थात् मातृसत्ता-प्रधान भूमि पर दखल जमाते है। वे थे सम्भवतः डोरिक और एखियन (एशियन शब्द का मूल रूप Achaean है) जिन्होंने एशिया माइनर को पारकर ग्रीक भूमि में प्रवेश किया और प्रथम-प्रथम एशियन कहे गए। (CH का उच्चारण ख होता है जिसका एक रूपान्तर मूर्धन्य ष भी होगा)। इस शाखा के आदिम आर्य बाद में देवी-प्रधान संस्कृति में घुल-मिल गए। ग्रीक मिथ के अनुसार इन महाअसुरगणों और देवियों की हो सन्तान हुई वह नई पीढ़ी, जो देवता कहलाती है और इन नए देवताओं ने ही मातृदेवियों को प्ररोचना स महाअसुरगणों को पदच्युत करके बन्दी बना लिया और विश्व पर देव-शासन का प्रवर्तन किया। इसका अर्थ यही सम्भव है कि आक्रामक आर्यों से उत्पन्न नई पीढ़ी ने मातृपरम्परा से प्राप्त धर्म के कुछ दावों को स्वीकार कर लिया और विशुद्ध पुरुष-प्रधान से विमिश्र पुरुष-प्रधान ग्रीक-संस्कृति को जन्म दिया। वस्तुतः सारी ग्रीक मिथोलॉजी ही धर्म-राजनीति-इतिहास का सम्मिश्रण है। इतिहास इसमें असुर और देवता का मुखोश पहनकर उपस्थित है।

आर्यों के इस प्रथम आक्रमण के फलस्वरूप एक समन्वित ग्रीक-संस्कृति का सृजन होने के शताब्दियों बाद आर्यों का दूसरा आक्रमण हुआ जिसे हेलेनिक आक्रमण कहते हैं। वे आर्य मुख्यतः एओलियन और आयनियन (यवन) थे। इस प्रकार ग्रीक-आर्य-आर्येतर को विमिश्र संस्कृति देवी-प्रधान (पूर्ववर्ती द्राविड़) संस्कृति के साथ आर्यों की चार मुख्य शाखाएँ (डोरिक, एखियन, एओलिअन और आयनियन, Doric, Achean, Acolion & lonion) बनी। ईसा पूर्व सहस्राब्दी में ही ये चारों मिलकर एक भाषा और संस्कृति के माध्यम से एक राष्ट्र बन चुकी थी। होमर का महाकाव्य इन्हीं ग्रीकों का महाकाव्य है। जिन पर इन्होंने आक्रमण किया था वे भी आर्य ही थे। ट्रॉय एशिया माइनर का नगर है और वहाँ पर फ्रिजियन (Phrygian) आर्य रहते थे। उनकी एक शाखा ट्रॉय ध्वंस होने के बाद इनियास के नेतृत्व में इटली जाकर बसी। इनियास की गाथा है ईनीड (वर्जिलः प्रथम शताब्दी) नामक महाकाव्य में। अन्य फ्रिजियन आस-पास बिखर गए होंगे। कुछ विद्वानों की राय है कि भृगु और phrygu में ध्वनि साम्य है। ग्रीक भाषा में भ नहीं होता। परन्तु केवल ध्वनि साम्य को छोड़कर भारतीय अग्नि-उपासक भृगुओं और फ्रिजियन की एक मानने का और कोई आधार नहीं। भार्गव-मिथ

तो जमदग्नि और परशुराम को केन्द्रित करके है। उनका कोई प्रारूप ग्रीक मिथों में नहीं मिलता। वस्तुतः जमदग्नि और परशुराम मिथकीय हैं ही नहीं, ऐतिहासिक चरित्र हैं और भारतीय इतिहास के दाशराज युद्ध और वसिष्ठ-विश्वामित्र वाले कालखंड से जुड़े हैं। राबर्ट ग्रेव्ज का कथन है कि इन प्रथम आर्य आक्रामकों ने जब ग्रीकों की आदिम देवी-भूमि में प्रवेश किया तो उन्होंने उनके देवता यूरेनस (वरुणस) को अपने देवता वरुण के नाम-साम्य के कारण स्वीकार कर लिया। यह वरुणस मूलतः स्त्रीलिंग वरुणा (यूरेना Urana) है जो बाद में Urania देवी के रूप में जानी गई थी। वरुणा अर्थात् ग्रीक Ur-ana का अर्थ होता है, (1) पर्वतों की स्वामिनी (पार्वती), (2) वसन्त ऋतु की स्वामिनी (वासन्ती) (3) और मौसमी हवाओं और फसल की स्वामिनी। यह ग्रीक-मिथ शास्त्र के अनुसार आर्येतर ग्रीकों की देवी थी जो वस्तुतः व्योम का स्त्रीलिंग प्रतीक थी। आर्य देवता वरुण (Uranus) महाशून्य और धरती माता का पुत्र है। पुत्र के साथ-साथ यह पति भी बनता है। इस कालखंड की क्रीड़ा भूमि भारतवर्ष है।

हाँ, इतना अवश्य स्वीकार किया जा सकता है कि भारतीयों और ग्रीकों में ही नहीं, सारी आर्य शाखाओं में सूर्य को केन्द्रित करके एक मूल मिथ-प्रारूप पाया जाता है, जिसमें सूर्य या प्रकाश द्वारा तमस अथवा धुन्ध से उद्धार हो केन्द्रीय तथ्य रहा है। यह तथ्य अनेक आर्यभाषाओं में भिन्न-भिन्न नामरूपों में तथा कथा-प्रारूपों में व्यक्त हुआ है। ये कथा-प्रारूप सम्बन्धित आर्य कबीले के देशज और लोक-संस्कृति की विशेष आकृति के अनुसार भिन्न-भिन्न रूप लेते गए हैं। आर्यों के मूल स्थान में साल के नौ मास तो धुन्ध और कुहरे से आच्छादित रहते थे। अग्नि और ऊष्मा जीवन के सुख और माधुर्य की प्रतीक थी। तमस और धुन्ध उसका अपहरण करने की चेष्टा करते हैं। प्रकाश यानी सूर्य उनके उद्धार के लिए धुन्ध और तमस से लड़ता है। इस प्रकार का दैनिक अनुभव एक सूर्य केन्द्रित कथा-प्रारूप का संस्कार आर्य जाति में प्रतिष्ठित होता रहा है। भारतीय देवासुर-संग्राम इसी कथा-प्रारूप की एक भंगिमा है, जिसमें असुर तम से जुड़ा है और देवता प्रकाश से। आर्य कथाएँ मूलतः सौर कथाएँ ही हैं। रामकथा तो स्पष्टतः सूर्य कथा है। कृष्णकथा भी सूर्य के सोम संस्करण और अग्नि संस्करण की संयुक्त कथा का ही मूल है। सूर्य या सविता, अग्नि और सोम, दोनों तत्त्वों का मूल आधान द्युमंडल का देवता सविता है। देवी-महिषासुर की कथा भी इसी का एक प्रारूप है। होमर के काव्य में भी सूर्य कथा के अवशिष्ट तन्तु विद्यमान

हैं जिनका संकेत रॉब्र्ट ग्रेव्ज ने अपनी पुस्तक ळतमबा डलजी के दोनों भागों में स्थान-स्थान पर किया है। उदाहरण के लिए ओडिसी एक सूर्य कथा है। पूरे उन्नीस वर्ष के बाद बीसवें वर्ष में नायक ओद्युसियस अपनी पत्नी पिनीलोपी से मिलता है। तत्कालीन ज्योतिष के अनुसार उन्नीस वर्ष के बाद

क्रम	नायक	नायिका	असुर (अपहरणकर्ता)	स्थान
1.	इन्द्र (देवगण)	स्वराज्य और अमृत	दैत्यगण	भारतीय
2.	इन्द्र व विष्णु	स्वराज्य	बलि (दैत्यराज)	भारतीय
3.	इन्द्र	गायत्री	पणि	भारतीय
4.	यज्ञवारा	धरती	हिरण्याक्ष	भारतीय
5.	विष्णु	वेद	मधु कैटभ	भारतीय
6.	राम लक्ष्मण	सीता	रावण (राक्षस)	ग्रीक
7.	धरती और जयूपिटर	कौर (पर्सीफोनी)	प्लूटो	ग्रीक
8.	कैस्टर और पोलक्स (भाई)	हेलेन (बहन)	थीसियस	ग्रीक
9.	मिनीलास-आगामेनन	हेलेन (पत्नी)	पेरिस	(नार्स) या
10.	थार और वोडेन (भाई)	फ्रिआ	असुर	जर्मन

यहाँ नार्स मिथ के 'थार' हैं इन्द्र, वोडेन है बुध तथा फ्रिआ है रति, जो देवताओं की श्वसा है। इन नास या पुराने जर्मन देवताओं के नाम ही अंग्रेजी दिनों के नामों में, वडेनेस डे, थर्स डे, और फ्राई डे में विद्यमान है। आर्यों की ही तरह सुमेरीय सभ्यता में भी सूर्योपासना विद्यमान थी। सुमेरीय अंचल के पड़ोस में उगारिता (ugarit) क्षेत्र में खुदाई के बाद कई हजार वर्ष पुरानी एक बस्ती का अवशेष मिला है। उसमें एक मिट्टी की पटरियों पर कीलाक्षरों में खुदा हुआ महाकाव्य मिला है, ईसा से 1500 वर्ष पुराना काव्य, जिसकी थीम भी यही है। नायक 'केरेत' की पत्नी 'हुराई' को 'उदाम' अपहृत कर लेता है और इसलिए युद्ध तथा उद्धार की कथा का जन्म होता है। सम्भवतः आज के प्राप्त सारे महाकाव्यों में, जिनका बीसवें में सूर्य और चन्द्र दोनों शिशिर सम्पात में एक ही अंश पर स्थित होते हैं। उनकी यह अंशात्मक युति ही नायक-नायिका के मिलन का प्रतीक है। हम आर्यों की सूर्य-कथा के अपहरण-उद्धार-रूढ़ि के कुछ उदाहरण दे रहे हैं।

विषय नारी-अपहरण और उद्धार है केरेत से प्रेरित है। केरेत सर्वाधिक प्राचीन महाकाव्य है। उपयुक्त सारी कथाओं में यह विशिष्टता प्राय: विद्यमान है कि इनका नायक सूर्य का प्रतीक है चाहे पूर्णत: हो या आंशिक। यदि नायक सूर्य प्रतीक न भी हो तो भी 'प्रकाश' प्रतीक तो निश्चय ही है। जैसे उपयुक्त हेलेन-मिथ के प्रधान रूप में पाया जाता है, जब वह विवाह-पूर्व थीसियस द्वारा अपहृता होती है तो उसके दोनों भाई उसका उद्धार करते हैं और ये दोनों भाई पुनर्वसु नक्षत्र के दोनों तारों का नाम धारण करते हैं। आर्यों की प्रत्येक गाथा में सूर्य-तत्व उपस्थित है। परन्तु प्रत्येक गाथा की आकृति-प्रकृति भिन्न है और स्थानीय लोक-संस्कृति, मौसम वातावरण तथा ऐतिहासिक स्थिति के अनुसार कथा का रूप भिन्न-भिन्न होता गया है। इन कथाओं में परस्पर दान-प्रतिदान का सम्बन्ध ज्ञात नहीं होता। जो कुछ समानता है वह समान व नस्लगत या जातीय संस्कारों के कारण है। नायिका भी स्वराज्य, अमृतकुम्भ, देवी, धरित्री, वेद, सीता, फ्रिआ (रति), हेलेन के (बहन), हेलेन (पत्नी), भिन्न-भिन्न कथाओं में भिन्न-भिन्न स्वरूप लेती है। सूर्य कथा का ही एक रूपान्तर होता है ऋतु-कथा। धरती (डीमीटर) की कथा कन्या 'कौर' (वधू) का अन्ध प्रेत-लोक के स्वामी यम (प्लूटो) द्वारा अपहरण तथा अन्त में इन्द्र (ज्यूपिटर) द्वारा उद्धार की प्रसिद्ध ग्रीक कथा एक ऋतु-कथा है। उसके अनुसार घोर शिशिर के तीन महीने 'कौर' (वधू) यमलोक में पर्सीफोनी के नाम से रहेगी और शेष नौ महीने धरती के पास। आर्यों के मूल-स्थान में घोर शिशिर के तीन महीने उदास रहते थे। इसका संकेत देती है यह ऋतु-कथा। शेष नौ मास मधुमई धूप और हरीतिमा के होते हैं मानों उसकी पुत्री 'कौर' धरती माता के पास लौट आई है और धरती प्रसन्नमुख हो उठी है। परिवर्तन का नायक है सूर्य। अत: यह भी सूर्य कथा ही है।

कहने का तात्पर्य यह है कि नारी अपहरण आदिम युग की सामान्य घटना थी। इसको केन्द्रित करके प्रत्येक जाति में लोककथाएँ और काव्य रचे गए हैं। यह इतनी सार्वभौम कथा-रूढ़ि है कि इस पर जाति-विशेष की मुहर अंकित करना एक भद्दी भूल होगी। अत: होमरीय गाथा या किसी अन्य विदेशी भारतेतर जातीय गाथा को रामकथा का स्रोत सिद्ध करने की चेष्टा असंगत है। सिर्फ नारी-अपहरण की बात उभयनिष्ठ होने के कारण होमर-वाल्मीकि में दाता-गृहीता का सम्बन्ध स्थापित करने की सौ वर्ष पुरानी चेष्टा को पुनर्जन्म देना एक बौद्धिक व्यायाम के अतिरिक्त कुछ नहीं है। यदि राम-कथा इतिहास न हो, कल्पना ही हो, तो भी वाल्मीकि दूर-दराज ग्रीस और

सीरिया से क्यों जुड़ने जाएँगे? स्थानीय किरात-निषाद लोककथाओं में इस रूढ़ि का प्रयोग वर्तमान है। अति प्राचीन लद्दाख-तिब्बती गाथा केसरगाथा में भी पत्नी अपहरण और उद्धार की कथा-रूढ़ि मिलती है और रामकथा के खोतानी रूप पर (जो खुतन तथा चीनी तुर्किस्तान में बौद्ध भिक्षुओं द्वारा प्रचलित है।) कुछ प्रभाव केसरगाथा का भी पड़ सकता है। इस गाथा में नायक केसर की अनुपस्थिति में उसकी पत्नी वृगमा का पड़ोस के होड़ या होर देश का राजा अपहरण करता है और सीता की तरह अशोक वाटिका जैसे एक उद्यान गृह में उसे रखकर उसकी स्वीकृति की प्रतीक्षा करता है। अन्त में नायक आकर अपनी पत्नी का उद्धार करता है। (देखिए लेखक की रचना किरात नदी में चन्द्र मधु में संकलित निबन्ध केसरगाथा)। राम कथा के समानान्तर कथा-रूढ़ि का दूसरा स्रोत आस्ट्रिक (Austric) यानी मालव-निषाद नस्ल की जातियों में जो भारत से लेकर इंडोनेशिया, कम्यूचिया तक फैली है, प्रचलित धान्य-लक्ष्मी (श्री तांडुली) की कथा है। भगवती लक्ष्मी (मयना) सरोवर में अकेली स्नान कर रही थीं। आकाश मार्ग से जाते हुए असुर की उन पर नजर पड़ी। वह काम-मोहित हो गया। नीचे उतरा और देवी को बलात अपहरण करके ले गया। पीछे विष्णु को जब खबर लगी तो उन्होंने शारंग धनुष लेकर असुर से युद्ध किया। असुर का वध हुआ और देवी का उद्धार हुआ। परन्तु लक्ष्मी ने पर-पुरुष से देह-स्पर्श होने के कारण अपने को दूषित माना और देह को अग्नि-समर्पित कर दिया। लक्ष्मी ने अन्य शरीर ग्रहण कर लिया और बैकुंठ में चली गईं, परन्तु भस्मीभूत ढेर से धान का पौधा जन्मा। भगवती श्री तभी से धान्य मंजरी (पृथ्वी पुत्री) मानी जाने लगीं। उसका नाम पड़ा श्री तांडुली। इस 'श्री तांडुली' की पूजा बाली द्वीप में होती है और यह कथा अर्वाचीन होने पर भी किसी अति प्राचीन निषाद लोक-कथा का रूपान्तर है। नींव की रूढ़ि को लोक-प्रतिभा नई-नई आकृतियाँ देती रहती हैं। उसका नाम गोत्र बदलकर विन्ध्यारण्य और असम की किरात-निषाद जनजातियों की लोक कथा में इस किस्म के कथा अभिप्राय का संकेत देते हैं। यह कथा-प्रारूप इतना सार्वभौम है कि बाहर से प्रेरणा लेने का प्रश्न ही नहीं उठता। वस्तुत: रामकथा काल की दृष्टि से उत्तर ब्राह्मण-आरण्यक काल की रचना है और देश को दृष्टि से भारतवर्ष की। अत: यदि यह इतिहास न भी हो, कल्पित ही हो, तो भी इसकी रूढ़ियाँ और प्रारूपों का स्रोत भारतवर्ष का आर्य अभिजात-साहित्य (संहिता-ब्राह्मण-आरण्यक) तथा आर्य-आर्येतर विभिन्न लोक-साहित्य ही माना जाना चाहिए। रामकथा में स्पष्टत: तीन सूत्र परस्पर

बँटे हुए है: (1) रघुकुल कथा (2) वानर कथा और (3) राक्षस कथा। इन तीनों में साहित्य की परत के नीचे किसी किस्म की एक ऐतिहासिक परत अवश्य है अन्यथा पूरे दक्षिण एशिया के लोक-विश्वास पर इस कथा का इतना दृढ एकात्मक आधिपत्य नहीं हो पाता।

(कोलकाता से प्रकाशित मासिक पत्रिका 'बातसामयिकी' के अंक मार्च, अप्रैल, मई और जून 1997 में प्रकाशित)

आदि स्रोत होमर

होमर यूरोपीय साहित्य एवं कलात्मक अभिरुचि का आदि स्रोत है। यह यूरोप का वाल्मीकि ही नहीं, बल्कि प्रथम रहस्यद्रष्टा कवि-ऋषि है। वाल्मीकि के पूर्व साहित्य और चिन्तन की लम्बी परम्परा चलती है। वे 'आदिकवि' इसी अर्थ में कहे जाते कि श्रुतियों के कवियों को हम 'ऋषि' की संज्ञा से पुकारते हैं। यूरोप के अन्दर होमर पूर्व जो कुछ था, वह अन्धकार में है। एक चारण-काव्य परम्परा अवश्य रही होगी जिसका कोई अवशेष हमें प्राप्त नहीं। होमर के महाकाव्य 'इलियड' और 'ओडिसी' ही प्रथम क्रमबद्ध रचनाएँ हैं जो हमें प्राप्य है। होमर के धार्मिक, नैतिक, सामाजिक आदर्शों से भिन्न क्रिश्चयन आदर्शों को ग्रहण कर लेने पर भी यूरोप के सांस्कृतिक एवं साहित्यिक जीवन का नियमन-उत्प्रेरण इन्हीं काव्यों के द्वारा होता है। यदि यूनानियों की बहुदेववादी पेगन संस्कृति जीवित रहती तो निश्चय ही इलियड और ओडिसी को ऋग्वेद की तरह मान्यता मिलती रहती। होमर किस समय पैदा हुआ, यह कहना कठिन है। परन्तु बहुमत से माना जाता है कि वह ईसा पूर्व 10वीं शती में 12वीं शती के बीच, या इसी के आस-पास, विद्यमान था। ग्रीक संस्कृति का प्रथम चरण बीत चुका था। जीवन के नैतिक व भावात्मक मानदंडों का जो प्लेटो तक आते-जाते स्थिर हो गए, अभी पूर्ण विकास नहीं हुआ था। संस्कार अभी खुरदुरे थे। होमर के काव्य के 'वातावरण' में आदिमपन एवं खुरदुरापन स्पष्टतः लक्षित होता है। परन्तु काव्य की 'अनुभूति' एवं 'व्यजंना' आदिम नहीं परिपक्व है। ग्रीक सभ्यता का उदय एजियन सभ्यता की लाश पर होता है। ईसा से 4000 वर्ष पूर्व मानवीय सभ्यता के चार बड़े चक्रों ने घर्र-घर्र घूमना प्रारम्भ किया। सिन्धु घाटी में, दजला-फरात-उपत्यका में (सुमेरियन-वैबीलोनियनपमीरियन सभ्यताएँ), नील की उपत्यका (मिस्त्र में) एवं एजियन समुद्र के तटवर्ती प्रान्त पर, विशेषतः कीट-द्वीप में, मानवीय सभ्यता का सूत्रपात हुआ। इस सभ्यता के मुख्य नगर थे कनोसम (Conosus) डायर, गिडान, हिगारिक (ट्रॉय) आदि। इनमें कनोसम मुख्य था। पुरातत्त्व विभाग

द्वारा की गई खुदाई से पता चलता है कि यह अत्यन्त समृद्धिगामी नगर था। यहाँ का कला-कौशल आश्चर्यजनक रूप से उन्नत था। इस नगर का व्यापारिक सम्बन्ध मिस्र में भी रहा होगा। यहाँ के राजा की उपाधि 'मिनाँग' थी। इसकी अपार उन्नति का कारण था इसका 3000 वर्षों का आक्रमणहीन, शान्तिमय जीवन। अन्त में 1000 ईसा पूर्व उत्तरी आर्यों का दल आया और इस नगर का विनाश अन्य समृद्धिशाली नगरों के साथ कर दिया। ये उत्तरी आर्य ही ग्रीकों के पूर्वज थे। इस आक्रमण के कई कारण हो सकते हैं। यह बनचारी (नोमाडिक) सभ्यता का युग था जिसमें धन हासिल करने का यही एकमात्र न्यायसम्मत तरीका माना जाता था। दूसरा कारण था इन नगरों का व्यापारिक महत्त्व इसके अतिरिक्त एक तीसरा कारण भी कल्पित किया जा सकता है। उन दिनों दास व्यापार खूब चलता था। ये सभ्य नगर उत्तरी ग्रीकों के बच्चों एवं युवतियों का हरण करके मिस्र के बाजारों में बेचते रहे होंगे। ग्रीक पुराणों में मनोसस-निवासी 'मिनोटर' नामक राक्षस की कथा, जो कुमारों और कुमारियों को राजमहल की ''भूल-भूलैया'' में कैद करके भक्षण करता था एवं जिसे थीसियस (ग्रीकपुरुष) ने मार डाला, इसी तथ्य की ओर संकेत करती है।[1] यह ग्रीक सभ्यता का प्रथम चरण था।

होमर की गाथा इसके बादवाले युग से सम्बद्ध है। उक्त कीट सभ्यता के पतन के बाद ग्रीकों में अपने स्वतन्त्र उपनिवेश स्थापित कर लिए एवं आयोनिया, स्पार्टा, एशेइया, एथेन्स, हेल्लाज, इथैका, मिकीनिया (माइसीनिया) आदि नगर बस गए, जो शान्तिकाल में सुरक्षित थे, पर संकटकाल में अपने में किसी शक्तिमान के अन्दर संगठित हो जाते थे। उक्त एजियन या कीट-सभ्यता का अन्तिम नगर ट्रॉय था। 'इयियम' बचा रह गया था। यह अति शक्तिशाली था। हो सकता है यह उक्त क्रीटन सभ्यता का नगर न होकर ग्रीकों के किसी एशियाई फिरके का नगर हो। परन्तु बहुमत प्रथम तथ्य के पक्ष में है। ग्रीकों की संगठित सेना से ट्रॉयवासियों का घोर युद्ध हुआ और इस युद्ध की परिसमाप्ति ट्रॉय-ध्वंस के रूप में हुई। इस युद्ध के भी कारण व्यापारिक रहे होंगे-एक तो उक्त युग की कुमारी हरण की प्रथा दास-व्यापार के लिए, दूसरा इसका व्यापारिक महत्त्व। ट्रॉय ऐसे केन्द्र पर स्थित था जहाँ से व्यापारी काफिलों का आवागमन काफी होता था एवं उक्त युग की प्रथा के अनुसार ट्रॉयवाले निर्दयतापूर्वक चुँगी वसूल करते थे। इनके अत्याचारों से पीड़ित होकर एक संगठित युद्ध हुआ। हेलेन के अपहरण की कथा कुमार-कुमारी-हरण का प्रतीक हो सकती है, या हो सकता है कि विशिष्ट रूप में भी

यह एक सत्य घटना हो। परन्तु ग्रीक ट्रॉय विद्वेष के कारण गहरे थे, जैसा कि ऊपर कहा जा चुका है।[2] होमर ने इस जातीय विजय का इतिहास भावात्मक एवं कथात्मक संस्कार देकर महाकाव्य के रूप में प्रस्तुत किया है।

होमर ने अपने महाकाव्य में 'ग्रीक' शब्द का प्रयोग नहीं किया है। यह उन्हें एक शब्द द्वारा नहीं अपितु आयोनियन (यवन), एशेइयन (एसेइयन), हलेनीज, दानान एवं कभी-कभी आर्गिव नाम से पुकारता है। होमरीय ग्रीक सभ्यता वर्तमान ग्रीस के आस-पास छोटे-मोटे द्वीपों तक फैली थी। परन्तु उसमें सिकन्दर की नगरी मकदूनिया (मेसीडोनिया) नहीं थी। उस समय उसकी चर्चा ही नहीं आती। आयोनिया या 'इयोनिया' उक्त सभ्यता का प्रथम केन्द्र बना। कालान्तर में केन्द्र एथेन्स एवं स्पार्टा हो गए। इसी आमोनिया से 'आयनियन' शब्द निकला है। ग्रीक देश का दूसरा नाम 'हेल्नाड' भी है। 'हेलेनीज' थिसलीवाले ग्रीक जथे का पुराना नाम है, जिससे हेल्लाज निकला है। 'ग्रीस' शब्द रोमन शब्द 'ग्रीशिया' से उत्पन्न है, जो हेल्लाज का रोमन नाम है। कालान्तर में हेल्लाज दब गया एवं 'ग्रीसिया' ही याद रहा, जो 'भारत' एवं 'हिन्द' या 'इंड' के बारे में कहा जा सकता है। हेलनीज थिसली में बसे थे। उन्हीं हेलेनीजो में एक दल इशेइया (एखेइया) प्रान्त में आकर बस गया। ये लोग एखेइयन या एशेइयन कहलाए। प्रसिद्ध योद्धा कहलाए। प्रसिद्ध योद्धा एवं इलियड का नाम नायक एकिलेज '(ऐखिल्लेस)[3] इसी वर्ग से आता है। होमर ने 'एशेइयन' का प्रयोग एकिलेज के लोगों के लिए विशेष तौर पर एवं समस्त ग्रीक जाति के लिए सामान्य तौर पर, इन दोनों अर्थों में किया है। इन थिसली के ग्रीक जथों ने एशेइयन संघ का निर्माण किया। जिसने ग्रीक सभ्यता के पश्चिमी प्रसार के लिए मुख्य कार्य किया।[4]

काल-निर्णय

होमर का काव्य म्यिकेनाई सभ्यता का प्रतिनिधित्व करता है। इस म्यिकेनाइयन ('माइसीनियन' का ग्रीक उच्चारण) सभ्यता का उद्‌भव उन हेलेनीजों द्वारा हुआ जो एखेइयन (एशेइयन) कहलाते थे। इन्होंने क्रीट के नगरों के ध्वंस के पश्चात् म्यिकेनिया (माइसीना) नगर को बसाया। इन एखेइयनों में जो उत्तर भाग से आए थे ऐलियन तथा दक्षिणवाले इयोनियन बोली बोलते थे। दोनों वर्गों के बीच एक ढीला-ढाला संघात्मक सम्बन्ध था। यही म्यिकेनाइयन सभ्यता ग्रीक सभ्यता का प्रथम स्तर है। यही ट्रॉय-युद्ध की विभीषिका में उलझनेवाली शक्ति है। ट्रॉय-युद्ध के कुछ ही सौ वर्षों बाद इस

सभ्यता का ध्वंस ग्रीकों के अन्य जत्थे 'डोरिकों' के द्वारा हुआ। इस तरह हम देखते हैं कि क्रीटिन सभ्यता के ध्वंस पर ग्रीकों की प्रथम सभ्यता एशेइयन और इयोनियन का जन्म हुआ, और इन दोनों को समाप्त कर कालान्तर में ग्रीकों की द्वितीय सभ्यता के डोरिक-सर्ग का प्रारम्भ हुआ।

मानवीय सभ्यता में अस्थियुग, प्रस्तरयुग के बाद ताम्रयुग और फिर कांस्ययुग आता है। होमर जिस काल की घटना लिखता है वह कांस्ययुग का काल मालूम होता है। लेन-देन का माध्यम ताम्र था, पर हथियार-औजार काँसे के बनते थे। तलवार, भाला, कवच आदि में काँसे का ही उपयोग होता था। लोहे की भी कहीं-कहीं चर्चा है। वह होमर के अपने युग का प्रभाव है। होमर सम्भवत: उस युग में पैदा हुआ था जब लौहयुग का ग्रीस में प्रारम्भ हो गया था, पर कांस्य की महिमा घटी नहीं थी। इसी से कहीं-कहीं लोहे की भी चर्चा मिलती है। एकिलीज की ढाल का विशद् वर्णन एवं स्वर्ण का उल्लेख, ज्ञात होता है कि परवर्ती काल में रचा गया क्षेपक है। यह भाग महाकाव्य के समूचे बन्ध, सर्वांग-पूर्ण ढाँचे में ठीक-ठीक फिट नहीं बैठता है। ग्रीक सभ्यता में लौहयुग का प्रारम्भ म्यिकेनाइयन सभ्यता के अन्तिम चरण में होता है पर ट्रॉययुग उसके प्रथमार्द्ध में ही घटित हो जाता है।

डॉ. हर्बर्ट जेनिङ्ग रोज (चेम्बर्स इनसाइक्लोपीडिया भाग 7, पृष्ठ 190) ने होमरीय गाथा एवं कवि होमर के काल-निर्णय की चर्चा की है। उसका सारांश इस प्रकार है:

ग्रीक वीरगाथा काल म्यिकेनाइयन युग में पड़ता है जो काल-क्रम के अनुसार 14वीं शती ईसा पूर्व के आस-पास है। होमरकाव्य में वर्णित शास्त्र, गृहसज्जा, पोत-यान आदि 'म्यिकेनाइयन सभ्यता के शोध के सिलसिले में की गई खुदाई से प्राप्त सामग्रियों से मिलते हैं। ऐसा लगता है कि गाथा काल तो यह कांस्ययुग है, परन्तु कवि का जन्म 400 वर्ष बाद हुआ और उस समय तक मूल घटना पर लोक कल्पना से प्रसूत अनेक रोमांटिक परतें तब तक चढ़ चुकी थीं। कवि का समय सम्भवत: ग्रीक सभ्यता में लौह-युग के प्रारम्भिक चरण में है। म्यिकेनियन सभ्यता की चुस्त पोशाक की जगह 'ओडिसी' में वर्णित कुत्तक (कुर्ता) या 'ट्यूनिक' का वर्णन होमर-युग का प्रभाव है। डोरियनों का आक्रमण 12 वीं शती ई. पू. से चलने लगता है। होमर डोरिक जाति की हल्की-सी चर्चा करता है। चर्चा चाहे जितनी ही नगण्य क्यों न हो यह बात उससे सिद्ध हो जाती है कि होमर जिस समय पैदा हुआ डोरिक आक्रमरण शुरू हो गया था। अत: होमर का काल 10वीं शती ई. पू.

के पास-पास-900 ई. पू. या 950 ई. पू.- मानना चाहिए। कुछ लोग इससे भी पीछे ले जाना चाहते हैं। परन्तु प्लेटो, जो 5वीं शती ई. पू. में पैदा हुया था, अपने 'रिपब्लिक' एवं 'लाज' और उनके शिष्य अरस्तू ने 'पोयटिक्स' में होमर की चर्चा इस रूप में की है जैसे यह ग्रीक जनता में ऋषि तुल्य माना जाता हो। ऐसे गहरे प्रभाव के लिए 400-500 वर्षों का समय तो चाहिए ही। इस अवस्था में ई. पू. 10वीं शती के पास-पास ही उसका काल निश्चित करना ठीक होगा। यही बहुमत का निर्णय है।

विकासशील महाकाव्य

महाकाव्य प्रायः दो प्रकारों में विभाजित किए जाते हैं : विकासशील महाकाव्य और कलात्मक महाकाव्य। विकासशील महाकाव्य मूलतः व्यक्ति-विशेष की रचना है। फिर भी परम्परा द्वारा उसका परिवर्द्धन एवं संशोधन हुआ करती है। उनके मूल रूप को पाना कठिन है। द्वितीय यह कि, विकासशील महाकाव्यों की रचना में जातीय प्रतिभा का योग अधिक रहता है एवं व्यक्तिगत प्रतिभा का कम। ऐसे महाकाव्यों में रामायण, महाभारत, इलियड, ओडिसी, बिओवुल्फ, शेजाँद रात्लैं एवं आर्थर सम्बन्धी रोमन्स काव्य आदि हैं। हिन्दी में 'रासो' को हम विकासशील महाकाव्य की श्रेणी में रखते हैं। इसके विपरीत कलात्मक महाकाव्य में कवि की व्यक्तिगत प्रतिभा की देन प्रायः सम्पूर्णतः रहती है। और वही संस्करण प्रामाणिक माना जाता है जो क्षेपकरहित हो। कवि भी व्यक्तिगत कृति इसमें विवाद से परे रहता है। ऐसे काव्यों में हम रामचरितमानस, पद्मावत, मेघनादवध, एनीयड (वर्जिल), पैरेडाइजलास्ट (मिल्टन), डिवाइन कॉमेडी (दाँते) आदि को ले सकते हैं।

प्रत्येक विकासशील महाकाव्य का विकास एक समस्या है। होमर की काव्य-सम्बन्धी एवं व्यक्तित्व सम्बन्धी समस्यायों को संयुक्त रूप से 'होमरीय-प्रश्न' (होमरिक क्वेश्चन) कहते हैं। इस विषय का इतना अधिक विस्तार हो चुका है कि इसकी समूची व्याख्या का सिंहावलोकन मात्र भी एक भारी भरकम विषय है। होमर के व्यक्तित्व को ही लेकर तरह-तरह के प्रश्न उठाए गए हैं। अलेएजेंड्रिया के 'विच्छेदक' (विश्लेषणवादी) आलोचकों ने प्रथमतः होमर नाम के दो कवियों की चर्चा की है। दूसरा होमर पहले से कुछ बाद पैदा हुआ और 'ओडिसी' काव्य की रचना इसी के द्वारा हुई। 'ओडिसी' में लौहयुग का अधिक प्राधान्य है। इस तथ्य का खंडन श्री 'रघू' अपने 'इलियड' के अनुवाद की भूमिका में किया है। यह लौह युग सम्बन्धी

प्रभाव ऐसा स्पष्ट नहीं कि इसे क्षेपक मानकर प्रश्न का समाधान न कर दिया जाए। वे पंक्तियाँ या निर्देश, जो लौह-युग से सम्बद्ध हैं, बाद के किसी चारण द्वारा घुसेड़े गए हैं। इसके आधार पर दो होमर नहीं सिद्ध किए जा सकते। फिर होमर के दोनों काव्यों की 'तकनीक' (शैली, कथा-बन्ध आदि) में आश्चर्यजनक साम्य है। इस समानान्तरण का अध्ययन हम आगे करेंगे। इससे सिद्ध होता है कि दोनों काव्यों के कर्ता होने का श्रेय एक ही व्यक्ति को देना उचित होगा। दोनों महाकाव्यों में अनेक पात्र उभयनिष्ठ हैं। दोनों काव्यों के अन्दर किसी एक पात्र के दोनों चित्रणों में पूर्णतः सामंजस्य है। इससे भी सिद्ध होता है कि ये दोनों चित्रण एक ही मस्तिष्क से विकसित हुए हैं। विविध लेखकों के द्वारा चित्रित होने पर थोड़ा बहुत भेद तो होता ही।

होमर के कर्तृत्व पर प्रमाण-बद्ध वैज्ञानिक आलोचना लिखने वालों में सर्वप्रथम श्री एफ. ए. वुल्फ का उल्लेख उचित होगा। अपनी पुस्तक 'प्रोलेनोमना ऍड होमरस' में उनका कथन है कि होमर घोर अशिक्षा के युग में पैदा हुआ। ऐसी अवस्था में उसके द्वारा इतने बड़े काव्य का विरचित होना एवं परम्परागत चारणों द्वारा याद रखा जाना सम्भव नहीं। अतः यह महाकाव्य छोटी-छोटी अनेक पद्यबद्ध वीरगाथाओं का संकलन है, जो विविध व्यक्तियों द्वारा होमर के नाम से चली आती रही होगी। कहा भी जाता है कि पिसीमासस (पिसीस्ट्रेसस) नामक सम्राट की संरक्षता में होमर की गाथा का अन्तिम संकलन एवं सम्पादन हुआ था। इन्हीं संकलनकारों की प्रतिभा का फल है कि महाकाव्य के कथा-बन्ध में गठीली ठोस एकता विद्यमान है। जार्ज ग्रोट ने इस सिद्धान्त का संशोधन इस प्रकार किया। होमर का काव्य कई गाथाओं का संकलन नहीं बल्कि एक ही 'नाभिकाव्य' का विस्तार है। इतनी आश्चर्यजनक सामंजस्यपूर्ण एकता बिना एक केन्द्रीय काव्य या नाभिकाव्य के सम्भव नहीं। ग्रोट ने इस नाभिकाव्य को 'एकीलायस' कहा है जिसका रचयिता होमर नामक व्यक्ति रहा होगा। यह तो हुआ 'इलियड' के बारे में। 'ओडिसी' के बारे में सबसे लोकप्रिय मत है ए. किरशोव का। उसके अनुसार यह तीन काव्यों का एकीकरण है। ये तीनों काव्य होमर के ही नाम पर विविध कवियों द्वारा या स्वतः होमर द्वारा अलग-अलग लिखे गए थे : 'ओडेसियस का आगमन', 'ओडेसियस का प्रतिशोध' एवं 'टेल्मेकस का साहस'।

ये दृष्टिकोण प्रायः गत शताब्दी के अन्तिम भाग में लोकप्रिय हुए थे। आज स्थिति भिन्न है। आज होमरीय गाथाओं के अध्येता इन सब भेदमूलक

धारणाओं को आन्तरिक प्रमाणों के आधार पर मिथ्या मानते हैं। इन काव्यों के अन्तर में ही ऐसे प्रमाण हैं कि इनके कर्तृत्व पर संशय के लिए स्थान नहीं रह जाता। 'इलियड' आदि से अन्त तक इतना गठा एवं संयमित है, चरित्र व्यंजना और कथा-वंध की एकता आश्चर्यजनक रूप से सर्ग-प्रतिसर्ग इतनी गठीली है कि कर्तृत्व की विविधता सम्बन्धी सारी धारणाओं को कुतर्क ही मानना पड़ता है। आलोचकों की संशयमूलक धारणाएँ अत्यल्प मात्रा में पाए अपवादों पर ही आधारित हैं। उन्हें हम क्षेपक-परम्परा की देन मानकर इस आलोचना के शब्द-संगर को समाप्त कर सकते हैं। क्षेपक का अर्थ यह तो होता नहीं कि किसी समूचे कर्तृत्व को ही उड़ा दिया जाए। आज के 100 वर्ष बाद ज्वालाप्रसाद मिश्र द्वारा सम्पादित 'रामचरितमानस' की प्रति पर वे सभी प्रश्न लागू हो सकते हैं। जो होमर के बारे में उठाए जा रहे हैं। उस समय का कोई भंड-विद्वान् यदि सिद्ध करने की चेष्टा करेगा कि तुलसी नाम का कोई व्यक्ति पैदा ही नहीं हुआ था, तो सुधी पाठक उसके महिमामय मंडूकमतित्व की दाद देकर आगे बढ़ेगा।

हाँ, यह बात अवश्य स्वीकार करनी होगी कि प्राचीन काव्यों की व्यंजना में कुछ वाक्यांश, मुहावरे, कुछ कवि-प्रसिद्धियाँ रहती हैं जो परम्परा से चलती हैं। ये जातीय प्रतिभा के अनुदान हैं। यह साहित्यिक चोरी नहीं, यथार्थ की स्वाभाविक भाषा है। तुलसीदास के काव्य में कभी वाक्य-पर-वाक्य किसी प्राचीन ग्रन्थ में से अनूदित जैसे लगते हैं। परन्तु यह भाषा को स्वाभाविक बनाने के प्रयत्न के फलस्वरूप हुआ है। जिस समाज की भाषा है उसमें वे मुहावरे या वाक्य 'तकिया-कलाम' से बन गए थे इसी से वे स्वाभाविक भाषा में ज्यों-के-त्यों ढल गए। उदाहरण के लिए, ''जब जब होइ धरम कै हानी...'' या ''बिनु पग चलै सुनै बिनु काना...'' या शरद-वर्णन एवं वर्षा-वर्णन के अन्दर पाए जानेवाले 'व्यंजना-सूत्र' में (तुलना कीजिए 'विष्णु पुराण' के ऋतु वर्णन से)। इसी भाँति होमर भी अपनी पूर्ववर्ती चारण परम्परा का ऋणी रहा होगा। एवं परवर्ती चारण परम्परा उसकी ऋणी रही होगी।

दूर क्यों जाएँ? रवीन्द्रनाथ को ही लें। वे 20वीं शती के व्यक्तिवादी युग के कवि हैं। परन्तु उनकी किसी भी कविता का विश्लेषण करके पंक्ति-पंक्ति पर दिखाया जा सकता है कि आधी व्यंजना पुराने वैष्णव कवियों, कबीर-दादू, जयदेव-कालिदास आविष्कृत है। गुरुदेव ने उन्हें अपनी ऐंठन (ट्विस्ट) मात्र प्रदान की है। आखिरकार, व्यंजना-सूत्र यदि परम्परा या जातीय मानस से न ले आए, तो लाए कहाँ से? एक-ब-एक नई भू-फोड़ स्वयंभू व्यंजना तो

सर्रियलिस्टों एवं फ्यूचरिस्टों जैसी होगी, जो 'काला गुलाब' लिखना अधिक पसन्द इसलिए करते हैं कि परम्परा ने 'लाल गुलाब' की महिमा-श्री का गान किया है। होमर ने भी इसी भाँति पूर्ववर्ती लोककवियों से उपमान-उपमेय, रूपक-उत्प्रेक्षा एवं शैली के विविध अंगों का कंकाल तैयार व्यंजना के मोटे-खुरदुरे फार्मूले आदि अवश्य लिए होंगे। होमर के समकालीनों में भी कुछ, कविगण 'इलियड' या 'ओडिसी' को कथा का गान करनेवाले रहे होंगे। होमर ने अपने चरित्रों का पैटर्न इसी कवि-समूह में लिया होगा। परन्तु उनमें वह भावात्मक एकता एवं सुगठन अपनी प्रतिभा द्वारा लाता है और उन्हें अन्तिम कटे-छँटे रूप में हमारे सामने प्रस्तुत करता है। होमर की इस प्रस्तुति के बाद परवर्ती कवि भी होमरीय शैली का अभ्यास करके उनकी व्यंजना और चित्रण पर पालिश चढ़ाते रहे होंगे। संस्कृत या हिन्दी के रीतिकाल में जैसे एक ही शैली एवं एक ही काँठे की रचना मिलती है। भिखारीदास की रचना को कोई देव की कह दे, तो शैली के आधार पर दोनों में फरक दिखाना मुश्किल होगा। अनेक अप्रसिद्ध कवियों ने गाँव-गाँव के कारणों ने, भाटों ने, एक शैली का अनुकरण करके अपार अप्रकाशित साहित्य रचा है। उसी तरह होमर की परवर्ती कवि शृंखला में होमर की शैली का घोर अभ्यास किया जाता रहा होगा। होमर को दैवी प्रतिभा माना जाता था। अत: होमर के नाम पर कुछ रचकर एक चारण अधिक सम्मान एवं पारिश्रमिक पा सकता था, अपेक्षाकृत अपने नाम से प्रसिद्ध करने के।1 ऐसी अवस्था में परवर्ती-कविगण होमर की व्यंजना पर रंग चढ़ाते गए होंगे। परन्तु आन्तरिक ढाँचा एवं किसी भी चरित्र की अंग-प्रत्यंग संगति का मूल ढाँचा तो एक ही व्यक्ति के द्वारा इतने परस्पर सामंजस्य के साथ एक ही साथ स्थापित किया जा सकता है। संक्षेप में, होमर का कर्तृत्व एक सत्य तथ्य है और साथ ही होमर अपनी पूर्ववर्ती एवं परवर्ती कवि परम्पराओं के प्रति ऋणी भी है जैसा कि प्रत्येक विकासशील महाकाव्य के बारे में कहा जा सकता है।

कथानक

होमर के विषय में कुछ जानने के पूर्व इलियड और ओडिसी को कथानक का ज्ञान होना आवश्यक है। कथा तो किसी शिशु-पुस्तिका में भी मिल जाती है, परन्तु यहाँ हमारा तात्पर्य कथा से नहीं कथानक से है। यहाँ हम कथानक को उसी सर्गवद्ध घटनाक्रम में प्रस्तुत कर रहे हैं जिस क्रम में वह मूल काव्य में सजाया गया है। इससे होमर की 'बन्ध-तकनीक' या 'ढाँचे का

पैटर्न' (छन्द) ज्ञात हो जाएगा। सर्वप्रथम 'इलियड' को लेते हैं। 'इलियड' का अर्थ है 'इलियम (ट्रॉय) की गाथा'। घटना का प्रारम्भ जिस विन्दु से होता है होमर ने उस विन्दु से प्रारम्भ न करके समूची घटना के अन्तिम भाग से प्रारम्भ किया है। अतः सर्गबद्ध विश्लेषण से पहले पूर्व कथा का संक्षिप्त परिचय आवश्यक है।

देवों की सभा में एक बार तीन देवियों, हीरी (देवराज की पत्नी) एथनी (देवराज पुत्री एवं युद्ध तथा कीर्ति की देवी) तथा एफ्रोदीती (सौन्दर्य तथा प्रेम की देवी) में सर्वश्रेष्ठ कौन है, इस विषय पर होड़ लगी थी। पारितोषिक था एक सेव। देवराज जीयस ने सोचा कि न्याय के लिए मत्र्यलोकवासी तटस्थ व्यक्ति को लाया जाए। ट्रॉय का राजकुमार पेरिस इस निर्णय के लिए चुना गया एवं उसने अपना अभिमत अफ्रोदीती के पक्ष में दिया। इससे क्रुद्ध होकर हीरी एवं एथिनी ने पेरिस को स-वंश विनष्ट करने की प्रतिज्ञा की। कालान्तर में एक दिन राजमहिषी लीडा राजोद्यान में नग्न जल-विहार कर रही थीं। देवराज जीयस बादलों से होकर जा रहे थे। उनकी दृष्टि धरती पर पड़ी। लीडा के नग्न 'वेत सौन्दर्य पर मुग्ध होकर वे राजहंस का रूप धारण करके लीडा की जाँघों पर आकर बैठ गए एवं अपनी कामना पूर्ण की।[6] लीडा ने एक अंडे का प्रसव किया एवं इसी टंडे से विश्व की सर्वश्रेष्ठ सुन्दरी हेलेन का जन्म हुआ। यौवनारम्भ पर उसके पाणिग्रहण के लिए ग्रीक राज्यों के राजकुमार बड़ी संख्या में आने लगे। युद्ध की आशंका से भयभीत होकर हेलेन के पिता ने देवताओं के चैत्य के सम्मुख सभी पाणिप्रार्थी राजकुमारों से वचन लिया कि हेलेन जिसे पति चुन ले उसकी सहायता जीवन भर सभी उपस्थित कुमार संकट पाने पर करेंगे। स्वयंवर की यह शर्त सभी को मंजूर हो गई। हेलेन में स्पार्टा के शक्तिशाली राजा अगामेनन के भाई एथेन्स-नरेश मिनीलास का वरण किया, वह अपनी समृद्धि के लिए प्रसिद्ध था।

हेलेन अफ्रोदीती की प्रतिकृति थी। उसका सौन्दर्य देवलोक और मत्र्यलोक दोनों में अतुलनीय था। पेरिस को देवसभा में अपने जाने और आफ्रोदीती की श्रेष्ठता घोषित करने की बात स्वप्नवत् याद थी। सम्भवतः अचेतन अवस्था में वह वहाँ लाया गया था। पर अफ्रोदीती की छवि उसके मन में बसी हुई थी। एक बार अचानक उसे एथेन्स-नरेश का आतिथ्य ग्रहण करने का अवसर मिला। हेलेन को देखकर अफ्रोदीती की छवि के साकार दर्शन का उसे अनुभव हुआ। देवताओं की यही इच्छा थी। इसी से दोनों प्रेम-पाश में बँध गए। फलतः एक रात को पेरिस हेलेन को उसकी सहमति से

अपहरण करके ट्रॉय में लाया। मिनीलास के बहुत कहने पर भी ट्रॉय-नरेश प्रायम ने हेलेन को लौटाया नहीं। अगामेनन के नेतृत्व में सारे प्रतिज्ञाबद्ध ग्रीक राजकुमारों की सेना चली। समुद्रदेव मार्ग ही नहीं दे रहे थे। अगामेनन की पुत्री की बलि पाकर उन्होंने मार्ग दिया। ग्रीकवाहिनी जलपोतों से उतरी। 10 वर्ष इसी अभियान की तैयारी एवं समुद्र सन्तरण में लग गए। 10 वर्ष तक घोर युद्ध चलता रहा। समुद्र-तट पर तो ग्रीक शिविर था, पर पीछे से स्थल भूमि से ट्रॉय के मित्रराज्य सहायता करने आते थे।

ग्रीक वर्ग के प्रधान योद्धागण थे-सेनापति अगामेनन, मिनीलास, वृद्ध नेस्टर, एथेज (एजेक्स) ओडेसियस (युलीसिस) एवं सर्वश्रेष्ठ एकिलेस (एकिलीज)। वरुण कन्या थेटिस से उत्पन्न होनेवाला देवराज जीयस का प्रथम पुत्र जीयस को पदच्युत करके सिंहासनासीन होगा ऐसी भविष्यवाणी थी।3 इसी से थेटिस का विवाह जीयम ने मानव से करा दिया एवं इस प्रकार प्रथम पुत्र देव न होकर मानव ही हुआ। फलतः देवराज सिंहासनच्युत नहीं हुए। इस पुत्र के उत्पन्न होने के बाद देवराज थेटिस को स्वर्ग ले गए, क्योंकि उक्त शाप तभी असर करता जब थेटिस का पहला पुत्र देवपुत्र होता। थेटिस में देवराज में अपने पुत्र के लिए अमरता माँगी। पर मत्र्यपुत्र को अमरता कैसे दी जाए? देवराज ने शिशु को अमृतकुंड में डुबोने को कहा। माता ने शिशु की एड़ियों को पकड़कर कुंड में डुबाया। एड़ियों को छोड़कर शेष शरीर दुर्भेद्य हो गया। इसी अभेद्य शरीरधारी योद्धा का नाम एकिलेस है। यही 'इलियड' का नायक है। (वास्तव में 'इलियड' में इन कथाओं का वर्णन नहीं है क्योंकि काव्य अन्तिम भाग को लेकर प्रारम्भ होता है। परन्तु ग्रीक पुराण-परम्परा में ये कथाएँ आईं हैं।) देवताओं में हीरी एथनी, मार्स (युद्ध देवता) एवं पोजीडन (वरुण) ग्रीकों के सहायक है।

ट्रोजन योद्धाओं में मुख्य था हेक्टर। हेक्टर के सामने पड़ने का साहस एकिलेस को छोड़कर अन्य किसी को न था। वह भी इसलिए कि उसका शरीर देवताओं की कृपा से, जैसा कि ऊपर कहा गया है, अभेद्य हो गया था। फिर द्वितीय योद्धा था 'एनीयस।' यह-ट्रोजन वंश की शाखा में पैदा हुआ था पर उसका राज्य भिन्न था। यही ट्रोजन सेनापति था। यही एनीयस ट्रॉय-ध्वंस के बाद रोमन जाति के आदि पुरुष के रूप में रोम (लैटिनम) चला गया। यह देवी अफ्रीदीती का पुत्र था, पर इसका पिता मानव था। यही एनीयम वर्जिल के महाकाव्य 'एनीयड' का नायक है। इसके अतिरिक्त मित्र राजाओं में शार्पीडन (जीयस देवराज का पुत्र, जो मानव कन्या से उत्पन्न हुआ था) मुख्य

है। पेरिस हेक्टर का भाई एवं प्रसिद्ध धनुर्धर था। इसी ने हेलेन को प्रेमबद्ध किया था। ट्रॉय- नरेश वृद्ध प्रायम तो युद्ध के लिए असमर्थ थे। देवताओं में अपोलो (सूर्य), डायना देवी (चन्द्रमा) एवं अफ्रोदीती (रति) इस वर्ग के सहायक हैं। यही इन महाकाव्यों की कथा की पृष्ठभूमि है।

होमर के कथाकौशल की एक झाँकी प्रस्तुत करने की दृष्टि से 'इलियड' और 'ओडिसी' के कथानकों का सर्ग क्रम से संक्षिप्त विवरण नीचे दिया जा रहा है।

इलियड

मंगलाचरण : ओ सरस्वती (म्यूज), एकिलेस के उस महाक्रोध का वर्णन करो जिस महाक्रोध के कारण, एवं देवराज के इच्छानुसार, अनेक ग्रीकों को व्यथा भोगनी पड़ी, अनेक शूरमानों को अपने सुन्दर शरीर कुत्तों और चील-कौवों के महोत्सव के लिए छोड़कर मृत्युलोक जाना पड़ा। हे देवी, मेरे हेतु तू उसी क्रोध का गान कर।

सर्ग 1—अपोलो के पुजारी की पुत्री युद्ध-बन्दी के रूप में सेनापति अगामेनन की सेवा में उसके वृद्ध पिता का आगमन और पुत्री के बदले में अर्थदंड का प्रस्ताव एवं पुत्री की माँग इस सुन्दर कपोलोंवासी बाला पर नृपति इतना मुग्ध है कि इसके पिता को तिरस्कारपूर्वक निकलवा देता है— पुजारी के अपमान से धनुर्धर देवता अपोलो का क्षोभ एव शरसन्धान — उस भासमान देवता का रजत-बाण ग्रीक सैन्य शिविर पर अदृश्य रूप में— ग्रीक शिविर में घोर महामारी— अपोलो के क्रोध की बात का सेना में प्रचार- एकिलेस का नृपति अगामेनन से पुजारी की पुत्री को लौटाने का घोर आग्रह एवं नृपति द्वारा महायोद्धा एकिलेस का तिरस्कार एवं अपमान- अगामेनन का सुन्दरी बाला को लौटाकर एकिलेस को युद्ध पारितोषिक के रूप में मिली उसकी प्रेमिका-दासी ब्रिसीज को जबर्दस्ती ले लेना- अपमान एवं क्षोभ से जलते हुए एकिलेस ने युद्ध में भाग न लेने की प्रतिज्ञा की- दुःख एवं अपमान से पीड़ित आँखों में आँसू भरकर एकिलेस समुद्र तट पर बैठा- उसी समय समुद्र-गर्भ से लहरों के ऊपर आसीन उसकी माता समुद्रकन्या थेटिस उक्त निर्जन तट पर बैठे पुत्र को आश्वासन देकर स्वर्ग में देवराज को ट्रोजनों की, अल्पकाल के लिए, विजय की प्रार्थना की जिससे ग्रीक उसके पुत्र के पास जाकर शरणागत हों— हीरी का प्रतिरोध- पर देवराज के एक भृकुटि-भंग से शची हीरी एवं समस्त स्वर्ग त्रस्त हो उठा।

सर्ग 2—देवराज द्वारा प्रेरित ग्रीक सेनप अगामेनन को मिथ्यास्वप्न और आक्रमण का आदेश-व्यूह-रचना।

सर्ग 3—दोनों सेनाओं के मध्य हेक्टर द्वारा प्रेरित मिनीलास के द्वन्द्व युद्ध का आवाहान-हेलेन का क्षोभपूर्वक दुर्ग-शिखर पर जाना-वहाँ बैठे राजा प्रायम को ग्रीक सेनापतियों का परिचय देना-प्रायम और अगामेनन का संयुक्त शपथ एवं द्वन्द्वयुद्ध की शर्तों की मान्यता देवी एथनी द्वारा मिनीलास में स्फूर्तिभरण एवं पेरिस आहत-देवी अफ्रोदीती द्वारा पेरिस के शरीर की रक्षा एवं पलायन।

सर्ग 4—युद्धभूमि में दोनों सेनाएँ शान्त खड़ी हैं- एथनी जो युद्ध द्वारा ट्रोजनों का विनाश चाहती है, पैंडरस द्वारा छलपूर्वक मिनीलास पर बाण चलवाकर शान्ति भंग कर देती है-भयानक युद्ध का प्रारम्भ।'8

सर्ग 5—एथनी द्वारा ग्रीक योद्धा डायोमिडीज में बल एवं प्रेरणा का भरण एवं डायोमिडीज का भयंकर रण तथा एथनी द्वारा उकसाने पर ट्रोजनों की सहायक देवी अफ्रोदीती पर वार। युद्ध देवता आर्स (मार्स) का क्रोध, पर अदृश्य एथनी की सहायता से डायोडीज आर्स को भी पराजित करता है।

सर्ग 6—(महाकाव्य का एक अति हृदयग्राही स्थल) हेक्टर ट्रोजनों की मृत्यु देखकर पत्नी एन्ट्रोमेसी (एन्ट्रोमेकी) में युद्ध-विदा-करुणापूर्ण स्थल-देवराज जीयस के इंगित से देवता अपोलो हेक्टर की रक्षा एवं प्रेरणा के लिए।

सर्ग 7—हेक्टर एवं अयेज (एजेन्स) का युद्ध।

सर्ग 8-घमासान युद्ध- ट्रोजनों की विजय-ट्रोजन सेना ग्रीक शिविर की दीवार तक चली आती है।

सर्ग 9—ग्रीकों द्वारा एकिलेस से युद्ध में भाग लेने के लिए अनुनय-विनय। सेनापति गण पराभूत-महान योद्धागण घायल-पर एकिलेस अपने हठ पर अडिग।

सर्ग 10—रात्रि में गुप्तचर अभियान ओडेसियस एवं डायोमिडीज द्वारा शत्रु-शिविर में घुसकर अनेक सुप्त वीरों की हत्या एवं अश्व-अपहरण।

सर्ग 11—दूसरे दिन फिर घमासान युद्ध-ग्रीक सेनापतियों में अगामेनन, मिनीलास, डायोमिडीज, अयेज, ओडेसियस सभी घायल-घोर पराजय।

सर्ग 23-13—युद्ध-हेक्टर का दीवार तोड़कर ग्रीक जलपोतों के पास युद्ध।

सर्ग 14—ट्रोजन विजय से शची 'हीरी' को क्षोभ-वह अपनी सारी काम-कला एवं श्रृंगार के साथ देवराज को काम-मोहित करती है-हीरी के

सौन्दर्य से देवता का हृदय चंचल- स्वर्ग में आलिंगन और नीचे धरती पर एकाएक लताएँ एवं पुष्प कुसुमित हो उठे, वायु सुगन्ध से भर उठी-इधर मौका पाकर ग्रीकपक्षीय देवता ट्रोजनों का संहार करने लगे।

सर्ग 15—उन्माद बीतने पर हीरी पर देवराज क्रुद्ध-एवं ट्रोजनों को विजय-प्रदान-ग्रीक सेना त्रस्त- एकिलेस का प्राण-प्रिय सखा पेट्राक्लस एकिलेस के कवच को बाँधकर युद्ध में जाता है—लोग उसे एकिलेस समझकर भयभीत हो उठते हैं।

सर्ग 16—पेट्राक्लस द्वारा भयंकर युद्ध एवं ट्रोजन-पक्षीय देवता अपोलों द्वारा उसका अदृश्य रूप से वध।

सर्ग 17—एकिलेस के कवच के लिए घोर युद्ध—पेट्राक्लस की लाश को लेकर छीना-झपटी—अन्त में कवच को हेक्टर ले जाता है। (समस्त महाकाव्य में कई स्थलों पर प्रतिपक्षी की मृत्यु के बाद उसके रथ, घोड़ों एवं कवच की लूट का वर्णन मिलता है।)

सर्ग 18—एकिलेस को प्राणप्रिय सखा की मृत्यु का समाचार—गहरी करुणा, व्यथा एवं भयंकर प्रतिशोध का आमर्ष—क्रोध और व्यथा से विक्षिप्त एकिलेस को उसकी माता का आश्वासन एवं स्वर्ग से अद्भुत कवच एवं ढाल बनवाकर ले आना और देना।

सर्ग 19—आपसी वैमनस्य एवं मतभेद का अन्त तथा एकिलेस की युद्ध-यात्रा।

सर्ग 20—भयंकर युद्ध—दोनों पक्षों के देवगण मानवीय योद्धाओं के शरीर में प्रविष्ट होकर युद्धरत होते हैं। —

सर्ग 21—एकिलेस द्वारा समरभूमि में प्रलय उपस्थित—'त्राहि-त्राहि' रव से आकाश पूर्ण—ट्रॉय के निकट बहनेवाली जैन्थस नदी की धारा में मुंड-ही-मुंड—नदी देवता का क्रोध एवं एकिलेस से घोर युद्ध—एकिलेस के प्राण संकटापन्न—हीरी द्वारा एकिलेस को बल-प्रदान—नदी-देवता पराभूत।

सर्ग 22—ट्रोजनों की भयंकर पराजय—एकिलेस एव हेक्टर का द्वन्द्वयुद्ध-देवराज जीयस अत्यन्त भरे दिल से लाचार होकर हेक्टर की मृत्य का निर्णय करते हैं और एकिलेस द्वारा हेक्टर का वध एवं मृत देह का घोर अपमान।9

सर्ग 23—पेट्राक्लस का दाह-संस्कार एवं उसकी चिता पर बन्दी ट्रोजनों का वध। दाह-संस्कार के साथ क्रीड़ा प्रतियोगिता।

सर्ग 24—प्रायम का एकिलेस के पास आकर बेटे की लाश माँगना-प्रायम को देखकर एकिलेस को अपने वृद्ध पिता की याद—एकिलेस का हृदय द्रवित-लाश सन्दान एवं दाह-संस्कार काल तक शान्ति-व्यवस्था की प्रधि- संस्कार कृत्यों का वर्णन।

ओडिसी

मंगलाचरण—हे देवी, तू उस कुशल मानव ओडेसियस-की कथा गाने की शक्ति दे जिसने ट्रॉय के दुर्ग को धराशायी कर दिया और जो सारे संसार में भटकता रहा, जिसने विविध जातियों और नगरों को देखा तथा उत्ताल समुद्र की लहरों पर प्राणों की रक्षा के लिए घोर कष्ट सहन किया।

सर्ग 1—(ट्रॉय युद्ध के बाद दस वर्षों तक योद्धा ओडेसियस वरुण के क्रोध के कारण कष्ट भोगता एवं भटकता रहा। इस कष्टमय काल के अन्तिम भाग में कथा प्रारम्भ होती है।) स्वर्गसभा में एथनी द्वारा जीयस से प्रार्थना-जीयस का एथनी को ओडेसियस के पुत्र टेल्मेकस के पास एवं टर्मीज को अप्सरा कैलीप्सों के पास भेजना जिसने ओडेसियस को प्रेमी के रूप में अपने द्वीप में वन्दी कर लिया है—ओडेसियस अकेले हैं और उसके साथी समुद्र में डूबकर मर चुके हैं और उसे अभी दुःख भोगना बड़ा है—इधर उसकी पत्नी पिनीलोपी ग्रीक कुमारों द्वारा तंग की जा रही है एवं वे ओडेसियस की सम्पत्ति को मौज से उड़ा रहे हैं एवं उसकी पत्नी के प्रति अपना प्रणय निवेदन कर रहे हैं—टेस्मेकम शिशु है एवं पिनीलोपी अबला नारी- एथनी इथैका (ओडेसियस का नगर) जाती है एवं टेल्मेकस को गुप्तरूप से ग्रीक नायकों के पास जाकर पिता का पता पूछने को कहती है।

सर्ग 2—इथैका के नागरिकों द्वारा प्रणय-प्रार्थी कुमारों से अपने-अपने घर जाने का अनुरोध- उत्तेजना एवं सभा भंग-ओडेसियस के एक मित्र मेंटर का रूप धारण करके एथनी का टेल्मेकस के साथ गुप्त यात्रा पर प्रस्थान-यात्रा का पता एक वृद्धा धाय को छोड़कर अन्य किसी को नहीं।

सर्ग 3—टेल्मेकस की वृद्ध नेस्टर से भेंट—परन्तु ओडेसियस के बारे में वहाँ से कुछ ज्ञात नहीं हो सका।

सर्ग 4—टेक्मेकस की मिनीलास एवं हेलेन से भेंट-सुखी दम्पति-इधर इथैका में दुष्ट ग्रीक कुमार टेल्मेकस की यात्रा का पता पाकर उसकी हत्या के लिए एक दस्युपोत भेजते हैं।

सर्ग 5—एथनी द्वारा प्रार्थित होने पर जीयस का अपने दूत हर्मीस को कैलीप्सो अप्सरा के पास भेजना कि वह ओडेसियस को प्रेम बन्धन से मुक्त करे—कैलीप्सो की व्यथा, तथा भारी मन से ओडेसियस की यात्रा का प्रसाधन- ओडेसियस उत्ताल समुद्र पर- वरुण की वक्रदृष्टि एवं पुराना क्रोध अब भी प्रखर-ओडेसियस का पोतभग्न-मृत्योन्मुख पोत एवं लहरों से संघर्ष-ओडेसियस कूदकर लहरों पर- बहते-बहते अर्धचेतन अवस्था में तट पर जा लगता है।

सर्ग 6—तटदेश की राजकुमारी 'नासिका' अपनी सखियों के साथ समुद्र-तट पर वस्त्र धोने आई है। ओडेसियस की चेतना वापस एवं उक्त सुन्दरी बाला का दर्शन- वह सौन्दर्य से पराभूत होकर उसे कोई स्नेहमयी देवी मान बैठता है-नासिका द्वारा ओडेसियस तट के नगर में आता है।

सर्ग 7-8—उक्त देश के राजा द्वारा ओडेनियस का स्वागत-दूसरे दिन उत्सव में राजसभा के अन्दर चारण द्वारा अफ्रोदीती एवं आर्स के परकीया प्रेम एवं ट्रॉय-पतन की कथायों का गान- ओडेसियस को अपने साथियों की याद आ गई एवं उसकी आँखों से आँसू झरने लगे—कारण पूछने पर ओडेसियस अपना वास्तविक परिचय देता है एवं अपने दुःख की कथा सुनाता है।

सर्ग 9—ओडेसियस ने कहा—

'जब ट्रॉय युद्ध समाप्त हुआ तब गृहागमन के रास्ते में हमने सिकोनीजों पर आक्रमण किया, पराजित हुए। नौ दिन नौ रात लगातार उत्तरी हवा के धक्के से हमारे रणपोत रास्ते से बहुत दूर भटक गए। अन्त में हम लोटसों के देश में पहुँचे—यह लोटस एक मधुर वनस्पति है जिसके खाने से हमारे नाविक घोर प्रमाद में निमग्न हो गए। जबर्दस्ती उन्हें घसीटकर पोत पर लाया गया। फिर आगे चलकर हम एक नयनवाले राक्षसों के देश में पहुँचे और अपनी मूर्खता से एक राक्षस की गुफा में कैद हो गए। फिर चतुरता से उसे शराब पिलाकर उसकी आँख बड़े कुन्दे से फोड़ दी एवं सबेरे राक्षस ने जब गुफाद्वार अपनी भेड़ों को बाहर निकलने के लिए खोला तब एक-एक भेड़ के साथ अपने को बाँधकर हम निकल गए। यह राक्षस समुद्र एवं भूकम्प के अधिपति वरुण (पोजीदून) का पुत्र था। इसी से वरुण हम पर क्रुद्ध हो गए।

सर्ग 10—फिर यात्रा का प्रारम्भ—इयोलियन द्वीप के निवासियों द्वारा आतिथ्य- लास्ट्रेजियन (असुराकार) मानवों के देश में-वहाँ से पलायन के बाद सूर्यदेवता एवं समुद्र कन्या से उत्पन्न अप्सरा सर्सी के काम-द्वीप में तटवर्ती वन में सर्सी का प्रमद वन एवं सम्मोहन-प्रासाद, जिसमें अनेक योद्धा

और राजकुमार, जो भटकते हए आए , पशुरूप में परिवर्तित करके सर्सी ने अपनी वासना-पूर्ति के लिए कैद कर रखा है परन्तु हर्मीज द्वारा मुझे यह भेद ज्ञात था एवं इस देवता द्वारा प्रदत्त जड़ी के कारण सम्मोहन से मुक्ति बनी रही- मेरी धमकी से सर्सी ने मेरे शूरों को उक्त सम्मोहन से मुक्त कर दिया—सर्सी के साथ एक वर्ष तक सुखभोग-सर्सी ने अन्त में भरे हृदय से मुझे एवं मेरे सैनिकों को विदा प्रदान की-पाथेय देकर उसने सारे मार्ग के बारे में मुझे निर्देश दिया: मैं यमलोक (पाताल, हेडीज) जाऊँ और वहाँ टाइरेसिया (भविष्यदर्शी) से अपना व भविष्य एवं लौटने का मार्ग पूछूँ।10 पहले मैं सीधे दक्षिण को प्रस्थान करूँ। जाते-जाते मुझे अति भयंकर पर्वत-यात्रा के बाद पर्सीफोन का निकुंज मिलेगा-वहाँ से आगे यमलोक है जहाँ से मानवों में हेराक्लीज को छोड़ अन्य कोई नहीं लौट सका। आगे चलकर ज्वलन्त अग्नि की नदी एवं आँसुओं की नदी का संगम है। वहाँ मैं टाइरिसि या को, बाद में अन्य मृतात्माओं को भेड़े के रक्त का अघ्र्य प्रदान करूँ एवं अपने मार्ग की जानकारी प्राप्त करूँ।- इतनी बातें उस सर्सी ने कहीं। सारी बात सुनकर मेरे नाविकों का दिल ही बैठ गया। भय से उनका मुख श्वेत हो गया। मेरे समझाने से उन्होंने यात्रा प्रारम्भ की।

सर्ग 11—मैं मृतात्माओं के देश में पहुँचा और वहाँ टाइरेसिया की मेष-रक्त का अघ्र्य प्रदान कर मार्ग की रूपरेखा एवं विविध खतरों को ज्ञात किया। उसने थ्रिनेसी द्वीप में चरनेवाली सूर्य की गायों को न छूने की चेतावनी विशेष रूप से दी। मेरी मृत माता, मेरे साथ ट्रॉय के मैदान में लड़नेवाले योद्धाओं एवं प्राचीन पुरुषों की छायामयी आत्माएँ मेरे सम्मुख आईं। आगामेनन ने बताया कि किस प्रकार वह अपनी पत्नी क्लाइटेम्नस्त्रा के द्वारा, जो उसकी अनुपस्थिति में जार रखे हुए थी, अमनी पुत्री की बलि का प्रतिशोध लेने के लिए, कत्ल कर दिया गया। अयेज की आत्मा अपने क्रोध को अभी भी भूल नहीं सकी थी। उसने मौन मुँह को फेर लिया। एकिलेस की मृत्यु के बाद उसका कवच हमें दिया गया और शूर अयेज ने इसे अपना अपमान समझकर क्रोध में आत्मघात कर लिया था। एकिलीज ने जो एड़ी में पेरिस के रूप में अपोलो द्वारा सन्धानित बाण के लगने से मरा था (क्योंकि उसका शेष शरीर तो अभेद्य था) मुझसे युद्ध का शेष हाल पूछा। मैंने बताया कि उसके मरने पर छल द्वारा हमने ट्रॉय को नष्ट किया। समुद्रतट पर हमने काठ की विशाल अश्वमूर्ति, जिसमें मैं चुने योद्धाओं के साथ छिपा था, छोड़ दी और जलपोतों को हटाकर लौट जाने का स्वाँग किया। मूर्ख ट्रोजन कीड़ा के हेतु उक्त अश्व

को खींचकर अपने नगर के भीतर ले गए तथा आमोद-प्रमोद से थककर गहरी निद्रा में सो गए। उस भयंकर रात्रि में हमने अश्व से निकलकर नगर का फाटक खोल दिया। हमारे जलपोत तब तक लौट आए थे। हमने सोते हुए शत्रुओं का क्रूरतापूर्वक संहार कर ट्रॉय का ध्वंस कर डाला। एकिलीज यह सुनकर प्रसन्न हुआ कि उसके पुत्र पिर्रस ने वृद्ध प्रायम एवं ट्रोजनों का क्रूरतापूर्वक संहार किया।

सर्ग 22—'टाइरेसिया के बताए मार्ग के अनुसार फिर हमने यात्रा प्रारम्भ की। फिर वहाँ से लौटकर हम सर्सी के पास आए। उक्त अप्सरा ने हमारी आगे की यात्रा के बारे में हमें कुछ बताया। उसके बताने के अनुसार हमारा जलपोत प्रथमतः जल-कन्याओं के द्वीप के पास से गुजरा। ये जल-कन्याएँ समुद्र के अन्दर निकली चट्टानों पर बैठकर अति मोहक संगीत गाती हैं और नाविक उस संगीत पर मुग्ध होकर उनकी ओर खिंचे आते हैं, पर रास्ते में जलगर्भ की चट्टानों से टकरा उनके जहाज जल-समाधि से लेते हैं और वे इन सुन्दरी छलनाओं के फेर में अपना प्राण गँवा बैठते हैं। मैंने पहले से ही अपने को जहाज के मस्तूल से कसकर बँधवा दिया था एवं नाविकों के कानों में मोम भर दिया था। मैं सुर की चोट खाकर जल में कूदने के लिए बेचैन हो उठा पर शरीर तो बँधा था। इस खतरे को इस प्रकार पार करके दूसरे खतरे पर पहुँचे जिसे 'सिला और चैरिब्डिस का जलपथ' कहते हैं।11 दूर से "ाट्मुखी सरमा राक्षसी सिला की हल्की-हल्की भूँक सुनाई पड़ी। पास ही में चैरिब्डिस का पातालगामी भयंकर खौलता हुआ जल-आवर्त था, दूसरी ओर दोनों के बीच में अति संकीर्ण मार्ग था। चूँकि इस समय जलावत्र पातालगामी था, अतः हमने, अपनी नौकाओं को दूसरे किनारे के समीप में ले जाना उचित समझा। हमारी नौकाएँ तीर की तरह चली, फिर भी अपनी कन्दरा से सिर निकालकर उस आसुरी कुतिया ने मेरे छह साथियों को दबोच लिया-उनकी दर्द भरी कराह अब भी मेरे कानों में गूँजती है, जब वह उन्हें चबा रही थीं। आज तक कोई यहाँ से जाकर लौटा नहीं। फिर हम सूर्य के द्वीप में पहुँचे जहाँ देवता की पवित्र गायें चर रही थीं। वहाँ दुर्भाग्यवश दक्षिणी हवा ने महीनों हमें रोक दिया और भूख से पीड़ित होकर कुछ साथियों ने उनमें से कुछ गायों का भक्षण किया। सूर्य देवता अत्यन्त क्रुद्ध हुए, और देवराज को धमकी दी कि हम सुफला श्यामला धरती एवं स्वर्ग को प्रकाशित न करके पाताल गर्भ में जाकर रहने लगेंगे। देवराज जीयस ने उनकी तुष्टि के लिए समुद्र में हम पर वज्रपात किया एवं हमारे सारे नाविक एवं जलपोत जलमग्न हो गए। मैं

अकेला बहता-बहता लहरों के धक्के खाने लगा। सवेरा हुआ तो देखता हूँ कि फिर उसी सिला-चैरिब्डिस के मुँह पर हूँ। मेरे प्राँण सूख गए। चैरिब्डिस की ओर बढ़ा। सौभाग्यवश एक अजीर के पेड़ की शाखा पकड़ में आ गई। मैं शाखा से चिपका रहा और मेरे हाथ का मस्तूल, जिसके सहारे तैर रहा था, चक्कर खाकर पाताल में चला गया—कुछ समय बाद पाताल से पानी ऊपर आने लगा। प्रत्यावर्तन के रूप में और मेरा मस्तूल भी ऊपर आ गया। मस्तूल को पकड़कर पानी की उछाल के साथ मैं भी ऊपर उठा और उस ऊर्ध्व आवर्त के एक धक्के ने मुझे इसकी परिधि के बाहर फेंक दिया। फिर बहता-बहता एक सुन्दर रूपवाली डायन कैलीप्सो अप्सरा के द्वीप के पास लगा। वहाँ कुछ काल रहने पर देवताओं के आदेश से उक्त डायन द्वारा मुझे मुक्ति मिली। मैं बेड़ा बनाकर समुद्र में चला। परन्तु वरूण क्रुद्ध था, अतः बेड़ा टूट गया। मैं बहते-बहते अर्धचेतन अवस्था में इस तट पर आ लगा।

सर्ग 13-ओडेसियए की कथा को सुनकर उक्त आतिथेय राजा द्वारा उसकी यात्रा का प्रबन्ध- ओडेसियस अपने देश को इतने दिनों बाद देखकर भी पहचान नहीं पाया-एथनी द्वारा सलाह एवं सहायता।

सर्ग 14-18— ओडेसियस प्रथम अपने पशुपाल की झोपड़ी में रात भर अपने को अजनबी बताकर रहा—इसी समय मिनीलास के यहाँ से उसका पुत्र टेल्मेकस भी लौटता है—तीनों में पहचान एवं तीनों द्वारा स्थिति पर विचार एवं दुष्ट ग्रीक कुमारों की हत्या की योजना-सवेरे ओडेसियस का भिखारी के रूप में अपने राजमहल में प्रवेश।

सर्ग 19-20— बूढ़ी धाय ओडेसियस को पहचान जाती है-ओडेसियस का उसे चुप रहने का कड़ा आदेश पिनीलोपी को भी कुछ ज्ञात नहीं-दुष्ट कुमारों के उत्पात एवं उनके द्वारा ओडेसियस का अपमान।

सर्ग 21—एथनी द्वारा पिनीलोपी को स्वयंवर का सुझाव-ओडेसियस का विशाल धनुष जो चढ़ा सकेगा उसी का वह वरण करेगी-इस सुझाव को सुनकर अनेक कुमारों द्वारा धनुष बढ़ाने की चेष्टा, परन्तु सभी असफल-ओडेसियस द्वारा भिखारी के रूप में सारी घटना का पर्यवेक्षण एवं धनुष की माँग-कुमारों ने तिरस्कारपूर्वक मजाक समझकर धनुष दे दिया—ओडेसियस ने अपने पुत्र को संकेत दिया।

सर्ग 22-कपाट बन्द—कुमारों के शस्त्र टेल्मेकस ने पहले से ही शान्ति भंग की आंशका का बहाना करके, हटा दिए थे-सब का निर्दयतापूर्वक संहार।

सर्ग 23—पति-पत्नी की भेंट-पिनीलोपी ने अपने पति को पहचाना-दोनों का सस्नेह रुदन।

सर्ग 24—दुष्ट कुमारी का आत्माएँ अन्ध यमलोक में-उनके सम्बन्धियों द्वारा युद्ध की योजना—युद्ध प्रारम्भ होने ही वाला था कि देवी एथनी के भन्यकर उद्‌घोष को सुनकर शत्रु त्रस्त हो गए-अन्त में शान्ति एवं साध।

होमरीय कथा-कौशल

हमने ऊपर दोनों महाकाव्यों का कथानक विश्लेषित किया है। इलियड का कथानक महज 50 दिनों का है-दसवें वर्ष के अन्तिम दो मास के अन्दर की घटी घटनाएँ। यदि कथानक कथा के आरम्भ से प्रारम्भ होता तो उस लीडा एवं हंस के संयोग से प्रारम्भ होना चाहिए था। पर होमर कथा के अन्तिम भाग को पकड़ता है। बीच-बीच में वह पूर्व कथा का संकेत करता जाता है, वह भी एक क्रम से नहीं। ग्रीक श्रोतासमाज को कथा पहले ही से ज्ञात है इसी से उसे कोई कठिनाई नहीं ज्ञात होती, अन्यथा एक अनजान व्यक्ति को कथा का प्रथमांश तभी स्पष्ट होगा जब एक बार वह सम्पूर्ण काव्य का पठन कर जाए। इलियट के बारे में दूसरी बात यह ध्यान में रखने की है कि उसका विषय, जैसा कि मंगलाचरण से स्पष्ट है, एकिलेस के क्रोध का गान है। जहाँ यह क्रोध अपनी चरम परिणति के बाद समाप्त होता है उससे कुछ आगे तक, अर्थात् इस क्रोध के प्रत्यक्ष फल पेट्राक्लस की मृत्यु एवं अप्रत्यक्ष फल हेक्टर की मृत्यु तक, चलकर कथा समाप्त हो जाती है। पर एकिलेस की मृत्यु, ट्रॉय का ध्वंस आदि इस महाकाव्य में नहीं आते हैं। होमर अपने महाकाव्य में घोषित विषय पर बड़ी कड़ाई से 'टू द प्वाइण्ट' स्थित रहता है-जरा भी इधर-उधर नहीं जाता। इस घोर संयम का ही परिमाण है कथा या 'विषय की एकता' (यूनिटी ऑव ऐक्शन)। प्रत्येक घटना समूची डिजाइन के अन्दर कसी हुई आंगिक संगति के साथ बैठाई गई है। भारतीय महाकाव्यों में इसी एकता एवं संगति का अभाव है एवं सारा ढाँचा ढीली-ढाली कथा व्यवस्था से पूर्ण है। वाल्मीकि रामायण का विषय है पोलस्त्यवध, पर उसमें अवान्तर घटनाएँ बहुत ढील सूत्रों से जुड़ी है। महाभारत में तो यह 'एकता' बिलकुल नहीं-वह तो विश्वकोष की शैली में लिखा गया है। तुलसीदास की रामचरितमानस में अवश्य यह 'गठीली एकता' एवं 'आंगिक संगत्ति' होमर की ही तरह मिलती है। जहाँ तक विषय की एकता एवं प्रभावान्विति (यूनिटी ऑव इम्प्रेशन) का प्रश्न तुलसीदास को समता कोई भी भारतीय कवि, चाहे वह कालिदास ही

क्यों न हो, नहीं कर सकता। यह बात यहाँ अभिधार्थ में लिखी जा रही है।

होमर एकिलस के क्रोध एवं उसके विकास एवं प्रतिफल का वर्णन 9 सर्गों में करता है और कथा को उसके प्रत्यक्ष-अप्रत्यक्ष फलों तक ले जाकर समाप्त करता है। यदि वह आग की घटना एकिलीज की मृत्यु एवं ट्रॉय-ध्वंस, तक वर्णित करने के प्रलोभन में पड़ता तो काव्य में वह कटी-छँटी गठीली ढाँचागत एकता नहीं आ पाती। ढाँचा (स्ट्रक्चर) ढीला हो जाता। अरस्तू ने होमर के प्रतिभा की सराहना 'पायटिक्स' के उन अध्यायों में की है, और होमर का ही अनुकरण को आदर्श बनाने की शिक्षा दी है। जहाँ वह तीन एकताओं (देश, काल एवं विषय) एवं प्रभावान्विति की चर्चा करता है। ग्रीक साहित्य में ढाँचा या वध ('छन्द', फार्म) पर बहुत ही अधिक जोर दिया गया है। यह रूप-विधान का ज्यामितिक संगति (ज्यामट्रीकल सिमट्री), उनकी मूर्तिकला, नाट्य कला आदि सभा के अन्दर स्पष्ट है। उन्होंने छन्द (ढाँचा) की भावानुभूति एवं अलंकार से कम महत्त्व नहीं दिया। होमर में यह प्रवृत्ति न केवल बीज रूप में विद्यमान है, बल्कि इसका सर्वोत्तम रूप होमर में ही मिलता है। इलियड में सारा 'ऐक्शन' वृत्ताकार है। जहाँ से प्रारम्भ होता है, वहीं पर आकर समाप्त होता है। जिन संस्कारों ने ग्रीक ट्रैजिडी को ढाँचा एवं भावभूमि प्रदान की, वे संस्कार ग्रीकों की जातीय निधि हैं और वे ही होमर की प्रतिभा में भी प्राण स्थापन करते हैं। इसी से होमर एवं कालान्तर के ट्रैजडी साहित्य में ढाँचागत (स्ट्रक्चरल) एवं भावगत (इमोशनल) समानता है। ग्रीक ट्रैजिडी के ढाँचे का संयमन तीन तत्त्व—'एक देश', 'एक काल', एवं 'एक व्यापार या विषय'—करते हैं। इलियड में 'देश एक ही है अर्थात् सारी घटना ट्रॉय के महलों एवं सामने के समुद्र-तट पर ही होती है। 'काल' भी एक ही है, क्योंकि महाकाव्य का घटनासूत्र लगातार 50 दिन की अवधि का है। अर्थात्, 'काल' का एक अनवरत अखंड रूप दिया गया है—10वें वर्ष के अन्तिम 50 दिनों को पकड़ कर। काव्यवृत्त को 10 वर्षों की सतह पर न फैलाकर वह 50 दिनों के अन्दर ही समेट लेता है। व्यापार या विषय भी एक ही है—एकिलस का क्रोध, उसका शमन एवं उपसंहार के रूप में उसका फल। बस, यहीं महाकाव्य समाप्त हो जाता है। एस कस पैटर्न का महाकाव्य अन्यत्र दुर्लभ है।

ओडिसी का विषय विस्तृत है। महाकाव्य का नायक ओडेसियस ट्रॉय युद्ध के बाद 10 वर्ष तक भटकता रहा। इस दशक के अन्तिम भाग से इस महाकाव्य का भी प्रारम्भ होता है। ढाँचा ठीक इलियड जैसा है। इलियड

के 50 दिनों की घटना में वर्तमान का ही प्राधान्य है—उन 50 दिनों में क्यों घटित हुआ इसी का वर्णन कवि का उद्देश्य है। पूर्व की घटनाएँ राह चलती चर्चा सी कहीं-कहीं आ जाती है। परन्तु ओडिसी में यह बात नहीं। ओडिसी का विषय ही है। ओडीसियस का दुःखमय भ्रमण। अतः यह 10 वर्षों का भ्रमण-वृत्तात ही उसका उद्देश्य है। वह इलियड की तरह ही दशक के अन्तिम छोर पर प्रारम्भ होता है अवश्य, परन्तु उसका उद्देश्य 'वर्तमान' से अधिक अतीत से सम्बन्धित है। इसलिए होमर आधुनिक फिल्मी का फ्लैशबैकटेकनीक का उपयोग करता है। महाकाव्य का आरम्भ होता है 10वीं वर्ष में जब ओडीसियस अप्सरा कैलीप्सो के द्वीप से यात्रा शुरू करता है और भग्न पोत डूब जाता है एवं वह नासिका के देश में बहकर लग जाता है। वहाँ के राजा को अपने 9 वर्षों की रामकहानी सर्ग 9 से 12 तक में सुनाता है। 'पूर्व-स्मृति' तकनीक (फ्लैशबैक टेकनीक) इसी 9वें से 12वें सर्गों में है। परन्तु इस पूर्व स्मृति के गर्भ में भी 'अन्तर्पूर्व स्मृति' है 11वें सर्ग में, जब वह एकिलेस को ट्रॉय युद्ध की कथा का शेषांश सुनाता है। ओडिसी का काल संगठन बडा ही पेचीदा है। 'वर्तमान' के गर्भ में पूर्व एवं उस 'पूर्व' के गर्भ में 'अन्तर्पूर्व' निहित है। समूचे काल-बन्ध (टाइम-अरेंजमेंट) को 'मुकुल-पत्र-बन्ध' की संज्ञा दी जा सकती है। कली में पंखुड़ियों को एक परत के अन्दर दूसरी परत, दूसरी के अन्दर तीसरी परत पड़ी रहती है। उसी भाँति ओडिसी या काल-बन्ध।

यह काल-बन्ध द्विगुण पेचीदा इसलिए हो जाता है कि ओडसी का देश एक नहीं है। ओडिसी का विषय है, 'भयंकर समुद्र-भ्रमण एवं गृहागमन'। अतः व्यापार के केन्द्र दो हो जाते हैं। एक तो है इथैका जहाँ उसकी रानी पिनीलोपी उसकी प्रतीक्षा में बैठी है और उसके पुत्र-कलव उसके शत्रुओं से घिरे हैं। दूसरा है ओडेसियस स्वयं एवं उसकी समुद्र-सतह पर की चलायमान स्थिति। इन दो 'देशों' के घटनाओं का संचालन होता है महान उपचार जीयस द्वारा। 'देश की एकता' न होने पर भी विषय या व्यापार की एकता उसी तरह कटी-छँटी रूप गें विद्यमान है जिस तरह 'इलियड' में। कवि बड़ी सावधानी से एक घटना की परत में दूसरी घटना रखकर समूचे व्यापार की संगति एवं सुडौलता की रक्षा बड़ी धीरता से करता है।

इलियड की विषय-वस्तु सीमित है। इसी से ट्रैंजिडी का पैटर्न बैठ गया। बड़ी सरलता से कार्य प्रभाव की एकता साध ली गई। परन्तु 'ओडिसी' का विषय विस्तृत है। यह उपन्यास की तरह है। फिर भी इतनी सावधानी से

कार्य एवं प्रभाव की एकता सम्पादित की गई है कि आज के शैली-प्रधान या रूप-प्रधान उपन्यास भी उसके सामने फीके पड़ जाते हैं। एक आदि कवि के लिए—एक प्रारम्भकर्ता के लिए इतनी बड़ी कारीगरी आश्चर्य का ही विषय है। संक्षेप में इलियड का रूपायन (फार्म) ट्रैजिडीपरक है एवं ओडिसी का उपन्यासपरक।

इतना होते हुए भी ओडिसी बहुत-सी बातों में इलियड के समानान्तर है। इलियड और ओडिसी दोनों काव्यों का आरम्भ कथाकाल की अन्तिम छोर पकड़कर होता है। दोनों का अन्त भी प्रारम्भ में घोषित विषय पर होता है। दोनों की गति-रेखा वृत्ताकार है। दोनों में सर्गों की संख्या 24 है। इलियड के अन्त में हेक्टर का निधन है तो ओडिसी में पाणि-प्रार्थी राजकुमारों का। इलियड के अन्त में एक शान्त वातावरण, कुछ काल के ही लिए सही, उपस्थित हो जाता है जिसमें दोनों पक्ष मृतकों का दाह-संस्कार करते हैं। ओडिसी में तो अन्त में प्रिया मिलन एवं स्थायी शान्ति आ जाती है। दोनों महाकाव्यों ने अन्दर आए चरित्र एक ही पैमाने और साँचे में ढले ज्ञात होते हैं। एथनी जिस कुटिलता और तत्परता से ग्रीक योद्धाओं की सहायता इलियड में करती है उसी रूप में ओडिसी में भी। पोजीडॉन (वरुण) दोनों में एक क्रूर एवं उजड्ड देवता की तरह है। ओडसियस दोनों महाकाव्यों में साहसी, वीर क्रूरकर्मा एवं कुटिल रूप में चित्रित है। मिनीलास उसी प्रकार धनी, उदार हृदय योद्धा दोनों महाकाव्यों में है। बुद्धिमान् वृद्ध नेस्टर का मित्र भी वहीं रहता है। यदि इन महाकाव्यों के रचयिता अलग-अलग होते तो चरित्रों के चित्रण में फरक अवश्य आ जाता। उदाहरण के लिए होमर का 'डायोमीडिल' या 'अफ्रोदीती' (वीनस) से बिलकुल अलग है। कथानक एवं चरित्रों का समान पैटर्न बताता है कि दोनों काव्य एक ही व्यक्ति की प्रतिभा से निसृत हैं।

मैथ्यू आर्नल्ड ने विषयवस्तु के चुनाव के लिए अपने निर्देश देते हुए 'घटना-व्यापार' को महान एवं उदात्त होना आवश्यक बताया है। विशेषतः महाकाव्य की 'घटना' तो निश्चय ही उदात्त होनी चाहिए। घटना तभी महान होती है जब उसके अंग रूप में आए हुए भाव मानव-मन के स्थायी भावों, यथा क्रोध, निर्दयता, वीरता, आत्मत्याग, पश्चाताप, रति, विरह आदि की व्यंजना हो। व्यक्तिगत प्रणय का काव्य-श्रेष्ठ काव्य नहीं। प्रणय काव्य में वर्णित व्यक्ति (कोई पात्र या कवि) अपनी व्यक्तिगत इयत्ता को छोड़कर 'अति व्यक्ति' या 'सूपर' व्यक्ति बन जाए तभी वह प्रीति सनातन या श्रेष्ठ

होती है। शेली के 'ओड द वेस्ट विंड', कीट्स के 'नाइटिंगल' एवं रवीन्द्रनाथ की 'उर्वशी' में हम अति व्यक्ति का ओज, व्यथा एवं प्रणय पाते हैं। इसी से यह श्रेष्ठ काव्य है। अन्यथा काव्य का अर्थ होगा सस्ती भावुकता। महाकाव्य के अन्दर तो यह 'अतिव्यक्ति' भी अमान्य है। वह तो पूर्णतः सार्वभौम और निर्वैयक्तिक (इम्परसनल) कविता है। उसके अन्दर का 'व्यापार' महान एवं उदात्त हो, अनुभूतियाँ देश-काल-पात्र से परे सार्वदेशिक एवं सार्वकालिक हों तथा व्यंजना अनुभूति-प्रधान ही न होकर चिन्तन-प्रधान भी हो एवं उसमें भावुकता एवं बौद्धिकता का सन्तुलन हो, तभी वह श्रेष्ठ महाकाव्य होगा।

होमर द्वारा चुने हुए 'घटना व्यापार' में उपर्युक्त लक्षण विद्यमान है। ट्रॉय जैसे विशाल नगर का ध्वंस एवं घनघोर युद्ध जैसी घटना, जिसमें एकिलेस एवं हेक्टर जैसे अर्ध दैवी अतिमानवों का विनाश हुआ अवश्य एक महान घटना है। इस ट्रॉय युद्ध के पीछे मानव जाति के भाग्य में बदे भूत, भविष्य, वर्तमान के सारे युद्धों का सनातन दर्द छिपा है। हमें यह सत्य मिलता है कि विश्व में प्रतापशाली का प्रताप क्षणभंगुर है एवं हम सबका मूल्य काठ की पुत्तलिकाओं में अधिक नहीं जिनका सूत्रधार स्वर्गशिखर पर आसीन देवसभा का स्वामी जीयस है। जीयस स्वतः जिस शक्ति से कायम है वह है 'नियति'। हेक्टर या एकिलेस का प्रताप इस रूप में चित्रित है गोया के सर्वशक्ति सम्पन्न देवता हों। फिर भी वे मरते हैं—यह विनाशशीलता शाप की तरह अति सुन्दर, अति मानव के सिर पर भी मँडराती है। 'इलियड' इसी महासत्य का उद्घोष है। प्लेटो तक आते-आते इलियड का महत्त्व धर्मग्रन्थ जैसा हो गया था।

ओडिसी की घटना मनोरंजक अधिक है और उदात्त कम। इसी से स्थायी प्रभाव 'इलियड' का ही पड़ता है। ओडिसी बीसवीं शती के मनुष्यों के लिए, जो प्रकृत्ति पर अपनी जययात्रा पूरी करनेवाले ही है, एक विचित्र आकर्षण रखती है। एक मनुष्य द्वारा भाग्य से, प्रकृति से, देवताओं से निरन्तर संघर्ष की गाथा का गान हमारी आत्मा को अजस्र संघर्ष को प्रेरणा देता है। ओडेसियस बीसवीं शती के मानव का प्रतीक है। एथनी टेल्मेकस को बता सकती थी कि ओडेसियस कहाँ है। पर ऐसा न करके वह खोजने की प्रेरणा देती है एवं सहायता करती है। 'ओडिसी' में सूत्रधार देवता प्रत्यक्षतः कोई काम नहीं करते हैं—अपरोक्ष सहायता भले ही कर दें। होमर ने इसे भरसक मनुष्य के स्वतन्त्र संघर्ष का महाकाव्य बनाने की चेष्टा की है, यद्यपि इस भाव का परित्याग कहीं नहीं होता कि मनुष्य के सुख-दुःख उत्थान-पतन का निर्णय देवगण करते हैं। होमर के युग का यह विश्वास था। युगधर्म का सम्पूर्णतः

विरोध करके वह त्रिशंकु बन जाता। हमारे यहाँ के कुछ पंडित अपनी 'उर्दू-मिडिल पास' स्तर की बौद्धिकता लेकर एवं 'स्वराज-भजनावली' गाकर जन-नायक बन जाने के कारण तुलसीदास पर आक्षेप लगाते हैं कि वे कुछ ऐसी चैपाइयाँ क्यों लिखें जो कांग्रेस वर्किंग कमेटी द्वारा सम्मत नहीं। पर कोई भी कवि यदि उसकी अनुभूतियाँ कृत्रिम नहीं हैं, तो कितनी दूर तक युग-धर्म से विद्रोह कर सकता है, यह विचारणीय प्रश्न है। होमर या तुलसीदास जितनी दूर सम्भव था, आगे गए। और अधिक जाने का अर्थ होता है 'आउट साइडर' होना—'अस्तित्ववादी' बनना एवं शब्द का उर्णनाभ व्यक्तित्व तैयार करना। तब उनकी व्यंजना में सर्वकालिक मांसलता नहीं आती। वे काल के प्रवाह में विलीन हो गए होते।

अतः दोनों महाकाव्यों का घटना-व्यापार महान है एवं उसकी परिधि में अनेक सनातन भाव समेटे गए हैं। प्राधान्य 'भय' एवं 'करूणा' का ही है। ग्रीक ट्रिजडी की आधारशिला भी 'भय' और 'करुणा' ही है। पर अन्य भाव, यथा पश्चाताप, रति, स्नेह, भी यथास्थान आए है। होमर जब कुछ कहता है तब ऐसा लगता है कि उक्त व्यक्ति (पात्र) से अधिक वह हमारे मन की थाह रखता है। हमने महाकाव्य में अपेक्षित बौद्धिकता तत्त्व की आवश्यकता का ऊपर संकेत किया है। पर बौद्धिकता ऐसी न हो कि वह भावुकता से अलग जान पड़े। उदाहरण के लिए 'महाभारत' में गीता, प्रारम्भिक एवं अन्तिम अंश को छोड़कर उक्त घटना के सन्दर्भ में निहित भाववृत्त (विषादयोग) के भीतर अन्तर्भुक्त नहीं हो पाती। भाववृत्त प्रथम, अन्तिम एवं बीच के दो अध्याय (विभूतियोग एवं विश्व-दर्शनयोग) को ही आत्मसात करता है शेष ऐसा लगता है कि कृत्रिम रूप से बाँधकर लटका दिया गया है। होमर में बौद्धिकता वहीं तक स्वीकृत है जहाँ तक उक्त व्यापार के सन्दर्भ में वह खपकर समन्वित हो जाती है। उदाहरण के लिए एकिलेस के घोड़े युद्ध-यात्रा के समय करुणा-सिक्त वचन बोलते हैं। उन शब्दों को सुनकर दिल थम जाता है। मन लबालब भर उठता है। परन्तु शब्दों के हाथ पर विचार करने पर लगता है वे ग्रीक जीवन-दर्शन की व्याख्या भी साथ-साथ प्रस्तुत कर रहे है। तुलसीदास के अयोध्याकांड एवं कामायनी में इस तरह के सफल प्रयास हमारे सामने हैं जहाँ बौद्धिकता एवं भावुकता का सन्तुलन उपस्थित किया गया है। बौद्धिकता के अभाव में भावुकता महाकाव्यत्व को नीचे कर देगी एवं उसका रूप गीतात्मक एवं रोमांटिक हो जाएगा। उदाहरण के लिए मधुसूदनदत्त के 'मेघनाद वध' में इसी गीतात्मकता एवं कोरी भावुकता के

प्रवेश के कारण महाकाव्य का गुरु गम्भीर स्वर ढीला होकर वंशीध्वनि बन गया है। 'कामायनी' की पृष्ठभूमि में निगमागम शैव सिद्धान्त एवं प्रत्यभिज्ञा, दर्शन उसकी किसी प्रकार रक्षा कर लेते हैं।

भावुकता मांसल (आर्गेनिक) होनी चाहिए। कम-से-कम महाकाव्य अनुभूतियों एवं चरित्र-चित्रण में मांसलता एक आवश्यकता है। 'कामायनी' में अनुभूति मांसल है पर चरित्र भाववाचक, ऐबस्ट्रैक्ट हैं। चरित्रों की 'कंक्रीट नेस' (ठोसपन) न रहने से महाकाव्यत्व के उड़न-छू हो जाने का डर रहता है। प्रसाद जी की अनुभूति में घोर गाढ़ता-मधु जैसा चिपचिपापन है। कुछ इस कारण और कुछ तगड़ी बौद्धिक पृष्ठभूमि के कारण वह गीतकाव्य, पद्यगाथा, वीर-गाथा आदि से ऊपर उठ जाती है। यदि इसे कुछ कहा जाएगा तो 'महाकाव्य' ही कहा जाएगा। मांसलता का सबसे पुष्ट प्रयोग 'महाभारत' में मिलता है। हिन्दी में अनुभूति एवं चरित्र की सर्वोत्तम मांसलता तुलसीदास एवं प्रेमचन्द में मिलती है। यद्यपि प्रेमचन्द में महाकाव्यत्व के अनेक तत्त्व अनुपस्थित है। वे भारतवर्ष के टॉलस्टाय होते-होते रुक गए। चरित्रों एवं अनुभूति की यह ठोसता या मांसलता होमर में जैसी मिलती है वैसी वर्जिल, दांते, रूसो एवं मिल्टन में नहीं मिलती। होमर का पात्र-जगत् अपने खुरदुरे एवं संस्कारों की प्रारम्भिक अवस्था के भावों के साथ ईमानदारी से चित्रित हैं। उनके सारे गुण-दोष बिना किसी हिचक के कवि ने वर्णन किए हैं। उन्हें गढ़ करके सुडौल रूप में रखने की चेष्टा बहुत कम की है। इसी से वे इतने सजीव हो गए कि हजारों में पहचाने जा सकते हैं। जिस तरह भीम या लक्ष्मण हजारों में भी नहीं खोये जा सकते चाहे युधिष्ठिर या राम भले ही खो जाएँ। वैसे ही एकिलेस एवं ओडेसियस, हेक्टर एवं डायोमीडिज तथा प्रायम एवं नीस्टर हैं। यहाँ तक कि एकिलेस के घोड़ों तक का चरित्र अति मांसल है।

अनुभूति की मांसलता 'इलियड' में अधिक है ओडिसी में कम। ऐसा उनके व्यंजना-भेद के कारण होता है। 'इलियड' की व्यंजना में 'प्रदर्शन' या 'प्रस्तुति' (रिप्रेजेंटेशन) का और 'ओडिसी' की व्यंजना में 'वर्णन' (नैरेशन) का अंश अधिक है। दोनों का भेद समझने के लिए निम्न उदाहरण हम प्रस्तुत कर सकते हैं।

(1) "एकिलेस की आँखें लाल हो गईं। नथुने फड़कने लगे। उसका स्वर बदल गया। उसने हुंकार करके कहा—"आगे मत बको।" (2) "एकिलेस अत्यन्त क्रुद्ध हुआ और हुंकार पूर्वक उसे आगे न बकने की चेतावनी दी।"

प्रथम उदाहरण है 'प्रदर्शन' का एवं द्वितीय है वर्णन का। 'इलियड' में युद्ध की 'प्रस्तुति' का 'प्रदर्शन' है। ऐसा लगता है कि युद्ध सामने हो रहा है। 'ओडिसी' में इसी कारण 10 वर्षों की घटनाएँ तीन सौ में (9-12) नायक के मुँह से कहवायी गई हैं। यह वर्णनमात्र है जिसकी इन्द्रियानुभूति नहीं होती। सुनने में दिलचस्प तो अवश्य है। आधुनिक उपन्यासों की तरह उत्सुकता-तत्त्व पर्याप्त मात्रा में रखा गया है। परन्तु अनुभूति और भावुकता प्रगाढ़ नहीं हो पाती। यही कारण है कि इलियड के अन्दर घोड़ों के मुँह से निकले शब्द भी पाठक के मन को उदास और दुखी बना सकते हैं। परन्तु 'ओडिसी' में ऐसे मार्मिक स्थल अनेक होते हुए भी प्रायः प्रगाढ़ता का अभाव लगता है। इलियड ही ट्रैजिडी का गम्भीर मौन एवं स्थायी आनन्द दे पाता है, यद्यपि ओडिसी की भाव-भूमि अधिक रोमांटिक है।

होमर के पात्रों में देवता और मनुष्य दोनों आते हैं परन्तु आधिभौतिक या भूतप्रेत-जगत् इसमें अनुपस्थित हैं। मध्ययुग की रोमांटिकता में अति प्राकृतवाद (सुपर नेचुरलिज़्म) को प्राधान्य दिया गया था भय का वातावरण उपस्थित करने के लिए। 'ओडिसी' की सिर्सी या कैलीप्सो यदि मध्ययुग के कवि द्वारा चित्रित होती तो वे ओडिसियस को मेष या शूकर बनाकर रखतीं एवं अन्त में जीयस या एथनी को आना पड़ता छुड़ाने के लिए। परन्तु वीरगाथा युग की भावभूमि ही दूसरी है। वे योद्धा जो देवताओं के साथ युद्ध करते हैं। असुरों को पराजित करते हैं, किसी डायन या अप्सरा द्वारा पराजित हों, किसी प्रेत से डरें, यह असम्भव है। योगिनी, डाकिनी, भूत-प्रेत से वे उतना ही डरेंगे जितना गीधों एवं स्यारों से। इसी से वह 'सुपर नेचूरल' जगत जो आर्थरीय रोमान्सों में या स्पेन्सर के 'फेअरीक्वीन' में है यहाँ पंगु है एवं एक तरह से अनुपस्थित ही है। 'ओडिसी' में जहाँ आया है वहाँ कथा के वैचित्र्य और 'आश्चर्य' की धार तेज करने के लिए या सौन्दर्य का रोमांटिक वातावरण तैयार करने के लिए। होमर में इसी उद्देश्य से यह तत्त्व लाया गया है। परन्तु मध्ययुगीन सुपर नेचुरल का उद्देश्य था 'भय' और 'रहस्य' जो 'ओडिसी' में अनुपस्थित है। 'इलियड' में तो किसी प्रकार का सुपर नेचुरल-तत्त्व नहीं।

'इलियड' और 'ओडिसी' का रसबोध, विशेषतः भारतीय पाठक के लिए जिसके पास 'आदिम' रस-बोध की एक भी रचना नहीं, जरा कठिनाई से इसलिए होता है कि पात्रों का 'आदिमपन' उनके खुरदुरे संस्कार एवं सहनवृत्तियों का अपेक्षाकृत प्राधान्य (यथा भूख, कामवासना, लोभ) आदि बड़े सजीव ढंग से चित्रित किए गए हैं वे क्रूर हैं, निर्दयी हैं, लूट और लोभ

उनकी वीरता का 50: उत्प्रेरक हैं। पुरुष-नारी के बीच प्रणयभाव का आधार भी सहजवृत्ति है। आपसी सहयोग की आदिम प्रवृत्ति एवं 'मैत्री' भाव उनकी शूरता को निर्धारित करती है। दोनों काव्यों के प्रथम पाठ में यह 'आदिमपन' रसबोध में रुकावट डालता है, विशेषत: भारतीय पाठकों की जिनके यहाँ वीरता का आदर्श अति सूक्ष्म एवं अति परिष्कृत रखा गया है एवं जिनके आदि काव्य भी 'आदिम'-काव्य नहीं। हमारे आदि काव्यों में आदिमता नहीं, क्योंकि जिस युग में इनकी रचना हुई थी उस युग में भाव विकास अपनी आदिम सीढ़ी को छोड़कर बहुत ऊपर जा चुका था। होमर के अन्दर यह आदिमता कुछ-कुछ विद्यमान है क्योंकि होमर उस युग में पैदा हुआ था जिसमें आदिमता का रंग मानस पर से सम्पूर्णत: छूटा नहीं था। भावों और संस्कारों पर 'पालिश' प्रारम्भ हो गई थी परन्तु पूर्ण परिष्कृत भाव-विस्तार अभी आ नहीं पाया था।

अन्त में होमरीय देवताओं पर कुछ लिखना आवश्यक है। 'देवत्व' शब्द का जो सौम्य अर्थ हमारे मस्तिष्क में है, उस अर्थ में होमर के देवताओं में देवत्व नहीं। उनकी मनोवृत्तियाँ भी कम आदिम नहीं। मनुष्यों का चरित्र उनसे कहीं अधिक उदात्त है। कई स्थलों पर उनमें 'पशुत्व' अधिक है मनुष्यत्व कम। देवत्व की तो बात ही नहीं। वे देवता इसलिए कहे जाते हैं कि वे शक्तिमान और निरंकुश हैं, तथा जगत् की घटनाओं का नियन्त्रण करते हैं। उनके-अन्दर घोर क्रोध, एवं घोर प्रतिशोध है। ईर्ष्या-द्वेष से भरे में देवगण एवं देवियाँ आपसी सम्बन्ध भी पवित्र नहीं रख पाते। इतना क्रोध तो साँड़ों-भैंसों के पास भी नहीं होता, जो हिन्दी वालों के मतानुसार 12 वर्षों बाद भी बदला लेकर ही दम लेते हैं। उनके मस्तिष्क में मोह, स्नेह, दया, करुणा आदि-आदि की उपस्थिति नहीं के बराबर हैं। वे अनुशासित रहते हैं, तो देवराज के बज्र के डर से। यह देव समाज भोग-विलास एवं मघु-पान में मत्त रहता है एवं अपने आनन्द की तुष्टि के लिए मनुष्यों से युद्ध करवाता है, जबकि साधारण मानव पग-पग पर दु:ख भोगता है। ग्रीक ट्रैजिडी का सन्देश है कि मनुष्य, जो भाग्य के द्वारा दु:खी रहने के लिए ही जन्म लेता है, देवताओं की निरंकुशता को नतमस्तक होकर साहसपूर्वक झेले। इस सन्देश का आदि स्रोत है होमर।

होमर की वर्णना-विधा

हम इलियड के अन्दर अनुभूति की परिपक्वता की चर्चा कर चुके हैं और आगे भी करेंगे। पेगन जीवन-दर्शन में मनुष्य कठपुतली की तरह

देवताओं द्वारा सूत्र-कर्षण से चालित होता है। इस यान्त्रिक व्यापार पर ही सारी कथावस्तु आधारित है। कथा-व्यापार की घटनाओं का कारक पोरेस, लेन, एकिलेस नहीं पति देवताओं की इच्छा है। इसे होमर ने स्वीकार किया है। परन्तु इस 'निमित्त कारण' को होमर ने दैवी कारण की पृष्ठभूमि में नहीं रखा है। उसने दैवी कारण की 'नहीं' के बराबर व्यंजना दी है। जब वह क्रोध की व्यंजना करता है तब एकिलेस के क्रोध की ही बिम्बानुभूति होती है। व्यापारों की ऐन्द्रिलता की अनुभूति प्रगाढ़ रूप में होती है। हमें यह नहीं लगता कि यह तो दैवी विधान है। कवि 9 सर्गों तक एकिलेस के क्रोध का विकास एवं हृदय-परिवर्तन दिखाता है। एक घटना के पीछे पर्याप्त संख्या में अनुभावों की शृंखला एवं मानसिक संघात रखे गए हैं। इसी से हरेक व्यंजित तथ्य की ऐन्द्रिक अनुभूति होती है। इसी से हमने कहा है कि यह व्यंजना 'वर्णन' नहीं 'प्रदर्शन' या 'प्रस्तुति' है। उदाहरण के लिए एकिलेस और जैन्थस नदी के देवता का युद्ध। रण-मत्त एकिलेस ने नदी को शत्रुओं की लाशों से पाट दिया। देवता क्रुद्ध हो उठा और एकिलेस को अपनी शक्ति से गर्दित-मर्दित करके डूबा देने की चेष्टा करने लगा। यह युद्ध इस रूप से वर्णित है कि हमें किसी देव-पुरुष से नहीं बल्कि एक महामल्ल द्वारा वन्या या जल-प्लावन से युद्ध-सा लगता है। सारा चित्र अति दैवी शक्तियों को पृष्ठभूमि में रखकर यथार्थ में जो घटित होता है उसे हो महत्त्व देता है। अन्य स्थलों में भी होमरीय व्यंजना के अन्दर यथार्थ के प्रति घोर आग्रह विशेष रूप से ज्ञात होता है।

होरेस ने 'आर्स पोयटिका' में औचित्य सिद्धान्त का प्रतिपादन करते हुए इसी यथार्थ की प्रस्तुति पर जोर दिया है। यदि कोई अंश पढ़कर उसकी ऐन्द्रिक अनुभूति पाठक को नहीं हुई, तो व्यंजना को हम असफल मानते हैं। उसका अवस्था में वर्णित विषय-वस्तु समूची व्यंजना के गुम्फ से से फूटी नहीं, वरन् दबी रह गई। चरित्र-चित्रण की कसौटी भी यही यथार्य की ऐन्द्रिक प्रस्तुति ही है। ''यदि तुम्हें एकिलेस का चरित्र प्रस्फुटित करना है तो तुम उसे चंचल, उत्तेजनापूर्ण, अदम्य, दुर्दान्त रूप में उपस्थित करो—उसे सदैव नियमों के संयम से बेपरवाह रहने दो—हर जगह उसे अपना स्वत्व खड्ग के बल पर स्थापित करने दो, तभी वह एकिलेस जैसा लगेगा।'' (होरेस), एकिलेस के चरित्र का 'यथार्थ' ऊपर वर्णित फार्मूले (छन्द, रूपायन, फार्म) में निहित है। ऐसी प्रस्तुति से ही हमें ऐन्द्रिक अनुभूति होगी कि हमारे सामने जो पुरुष खड़ा है, बोल रहा है, वह एकिलेस है। व्यवहार में 'औचित्य' और 'यथार्थ' दो नहीं होते। औचित्य की कसौटी है यथार्थ। चरित्र के चित्रण में

मांसलता तथा प्राण इसी विधि से आ सकता है। यही कह देने से मांसल और प्राणवान चरित्र नहीं हो जाता कि वह ही था और बेपरवाह था।' बलि विविध कार्यों (अनुभावों) द्वारा यह बेपरवाही एवं हठ का चयन होना चाहिए। यही टेकनीक व्यास ने महाभारत में अपनायी है। पात्रों की बात-चीत, चाल-ढाल, क्रिया-कलाप से पता चल जाता है कि यह श्रीकृष्ण है, वह दुर्योधन है और यह भीम हैं, चाहे इनका नाम उक्त सन्दर्भ में हम पढ़ें या न पढ़ें। मांसलता, यथार्थता, वास्तविकता, आंगिकता (आर्गेनिकनेस) आदि शब्द एक ही भाव के व्यंजक हैं। इन सबका तात्पर्य होता है कि पढ़ते समय उक्त वर्णन हमारी इन्द्रियों को फड़का देता है और हमें लगता है कि हमें एकिलेस हैं या कम-से-कम एकिलेस हमारे सामने खड़ा है।

सिद्धान्त रूप में होमर मानता है कि मनुष्य कुछ नहीं करता एवं सब कुछ दैवी विधान है। यह एक चिरन्तन यथार्थ है। व्यवहार में होमर दिखाता है कि सब कुछ मनुष्य ही करता है। यह दैनिक यथार्थ है। होमर बड़ी बारीकी से दैनिक यथार्थ की पृष्ठभूमि में चिरन्तन यथार्थ के मूल्यों का संकेत देता चलता है। 'मानस' तथा 'वार एंड पीस' में यही टेकनीक अपनायी गई है। कालजयी साहित्य निश्चय ही यथार्थवादी होता है। इस तथ्य को स्वीकार करते हुए अनेक भूफोड़ या मडूक यथार्थवादी इस तथ्य के पूरक सभ्य को भूल जाते हैं कि दैनिक यथार्थ के पीछे चिरन्तन यथार्थ के मूल्य विद्यमान रहते हैं। अत: किसी रचना के लिए कालजयी होने के हेतु दैनिक यथार्थ के मूल्यों के माध्यम से चिरन्तन यथार्थ के मूल्यों का अन्तर्ध्वनन आवश्यक है।

शैली की उदात्तता

होमर का काव्य पाश्चात्य साहित्य में उदात्त शैली की कसौटी माना गया है। होमर की कविता में कुछ ऐसे तत्त्व विद्यमान हैं जो प्रत्येक चारण-काव्य में पाये जाते हैं। होमर उस युग में पैदा हुआ था, जब लेखन प्रचलित नहीं हुआ था। अत: उसकी कविता में चारण-काव्य के कुछ तत्त्व आ जाना स्वाभाविक है। उसके काव्य का उद्‌देश्य भी चारण-गान ही था। चारणों की तरह वह पूर्व कथा की किसी बात को समय-समय पर संकेत रूप में दुहराता चलता है जिससे कथा की शृंखला श्रोता को भूलने न पाये। ऐसा संकेत उपमा या कथोपकथन के सिलसिले में ही बीच-बीच में वह लाता है जिससे उक्त सन्दर्भ में वह संकेत खा जाए और उद्‌देश्यपरक तथा स्वाभाविक न लगे। दूसरी बात यह है कि वर्णन की कुछ विशिष्ट विधाएँ बार-बार दुहरायी जाती

है। यदि प्रसंग एक ही प्रकार का रहे तो वही शब्दावली विविध चरित्रों के लिए आती है—"...मारे क्रोध के कृष्णवर्ण हो गया", "आँखों पर अन्धकार छा गया" आदि। किसी भी व्यक्ति के शूल का वर्णन करते हुए एक ही प्रकार की बातें दुहरायी जाती हैं—वह तीक्ष्ण और लम्बा है, वायुभक्षी है, धरती पर काली छाया डालता हुआ चलता है एवं किसी उत्तुंग शिखर पर हवा के धक्के खानेवाले 'ऐश'-वृक्ष से बना है। तीसरी बात यह है कि कुछ उपाधियाँ विशिष्ट पात्रों द्वारा बार-बार दुहरायी जाती हैं। जैसे क्रूरकर्मा एकिलेस, बुद्धिमान् ओडेसियस, मानवाधिपति अगामेमनन, मेघेन्द्र या वज्रपाणि देवराज आदि।

चारण काव्य की इन विशेषताओं के होते हुए भी इलियड और ओडिसी को महज वीरगाथा (बैलर) मान लेना भूल है। महाकाव्य में जिस गाम्भीर्य की आवश्यकता है जिस उदात्त स्वर से महाकाव्यकार बोलता है, यह प्रथमतः होमर में ही मिलता है। स्वर्ग शिखर पर बैठे देवराज को हर समय अपने मुख-मंडल को गम्भीर, घोर नियन्त्रण द्वारा भावहीन रखना पड़ता है, अन्यथा जरा-सी भृकुटि-बंक पर समुद्र में तूफान एवं आकाश में झंझावात उठ सकता है। उसी भाँति होमर भी आदि से अन्त तक गम्भीर रहता है, उसका स्वर जरा भी कांपता नहीं। एकरस, समान घोष से उसकी काव्यधारा बहती जाती है। केवल दो प्रसंग ही इसके अपवाद हैं। एक तो ग्रीक सभा में दुष्ट कुबड़े का प्रसंग तथा दूसरा डायना एवं अफ्रोदीती के बीच केश कर्षण। इन्हीं दो स्थानों पर वह ऊँचे धरातल से नीचे उतरकर हास्य सृष्टि करता है। पर ये अति लघु प्रसंग है। कथाबन्ध एवं चरित्र-निर्माण की गठीली एकता, जिसकी चर्चा हम कर चुके हैं। इसी घोर आत्मनियन्त्रण का प्रतिफल है।

18वीं शती के मान्य आलोचक डॉ. सैम्युएल जानसन ने 'ड्रायडेन' नामक निबन्ध में प्रसंगवश होमर और वर्जिल की तुलना करते हुए लिखा है—"होमर और वर्जिल की तुलना करते समय दोनों में हम यह भेद पाते हैं कि होमर में भावों की उदात्तता (प्रगाढ़ता और स्फूर्ति) तथा प्रसादगुण की विशिष्ट प्रेषणीयता पाते हैं। परन्तु वर्जिल की भाषा में यह उदात्तता, तेजस्विता और मधुरता निहित है।" (अनुवाद में) होमर के भाव, जो मजबूत तने की तरह सुदृढ़ हैं, अपने ठोसपन के कारण सुरक्षित रहते हैं परन्तु वर्जिल के (भाषा-आश्रित) रमणीय वचनों के पुष्प झड़कर गायब हो जाते हैं।" जिस कविता का सौन्दर्य भाषागत माधुर्य एवं श्रृंगार पर निर्भर है वह अनुवाद में गद्यात्मक हो जाएगी, क्योंकि मूल शब्द के नाद एवं अर्थ ध्वनि को वही मूल

शब्द ही दे सकता है। अन्य भाषा की कौन कहे, उसी भाषा के अन्य पर्याय रखने पर भी व्यंजना का व्यक्तित्व मर जाता है और अनुभूति वही नहीं होती जो पहले होती थी। परन्तु भावाश्रित काव्य में यह बात नहीं। यदि भाव प्रगाढ़ एवं स्पष्ट है तो किसी भी शब्दावली में अपनी मार्मिकता को कम या बेश, बचाए रखेगा ही। होमर की कविता का सौन्दर्य भावाश्रित है इसी से किसी भी भाषा के अन्दर उसका आनन्द वर्जिल की तुलना में अधिक ही मिलता है। यों अनुवाद अनुवाद ही है। उससे मूल के रस की आशा नहीं की जा सकती।

होमर की शैली में उदात्तता इतनी कूट-कूटकर भरी हुई है कि 'उदात्त शैली' का ही दूसरा नाम 'होमरिक स्टाइल' (होमरीय शैली) भी हो गया है। लांगिनस ने 'आन व सब्लाइम' में होमर की उदात्त शैली की पर्याप्त चर्चा की है। उदात्तता की अनुभूति एक ऐसी अनुभूति है जिसकी परिभाषा नहीं की जा सकती। तन्त्री-नाद, कवित्तरस, सरस राग एवं रतिरंग को परिभाषा से कोई पहचान नहीं पाया है। इसे तो डूबकर ही पहचाना जा सकता है। उदात्तता की स्थितियाँ अनेक है—यह मन की शेषनाग की तरह सहस्त्रशीर्षा स्थिति है। फिर भी चर्चा प्रारम्भ करनेवाले को कुछ लक्षणों का संकेत देना ही पड़ता है।

उदात्त शैली का प्रथम गुण है ओज। यह ओज अपने अन्दर स्फूत्रि एवं ऊँचाई को आत्मसात किए रहता है। जिस पंक्ति को पढ़कर मन स्फूर्तिमय होकर ऊपर उठने की चेष्टा करें वह ओजस्वी पंक्ति है। जिस पंक्ति को पढ़कर मन विगलित होकर बहने लगता है वह ओज नहीं। यह माधुर्य हो सकता है या प्रसीदन हो सकता है या अन्य कुछ भी हो सकता है। ओज कभी-कभी भाषा के आधार 'ओज का स्वाँग' के रूप में भी रहता है। किसी भी पंक्ति का ओज यदि भाषान्तर में भी बना रहे तो वह वास्तविक ओज है अन्यथा ओज का स्वाँग मात्र है। भरतमुनि ने ओज और उदात्त के बीच गहरे सम्बन्ध का निर्देश किया है। (नाट्यशास्त्र 17।103) होमर की कविता में ओज का उदाहरण प्रत्येक पृष्ठ पर पाया जाता है। समरभूमि में ग्रीक योद्धाओं पर अचानक अन्धकार छा जाता है। उस क्षण में अयेज उत्तेजनापूर्वक देवताओं को पुकारकर कहता है—"हे शाक्तिमान, हम तुमसे प्राणों को भीख नहीं माँगते। यूनान के पुत्रों की तू सिर अन्धकार से रक्षा कर। मैं अधिक नहीं माँगता। केवल हमारी दृष्टि लौटा दे। हमारा दिवस लौटा दे। इसके आगे तो हमारी भुजाएँ हैं और हमारे शस्त्र हैं।" ये पक्तियाँ किसी भी प्रकार की भाषा में अनूदित होने पर अपना ओज नहीं त्याग सकतीं।

जिसके पढ़ने से ऐसा लगे कि आत्मा में एक बल, एक प्रकाश छा गया, वहीं ओज है। ओज का निकटवर्ती है धैर्य। जिस पंक्ति को पढ़ने से आत्मा में असीम धैर्य आ जाता है और मन सुख-दुःख से बेपरवाह होकर अडिग हो जाता है, वह पंक्ति भी उदात्तता की ही व्यंजक है। निराला की ये पक्तियाँ उस स्थिति की सफल व्यंजना करती हैं—

''सरल अति स्वच्छन्द
जीवन प्रात के लघुपात से
उत्थान पतनाघात से
रह गया चुप निद्र्वन्द्व।''

होमर की समस्त कविता मनुष्य के इसी धैर्य की गाथा है। होमरीय देवों के विधान-चक्र के नीचे दुःख-दर्द का मॉग मानव असीम धैर्य का प्रतीक है। हेलेन ट्रॉय के महल से सारे ग्रीक योद्धाओं पर दृष्टिपात करती है। उसे अपने दोनों बन्धु नजर नहीं आते। ''उसे नहीं ज्ञात था कि सुफला धरती ने उन दोनों को अपने हृदय में कभी का छिपा लिया है।'' अथवा नेस्टर के प्रति यह उक्ति, ''वृद्धता का यह घोर भार जिससे आज तक कोई बचा नहीं, तुम्हें दबाए हुए है। यदि तुम इसे औरों के कन्धे पर डाल सको तो आओ।'' आदि पक्तियाँ मन में असीम धैर्य की स्थापना करती हैं।

उदात्त शैली विराट अथवा नुकीली-दो में से एक- व्यंजना पर आश्रित रहती है। विराटता की प्रस्तुति उन स्थलों पर होती है, जहाँ कोई देवता या असुर या कोई प्राकृतिक शक्ति विषयवस्तु हो। उदाहरण के लिए भूकम्प एवं समुद्र के देवता पोजीडन का आगमन-''वन, पर्वत, निर्जन गिरि-शिखर एवं यूनानियों के रणपोत और ट्रॉय के महलों के शिखर उस देवता को चरण-चाँप के नीचे थरथरा उठे। लहरों पर उसका रथ दौड़ता जाता था। प्रबल आकर्षण से खिंचकर अतल सागर-गर्भ से भयंकर असुराकार मकर-झल-नक उद्धत (शिशुओं की तरह) उछलते हुए अपने प्रभु के (स्वागत के) लिए क्रीड़ा करने लगे। लहरों ने किसी सम्मोहन मन्त्र में बँधकर अपने-आप दो भागों में विभक्त होकर (उसके रथ के लिए) रास्ता दे दिया।''

उदात्तता का अन्य स्रोत है कवि की क्लासिकल नुकीली वर्णना की लाघवता। क्लासिकल व्यंजना सदैव नुकीली, तेज और लाघवतापूर्ण (संक्षिप्त) होती है। रोमांटिक कवि जिस कथा की व्यंजना के लिए 10 पंक्तियाँ लिखेगा उसे क्लासिकल कवि एक पंक्ति, या एक वाक्यांश में कहकर आगे बढ़ेगा परन्तु उसका असर रोमांटिक व्यंजना से स्थायी होगा। क्योंकि, इस नुकीलेपन

एवं लाघवता के पीछे निर्वैयक्तिक विश्व-अनुभूति (यूनिवर्सल एक्सपीरिएन्स) निहित है। उदाहरण के लिए बेलीरोफन के बारे में कही गई एक पंक्ति (जिसे हिन्दी अनुवाद में दो वाक्यों में कर दिया गया है) किसी भी रोमांटिक कवि के 10 पंक्तियाँ के प्रलाप के बराबर असर रखती हैं—"बेलीरोफन मनुष्यों के जगत से दूर, अपने ही हृदय का रक्तपान करते हुए -भटकता रहा एवं उसकी आत्मा के घाव रिसते रहे।" इस इसके बाद कवि आगे बढ़ जाता है। परन्तु यह संक्षिप्त व्यंजना अति नुकीली है। हृदय को तुरन्त छेद देती है। इसी को क्लासिकल 'लाघवता' (ब्रीविटी-एंड इम्पैक्टनेस) कहते हैं एवं होमर इसका आदि गुरु है।

उदात्तता का सबसे बड़ा आधार है कवि के चिन्तन का उच्च धरातल और उसका मनीषी-मस्तिष्क। महाकाव्य बिना इस तत्त्व के लिखे नहीं जा सकते। महाकाव्य के कवि को थोड़ा-बहुत पैगम्बर-मन्त्रदृष्टा ऋषि होना ही पड़ता है, क्योंकि यह शत-प्रतिशत निर्वैयक्तिक काव्य है। प्रत्येक भाव-विभाव समस्त विश्व का भाव-विभाव बनकर आता है। होमर में यह पर्याप्त मात्रा में पाया जाता है। हम प्रथम ही कह चुके हैं कि सभ्यता के आदर्शों एवं परिष्कृत संस्कारों का विकास तब तक नहीं हो पाया था। अतः होमर के पात्रों में 'आदिमपन' तो रहेगा ही। उक्त आदिमता की सीमा में मानसिक धरातल का जितना उच्च विकास हो सकता है, होमर में विद्यमान है। प्रत्येक पृष्ठ पर उसके चिन्तन की ऊँचाई एवं कथा का आसुरी विराट आयाम उसकी महानता को सूचित करते हैं।

उपमा-होमरस्य

होमर की उपमाओं की चर्चा किए बिना होमर का अध्ययन अधूरा रह जाता है। होमरीय उपमाएँ कलासिक बन गई है परन्तु होमर ने उपमाओं का प्रयोग सज्जा की दृष्टि से नहीं किया है। भावों के बल-संवेग से कुछ उपमाएँ अपने आप खिंचकर आ गई हैं और वे समूचे महाकाव्य में बारबार दुहराई जाती हैं। उदाहरण के लिए उषा की उँगलियों की उपमा 'गुलाब' से या समुद्र-सतह की 'यामता की उपमा 'सुरा-वर्ण' से अति स्वाभाविक उपमाएँ हैं। क्रोध को 'छत्ते में व्याप्त मधु, की तरह नस-नस में व्याप्त बताया गया है जिसके प्रभाव से 'सुधी के अन्दर भी ज्वाला उठती है' और 'धूम्र की तरह यह सम्पूर्ण आत्मा पर छा जाता है। यह मालोपमा का उदाहरण है जब बहुत से उपमान (मधु, ज्वाला, धूम्र) एक ही उपमेय क्रोध के लिए आते हैं और

भिन्न-भिन्न धर्मों का वाचन करते हैं। परन्तु यहाँ भी 'उपमा वर्णन' के अन्दर इस तरह अन्तर्भुक्त है कि उससे अलग नहीं लगती। क्रोध आने पर होमर के शूर 'क्रोध' से 'कृष्णवर्ण' हो जाते हैं। प्रत्येक पात्र के लिए क्रोध के सन्दर्भ में यहीं वाक्यांश आता है—'अमुक क्रोध से कृष्णवर्ण हो गया।' हेक्टर के क्रुद्ध रूप का चित्रण करते हुए वह लिखता है : हेक्टर का मुखमंडल अमर्ष से भर उठा-मानों उस पर अर्धरात्रि छा गई।' यह भी होमर के सूक्ष्म पर्यवेक्षण का प्रतिफल है।

होमर के परवर्ती युग में होमरीय उपमाओं को महाकाव्यों में खूब स्थान मिला है। उनमें सबसे लोकप्रिय है—'स्फीतोपमा' या उपमा-विस्तार। इसमें किसी उपमा के विशिष्ट धर्म को विस्तारपूर्वक वर्णन करते हैं। इसका उद्देश्य उपमेय से समानता दिखाना नहीं होता, जैसा कि उपमा-अलंकार का मूल उद्देश्य है। बल्कि यह महाकाव्य के कवि को कथा की सीमा-रेखा से दो-एक पग इधर-उधर जाकर प्रकृति-वर्णन या साहित्यिक वर्णन का अवसर प्राप्त करना मात्र है। होमर की 'स्फीतोपमा' का एक उदाहरण देखिए। ग्रीक सेना पर अन्धकार एवं पाषाणवर्षा का वर्णन करते हुए कवि लिखता है—

"पत्थरों की वर्षा—ऐसे होने लगी, जैसे शरद के दिवस में हिमखंडों की वर्षा-जब देवराज वायु को सुला देते हैं और अजस्र हिमपात करने लगते हैं और तब तक करते रहते हैं जब तक उच्च गिरि शिखर, तट के ऊँचे कगार, पास के विस्तृत मैदान एवं कृषकों के खेत-सभी हिमावृत न हो जाएँ, एवं जब मटमैले समुद्र का किनारा एवं अन्तरीप हिमावृत न हो जाए जिससे 'पछाड़ खानेवालियाँ (=तंरगें) डगरती (नाचती हुई, उन्मत्त) आकर टक्कर मारती हैं...।"

दूसरा उदाहरण ग्रीक सेना के पलायन के सन्दर्भ में—

"ग्रीक सेना उसी तरह भगी जिस तरह ढोरों का झुंड,—जब उन पर राखाल की अनुपस्थिति में गोधूलि की धुँधली बेला में, दो क्रुद्ध खूँखार पशु आक्रमण करें और बुरी तरह से रौंद डालें।"

होमर के बाद के कवियों, यथा वर्जिल, दांते, रूसो एवं मिल्टन आदि ने इस स्फीतोपमा का सफल प्रयोग किया है। मिल्टन की 'स्फीतोपमा' उसकी वर्णना में अन्तर्भुक्त नहीं ज्ञात होती। वह अलग से किसी अन्य उद्देश्य से (यथा अन्य प्रकार का साहित्यिक वर्णन या 'रस-विश्राम' (पोयटिक रिलीफ) के हेतु लिखी गई ज्ञात होती है। परन्तु होमर की वर्णना में उसकी स्फीतोपमा भी अन्तर्भुक्त ज्ञात होती है। अलगाव की अनुभूति नहीं होती। मिल्टन ने शैतान

के असुर-शरीर का वर्णन विविध रीतियों और उपमाओं से किया है। उनमें एक है 'समुद्र-शार्दूल ('लेवाइएथन') की स्फीतोपमा द्वारा। पर यह प्रस्तार पाते समय समुद्र-शार्दूल को समुद्रतट एवं रात्रि-वर्णन की ओर अधिक झुक जाती है। कवि ने मूल विषय के घोर खिंचाव को जरा-सा विश्राम देकर प्रकृति वर्णन द्वारा कोमल भाव की व्यंजना कर दी। इससे पाठक को 'रसविश्राम' प्राप्त हुआ और कवि को प्रकृति-रस की अवतारणा का अवसर मिला।

इस 'स्फीतोपमा' को हम न तो 'मालोपमा' ही कह सकते हैं और न 'समुच्चयोपमा' ही। मालोपमा में उपमान बहुत से होते हैं और उनके विविध धर्मों या किसी एक सर्वव्यापी धर्म को समानता उपमेय से दिखाते हैं। समुच्चयोपमा में उपमान एक ही रहता है पर उसके विविध धर्मों की समानता उपमेय के विविध धर्मों से दिखाते हैं। होमर की 'स्फीतोपमा' दोनों से अलग है। उसकी 'स्फीति' या प्रस्तार का उद्देश्य उपमेय से अधिकाधिक समानता दिखाना न होकर विभिन्न रस-विश्राम का अवकाश प्राप्त करना मात्र है।'

होमर की शैली में उपमा से भी विशिष्टतर तत्त्व है। 'होमरीय उपाधियाँ' या 'होमरीय विशेषण' (होमरिक एपिथेट)। कतिपय उदाहरण यहाँ दिए जाते हैं :

देवराज जीयस (इन्द्र)—चक्रपाणि, वज्रपाणि, मेघशासक, चेता, कुटिल, बंकभ्रू, क्रोनसपुत्र, सर्वशक्तिमान।

हीरी (शची) —'वेतबाहु, सुकेशी।

अफ्रोदीती (रति) —वर्णगात, श्वेत बाहु।

एथनी (शक्ति) —रक्तनयन, तेजवर्ण।

थेटिस (समुद्रकन्या)—रजतपदी, विस्तृत परिधानी।

उषा-गुलाबी उँगलियोंवाली।

समुद्र—सुरावर्ण और सुरा-नील।

रात्रि —रहस्यमय और माधवी।

ये उपाधियाँ बार-बार, उक्त पात्रों एवं विषयों से जुड़-जुड़ कर आती हैं। मानवीय पात्रों के लिए भी ऊपर की—

"Created hugest that swims the Ocean streams His haply slumbering on the Norway foam The pilot of some small night foundered skiff Deeming some islUnd, oft, as seamen tell With fixed anchors in his scary rind Moor by his side under the lee while the night Invests the sea and wished morn delays."

सभी उपाधियाँ आती हैं और बार-बार दुहरायी जाती हैं। महाकाव्य का कवि अपने पात्रों को उपाधिहीन नाम से नहीं पुकारता। रामायण में 'नरशार्दूल राम', 'महात्मा रावण', 'महाबाहु हनुमान' एवं नारी पात्रों के पूर्व सदैव 'विशाललोचना', 'गजगामिनी' आदि जुड़ा रहता है। होमर की सौन्दर्य दृष्टि का आभास भी इन विशेषणों से मिलता है। नारी सौन्दर्य के लिए 'श्वेत बाहु' का प्रयोग अत्यन्त अधिक हुआ है। ग्रीकों के मन में नग्न गोरी, 'वेत मांसल बाहुलता के प्रति अति असीम आसक्ति थी। होमर के अन्दर वर्णित परिधानों पर ध्यान रखने पर ज्ञात होता है, एवं फिडियास द्वारा निर्मित अफ्रोदीती (बोनस) की मूर्ति इसका प्रमाण है कि स्कन्ध तक नग्न बहुलता का प्रदर्शन उतना ही उत्तेजक माना जाता था जितना भारतीय कला में तरंगयमान नारी शरीर एवं नग्नकुचों का प्रदर्शन। 'स्वर्णगात' का उल्लेख केवल हेलेन, कसान्द्रा एवं देवियों में अफ्रोदीती (रति) के लिए ही पाया है। उषा एक कुमारी के रूप में आई है एवं उसकी गुलाबी उँगलियों की चर्चा बराबर आती है।

होमर की उपमाओं में एक बात और विचित्र-सी लगती है। 'वीर ओडेसियस' या 'विशाल हृदय यूनानी' का प्रयोग ऐसे स्थलों पर भी होता है, जब ओडेसियस पीठ दिखाकर भाग रहा हो अथवा यूनानी योद्धा लूट में व्यस्त हों। ऐसा क्यों? होमर की दृष्टि 'मूल स्वभाव' की ओर अधिक उन्मुख है। ओडिसियस के 'मूल स्वभाव' को हम देखें तो वह 'वीर' ही कहा जा सकता है—अतः संयोगवश उसे ऐसी परिस्थिति का सामना करना पड़े कि वह 'वीर' के प्रतिकूल कार्य करे, तो भी कवि उसके मूल स्वभाव पर आश्रित विशेषण 'कीर' को उससे नहीं छीनेगा। यदि कोई मूल स्वभाव से 'वीर' या 'विशाल हृदय' है, तो कोई कारण नहीं कि खंड अवस्थाओं के कारण उसे कायर या नीच कहा जाए। महाकाव्यकार की दृष्टि 'समग्र' को ध्यान में रखकर चलती है 'खंड' का नहीं। वाल्मीकि का 'महात्मा रावण', 'नरशार्दूल राम' भी इसी प्रकार की उपाधियाँ हैं।

अन्त में हम फिर दो बातों का, जिनका पर्याप्त विवेचन इस निबन्ध में हुआ है, स्मरण दिलाते हैं। प्रथम तो यह कि होमर की व्यंजना में शैली के श्रृंगार और अलंकरण को द्वितीय स्थान दिया गया है और भावों की उदात्तता तथा गहराई को प्रथम। दूसरी बात यह कि इस पश्चिमी काव्यगुरु की रचना का रसास्वादन करते समय हम इस कवि के युग की भौतिक एवं नैतिक सीमाओं को, मान्यताओं को सदैव ध्यान में रखें। उक्त सन्दर्भ से बाहर जाने पर रसबोध में कहीं-कहीं बाधा पड़ सकती है।

सन्दर्भ ग्रन्थ

1. ' आउटलाइन ऑव वल्ड हिस्ट्री (वेल्स) अध्याय 14
2. द राइज ऑफ द ग्रीक एपिक' (गिलबर्ट मरे)
3. शुद्ध ग्रीक उच्चारण यही है। परन्तु अंग्रेजी का 'एकिलीज' (Achilles) अधिक लोकप्रिय है।
4. 'आक्सफोर्ड काम्पेनियन युक्लासिकल लिटरेचर (सर पाल हर्वे)
5. देखिए 'द राइज ऑव द ग्रीक एपिक' (गिलबर्ट मरे) जिसमें इस विषय का विस्तारपूर्वक विवेचन है।
6. 'यह थीम भी यूरोपीय साहित्य में कम समादृत नहीं। माइकेल, एंजलो, स्पेन्सर, ग्येटे, यीट्स ने अपनी प्रतिभा का ओज इस पर भी लगाया है।
7. यह भविष्यवाणी देवबन्दी प्रोमीनथीयस को ज्ञात थी। यही एकीलस (Acschylus) के तीन नाटकों के समूह ('ट्रियोलोजी') का विषय है। परन्तु उनमें सिर्फ एक ही मिलता है। अन्त में प्रोमिथीयस एवं देवराज में सन्धि हो गई थी (गिलवर्ट मरे)।
8. यह भी देवराज जीयस के इच्छानुसार होता है। देवगणों ने कुछ तो स्थायी पक्ष ग्रहण किए हैं और कुछ भी इधर कभी उधर। सभी देवाधिदेव जीयस की इच्छा से। मनुष्य को दास पुतुल मात्र है। ऐसा ग्रीकों का विश्वास थी।
9. 'जीयस भी स्वतन्त्र नहीं। वे भी 'नियति' के नियम से बन्धे हैं। अपने पुत्र शापीडान को भी न चाहते हुए भी उन्हें मृत्यु देनी पड़ती है।'
10. टाइरेरिया अर्धनारी अर्थपुरुष शरीरवाली आत्मा जो भविष्य बताती है और अन्धकारमय लोक पाताल में जहाँ ग्रीक-विश्वास के अनुसार मृतात्माएँ जाती हैं, निवास करती है।
11. मिल्टन और दांते ने भी अपने महाकाव्यों में इस जलपथ का उल्लेख किया है।

(सरस्वती अप्रैल, 1974 में प्रकाशित)

वादलेयर की कविता पर एक टिप्पणी

पियरे वादलेयर जो फ्रांसीसी काव्य में प्रतीकवाद आन्दोलन के अग्रदूत थे और जो ''बुराइयों के पुष्पों के कवि हैं'' एक विचित्र साहित्यिक विरोधाभास का प्रतिनिधित्व करते हैं। लिटेन स्टैची अपनी लघु किन्तु विश्वसनीय पुस्तक 'फ्रांसीसी साहित्य में मील के पत्थर' इस विरोधात्मक समन्वय का संकेत करते हैं जो हम वादलेयर में पाते हैं। कीट्स जैसे कवि अपने व्यक्तिगत दुखों को सौन्दर्यमयी दुनियाँ से अलग अपनी रचनाओं में अभिव्यक्त करते हैं। दूसरी ओर स्विफट जैसे लेखकों के जीवन एवं साहित्य में सर्वव्यापी अन्धकार एवं कभी न कम होनेवाली भयंकरता का साम्राज्य है। परन्तु वादलेयर में दोनों का अद्भुत सम्मिश्रण है। उनकी कविता में हम आनन्द की चरम परिणति पाते हैं और इसके समानान्तर नरक की भयंकरता भी। इस प्रकार प्रकाशमय आनन्द का बाग एवं अन्धकारमय नरक का समन्वय एक ऐसा अनोखा विरोधाभास है जो न तो परिभाषित ही हो सकता है और न जिसका वर्गीकरण हो सकता हैं।

वादलेयर एक बूढ़े पिता के दूसरे किन्तु एक युवा एवं सुसंस्कृत महिला के पहले बेटे थे। जिसने अपने प्रथम पति की मृत्यु के बाद एक सैनिक पदाधिकारी से विवाह कर लिया था। सामान्यतः इस संसार में सौतेले बाप सौतेले बेटों द्वारा अभिशप्त होते हैं वादलेयर ने भी ऐसा ही किया। इस सन्दर्भ में उनके अहंवादी स्वभाव का अत्यधिक दोष है। क्योंकि उनके सौतेले पिता ने उनके लिए सब कुछ किया केवल उनको उनकी माँ के पास नहीं रखा। जैसा कोई भी विक्टोरियन विचारोंवाला व्यक्ति सोचता है। वे एक विद्यालय में भेजे गए फिर एक सैनिक विद्यालय में। लेकिन हर जगह वे असफल सिद्ध हुए जिसका कारण था उनका अहंवादी स्वभाव और अव्यवस्थित जीवनचर्या। बाद में उन्हें जीवन को देखने-समझने और जिन्दगी के अनुभव प्राप्त करने हेतु कलकत्ता भेजा गया। परन्तु बीच रास्ते में किसी उष्ण कटिबन्धीय क्षेत्र में कुछ समय के लिए रुक गए, और उस क्षेत्र के

विलासमय प्रकृति सौन्दर्य का आनन्द लेने लगे और पुनः वे पेरिस लौट गए। वहाँ लौटकर उन्होंने कला और इज़्म को व्यवसाय के रुप में चुना। पेरिस में ही लैटिन क्वार्टर्स की जिन्दगी में मदिरापानव्यभिचार लिप्सा, वेश्याओं एवं नायिकाओं पर धन लुटाने की जिन्दगी जीने लगे। ऐसी ही औरतों में जिनडुअल एक थी। वे भयंकर गरीबी एवं कर्ज में रहते रहे। कभी-कभी उन्हें अपनी माँ से सहायता मिल जाती थी जिसके साथ उनके सम्बन्ध उदासीन एवं छिछले थे। चालीस साल की उम्र होते-होते वे शरीर और मन से पूरी तरह टूट चुके थे। उन दिनों पेरिस रंगीन चित्रकला एवं नई कविता का केन्द्र था। इम्प्रेशनिज्म और पैरनासिज़्म अपने पूर्ण प्रवाह में थे। लैंडस्कैप एवं न्यूड पेंटिंग जिन्हें हम वास्तविक अनुभव में देखते एवं महसूस करते हैं रंगों में चित्रित की जाती थी।

यथार्थ चित्रण के नाम पर परम्परागत उद्देश्य, आलंकारिक आवरण एवं परम्परागत रंग इन सभी की कला में उपेक्षा की गई। इस प्रकार के चित्रण के लिए एक अनासक्त विचार की आवश्यकता होती है जो व्यक्तिगत भावनाओं से मुक्त हो इस न्यूड चित्रण के सन्दर्भ में एक ऐसी उदासीनता प्राप्त की गई जिसमें व्यक्ति एक आधुनिक लड़के के शरीर से अत्यधिक परिचित था। ऐसे वातावरण में वादलेयर ने अपने आनन्द, भयंकरता और उदासी का साहित्य अनासक्त भाव से लिखा। उनका यश उनकी पुस्तक 'बुराई की शक्ति' पर आधारित हैं। यह उनके पद्यों का संग्रह हैं जो उनके जीवन में प्रत्येक संस्करण में बढ़ता गया। इसके अतिरिक्त दूसरे प्रकार के भी पद्य हैं और कुछ मधुर गद्यगीत भी हैं। कविता के अतिरिक्त उन्होंने आश्चर्यजनक आलोचनात्मक बुद्धि एवं गहराई के साथ उच्च स्तर की आलोचना लिखी। वे सेंटव्यू के प्रशंसकों में से एक थे। सेंटव्यू ने समकालीन फ्रांसीसी आलोचना के क्षेत्र में अपना दबाव बरकरार रखा, अपना वर्चस्व स्थापित किया था। परन्तु सेंटव्यू ने वादलेयर की रचना का कभी अनुमोदन नहीं किया और अन्त में यह वादलेयर की स्वयं की प्रतिभा थी जिसने उनके जीवन के अन्तिम वर्षों में एक शाश्वत यश का ताजमहल खड़ा कर दिया। उसका प्रभाव पूरे यूरोपीय महाद्वीप में दूर-दूर तक पड़ा। फ्रांस के छायावादी कवि हंग्रे के स्वायंवर के डाउसन एवं डब्लू बी. यीट्स एवं जर्मनी के आर.एम. रिल्के अपनी कविता की चेतना में नई प्रवृत्तियाँ लाने के लिए उनके ऋणी है। भारत में बंगाली लेखकों के ''सबुजपात्र'' समूह ने वादलेयर का परिचय कराया।

वादलेयर ने 1965 में 47 वर्ष की अवस्था में गन्दे कमरे के अन्दर अपनी माँ जिसने अपने बेटे के सैनिक कैरियर को कविता के लिए कभी नहीं पसन्द किया था। अपने शरीर का त्याग किया। मरने पर समूचा फ्रांस उनके नाम को स्मरण करता रहा।

जीवन और साहित्य दोनों के क्षेत्र में गाँतिए वादलेयर से एक दशक पूर्ववर्ती था। गाँतिए ने रोमानी धुंधलेपन के विरोध में एवं विक्टर ह्यूगो एवं उनके अनुयायियों की भावुक अभिव्यक्ति के विरोध में पर्शियन आन्दोलन खड़ा किया था। भावनाओं की गहराई ने उनकी शैली को अधिक महत्त्व दिया। लेखक एवं कवि इसका ठीक उलटा करते थे। इसके अतिरिक्त अभिव्यक्ति का विषय कोई ठोस पदार्थ नहीं था। बल्कि टुकड़ों में व्यक्तिगत छाप था जो उस पदार्थ से उत्पन्न होता था। वादलेयर इस आन्दोलन से 'ोली के लिए जुड़े रहे। परन्तु उन्होंने विषयवस्तु के क्षेत्र में उन लेखकों की भावनाओं की गरीबी पर अपनी प्रतिक्रिया व्यक्त की।

वस्तुतः वादलेयर एक रोमांटिक लेखक हैं। उन्होंने रोमानी बात को एक नई धारा दी। वायरन, गेटे और विक्टरह्यूगो अपनी कविता में पूर्ण मानव के रूप में अवतरित हुए। उन्होंने प्राकृतिक एवं समाज में व्याप्त द्वैतवाद या दोहरे मानदंड का अध्ययन किया। परन्तु वादलेयर ने अपनी ही काँटेदार आत्मा की झाड़ी का अध्ययन किया। इसका परिणाम एक नए प्रकार का उदास अध्यात्मवाद है। कीट्स ने भी ऐसा ही किया होता अगर वह भौतिक दुनिया को अपनी आत्मा के अनासक्त भाव से पढ़ा होता। वादलेयर ने ऐसा ही किया। कीट्स अपनी भयंकरता एवं आनन्द की प्रवृत्तियों को प्रारम्भिक अवस्था में दर्शाते हुए सारी जिन्दगी को पारकर एक सम्पूर्ण व्यक्तित्व में उभरता है। जबकि वह आनन्द की चरम सीमा में रहता है। परन्तु वादलेयर में उनकी आत्मा का एक टुकड़ा बहुत ऊपर रहता है, दूसरा टुकड़ा बहुत ही नीचे रहता है। इसका परिणाम एक नए ढंग का रोमानीवाद है जो व्यक्तित्व से कटा है। जिसका व्यक्ति अहम प्रधान नहीं है, बल्कि व्यक्ति ही प्रधान है कि वह अपने अहम के बारे में क्या सोचता है। इसके लिए एक उत्तम भावुक जागरूकता की आवश्यकता होती है जो ऐसी छाप दे सके। जिसमें अवचेतन मन के गहराई में प्रवेश किया जा सके।

अपनी कविता करेसपांडेन्सेज या (पत्र-व्यवहार) में उन्होंने अपने छायावादी सिद्धान्तों का समूचा सिद्धान्त प्रतिपादित किया है। हम इस संसार

में भ्रमण कर रहे हैं जो प्रतीकों का जंगल है। इसमें प्रत्येक विषय-वस्तु एक नमूने का प्रतीत है। प्रतीक अनुभव का अर्थ भावनाओं एवं विरोधी भावनाओं के द्वारा पकड़ा जा सकता है। ये भावनाएँ सामान्य के विभिन्न कोणों से आ रही हैं और इस प्रकार गूँजती रहती हैं। कभी-कभी एक तरह की भावनाओं का अनुवाद दूसरे प्रकार की भावना में हो जाता है। अनुभव का यहाँ छोटे पद्य की विषयवस्तु दी जा रही है। जिससे मलार्मे तथा अन्य प्रतीकवादियों ने काफी सामग्री प्राप्त की थी।

"प्रकृति एक मन्दिर है जिसमें जिन्दे स्तम्भ कभी-कभी कुछ शब्दों को बोलते हैं। मनुष्य इनका प्रतीकों के जंगल द्वारा अर्थ उलट देता है।"

लम्बी गूँज की तरह जो बहुत दूर तक प्रसारित होती है। इसमें सुगन्ध आवाज देती है और रंग एक-दूसरे का उत्तर देते हैं।

बच्चों के शरीर की तरह कुछ गन्ध ताजी एवं ठण्ढे होते हैं वे परिपक्व तथा खेतों की तरह हरे तथा दूसरे काफी समृद्ध होते हैं। अनन्त वस्तुओं का विस्तार होता है। जैसे सुगन्धित लकड़ियाँ, धूपदानी आदि।

प्रत्येक अनुभव प्रतीकमय है। परन्तु कोई भी प्रतीक एक शब्द में व्यक्त नहीं किया जा सकता। क्योंकि प्रत्येक परिस्थिति काफी जटिल एवं उलझी हुई है और इसकी अभिव्यक्ति के लिए एक प्रतीकवाद की आवश्यकता होती है। इस प्रकार हम यह पाते हैं कि नया प्रतीकवाद अन्य प्रकार के प्रतीकवादों से भिन्न है। ऐसे प्रतीकवादों में ऐसे अकेले शब्द जैसे वाइन्ड कप का अर्थ मछलियाँ होती हैं और विलाप करती हुई बुलबुल का अर्थ आत्मा की कराह होती है। इस प्रकार के अर्थ हम कबीर में, सूफी सन्तों में एवं ब्लैकमैन तथा डब्लू.बी. यीट्स में पाते हैं।

वादलेयर की अभिव्यक्तियाँ उनकी आत्मगत ईमानदारी का प्रमाण हैं। अगर उन्होंने कहीं कुरूपता का दर्शन किया तो उसे आदर्शवादी रूप नहीं दिया अपने यथार्थ वर्णन के द्वारा उन्होंने क्रूरता से भी सौन्दर्य को खींचने का प्रयत्न किया। अपने पद्य कैरियर में उन्होंने एक शरीर की तसवीर प्रस्तुत किया है और जिसका अंग-प्रत्यंग सड़ रहा है, जिसके मवाद में क्रीड़े रेंग रहे हैं और जो गिद्ध एवं कुतियों का भोजन है। सम्पूर्ण पद्य एक घृण्यात्मक भावनाओं के चित्रण का सुन्दर उदाहरण है। अन्त में प्रेमिका की ओर संकेत किया गया है। "ऐ मेरी प्रेमिका उन पीड़ों से कह दो जो चुम्बन के साथ तुमको निगल लेंगे मैंने इस रूप को जिसमें हमारा प्रेम, हमारी प्रेमिका सड़ रही है चित्रण किया है।" उनके प्रेम एवं सौन्दर्य का अनुभव बहुधा कुरूप

स्त्रोतों से उत्पन्न होता है। इनके मूल्य ऊँची भावनाओं में निहित हैं। वह प्रेमिका के बालों पर लिख रहा है।

'मैं तुम्हारे बालों की गन्ध को काफी देर तक सुघुँ

और अपने पूरे चेहरे को इसमें डुबो दूँ। जैसे प्यासा आदमी सोते के पानी में अपना मुँह डुबोता है और मैं तुम्हारे बालों को अपने हाथों में एक सुगन्धित रूमाल की तरह झकझोरूँ ताकि मैं वातावरण में इस प्रेम के छाँव को लहरा सकूँ।

मृत्यु को उन्होंने सर्वव्यापी समझा। भयानक स्वप्न एवं भयंकरताएँ उनके लिए इतनी यथार्थ थीं कि भूली नहीं जा सकती थीं। उन्होंने आध्यात्मिक लहरों को नापसन्द किया जो मानवीय भावनाओं को लकवा की तरह कमजोर करती हैं। एक नंगा सौन्दर्य, एक फूल की तरह हम लोगों को अच्छा नहीं लगता। यह फूल जीवन एवं इसकी ऊर्जा की अभिव्यक्ति है परन्तु नंगा सौन्दर्य घृणात्मक अथवा उन्मादी है। ये दोनों मानसिक बीमारी के प्रतीक हैं। अपने एक पद्य में वादलेयर पेरिस के आदर्श प्रेम पर व्यंग्य करते हैं। वे स्वयं उसके शिकार थे। वे मानव के प्रारम्भिक दिनों की तारीफ करते हैं जबकि वह मनोवैज्ञानिक त्रासदी से मुक्त था। (मै नंगे युगों की स्मृति से प्रेम करता हूँ। लेस.एफ.डू.एम.)।

उनके अनेक पद्यों में हम शैतान एवं बुराई के प्रति एक दृढ़ आकर्षण पाते हैं। कुछ आलोचकों की राय है कि यह एक ईसाई रहस्यवाद जिसमें आत्मा का अन्धकारमय रात्रि का वर्णन है। यह ऐसी अवस्था है जो सुख-दुख, अच्छा-बुरा सबके प्रति उदासीन रहती है। यह केवल रहस्यवादियों एवं सन्तो का एकाधिकार नहीं है। इसको कवियों ने भी अनुभव किया है। एक कवि भी परमानन्द या अँधेरी रात या सौन्दर्य का अनुभव वैसे ही करता है जैसे कि एक रहस्यवादी यद्यपि कवि का अनुभव कुछ कमजोर एवं परिवर्तनशील होता है। अँधेरी रात का वर्णन हम कालरिज के डिजैक्शन ओड एवं टी.एस. ईलियट्स के 'दहालों मेन' में पाते हैं। टी.एस.ईलियट्स सामूहिक आत्मा का अँधेरी रात का वर्णन करते हैं।

परन्तु वादलेयर के सम्बन्ध में यह आत्मा की अर्द्धरात्रि नहीं है। यद्यपि बुराई के आकर्षण के पीछे कुछ धार्मिक भावना अवश्य है। वे अच्छे और बुरे का भेद करते हैं तब बुरे को इस गरज से चुनते हैं कि वे आत्मा के दुखों एवं यातनाओं का आनन्द ले सकें। साथ-ही-साथ इन्द्रिय जनित आनन्द भी प्राप्त करें। वे इससे अफीम के छींट की भाँति आन्नदित होते हैं। वस्तुत:

उन्होंने अंग्रेजी लेखक डॉ. क्वीनसी की पुस्तक 'एक अफीम खानेवाले की स्वीकृति' का फ्रांसीसी में अनुवाद किया है। वे उस शैतान से प्रार्थना करते हैं जो सबसे सुन्दर फरिश्ता है। 'ऐ शैतान, मैं तुम्हारी शान की प्रशंसा करता हूँ कि ऊँचाई में तुम्हारा एक महत्त्वपूर्ण स्थान था और नरक की गहराईयों में जहाँ पराजित हुए थे तुम सुबह-शाम स्वप्न देखते रहे। मुझे स्वीकृति दो कि किसी दिन मेरी आत्मा ज्ञान के वृक्ष के नीचे तुम्हारे बगल में शान्ति प्राप्त करे और यह आत्मा तुम्हारी भौंहों पर एक नए मन्दिर की तरह अपनी शाखाओं को फैलाए।

बुराई के प्रति यह आकर्षण जैसा कि फ्रांसीसी स्काल लिखते हैं कि बुराई में अच्छाई की खोज के समान है। चाहे यह अच्छाई का अन्वेषण है या कवि की ओर से सामान्य आनन्द का अन्वेषण हो यह तय करना कठिन है। परन्तु यह तथ्य विवाद से परे है कि यह सब अनुभूतियाँ आध्यात्मिक स्तर पर उसके पास आ गईं जिनमें उनकी केवल इन्द्रियाँ ही नहीं परन्तु आत्मा भी लगी हुई थी। ऐसा न होता तो इसकी अनुभूति इतनी गहरी गर्मजोशी की न होती। इस प्रकार यह उनके धार्मिक स्वभाव से सम्बन्धित है जिसने अवचेतन मन के रूप में उनके कैथोलिक वातावरण में पालन-पोषण के कारण काम किया। यह उस रूप में धार्मिक है जिस रूप में पुराने उमरखय्याम का आनन्दवाद सूफियों की भावनाओं से जुड़ जाता है या शेक्सपियर की परेशानियाँ उसकी चैदहपदीय में पाई जाती हैं। परन्तु यह निश्चित रूप से आत्मा की काली रातें नहीं हैं जिनमें मानव अपने को एक रेगिस्तान में भूले उस बालक की तरह अनुभव करे जो कोई चीज अच्छी है या बुरी नहीं सोच सकता है न कर सकता है। यह एक धार्मिक स्तर है जब कि वादलेयर की भावनाएँ नकारात्मक रुप से धार्मिक हैं।

एक दूसरा प्रमुख तथ्य वादलेयर के पद्य 'लेस फ्लेडसू माल' में हैं इससे इसमें उनके सौन्दर्य के प्रति विचारों को बताया गया है। यह अपने में भावुकता से हीन है, खूबसूरत है, जान घातक है, परन्तु उसी समय चीते की आँख की तरह चुम्बकीय आकर्षण रखता है। अपने एक पद्य में वे अपनी प्रेमिका को नाचता हुआ साँप फुफकारते हुए लिखते हैं, ''ऐ मेरी शुष्क प्यारी कैसे मैं तुम्हारे खूबसूरत शरीर की चमड़ी से प्रेम करता हूँ जो वस्त्र की तरह चमकती है। तुम्हारा कडवा उलझा हुआ बाल जो नया नहीं जा सकता है एक गन्ध की बेचैनी देता है जो नीला एवं भूरे लहरों की तरह है, यह एक जहाज

की तरह है जो सुबह की हवा के साथ उठती है और मेरी आत्मा एक सुदूर स्वाद के लिए पाल फैलाकर रवाना होती है।''

''मैं तुम्हारी आँखें जिनमें कोई भी कडुवा या मीठा नहीं देखा जा सकता। वे ऐसे रत्न के समान हैं जिनमें सोना लोहे से मिला हुआ है।''

''मैं तुम्हारे संगीतमय एवं चिन्तामुक्त सुन्दर भ्रमण को देखते हुए कोई भी यह कहता है कि तुम एक छड़ी की नोंक पर नाचती हुई सर्पिणी हो। ''

एक दूसरे पद्य में 'सौन्दर्य की प्रार्थना' जो अन्तिम संस्करण में प्रकाशित हुआ और उनके जीवन के अन्तिम भाग से सम्बन्धित हैं वे इन्हीं भावनाओं को बिना दुहराए अभिव्यक्ति करते हैं।

''ऐ सौन्दर्य चकाचैंध परवाने के डैने जो तुम्हारी ओर हैं और चिल्लाते हैं यह प्रकाश निरन्तर उड़ते प्रज्ज्वलित रहें, काँपता हुआ प्रेमी अपनी प्रेमिका के ऊपर फैला हुआ वैसे ही देखता है जैसे एक मरता हुआ व्यक्ति अपनी कब्र को चुनता है।''

कोई प्रवाह नहीं कि आप शैतान के यहाँ से आते हैं या भगवान के यहाँ से। पर इससे यह सुन्दर आँखोंवाली परियाँ, सभालय एवं ताल, गन्ध एवं प्रकाश जब तक आप संसार को सुन्दर बनाते हैं आपके जीवन के क्षणों को प्रकाशित करते हैं। कितना यह सम्पूर्ण विचार कि इससे विचारो से कितना भिन्न प्रतीत होता है।

वादलेयर की लघु संस्करणवाले सम्पादक ने उनकी कविताओं को जीवनकथा के आधार पर सात भागों में बाँटा है। इस बँटवारे के गुण वादलेयर के किसी भी छात्र के लिए निःसन्देह अच्छे हैं। परन्तु एक तथ्य हमारे मस्तिष्क में रहना चाहिए कि वादलेयर अपनी रचना के प्रारम्भ से अन्त तक एकाकार रहे। उनकी भावनाओं में समय कोई प्रमुख परिवर्तन नहीं ला सका। वे आधुनिक कविता के अग्रदूत हैं। उनके पत्र-व्यवहार उनकी रचना समूचे दर्शन को परिभाषित करती है जिसके अनुगमन में मलार में उनकी पीढ़ी ने किया था। पुनः वादलेयर और छायावादियों के बीच एक मतभेद है। जिसको फ्रांसीसी स्कार्फ ने इंगित किया है। छायावादी कमोबेश भौतिकवादी है जिनकी छाप भौतिकवादी संसार से जुड़ा है जो उन्हें निःसार लगता था। वादलेयर अपने गहरे निराशावाद के होते हुए भी बहुत कुछ आध्यात्मिक है और उनके लिए संसार मौत एवं भयानक सपनों के होते हुए भी अर्थपूर्ण था। भले ही इसका अर्थ कमजोर हो। इन्द्रियजनित सौन्दर्य का भी एक चिरन्तन मूल्य होता है।

“रति देवी कहती हैं ऐ मरणशील प्राणियों, मैं पत्थर में निहित सपनों के समान सुन्दर हूँ और मेरा सीना जिसे प्रत्येक आदमी ने बारी-बारी से घायल किया है, वह बना हुआ है प्रेम को प्रेरणा देने के लिए जो ना हीं स्थायी एवं शान्त है। जैसे पदार्थ।

इतना सब होते हुए भी हम वादलेयर को स्वस्थ छायावादियों जैसे कबीर, रवीन्द्रनाथ टैगोर एवं खलील जिब्रान की श्रेणी में नहीं रख सकते। उन्हें हम भ्रष्ट आनन्दवादियों जैसे आस्करवाइल्ड की श्रेणी में रख सकते हैं जिसका पद्य ‘द प्रोफंडिस’ कुछ अर्थों में अध्यात्म में महत्त्व रखता है।

‘अ नोट आन वादलेयर्स पोइट्री’ (द कैलकेटा रिव्यू)
अंक जून 1962 में प्रकाशित

खलील जिब्रान : एक आधुनिक सूफी कवि

समालोचकों ने हमारी सदी के अरबी कवि खलील जिब्रान को एशिया के आधुनिक साहित्यिक परिदृश्य के त्रिमूर्ति में से एक रूप में चिन्हित किया है। बाकी दो हैं—भारत के टैगोर और जापान के नो-गू-ची। वे आत्मा की आवाज को उसके रंगीन वर्ण पट के पूरे विस्तार के साथ दर्शाते हैं। यद्यपि हमारे विश्वविद्यालयों के औसत हर आधुनिकतावादी उनको धार्मिक कहना पसन्द नहीं करते। निश्चय ही उनमें से एक भी साम्प्रदायिक नहीं हैं। लेकिन उनको इहलोकवादी (सेक्यूलर) कहना उनका अवमूल्यन करना है। तथापि रवीन्द्रनाथ और सुब्रह्मण्यम भारती जैसे हमारे आधुनिक कवियों के मामले में उन तथाकथित 'प्रगतिशीलों' द्वारा ऐसा ही किया जा रहा है जो 'धर्म या वैष्णव' जैसे शब्दों पर चोर की दाढ़ी में तिनका होने जैसा व्यवहार करते हैं और टी. एस. इलियट की उदार पृष्ठभूमि के लिए उसकी प्रशंसा करते हैं। 'निकट पूर्व' पैगम्बरों की धरती है। खलील जिब्रान 'निकट पूर्व' के लेबनान कहे जानेवाले भाग में पैदा हुए थे। उन्होंने मुख्यत: अरबी में ही लिखा। फिर भी उनकी करीब एक दर्जन कृतियाँ अंग्रेजी में उपलब्ध हैं। उनमें से कुछ का अनुवाद कवि ने खुद किया था। उनकी कृतियों में मुख्य हैं : पागल आदमी (1918), पैगम्बर (1932), मानव पुत्र ईसा (1928), पैगम्बर का बाग (1933), घाटी की अप्सराएँ (1942) आँसू और मुस्कान (1950)। उन्होंने पूरे यूरोप और अमेरिका का भ्रमण किया तथा जीवन के उत्तरकाल में संयुक्त राष्ट्र अमेरिका में स्थायी रूप से बस गए। यही कारण है कि उनके काव्य में हम लोग अरबी और फारसी भंडार के रेगिस्तान तथा अंगूरबाग के बिम्बों के साथ-साथ समुद्र और धुन्ध की उत्तरी तसवीर भी पाते हैं। उनकी दो कृतियाँ 'पैगम्बर' और 'पैगम्बर का बाग' हमारे समय की सबसे अधिक पढ़ी जानेवाली पुस्तकों में से हैं। उनकी भावनात्मक भव्यता और आध्यात्मिक उष्णता को पश्चिम ने भी पहचाना है। विख्यात आइरिश कवि और नाट्यकार तथा जाने माने समालोचक ए. ई. (जार्ज रसेल) लिखते हैं—''मैं नहीं समझता

कि रवीन्द्रनाथ टैगोर के बाद प्राच्य ने अपनी बात इतनी सुन्दर आवाज में कही है।...'' मैंने सालों से इससे अधिक सुन्दर विचारों वाली पुस्तक नहीं देखी है। इसको पढ़ते समय मैंने इस बात को पहले की अपेक्षा बेहतर ढंग से समझा कि विचारों के सौन्दर्य से सुकरात का क्या मतलब था, जो आकार के सौन्दर्य की तुलना में अधिक गहराई तक मोहग्रस्त करता है।''

जिब्रान की काव्यिक ज्वलन्तता आध्यात्मिक कुंड में है—उनकी अपनी धरती की महान परम्पराएँ, यहूदी पैगम्बर, सिकन्दरिया घराने के नवप्लेटोवादी, इस्लाम-पूर्व-युग के शरणवादी (नेस्टोरियन) उपदेशक और सबसे ऊपर अरब तथा फारस के मुस्लिम सूफी सन्त। संक्षेप में कहा जाए तो इस्लामी उपछाया के भीतर का समूचा प्राच्य। इसके अतिरिक्त उनके काव्य में हिन्दू और यूनानी विचारों के आर्य-भाव अर्थात् विश्व ब्रह्मांड और सृष्टि का चक्रीय दृष्टिकोण, पुनर्जन्म, आत्मा की अमरता और ऐसी ही अन्य बातें मिलती हैं। वास्तव में केवल जिब्रान ही नहीं बल्कि सामान्यतया सूफीवाद स्वयं हिन्दू और यूनानी स्रोत के उपरोक्त अवयवों का ऋणी है। अपनी उत्पत्ति में सूफीवाद इस्लाम से स्वतन्त्र था। शायद यह उससे पुराना है। पैगम्बर हजरत मुहम्मद (स.अ.व.) के जीवनकाल में हमें सुसंगठित सूफी समुदायों के चिन्ह मिलते हैं। प्रारम्भिक इस्लाम के उपदेशक रहस्यवादी सूफी वैरागिन 'रबिया' का सन्दर्भ देते हैं। इस्लाम के कट्टर मुल्लावाद ने एक लम्बे समय तक सूफीवाद पर इस बात के लिए तोप नहीं दागी कि वह और भक्त भगवान के बीच कोई पैगम्बर मध्यस्थता स्वीकार नहीं करता, जबकि इस्लाम में यह एक आवश्यक शर्त है। 'अन-अल-हक' (मैं वह हूँ) कहने पर मंसूर और सरमद का सर कट्टर अधिकारियों द्वारा कलम कर दिया गया था बाद की सूफी संस्कृति का यही नारा बन गया। वास्तव में इमाम-अल गजाली (दसवीं सदी) की प्रतिभा ने इन दोनों में समन्वय स्थापित किया। तभी से सूफीवाद इस्लाम का सम्पूर्ण अंग बन गया। सूफीवाद की उत्पत्ति इतिहास की उन गठीली समस्याओं में शामिल है जो कभी न खुलने के लिए अभिशप्त हैं। लेकिन एक तथ्य कमोबेश स्वीकार कर लिया गया है—यह नव प्लेटोवाद, यहूदी विचार और हिन्दू भावधारा से प्रभावित हुआ था। खलील जिब्रान के काव्य ने यह सब उत्तराधिकार में पाया। वह इन सबके महान समन्वय को दर्शाता है।

'पैगम्बर के बाग' का प्रधान सूफी, अलमुस्तफा, उगते हुए सूर्य की उपस्थिति में अपने शिष्यों से कहता है :

"ओस-बिन्दु में दिखनेवाली सुबह की तसवीर सूर्य से छोटी नहीं है। तुम्हारी आत्मा जीवन का प्रतिबिम्ब जीवन से छोटा नहीं है।

"ओस-बिन्दु प्रकाश का विश्वसनीय प्रतिबिम्ब देता है क्योंकि वह प्रकाश से एकाकार है और तुम जीवन को प्रतिबिम्बित करते हो क्योंकि तुम और जीवन एक ही हो।

"अगर ओस बिन्दु कहता है, 'लेकिन मैं हजारों सालों में एक बार ओस-बिन्दु भी हूँ', तो तुम भी बोलो और यह कहते हुए जवाब दो : क्या तुम नहीं जानते कि तुम्हारे वृत्त में सभी सालों का प्रकाश चमक रहा है?"

यहाँ हम जिब्रान के सूफीवाद के केन्द्रीयतत्त्व को स्पष्ट करते हुए पाते हैं। सूफीवाद के अनुसार विश्वब्रह्मांड एक दर्पण है जिसमें ईश्वर अपना चेहरा देखता है (सूफी ईश्वर को नित्य प्रेमिका मानते हैं)। अर्थात् संसार ईश्वर का प्रतिबिम्ब है। सूफी प्रकृति की सभी वस्तुओं से एकात्मता महसूस करता है क्योंकि वे भी ईश्वर के लिए उसके अति आनन्द चंचलता और उत्कंठा में सहभागी हैं। सभी जीवधारियों में ईश्वर की सत्ता प्रक्षेपित होती है। इसी प्रक्षेप को 'सत्ता', रूह कहा जाता है (या जिसे हिन्दू जीवात्मा कहते हैं)। स्पष्टत: यह प्रक्षेपण से बनी ईश्वर की तसवीर के अतिरिक्त अन्य कुछ नहीं है। रूह के लिए अपनी उत्पत्ति के स्रोत अर्थात् ईश्वर के प्रति भावनात्मक लगाव महसूस करना स्वाभाविक है। नव प्लेटोवादी इसे ईश्वर, 'नाउस अथवा लोगस' (अरस्तू द्वारा व्यवहृत शब्द) का रचनात्मक पक्ष कहते हैं। यह विचारों और आत्माओं को आकारहीन पदार्थ पर प्रक्षेपित करता है। इस प्रकार प्रकृति का संसार अस्तित्व में आता है। यह 'नाउस' ही सभी व्यक्तिगत आत्माओं का स्रोत है। प्लेटोवादी दर्शन का यह विस्तार ईसाई और बाद के सूफी-मुस्लिम दर्शनों की आधारशिला है। सूफी लोग इसी तथ्य को काव्य की शैली में दुहराते हैं। अभिव्यक्ति के अलंकार बदलते रहते हैं। तथ्य अपने परम्परागत स्रोत के प्रति वफादार बना रहता है।

यही सूफीवाद मिश्रित नवप्लेटोवादी सिद्धान्त जिब्रान की बौद्धिक पृष्ठभूमि की मुख्य ताकत है। दूसरा उदाहरण लिया जाए।

"तुम्हारे जगते सपनों में जब तुम चुप्पी मारकर अपनी 'भीतर को सत्ता' को सुन रहे हो, तुम्हारे विचार बर्फ की पर्तों की तरह गिरते हैं, फड़फड़ाते हैं और तुम्हारी जगहों को सभी आवाजों को सफेद शान्ति पिन्हा देते हैं।"

यह 'भीतरी सत्ता' उस चेतना से भिन्न कुछ नहीं हैं जिसे सूफी लोग 'क्वाल्ब' कहते है और जिसमें 'किबला' (ईश्वर अथवा ईश्वर का प्रतीक

पवित्र पत्थर 'संगेअसवद') का अस्तित्व है। इस किबला का अस्तित्व हमारे शरीर में ही है जो काबा है। ईश्वर के लिए किसी को मक्का जाने की जरूरत नहीं है। सब कुछ अन्दर ही है। हर सूफी यही कहता है।

जिब्रान आगे लिखते हैं —

"वसन्त के आने पर सभी वस्तुएँ पिघलकर गीत बन जाएँगी। यहाँ तक कि सितार, बड़े-बड़े मैदानों पर धीरे-धीरे गिरती बर्फ की विशालकाय पर्तें भी पिघलकर गीत गाती धाराएँ बन जाएँगी 'उसके चेहरे के 'सूर्य' के क्षितिज से ऊपर उठने पर भला कौन-सा जमा सुडौलपन तरल सुर नहीं बन जाएगा और तुममें से भला कौन हिना और 'लारेल' की पीसी पत्तियों का प्याला वाहक नहीं बनेगा।"

यहाँ ईश्वर के सौन्दर्य को प्रकृति के सौन्दर्य से एकाकार कर दिया गया है। मनुष्य को इस सौन्दर्य का प्याला वाहक (साकी) बनने के लिए प्रेरित किया गया है। सफी परम्परा में भक्ति की वस्तु को 'स्त्रीलिंग' माना जाता है। इसलिए भक्ति का भावोवेश रसिक और प्रेम सम्बन्धी है। यहाँ खलील जिब्रान ने पारम्परिक सूफी बिम्ब विधान का स्वतन्त्र व्यवहार किया है। कवि का रसिक भावावेश वैसा ही है। लेकिन बिम्बों का औपचारिक सम्बन्ध उलट दिया गया है। पारस्परिक सूफी काव्य का 'स्त्रीलिंग' यहाँ पुलिंग हो गया है। इसलिए पुरुष स्वयं साकी है। हाफिज, रूमी और अत्तार जैसे पुराने सूफी कवियों से अलग एक और औपचारिक विशेषता भी है। सूफी काव्य के पारम्परिक प्रतीक अंगूर बाड़े के कुटुम्ब से आते थे—जैसे शराब, शराबलता, प्याला, होंठ तथा इनसे जुड़ी नजर और मुस्कान, बुलबुल और गुलाब आदि की तसवीरें। लेकिन जिब्रान के काव्य में हम बादल और बर्फ की पर्तें धुन्ध और ओस बिन्दु तथा समुद्र, फेन और लहरें एवं नीला, सफेद इत्यादि भी पाते हैं। ये तसवीरे उनके व्यक्तिगत अनुभवों की छाप से आती हैं और कभी-कभी पारम्परिक तसवीरों से बेहतर खाप खाती हैं। ओस और समुद्र के बिम्ब विधान का एक उदाहरण लिया जाए। यह उपरोक्त दर्शन अर्थात् 'ना उससे आतमा के अविर्भाव' को व्यक्त करता है।

"अभी कल ही तुम गतिमान समुद्र के साथ थे। तुम अकूल और सत्ताहीन थे। तभी जीवन की साँस, हवा ने अपने चेहरे पर तुम्हारे लिए प्रकाश वन का घूँघट बुन दिया, उसके हाथ ने तुम्हें बटोरकर आकार दिया और तुम ऊँचे उठे सिर के साथ ऊँचाइयाँ ढूँढ़ने लगे। लेकिन समुद्र तुम्हारे पीछे —पीछे चलने लगा और उसके गीत अभी भी तुम्हारे साथ हैं। यद्यपि

तुम अपना उत्तराधिकार भूल गए हो, वह अपने मातृत्व का दावा सदा सर्वदा करती रहेगी और हमेशा तुमको अपने पास बुलाती रहेगी।

"पर्वत और मरुस्थल में भटकते समय तुम उसके शीतल हृदय की गहराइयों को हमेशा याद करोगे। यद्यपि तुम दसों बार यह नहीं जान पाओगे कि तुम क्या चाहते हो, वास्तव में यह उसकी विराट तालमय शान्ति होगी।"

यह आरिफ की आवाज (प्रज्ञा या परामस्तिष्क) है। यह हकीकत (सत्य, सौन्दर्य मूर्तता अथवा अलौकिक मिलन) के आग्रह को महसूस करती है। ये विचार उतने ही पुराने हैं जितने वेद। मौलाना अबुल कलाम के अनुसार दर्शन की जन्मभूमि भारत है यूनान नहीं। बुद्ध के बहुत पहले ही यहाँ उपनिषदीयवेदान्त और सांख्य (कम-से-कम शब्दों में) के सुविकसित तन्त्र थे। (भूमिका : दर्शन और इतिहास : प्राच्य और पाश्चात्य', लाँस मैन्स)। भारतीयों की घाटी-संस्कृति के समय से ही मिस्र, सुमेर, बेबीलोन, यूनान और इस भारतीय उप महाद्वीप के बीच नियमित व्यवहार होता था। फारसी-संस्कृत विशेष रुप से 'पहल्वों' की संस्कृति (जिनकी उच्चकोटि की भाषा 'हल्' का सन्दर्भ उमर खय्याम ने दिया है) बुद्ध काल के पूर्व से ही भारतीय संस्कृति के साथ एक ही ताने-बाने में बुनी थी। उपरोक्त तथ्यों के आलोक में यह अविश्वसनीय नहीं है कि वेदान्त, पिथागोरस, प्लेटो और सूफीवाद इत्यादि एक ही प्रारम्भिक बिरवे की भिन्न-भिन्न शाखाएँ हैं जिसकी जड़ वेद हैं—हमारी मानव जाति के सबसे पुराने और उपलब्ध सिंहावलोकन के निदर्शन।

खलील जिब्रान की विश्वव्यापी उदारता की और अभिव्यक्तियाँ उनकी बहुत-सी कविताओं में पाई जाती हैं। उनमें वे जन्म-पूर्व के अस्तित्व, पुनर्जन्म और आत्मा की अमरता से विचारों के बारे में बुद्धिमान बातें करते हैं। ये उपदेश हिन्दुओं और यूनानियों के हैं। कट्टर किस्म के इस्लाम और ईसाइयत पुनर्जन्म अथवा जन्म-मृत्यु के चक्र को स्वीकार नहीं करते। जिब्रान अपनी एक कविता में लिखते हैं :

"यहाँ (इस बगीचे में) मेरे माता-पिता को हजारों बार दफनाया जाएगा, हवा हजारों बार बीजों को दफनाएगी, तथा आज से हजारों साल बाद तुम, मैं और ये फूल ऐसे ही नए बगीचे में नयों की तरह मिलेंगे और हम सब प्यारा जीवन बनेंगे, हम जगहों के सपने देखते रहेंगे और सूर्य की ओर उठते रहेंगे।"

जीवन की यह चक्रीय दृष्टि जिब्रान की उस सहनशील और स्वतन्त्र संवेदना की देन है जो हमारी उदार सदी की पहचान है।

ईसाई रहस्यवादियों द्वारा बताई जानेवाली 'आत्मा की अँधेरी रात' की तुलनात्मक अनुपस्थिति सूफी और भक्त कवियों के रहस्यमय अनुभवों का बहुत ही अभिप्रायपूर्ण बिन्दु है। यह वह स्तर है जहाँ पुरानी संवेदना, जीवन के पूर्व भाग का इन्द्रियगत और बोधगत तन्त्र बरबाद हो चुका है। लेकिन मस्तिष्क में नई आध्यात्मिक संवेदना का आविर्भाव या विकास अभी नहीं हुआ है। रहस्यवादियों की भाषा में निष्क्रिय संवेदनशीलता या असंवेदनशीलता के इस स्तर को 'आत्मा की अँधेरी रात' अथवा 'आत्मा का रेगिस्तान' कहा जाता है। इस स्तर पर भक्त कष्ट और आनन्द दोनों के प्रति असंवेदनशील हो जाता है। कुछ भी महसूस करने में अयोग्यता, कष्ट महसूस कर सकने से भी बुरी है। इसलिए इस स्तर पर राहत के रूप में कष्ट का स्वागत किया जाता है, क्योंकि यह कुछ महसूस कर सकने का आनन्द तो देता है। 'उसके' प्रेम के शिकार भक्त पर चोट करने और कष्ट पहुँचाने के लिए ईसा को 'चीते' के रूप में पेश किया जाता है। इस प्रकार आध्यात्मिक चेतना के प्रभामंडल में क्रूरता की विकृति घुस आती है। प्राच्य रहस्यवाद को मनोवैज्ञानिक पृष्ठभूमि भिन्न होने के कारण बहस के मुद्दे के रूप में इस स्तर की करीब-करीब अनदेखी कर दी गई है। खलील जिब्रान के काव्य में भी ऐसा लगभग कुछ नहीं मिलता जिसे इससे जोड़ा जा सके। उनके रहस्यवादी अनुभवों में खींचे धनुष के तीर की तरह चंचलता, आत्मा में बची आध्यात्मिक ताकत के बोध और फना (महान मिलन) की चरम उत्कंठा को अभिव्यक्ति मिलती है, लेकिन ये सब रहस्यवादी संवेदनशीलता के सकारात्मक पक्ष है जोकि उपरोक्त स्तर (अँधेरी रात) नकारात्मक पक्ष दर्शाता है। एक उदाहरण लिया जाए :

"रात बढ़कर घनी हो गई, अलमुस्तफा रात के साथ प्रकाशहीन था, उसकी आत्मा बिन बरसे बादल की तरह थी। वह फिर चिल्ला उठा, 'मेरी आत्मा अपने पके फलों के भारी बोझ से लदी है—काश, मैं बिना फल-फूल का पेड़ होता। प्रचुरता का कष्ट निष्फलता से ज्यादा कड़वा है।'

'जिस धनी से कोई कुछ नहीं लेता, उसका दुख उस गरीब की तकलीफ से बहुत ज्यादा है जिसे कोई कुछ नहीं देता।'

प्रचुरता का यह कष्ट, प्रचुरता त्यागने की यह उत्कंठा, पाश्चात्य रहस्यवाद में बहुचर्चित और अत्यधिक महिमा मंडित 'आत्मा की अँधेरी रात' की रेगिस्तानी निष्फलता से बिलकुल अलग है। '

जिब्रान ने अपनी कुछ कविताओं में सूफी आध्यात्मिक गतिविधियों के अन्तिम स्तर (अर्थात् फना अथवा महामिलन) को 'प्रेमी और प्रेमिका'

किबला 'प्याला और होंठ' के पारस्परिक प्रतीकों के माध्यम से व्यक्त न करके प्रकृति की व्यापक ताकतों के तात्त्विक बिम्ब विधान से उजागर किया है। इस प्रकार उन्होंने सूफीवाद को प्रकृति के रहस्यवाद से जोड़ दिया है। उदाहरणस्वरूप :

''हे धुन्ध, मेरी भगिनी, मेरी भगिनी धुन्ध
अब मैं तुमसे एक हूँ।
अब मैं सत्ता नहीं रहा
दिवालें गिर पड़ी हैं।
जंजीरें टूट गई हैं
मैं तुम तक उठता हूँ, धुन्ध
अब हम एक साथ तैरेंगे सागर पर
जीवन के दूसरे दिन तक
जब भोर तुम्हें बगीचे में लिटा देगा
और मुझे नारी की गोद में बच्चा बना देगा।''

यहाँ एक सूफी वड्र्सवर्थ 'प्रकृति' के 'निराकार और तात्त्विक' सन्दर्भ में आत्मा के सम्बन्धों को बता रहा है। वह मृत्यु के बाद स्वर्गीय जीवन के बाहर के जीवन अर्थात् पुनर्जन्म की बात कह रहा है। लोक जिले का वह वाशिन्दा प्रकृति के रहस्यवाद के प्रारम्भिक धरातल चाँदनी, फल और केवल इस जीवन के वर्णों तक ही सीमित था। इसे हर कोई महसूस कर सकता है। लेकिन जिब्रान का प्रकृति-रहस्यवाद निर्वर्ण और पारदर्शी है। इसका सम्बन्ध उस निराकार अवस्था से है जहाँ हर वस्तु केवल तात्त्विक दशा में है, प्रारम्भिक पदार्थं से सिर्फ एक कदम दूर। अगर हमें अपने परिभाषित शब्दों के व्यवहार की अनुमति हो तो वड्र्सवर्थ का रहस्यवाद 'सगुण' और जिब्रान का 'निर्गुण' है।

हम जिब्रान के काव्य में इस रहस्यवादी आग्रह के अतिरिक्त कहावत और कहानियों (नीतिकथा) के प्रति आकर्षण भी पाते हैं। इनमें वे प्राचीन सादगी और स्पष्टता से अपने जीवन के बहुमूल्य अनुभवों की अभिव्यक्ति देते हैं। यह हमें अरबी साहित्य के महान प्राचीन ग्रन्थों, शेखसादी के बोस्तां और गुलिस्ताँ को शैली और तौर-तरीकों की याद दिलाता है। जिब्रान के कथ्य की दूसरी विशेषता है उसका उपदेश सदृश गुण। यह शायद उनकी 'अलकुरान' और पवित्र बाइबिल के प्रति भक्ति की देन है। निम्नांकित पक्तियाँ यहूदी पैगम्बरों के ज्वलन्त सन्देशों की ध्वनियों और संकेतों से

मिलती-जुलती हैं। इनमें केवल अरबी दुनिया के लिए ही नहीं बल्कि आज के भारतीयों के लिए भी सन्देश है :

"वह राष्ट्र दया का पात्र है जो विश्वासों से भरा और धर्म से खाली है।

"वह राष्ट्र दया का पात्र है जो अपने कपड़े खुद नहीं बुनता, अपनी रोटी की फसल खुद नहीं उगाता और ऐसी शराब पीता है जो उसकी अंगूर की भट्टियों से नहीं निकलती।"

"वह राष्ट्र दया का पात्र हैं जो बदमाश को नायक का सम्मान और चमकदार विजेता को उदार दानी समझता है।"

"वह राष्ट्र दया का पात्र हैं जो शव यात्रा के अतिरिक्त अन्यत्र आवाज नहीं उठाता, अपने खंडहरों के अतिरिक्त अन्य कुछ का बखान नहीं करता और अपनी गर्दन को काठ तथा तलवार के बीच पाने के अतिरिक्त कभी बगावत नहीं करता।"

"वह राष्ट्र दया का पात्र है जिसके ज्ञानी गूँगे हैं और ताकतवर लोग पालने में हैं।"

"वह राष्ट्र दया का पात्र है जो टुकड़ों में बँटा है और हर टुकड़ा अपने को राष्ट्र समझता है।"

वि. द्र.—यहाँ व्यवहृत उद्धरण मुख्यतः जिब्रान की महान कृतियों "पैगम्बर का बाग" और "पैगबर" से लिए गए हैं।

'खलील जिब्रान : अ मार्डन सूफी पोएट' (द कैलकेटा रिव्यू)
अंक अगस्त 1963 में प्रकाशित

परिष्कारीकरण (केथार्सिस) पर एक पुनर्चिन्तन

कलात्मक निवेदन की विस्तृत प्रक्रिया क्या है? अरस्तू सरलता से कुछ संकेत देते हैं ('अनुकरण' और 'परिष्कारीकरण')। किन्तु इस जिज्ञासा का स्पष्ट उत्तर 'काव्यशास्त्र' में अनुपस्थित है। प्रथम, वे हमें बताते हैं कि कला के माध्यम से अनुकरण करने में हमें आनन्द की अनुभूति क्यों होती है। अनुकरण, मनुष्य की एक स्वाभाविक प्रवृत्ति है। पहले से ज्ञात वस्तु के दर्शाये जाने पर उसे आनन्द मिलता है। इसे ही हम कलात्मक आनन्द का अभिज्ञान-सिद्धान्त कहते हैं। हम किसी कलाखंड में निहित वस्तु को 'यह वही है' कहकर पहचानते हैं। यही हमें आनन्द देता है। कला की गहरी व्याख्या में यह केवल बाहरी वस्तुओं की पहचान नहीं है, बल्कि व्यक्ति की निजी सत्ता की पहचान भी बन जाती है। हम 'हेमलेट' देखकर आनन्दित होते हैं, क्योंकि नायक के अविश्वास और सन्देह को अपना व अपने से समन्वित महसूस करते हैं, अरस्तू द्वारा अपने काव्य शास्त्र के बिलकुल प्रारम्भ में दिए गए संकेतों को हम इस बिन्दु तक खींच सकते हैं।

द्वितीय : अरस्तू ने उल्लेख किया है कि मनुष्य जब संयोगवश कोई त्रासद दृश्य देखता है तो उसे करुणा और भय की अनुभूति होती है। ''निर्दोष के दुःख भोगने के दुर्भाग्य से हमारी करुणा उत्तेजित होती है तथा दुखिया और हमारे बीच किसी सादृश्य से त्रास।'' भय या त्रास के मामले में हमारी अनुभूति किसी हेमलेट के लिए न होकर अपने लिए है। करुणा के मामले में यह निश्चित रूप से हेमलेट के लिए है। यही अरस्तू का सुझाव है। लेकिन, थोड़ा सोचने पर पता चलता है कि हेमलेट के लिए हमारी करुणा की अनुभूति में हमारी अपनी सत्ता की भागीदारी भी है, हमें, कम-से-कम आंशिक रूप से, मंच के हेमलेट की सत्ता में अपनी सत्ता को भी पहचानना होगा। अन्यथा

पूरी तरह से अलग और निरपेक्ष रहकर हम उसके दुख को अपना दुख कैसे महसूस कर सकेंगे। एक दूसरी जगह पर इस दृष्टिकोण की सार्थकता बताते हुए अरस्तू यह बात कहते हैं। (काव्यशास्त्र, 18, अनु.। ट्विनिंग। ई.एल. सीरीज) में अरस्तू लिखते हैं—

"कविता, खंडों की महत् स्वाभाविक क्षिप्रता अथवा पागलपन से जुड़े उत्साह (उन्माद) की माँग करती है। पहलेवाली से हम स्वयं को हर आकृति के अनुकरण की ओर आसानी से मोड़ लेते हैं। दूसरे (उन्माद) के द्वारा हम स्वयं से बाहर भेज दिए जाते हैं और वही बन जाते हैं, जिसकी कल्पना करते हैं।" इन बिखरे संकेतों की मदद से हम इस निष्कर्ष पर पहुँचते हैं कि करुणा और भय की अनुभूति तथा अनुकरण में स्व अभिज्ञान के लिए वस्तु से स्व-अनुरूपता आवश्यक है।

कोई नाटक देखते या पढ़ते समय क्या होता है? हम वस्तु के साथ, कम-से-कम आंशिक रूप से, एक हो जाते हैं। हमें, त्रासदी के मामले में, करुणा और भय जैसा कुछ भावावेशों की अनुभूति होने लगती है इसके बाद वह प्रक्रिया शुरू हो जाती है, जिसे हम 'परिष्कारीकरण' (केथार्सिस) कहते हैं। इस प्रकार हमारे मस्तिष्क में तीन प्रक्रियाएँ कमोबेश एक साथ ही चल रही होती हैं, स्व-अभिज्ञान, भावावेगों का उभार, करुणा और भय तथा अन्त में इन भावावेगों का परिष्कारीकरण। उपभोग के स्तर के ठीक पहले हमारी मानसिक स्थिति यही है। इस प्रक्रिया में कष्टदायक भावावेग कष्टहीन बन जाते हैं और उसी के द्वारा आनन्ददायक हो जाते हैं। इस बिन्दु तक, अरस्तू अपने काव्यशास्त्र में साफ-साफ बात करते हैं, किन्तु इसके बाद भी कुछ प्रश्न हैं जिनके उत्तर के लिए हमें अन्धकार में छलांग लगाना है। परिष्कारीकरण की आन्तरिक प्रक्रिया क्या है? यह कष्टदायक भावावेगों में से कष्ट को कैसे साफ करके मिटा देती है? उन्होंने इन बिन्दुओं की व्याख्या नहीं की है। हम प्रायः कष्टदायक भावावेगों में से कष्ट के साफ कर दिए जाने को परिष्कारीकरण समझते हैं। लेकिन हमें नहीं मालूम कि वास्तव में क्या घटित होता है, जिससे यह सफाई सम्भव हो जाती है। यहाँ हमें अन्धकार में छलाँग लगाना है। हर कोई उतनी लम्बी छलाँग लगाने के लिए स्वतन्त्र है जितनी की सच्चरित्रता, अरस्तू की उपरोक्त खातों के आलोक में, अनुमति देती है।

हमें करुणा और भय की अनुभूति इसलिए नहीं होती कि 'हेमलेट' दुख झेल रहा है। बल्कि इस कारण होती है कि उसके दुखों का वह वैश्विक

स्वरूप है जिसमें हमारी भी भागीदारी हो सकती है, यदि हम स्वयं को उसके भावनात्मक स्तर पर भेज सकें, इस स्थिति में हमें करुणा और भय की वैश्विकता की अनुभूति होगी, किसी क,ख,ग के लिए करुणा और भय की विशिष्टता की नहीं। (यहाँ 'वैश्विक' और 'विशिष्ट' शब्दों का व्यवहार अरस्तू के अर्थ में किया गया है।) दोनों भाव अब अपने अलग व्यक्तिगत महत्त्व से स्वतन्त्र हो गए हैं। वे वैश्विक भावावेग बन गए हैं। वैश्विकीकरण की इस प्रक्रिया को अरस्तू ने अपनी बोली के प्रचलित मुहावरे में केथार्सिस (परिष्कारीकरण) कहा है (यह शब्द हो सकता है, लेकिन इसके चिकित्सीय अर्थ पर जोर देना हास्यास्पद होगा। यहाँ इसका प्रयोग आलंकारिकों के महागुरु ने लाक्षणिक रूप में किया है)। इस प्रकार के वैश्विकीकरण से भावावेग के कष्ट का वास्तविक चरित्र खो जाता है और वह एक प्रकार का आनन्द देने लगता है। इसे हम कलात्मक आनन्द कह सकते हैं। यह न तो भावावेगों की 'मुक्ति' है न उनके सरोवर का मन्थन, जैसा कुछ समालोचकों ने सुझाव दिया है। इन भावावेगों का यह 'वैश्विकीकरण' ही उन्हें निर्दोष और आनन्ददायक बनाता है। इसे ही हम केथार्सिस (परिष्कारीकरण) कहते हैं।

कुछ एलिजाबेथीय नाटकों में भावावेगों के इस वैश्विकीकरण का अभाव है। भावनाओं का पूरी तरह वैश्विकीकरण होने से पहले ही वे समाप्त हो जाते हैं। उन नाटकों में भावनाएँ नायक की व्यक्तिगत सत्ता का अतिक्रमण नहीं कर पाती। परिणाम यह होता है कि हिंसा, काम-वासना और हत्या के अतिरिक्त हमें कुछ नहीं मिलता है। किन्तु शेक्सपियर की परिपक्व त्रासदियों में हिंसा एक साधन है और 'अन्त'भीतरी-संघर्ष है, जो स्व-अतिक्रमण बनाता है और इसके फलस्वरूप भावनाओं का परिष्कारीकरण (वैश्वीककरण) करता है। कीड की 'स्पेनिश ट्रैजिडी' से शेक्सपियर के 'हेमलेट' की तुलना की जा सकती है। 'हेमलेट' के मामले में अनुभूत करुणा और भय को हम अपना समझते हैं क्योंकि उनका वैश्विकीकरण हो चुका है, किन्तु स्पेनिश ट्रैजिडी में हमें सिर्फ ठण्डे दिमाग से खून का अनुभव होता है। यह पढ़ने में रोचक हो सकता है, किन्तु यह हमारी आत्मा को बेहतर नहीं बनाता। मैकबेथ की महत्त्वाकांक्षा और इसी वैश्विकीकरण (परिष्कारीकरण) की प्रक्रिया से उसका पतन कष्टहीन और निरुद्वेग हो जाता है। गोनेरिल और एडमंड के मामले में हमें ऐसी अनुभूति नहीं होती।

यहाँ यह याद रखना होगा कि हम किसी हेमलेट या मैकबेथ से शत-प्रतिशत अनुरूपता नहीं स्थापित कर सकते। यह असम्भव है। भावनाओं के

वैश्विकीकरण की सीमा तक ही हम ऐसा कर सकते हैं। केवल इस विस्तार तक ही हम नायक से भागीदारी निभा सकते हैं। 'डंकन' का वध करने में किसी को आनन्द नहीं मिलता, किन्तु जब वह 'कल, और कल और कल' इत्यादि करता है (दृश्य-5, खंड-5, पंक्तियाँ 1928, मैकबेथ) तब हमें मैकबेथ के लिए करुणा और भय की अनुभूति होती है। हम उन्हें अपनी समझकर उनमें भागीदारी करते हैं क्योंकि यहाँ भावनाओं का परिष्कारीकरण हो चुका है। हम अपने ऊपर और स्काटलैंड के हत्यारे मैकबेथ के भी ऊपर उठ जाते हैं। दुख झेलती आत्मा-मैकबेथ से अपना सारूप्य स्थापित कर लेते हैं एवं इसके द्वारा एक वैश्विक अनुभव की अनुभूति होती है। इस प्रकार हमें इस वैयक्तिक दुख का आनन्द मिलता है। यह आनन्द, अनुभव की समस्त प्रक्रियाओं का अन्तिम स्तर है। परिष्कारीकरण इसके पहले होता है। इसलिए यह अन्तिम से एक स्तर पूर्व है। परिष्कारीकरण, पूर्वान्तिम स्तर ही, अरस्तू की बातचीत का प्रकरण है। उन्होंने अन्तिम स्तर अर्थात् आनन्द का सरलता से उल्लेख किया है। आनन्द परिणाम है, परिष्कारीकरण साधन है। किन्तु समालोचकगण यह बिन्दु भूल जाते हैं। हम अब तक केवल दो भावावेगों करुणा और भय की चर्चा करते रहे हैं। किन्तु दूसरे भावावेग भी हैं, वीरता के, घृणा के, भयंकरता भरे, व्यंग्यात्मक, रसिक इत्यादि। करुणा और भय के बारे में जो नियम लागू होते हैं उन्हें दूसरे भावावेगों के बारे में भी खरा उतरना चाहिए। अरस्तू ने उनकी चर्चा नहीं की क्योंकि उनका विषय यूनानी त्रासदी था जिसमें अन्य भावावेग शून्य के बराबर हैं।

हम अपनी पूरी स्थिति का सार संक्षेप इस प्रकार प्रस्तुत करते हैं :

1. केथार्सिस (परिष्कारीकरण) का शाब्दिक अर्थ है 'जुलाब' (एक चिकित्सकीय शब्द)।
2. यहाँ इसका प्रयोग लाक्षणिक रूप में किया गया है। इसका अर्थ है—भावनाओं का शुद्धीकरण (सफाई) ताकि उन्हें कष्टहीन स्वरूप प्रदान किया जा सके।
3. भावनाओं के इस शुद्धिकरण में जो घटित होता है वह वास्तव में वैश्विकीकरण है, ताकि इसमें सभी मनुष्यों की भागीदारी हो सके।
4. परिष्कारीकरण एक साधन है। परिणाम है—कष्टविहीन भावनाओं के अनुभव करने का कलात्मक आनन्द (जो वास्तविक जीवन में कष्टदायक है) और उसके द्वारा मस्तिष्क की स्वतन्त्र तथा उन्नत अवस्था का अनुभव करना।

रसों के उपभोग के समय अनुभूत होनेवाले भाव उनकी प्रकृति के उस कष्टदायक अथवा उकसाने (गुदगुदाने) वाले स्वरूप से स्वतन्त्र होते हैं जिनका हम सांसारिक जीवन में प्राय: अनुभव करते हैं। ऐसा कैसे होता है? अरस्तू कहते हैं : 'परिष्कारीकरण के कारण'। भारतीय समालोचकों का कहना है कि ऐसा साधारणीकरण के कारण होता है। शकुन्तला का पश्चात्ताप अथवा दुष्यन्त के मस्तिष्क में प्रेम की गुदगुदी का अनुभव हर किसी को वास्तविक अनुभव में बेचैन कर देगा। वैश्विक बना दिए जाने के कारण वही शान्त, स्वच्छन्द, उन्नत और आनन्ददायक बन गया है। यह अब विशिष्ट नहीं रह गया है। संस्कृत लेखकों द्वारा इस वैश्विकीकरण को साधारणीकरण कहा जाता है।

भट्टनायक के अनुसार निम्नांकित शर्तें, व्यक्त भावों और भावनाओं के उक्त साधारणीकरण को जन्म देती हैं—

1. मस्तिष्क की फूहड़ और सांसारिक प्रवृत्तियाँ दबा दी जाती हैं तथा सत्व (परा सांसारिक) भाव पैदा किया जाता है।
2. इसके साथ ही कवि की अभिव्यक्ति-कला की निपट गहराई और प्रवीणता से व्यक्त भावनाओं का वैश्विकीकरण कर दिया जाता है। (बल्कि यह वैश्विकीकरण ही उसकी प्रवीणता का लक्षण है।)
3. सत्त्व भाव की मदद से उन वैश्विक अनुभूतियों को घेरने और पकड़ने के लिए मस्तिष्क का 'स्वतन्त्र विस्तार' हो जाता है जो रुद्ध व्यक्तिगत मस्तिष्क की परिधि के बाहर रहती है।

अभिनव गुप्त ने नायक के सिद्धान्त की अपनी समालोचना में उनके प्रारम्भिक विवरणों को (जो यहाँ नहीं दिए गए हैं) खारिज कर दिया है। उपरोक्त मौलिक तत्त्वों को कुछ थोड़े से परिवर्तनों के साथ स्वीकार किया है। इन बिन्दुओं की व्याख्या को आगे बढ़ाया है : कलात्मक अनुभव में हम क्या महसूस करते हैं और वैश्विकीकरण की प्रक्रिया स्वयं क्या है? उन्होंने एक उदाहरण देकर दोनों को समझाया है। कालिदास ने जान बचाने के लिए भागते हुए हिरण और राजा द्वारा उसका पीछा किए जाने का विवरण दिया है। अभिनवगुप्त के अनुसार हम जो महसूस करते हैं वह एक भयग्रस्त हिरण नहीं है, बल्कि भय का भाव है। हम 'भय' के इस भाव का उपभोग करते हैं क्योंकि यह किसी विशेष व्यक्ति या किसी एक भयग्रस्त हिरण से नहीं जुड़ा है। मस्तिष्क द्वारा विशेष की छवि गिरा दी गई है और हम पूरी परिस्थिति की केवल वैश्विक छवि के बारे में सचेत हैं। हमारे (अवचेतन) मस्तिष्क में

हिरण का एक वैश्विक चित्र है। हम जो महसूस करते हैं, वह इसी वैश्विक चित्र से जुड़ा है। सत्व भाव (सत्त्वोद्रेक) में यह चित्र समेत स्तर पर आ जाता है। इस भाव में हम वैश्विकीकरण की गई भावनाओं को महसूस करने के योग्य हो जाते हैं अथवा कोई भावना जो इस भाव में हमारी चेतना के धरातल पर आएगी उसका वैश्विकीकरण हो जाना अवश्यसम्भवी है।

उपसंहार : उपरोक्त व्याख्या से पता चलता है कि परिष्कारीकरण हमारे साधारणीकरण जैसी ही कोई चीज है। दोनों अवधारणा में, प्रक्रिया और सार में, आपस में मिलती-जुलती हैं। काव्यशास्त्र में परिष्कारीकरण के ब्यौरों की समुचित पता नहीं की गई है। लाक्षणिक शब्द होने के कारण इसके बहुत से अर्थ निकाले जा सकते हैं, जैसा हमने ऊपर किया है। परिष्कारीकरण को तीन तरह से समझा जाता है:—

(क) शुद्धीकरण (अधिक को निकाल देना)।

(ख) निर्मलीकरण (मैल को निकाल देना)।

(ग) वैश्विकीकरण (विशिष्ट छवि को दबा देना)।

इस लेख के द्वितीय खंड की व्याख्या में हम लोगों ने पहले अर्थ को खारिज कर दिया है और दूसरे तथा तीसरे अर्थों को समन्वित किया है, क्योंकि दोनों एक दूसरे के पूरक हैं। भट्टनायक हमारे मस्तिष्क में तमस और रजस को दबाने तथा सत्त्व को उभारने की बात कहते हैं। परिष्कारीकरण इससे अलग की वस्तु नहीं अभिनवगुप्त का भी यही सुझाव है। तब हमें भावनाओं का वैश्विकीकरण मिलता है, जिसके अनुभव में विशिष्ट की चुभन नहीं रहती। इस प्रकार हम आसानी परिकारीकरण की बराबरी साधारणीकरण से कर सकते हैं। यह अरस्तू की अवधारणा का लाभदायक प्रसार होगा।

इस साधारणीकरण के बाद उपभोग का स्तर आता है। अरस्तू का कहना है कि कलात्मक कार्य में स्व-अभिज्ञान के कारण हम उपभोग करते हैं। अभिनवगुप्त कहते हैं कि हमारे परामस्तिष्क (आत्मा) में उपभोग की एक नित्य प्रक्रिया है, किन्तु अपनी मैली चेतना (अविद्या) के कारण हम उससे अचेत हैं। जब हम मंच पर या कविता में कोई सफल अभिव्यक्ति देखते हैं, तो परामस्तिष्क का नित्य उपभोग अचानक एक क्षण के लिए हमारी चेतना में उतर आता है और उपभोग हमारे सामने प्रकट हो जाता है। यह परामस्तिष्क में नित्य गतिमान का प्रत्यभिज्ञान है। उपभोग की यह समस्या साधारणीकरण के बाद के स्तर की है। यहाँ उससे हमारा कोई सरोकार नहीं भिन्न-भिन्न समालोचकों ने उपभोग की समस्या का समाधान भिन्न-भिन्न तरीकों से ढूँढ़ा

है, किन्तु साधारणीकरण की आवश्यकता को किसी-न-किसी तरह से सभी ने स्वीकार किया है। हमारे समय में स्वर्गीय आचार्य रामचन्द्र शुक्ल (बी. एच.यू.) ने आधुनिक मनोविज्ञान के दृष्टिकोण से रस-सिद्धान्त का अध्ययन किया। उन्होंने साधारणीकरण को 'मस्तिष्क की स्वतन्त्र और मुक्त अवस्था' (हृदय की मुक्तावस्था) के समान प्रतिपादित किया। यह अभिनव गुप्त द्वारा सन्दर्भित सत्त्वभाव निर्माण की तरह ही कोई वस्तु है, जिसका प्रथम संकेत भट्ट-नायक द्वारा दिया गया था।

'अ रीथिकिंग आन केथार्सिस' (द कैलकेटा रिव्यू) अक्टूबर 1964

असमिया वैष्णवधर्म का क्रमविकास

फर्कुहर, आर. सी. भंडारकर, बी. के. गोस्वामी, एच. सी. रायचैधरी, एस.के. मित्र, एस. राधाकृष्णन, कामिल बुल्के, पलुस्कर आदि कम या वेश, इस तथ्य पर सहमत हैं कि वैष्णवभक्ति आन्दोलन का पूर्व रूप सन् ईस्वी से बहुत पहले भागवत धर्म के रूप में प्रचलित था और तमिल देश के आलवार सन्तों द्वारा इसे रागात्मक संस्कार मिला। यद्यपि भागवत धर्म में भी श्रद्धा का ही प्राधान्य था, पर इस श्रद्धा को प्रवाह रूप में लाने का श्रेय द्रविड़ सन्तों को ही है। यह एक लम्बी प्रक्रिया थी जिसके अन्त में श्रीनाथमुनि आते हैं और आलवार-गीतों का 'दिग्य प्रबन्धम्' नाम से सम्पादन करते हैं। इनके पौत्र थे यामुनाचार्य जिनके शिष्य स्वामी रामानुजाचार्य हुए। इन्होंने अपनी प्रतिभा के बल पर इस समस्त भावधारा को विशिष्टाद्वैत नाम से दार्शनिक पृष्ठभूमि दी। स्वामी रामानुजाचार्य 11वीं शती में पैदा हुए थे और उनके पीछे भागवत धर्म की दो हजार वर्ष लम्बी परम्परा है एवं आलवारों का आगमन ईसा की तीसरी शताब्दी में होता है तथा अन्त 9वीं शताब्दी में।[1]

रामानुज स्वामी ने श्री सम्प्रदाय की स्थापना की। इनके बाद वैष्णव आन्दोलन बड़ी शक्ति से बढ़ा और समस्त भारत में अपनी शाखा-प्रशाखा फैलाता हुआ छा गया। उसका यह दक्षिण से उत्तर की ओर आगमन नहीं प्रत्यावर्तन था। इसका जन्म उपनिषद्काल या उसके बाद किन्तु बुद्ध से पूर्व हुआ। यद्यपि इसे राष्ट्रीय महत्त्व ईस्वी सन् के प्रारम्भ के कुछ ही पूर्व मिला होगा। बुद्ध ने वैदिक यज्ञविधान के विरुद्ध क्रान्ति की थी, भागवत धर्म के विरुद्ध नहीं। भागवत धर्म को जनाश्रय रहा होगा पर बुद्धकाल में अभिजात वर्ग वैदिक धर्म का प्रेमी था। ऐसा लगता है कि वैष्णव एवं शैवमत वैदिक धर्म के विरुद्ध सजातीय प्रतिक्रिया और सांख्य-बौद्ध विजातीय। प्रथम यह वैष्णव धर्म भागवत धर्म के रूप में उत्तर में उत्पन्न हुआ फिर दक्षिण की ओर बढ़ता गया। ईसापूर्व प्रथम शती में 'नाना घाट' वाले शिलालेख से ज्ञात होता है कि यह नासिक तक पहुँच गया था 'चाइना शिलालेख' से ज्ञात होता है

कि द्वितीय ईस्वी शती में यह कृष्णा नदी तक पहुँच गया था। ईस्वी 350 के लगभग समुद्रगुप्त की प्रशस्ति से ज्ञात होता है कि यह तमिल देश तक पहुँच चुका था। उसी समय वहाँ आलवार सन्तों की परम्परा का प्रारम्भ हुआ।[2]

श्री रामानुजाचार्य के आगमन के बाद यह दक्षिण देश की भावसाधना में रूप निखारकर फिर उत्तर लौटा। अत: यह प्रत्यावर्तन था। एक प्रकार से तो यह उत्तर के किसी भाग में कभी भी समाप्त नहीं हुआ था।

भागवत धर्म

वैष्णव धर्म के आदि रूप 'भागवत धर्म, या 'सात्वत धर्म' की जानकारी के लिए हमें वैष्णव तन्त्र के आगम ग्रन्थों का सहारा लेना पड़ता है। इनमें 'वैखानस' और 'पांचरात्र' मुख्य है। बौद्धावतार के पूर्व वैखानस आगम का ही प्राधान्य था। पर बौद्धधर्म के उदय के बाद यह कुछ ही क्षेत्रों तक सीमित हो गया। इसमें चिन्तन एवं ज्ञानकांड अत्यन्त अल्प था, कर्मकांड एवं विधिनिषेध का ही अधिक प्राधान्य था। पांचरात्र आगम जिसमें कई संहिताएँ अन्तर्भुक्त थीं, ज्ञानकांड प्रधान है। इन संहिताओं में सात्वत संहिता, जयाख्य संहिता एवं अहिर्बुध्न्य संहिता मुख्य है। शुंगों, सातवाहनों एवं गुप्तों के समय में इस वैष्णव धर्म को राजाश्रय भी मिला। गुप्तों की तो उपाधि ही परम भागवत है।

परम्परानुसार पांचरात्र संहिताओं की संख्या 215 है। पर आज तक 13 ही प्राप्त हो सकी हैं जिनमें मात्र 6 देवनागरी में लिखित है, शेष तेलुगू में है। 'अहिर्बुन्य संहिता' में तथ्यों का विवेचन अन्य की अपेक्षा स्पष्टतर है।[3]

'महाभारत' के 'नारायणीयोपाख्यानम्' (शान्ति पर्व) में पांचरात्र विचारधारा का विवेचन वर्तमान है। कभी एक पांचरात्र उपनिषद भी थी। कहते हैं कि नारायण ने पाँच शिष्यों को एक-एक करके, पाँच रात्रियों तक इसका उपदेश दिया इसी से इसे पांचरात्र कहते हैं। इनमें ज्ञानकांड, साधना पद्धति, विग्रह विवेचन एवं अर्चाविधान तथा आचारकांड का प्रतिपादन है। एक लोकप्रिय ग्रन्थ 'नारद पांचरात्र' भी है जिसमें राधाकृष्ण उपासना का भी विवेचन है। पर यह 14वीं शती या उसके बाद की रचना है। मूल पांचरात्र संहिता की विविध संहिताएँ ही मूल आगम का निर्माण करती है और वे अत्यन्त प्राचीन है।

पांचरात्र के अनुसार एक ही देवता नारायण के तीन पहलू हैं : वासुदेव (विभु सर्वव्यापी), परमात्मा (सब आत्माओं में महान), भगवान (

सृष्टिकर्ता), दूसरे शब्दों में एक ही देवता नारायण इन तीन उपाधियों से समय-समय पर कार्य करते हैं। इसमें सबसे अधिक पूजित उपाधि है वासुदेव। नारायण की प्रिया हैं लक्ष्मी जो नित्य तथा उनसे अविभक्त है जैसे-चन्द्रमा से ज्योत्स्ना। भगवान वासुदेव चार व्यूहों में प्रस्फुटित हैं। इन्हीं चारों को मिलाकर व्यूहावतार बनता है। वासुदेव (परमात्मा वा भगवान) से संकर्षण स्फुटित होता है, संकर्षण से प्रद्युम्न एवं प्रद्युम्न से अनिरुद्ध। संकर्षण का अर्थ है जीवात्मा, प्रद्युम्न मन का प्रतीक है और अनिरुद्ध अहंकार का। ऐसा लगता है भागवत मत में प्रारम्भ से ही दो प्रकार की साधना चलती थी। प्रथम तो श्रद्धाप्रधान जिसमें नारायण-लक्ष्मी की पूजा होती थी और जो कालान्तर में 'भक्ति' में परिणत हो गई। दूसरे प्रकार की पूजा दार्शनिक भूमि पर आधारित व्यूहपूजा थी जिसका स्वरूप रहस्य साधना की तरह, ज्ञानमार्गी रहा होगा। वासुदेव पीटों की स्थापना एवं वैष्णवतन्त्र की उत्पत्ति आदि इसी की सहवर्तिनी है। हठयोग और सहसारचक्र भले ही यहाँ पर न हो, परन्तु सहस्त्रनाम, सम्पुट पाठ, बीजमन्त्र, यन्त्र ताबीज आज मी प्रचलित है। इस तरह हम कल्पना कर सकते हैं कि कोई ज्ञानमार्गी पूजापद्धति या गुह्य साधना भी अवश्य वर्तमान थी जो भक्तिपक्ष के प्रवाह में लुप्त हो गई।

जीव भगवान से ही निकलता है अत: वह भी सर्वव्यापी, सर्वशक्तिमान है। पर वह अपने स्वरूप को भूलकर भगत में दु:ख भोगता है। उस समय भगवान जिनका स्वभाव 'करुणामय' है उस पर स्नेह करते हैं और वह सन्मार्ग पर चलकर परमपद पा जाता हैं। यह परमपद मुक्ति है। पर इसका अर्थ परमात्मा में लय नहीं बल्कि 'सारूप्य' और 'सामीप्य' है। वह उन्हीं जैसा चतुर्भुज रूप पाकर 'सारप्य' बनता है एवं भगवान के समीप वैकुंठधाम में रहने का उसे अवसर मिलता है। यही 'सामीप्य मुक्ति' है। इस परमपद को पाने का मार्ग है 'शरणागति'। इसी शरणागति को रामानुज ने प्रपत्ति कहा। यही भक्ति की आधारशिला है। इस पांचरात्र की साधनापद्धति को ही कालान्तर में 'दास्यभक्ति' कहा गया। यही दास्यभक्ति अपने रागात्मक रूप में, 14वी, 15वीं शती के भक्त कवियों में अथवा पूर्व के आलवार सन्तों (3री शती से 9वीं शती) में सख्य, वात्सल्य और माधुर्य रूपों में प्रकट हुई।

इस पांचरात्र धर्म की संज्ञा है भागवत धर्म या सात्वत धर्म। ईसा पूर्व दूसरी शती में स्थापित यूनानी राजदूत का गरुडस्तम्भ (वेरुनगर), जिसमें वह गर्व से अपने को विष्णुभक्त घोषित करता है, उक्त काल में उत्तर भारत में इसके लोकप्रिय होने का प्रमाण है, अन्यथा एक विदेशी क्यों इसकी ओर

आकृष्ट होता। हजरत ईसा मसीह का जन्म इस घटना के 200 वर्ष बाद और हजरत मुहम्मद साहब का 800 वर्ष बाद होता है। शुंग, सातवाहन, गुप्तकाल में तो न केवल विष्णु बल्कि अवतारों की पूजा भी, विशेषतः वामन, राम, कृष्ण, नृसिंह एवं महाबाराह की, प्रचलित हो चुकी थी।

11वीं शती में श्रीमद्रामानुजाचार्य के नेतृत्व में भागवतधर्मका पुनर्जागरण वैष्णव धर्म के रूप में हुआ जिसके केन्द्रीय देवता हैं लक्ष्मीनारायण। स्कन्द पुराण में विष्णु का कथन है कि मैं घोर कलि के आने पर दक्षिण देश चला जाऊँगा एवं गंगा गोदावरी में वास करेगी। पुराणकार ने प्रकारान्तर से वैष्णव आन्दोलन का केन्द्र दक्षिण जाने की बात की ओर इंगित किया है। उस समय शैवों एवं शंकराचार्य के प्रखर तेज के सामने उत्तर से दक्षिण तक बौद्ध, जैन आदि धर्मों की ज्योति म्लान हो चुकी थी। दो सौ वर्ष बाद इस धरती में इस्लाम धर्म के बीज पड़े। पर इसके पूर्व कि वह सारी भारतभूमि पर फैल जाए, दक्षिण से आए भक्ति के प्लावन ने अपनी पूरी शक्ति से उत्तर की भूमि को आप्लावित कर दिया। फलतः इस्लाम की विजय सीमावर्ती क्षेत्रों तक ही सीमित रह गई। जिसके सामने यहूदी, ईसाई, मिस्त्री, अरबी, ईरानी, सीरियन, मंगोल आदि संस्कृतियाँ एक-पर-एक ध्वस्त होती गई उसे आधे पंजाब पर ही रोक देने का श्रेय भक्ति को ही है। इसके बाद 500 वर्षों के लंबे आन्तरिक संघर्ष के फलस्वरूप कुछ क्षति हुई परन्तु सीमावर्ती कुछ क्षेत्र को छोड़कर पराजय कहीं नहीं हुई। प्रोफेसर टॉयनबी का कथन है कि इस्लाम धर्म भारत को जीतने का प्रयत्न 5 सदियों तक करता रहा परतु उसे विजय सीमावर्ती प्रान्तों में 1947 में जाकर मिली। शेष भारत अपराजित रहा। यह दो शक्तिशाली संस्कृतियों की टक्कर थी। तलवार के टूट जाने से आत्मा पराजित नहीं होती इसका उदाहरण भारत का सांस्कृतिक संघर्ष है। इसका बारह आना श्रेय भक्ति और वैष्णव आन्दोलन को है।

भागवत धर्म और असमप्रदेश[4]

असमिया वैष्णव धर्म पर अंग्रेजी या असमिया में लिखा गया है, और अभी तक सर्वांगपूर्ण ग्रन्थ जो सम्पूर्ण पहलुओं को एक स्थान पर उपस्थित करे, एक भी नहीं है। प्रथम, द्वितीय और अन्तिम को छोड़कर शेष पुस्तकें5 महापुरुषिया सम्प्रदाय के प्रारम्भ की समस्याओं से ही सम्बन्ध रखती हैं। द्वितीय और अन्तिम छोटी-छोटी पुस्तिकाएँ हैं। प्रथम पुस्तक बड़ी होने पर भी उसमें कई विवादास्पद बातें है एवं विषय की भूमिका मात्र है, प्रतिपादन नहीं।

संहतियों के विषय में बहुत-सी सामग्री गुह्य है। कुछ तो सम्प्रदायगत कारणों से और कुछ राजनीतिक कारणों से। लोग उन सामग्रियों की चर्चा कर दें, तो भी न लिखने की अनुमति देते हैं और प्रकाशन की। बहुत से रीति-रिवाज, आचार-विधान ऐसे हैं, जिनका अध्ययन उन सम्प्रदायों में कुछ समय तक रहने पर ही हो सकता है।

असम में वैष्णवधर्म और विष्णुपूजा किसी-न-किसी रूप में अखिल भारतीय विचारप्रवाह के समानान्तर ही रही। मध्यप्रदेश में जब महाप्रतापी गुप्तों का शासनकाल था तब कामरूप में पुष्प् वर्मा के हाथों में राजदंड था। यह राजा सम्भवत: गुप्तों के प्रभाव में था। उसने अपने पुत्र का नाम समुद्रवर्मा एवं पुत्रवधू का नाम दत्ता देवी रखा था जो सम्राट समुद्र गुप्त और सम्राज्ञी दत्तादेवी के नाम का अनुकरण है। इसी वंश की 7वीं पीढ़ी में भूति वर्मा हुआ जिसका शिलालेख बरवंगा में विद्यमान है। उस शिलालेख में यह अपने को 'परम भागवत' कहता है। इसकी लिपि भी गुप्तों द्वारा व्यवहृत लिपि की तरह है। इसी वंश के हर्जर वर्मा के ताम्रलेख में गुप्त संवत् का भी उल्लेख है। इन बातों से कल्पना की जा सकती है कि ईसा की चैथी शती से ही यहाँ गुप्त संस्कृति का प्रभाव है; और यही कारण है कि असम के कोने-कोने में हजार बारह सौ से अधिक वर्षों की प्राचीन विष्णु मूर्तियाँ मिलती हैं। जैसे गोहाटीघाट की शुक्लेश्वर मूर्ति, हाजो की हयग्रीवमाधव मूर्ति एवं नवगाँव तथा गोसाई नूरि की विष्णु प्रतिमाएँ अत्यन्त प्राचीन है।

उपर्युक्त बरगंगा शिलालेख में वासुदेव की मूर्ति के साथ अगल बगल शिव और शक्ति की प्रतिमाएँ भी उत्कीर्ण हैं। वास्तव में गुप्त संस्कृति में शैव और वैष्णव दोनों मतों को समान रूप से प्रोत्साहन दिया जाता था। गुप्त राजवंश उज्जयिनी के महाकाल का भी भक्त था। असम में भी यही बात हुई। गुप्तों के बाद मध्यदेश के उल्लेखनीय शासक हर्षवर्द्धन हुए तो कामरूप नरेश भास्कर वर्मा के मित्र थे। ह्वेनसांग ने लिखा है यह नरेश (भास्कर वर्मा) 'देव' को पूजता था पर श्रमणों पर भी श्रद्धा रखता था। यहाँ 'देव' का अर्थ महादेव है। भास्कर वर्मा उपर्युक्त पुष्प वर्मा के 300 वर्ष बाद हुआ था। इस अवधि में मध्यदेश में कितने ही वंशो के ध्वज गड़े और उखड़े परन्तु कामरूप में एक ही वंश का शासन चलता रहा। यह वंश अपने को नरकासुर का वंशज कहता था, जो वाराहविष्णु और धरती का पुत्र था। अत: शैव होते हए भी इस वंश के नरेश स्वभावत: विष्णु के प्रति सहिष्णु थे। भास्कर वर्मा सभी धर्मों के प्रति सहिष्णु था। उसकी एक ताम्रफलक प्रशस्ति में प्रथम दो श्लोकों में शिव की

वन्दना है, तीसरे में 'त्रिरत्न' (बौद्ध धर्म-सम्मानित) की, एवं चैथे श्लोक में वाराहविष्णु की वन्दना है। 'घात्रो सुच्चिक्षिति प्सोरम्बुनिधे कपट कोलरूपस्य चक्रभृत...' इत्यादि से चक्रपाणि विष्णु की वन्दना की गई है।

इसके बाद शासन दूसरे वंश के हाथ में चला गया और नवीं शती के हर्जर वर्मा ('परम भट्टारक परम माहेश्वर' उपाधिधारी) एवं दशम शती के बलवर्मा की प्रशस्तियों में भी प्राधान्य शिव को है परन्तु ठीक उसके नीचे विष्णु, विशेषत: वाराह रूप की वन्दना श्रद्धापूर्वक की गई है।

11वीं शती में रक्षपाल और इन्द्रपाल की प्रशस्तियों में यह क्रम उलट जाता है। प्रथम वन्दना विष्णु की है, फिर शिव की। इनमें विष्णु के चिन्ह गरुड़ पद्य, शंख, चक्र आदि भी उत्कीर्ण है।

12वीं शती में यहाँ धर्मपाल विख्यात दानशील राजा हुआ। श्री दिवेश्वर नियोग के शब्दों में सम्भवत: यह प्रथम राजा है जो पूर्णत: वैष्णव था। उसके प्रथम फलक में अर्धनारीश्वर एवं महावाराह की समान वन्दना है। परन्तु द्वितीय फलक में शिव का कोई उल्लेख नहीं। यह अपने को 'वराहपुरुष गरुड़ध्वजस्य का वंशधर बताता हुआ अपने भूमिदान के सम्बन्ध में वामनअवतार का संकेत कराता है। आगे चलकर उस प्रशस्ति में कहा गया है —

'वकल विप्र बहुल प्रदीप:
श्रीमान् बभूव मधुसूदन नामधेय:
यो बाल्यत: प्रभृति माधवपादहम
पूजा प्रपञ्च रचना सुचिरं चकार।'

इसके पूर्व शैव राजाओं की संख्या अधिक थी फिर भी अपने को नरकासुर का वंशज मानने के कारण उनमें विष्णुपूजा का भी पर्याप्त सम्मान था, यह निर्विवाद है।

सामान्य धार्मिक पटभूमि

राजधर्म के रूप में तो शैवधर्म की मान्यता बनी रही तथा अभिजातवर्ग एवं ब्राह्मणों का एक दल विष्णु की पूजा करता रहा। परन्तु जनता के धार्मिक कर्मकांड में अनेक अनार्य पद्धतियाँ प्रचलित थीं। जादूमन्त्र टोने के साथ साथ अनेक स्थानीय पूजन पद्धतियाँ थीं। फिर वज्रयान और सहजयान का अखाड़ा भी यही क्षेत्र था। अत: ऐसी स्थिति में वैष्णव धर्म को जनधर्म का समादर मिलना असम्भव सा था। शैवधर्म भी पूर्णत: इस सीमा तक

अनार्य पद्धति नहीं अपना सकता था। वज्रयान की नारी उपासना उग्रतारा और प्रज्ञापारमिता आदि को केन्द्र बनाकर सिर्फ एक सम्प्रदाय में खप सकती थी, वह था शाक्तमत। यही कारण है कि उक्त सारी गुह्य साधनाएँ समष्टि रूप में शक्ति उपासना में अन्तर्भुत हो गई। इस उपासना का जनता पर पूरा दबदबा था। 10वीं शती से 15वीं शती तक पूरे 500 वर्षों तक जनमानस शाक्तधर्म की घोर उपासना में लीन होकर विकारग्रस्त हो गया। ऐसी अवस्था में नव्य वैष्णव उत्थान की धारा कामरूप में आई। इसका स्वागत होना स्वाभाविक था।

उक्त शाक्त युग में कामरूप की वैष्णव साधना किस प्रकार की थी, कौन सी पूजा-पद्धति प्रचलित थी, कौन-सा जीवन-दर्शन था, ये सभी बातें सिर्फ अटकल और कल्पना के बल पर ही निकाली जा सकती है। कोई क्रमबद्ध प्रमाण नहीं मिलता। कोई भी उल्लेख या प्रलेख हमारे पास नहीं, सिवाय दो शाक्त ग्रन्थों के। ये शाक्त ग्रन्थ है योगिनीतन्त्र (15वीं शती) और कालिका पुराण (10वीं शती)। ये शाक्त ग्रन्थ वैष्णव साधना की मर्यादा की रक्षा करते हुए उनका वर्णन देते हैं या अपना रंग चढ़ाकर अपनी ही लड़ाने की कोशिश करते हैं, यह कैसे जाना जाए। इन ग्रन्थों की प्रामाणिकता और ईमानदारी पर कुछ भी कहना कठिन है। परन्तु एक धूमाच्छादित चित्र तो मिल ही जाता है।

कालिका पुराण 10वीं शती की रचना है। उसके अनुसार देवी (महाशक्ति) की तीन शक्तियों में द्वितीय शक्ति ही विष्णु है। विष्णुपूजा विधान के अतिरिक्त कुछ वासुदेव पीठों का उल्लेख है। सिद्ध पीठी या शैव पीठों की तरह व्यूहावतार परम्परा में वासुदेव पीठ भी स्थापित हुए थे। सम्भवतः पांचरात्र वैष्णवों की ज्ञानमार्गी पद्धति में 'पीठ' (साधना केन्द्र) होते थे, और श्रद्धामार्गी पद्धति में सिर्फ मन्दिर। पीठ में हरि मन्दिर और साधना चक्र दोनों साथ-साथ संयुक्त रहते होंगे। निम्नलिखित वासुदेव पीठों का 'कालिका पुराण' में उल्लेख है, जो कामरूप प्रदेश में विद्यमान थे।

(1) हयग्रीव विष्णु, मणिकूट पर्वत पर (वर्तमान हायो)।

(2) मत्स्य विष्णु, मणिकूट पर्वत पर (हायो)।

(3) माधव विष्णु, रथकूट पर्वत पर (आज ये पांडुनाथ भैरव के रूप में पूजित हैं)।

(4) महावाराह विष्णु, चित्रवाह पर्वत पर (पांडुनगर के पूर्व)।

(5) वासुदेव-विष्णु, दिक्करवासिनी की घाटी में।

इनमें आज मुख्यत: सम्मानित हैं वासुदेव और हयग्रीव। पूजा-पद्धति को शक्तिग्रन्थ में वर्णित हैं, आज बदल चुकी है।

हयग्रीव विष्णु का उल्लेख भागवत, महाभारत, देवी भागवत आदि में मिलता है। हयग्रीव रूप धारणकर भगवान ने मधुकैटभ का वध किया (महाभारत-शान्तिपर्व)। विष्णु ने मत्स्यरूप धारण कर हयग्रीव नामक निशाचर का वध किया जो वेदों को चुराकर पाताल ले गया था (श्रीमद्‌भागवत)। भगवान ने हयग्रीव रूप धारणकर समानरूपी हयग्रीव दानव का वध किया था (श्री देवीभागवत)। इन तीन परम्पराओं में सर्वाधिक प्रामाणिक जो हो, पर हयग्रीव अवतार की मान्यता तो सर्वविदित है। इनका मन्दिर आज भी मणिकूट पर्वत (अद्रियान) में है। इस स्थान को अब 'हाजो' कहते हैं। मुसलमानों ने इसे 'पाकमक्का' (मक्का का चैथाई) मानकर 'हाजो' नाम दे किया है। मन्दिर के पास ही एक मस्जिद भी है। हयग्रीव की बगल में दूसरा मन्दिर है जिसमें मत्स्य विष्णु का अधिवास है। इस मन्दिर को मध्ययुग में 'कालापहाड़' ने ध्वस्त कर दिया था। फिर 16वीं शती में श्री रघुदेव ने जीर्णोद्धार कराया। 'कालापहाड़' जन्मत: ब्राह्मण था, परन्तु इस्लाम ग्रहण कर यह बंगाल का औरंगजेब बन गया।

इस हयग्रीव की पूजा करने प्रति मास बहुत बड़ी संख्या में भूटानी बौद्ध आते हैं और इस देवता को 'महामुनि' (बुद्ध) मानकर पूजते हैं। शायद यह वज्रयानी तन्त्र के किसी देवता का मन्दिर था जो कालान्तर में वासुदेव पीठ बन गया। डॉ. वाणीकान्त काकती ने अपनी पुस्तक 'मदर गाडेस कामाख्या' में हयग्रीव प्रतिमा के मौलिक रूप पर प्रकाश डालते हुए लिखा है—

'योगिनी तन्त्र' में मणिकूट पर्वत पर की, विष्णुप्रतिमा की उत्पत्ति का दूसरा ही वर्णन दिया गया है। हयग्रीव मूर्ति का सम्बन्ध पुरी की जगन्नाथ प्रतिमा से जोड़ने का प्रयत्न है। उत्कल नरेश इन्द्रद्युम्न को स्वप्न हुआ कि एक अज्ञात वृक्ष समुद्र तट पर बहकर आएगा। राजा स्वत: कुल्हाड़ी लेकर जाए और उसे सात भाग में काटे। राजा ने वैसा ही किया। उनमें दो काष्ठखंड कामरूप लाए गए जिनसे हयग्रीव और मत्स्य माधव की प्रतिमाएँ निर्मित हुई। हिन्दू देववर्ग में हयग्रीव उतने प्रसिद्ध देवता नहीं कि उनके लिए मन्दिर बने, परन्तु बौद्ध तन्त्रों में उनका अत्यन्त महत्त्वपूर्ण स्थान है। योगिनी तन्त्र के अनुसार इस देवता की अभ्यर्थना फल मूल के अतिरिक्त मत्स्यमांस चढ़ाकर भी हो सकती है। इससे इसके तान्त्रिक देवपरम्परा से विकसित होने की कल्पना की जा सकती है।

अपने मूल रूप में यह हयग्रीव प्रतिमा चाहे जो हो परन्तु 700-800 वर्षों से इसका वैष्णवीकरण हो गया है।

कालिका पुराण में वासुदेव पीठ का वर्णन दिया गया है वह विष्णुपूजा का वामाचारी संस्करण ज्ञात होता है। यह भी सम्भव है कि भैरवी भक्तों की तरह वासुदेव साधनाचक्र भी रहे हों, जो आज लुप्तप्राय है। वैष्णव धर्म भी तो आगममार्ग ही है। आगममार्ग की शैवशाक शाखा में पत्र गुह्यसाधना मान्य है तो वासुदेव-शाखा में भी गुह्यसाधना का वर्तमान रहना असम्भव नहीं। वैष्णवों का भी अपना अलग मुद्रा चिन्ह, अपना सहस्त्रनाम, बीजमन्त्र, सम्पुटसाधना एवं यन्त्र है। वैष्णव मत में भी सिद्धियों का उल्लेख है। भूतकाल में एक ज्ञानमार्गी साधना अवश्य प्रचलित रही होगी, जिसमें उपयुक्त तत्त्वों के अतिरिक्त देवसाक्षात्कार का प्रयत्न रहा होगा। विष्णु न सही, सुदर्शनचक्र या हनुमान (भीम मारुति) की साधना और सिद्धि की चर्चा भी कभी-कभी सुन पड़ती है। अत: वासुदेवपीठ न केवल कामरूप अपितु भारतवर्ष भर में रहे होंगे। कामरुप में रहस्य पथ का रंग अधिक चढ़ा हो, यह हो सकता है। हो सकता है कि व्यूहार्चना को ही रहस्यमय रूप दिया गया हो। व्यूहों की व्याख्या-परमात्मा (वासुदेव), संकर्षण (जीव), प्रद्युम्न (मन) एवं अनिरुद्ध (अहंकार), का रूप भी कुछ ऐसा है कि उस ज्ञान मार्ग की ओर अधिक आकृष्ट कर सकता है। पांचरात्र धर्म की व्यूहपूजा के प्रसंग में फक्र्युहर का कथन ध्यान देने योग्य है—

'संहिताओं (पांचरात्र) का ऐतिहासिक महत्त्व दो प्रकार से है। इनके अन्दर वैष्णव धर्म में शाक्त सिद्धान्तों के प्रवेश का प्रथम उल्लेख है। दूसरा यह कि वैष्णव विश्वासों और कर्मकांड का प्रथम क्रमबद्ध संग्रह वे प्रस्तुत करती हैं। इनका आचारशास्त्र महाकाव्य (महाभारत) के 'नारायणीयोपाख्यानम्' की विचारधारा का विकसित रूप है जिसमें पर्याप्त मात्रा में शाक्ततत्व अन्तर्भुक्त हो गए। शाक्त धर्म का अभिन्न अंग यन्त्र मन्त्र है इन संहिताओं में भी तरह-तरह की तन्त्र क्रियाएँ, सम्मोहन मन्त्र, यन्त्र आदि के विधान वर्तमान हैं। बीज मन्त्रों (अष्टाक्षर और द्वादशाक्षर मन्त्र) का अध्ययन भी सावधानीपूर्वक किया गया है।''[5]

डॉ. भंडारकर का भी कथन है कि पांचरात्र द्वारा प्रतिपादित धर्म की आत्मा 15वीं 16वीं, शती के एकान्तिक वैष्णवधर्म से अत्यन्त भिन्न थी। 'वासुदेव' का अर्थ कालान्तर में कृष्ण होने पर भी ये वासुदेव अब कृष्ण नहीं ज्ञात होते। (डॉ. भंडारकर ने आगे चलकर बताया है कि ब्रजकृष्ण आभीरों

या आर्यों के किसी हँसमुख उत्साही जत्थे के लोकनायक या देवता थे जो उक्त वासुदेव में अन्तर्भुक्त हो गए। गीता कृष्ण और गोपाल कृष्ण दोनों का मिलन हो गया। डॉ. पलुस्कर ने इस तथ्य का खंडन 'स्टडीज इन एपिक्स ऐंड पुरानण' में प्रस्तुत किया है।)

फक्र्युहर ने जिसे शाक्त प्रभाव कहा है उसे 'शाक्त' न कहकर 'रहस्य-परक' कहना ठीक होगा। प्रत्येक धर्म के साथ गुह्यसाधना जुड़ी रहती है। यह धर्म की सामान्य मनोवृत्ति है। इसे शाक्तों की ही सम्पत्ति कैसे माना जाए? वज्रयान किससे कम है।

कालिका पुराण के अनुसार वासुदेव पूजा में ये बातें मुख्य है—

(1) बीज मन्त्र : ऊँ नमो भगवते वासुदेवाय' या ऊँ नमो नारायणाय'।

(2) वासुदेव की प्रिया 'विमला देवी' की अर्चना।

(3) पंचदेव पूजा अर्थात् राम, कृष्ण, ब्रह्मा, हर, गौरी की पूजा।

(4) वासुदेव के पार्षद 8 योगियों एवं आठ योगिनियों की पूजा। ये योगी हैं-बलभद्र, काम, अनिरुद्ध, नारायण, ब्रह्मा, विष्णु, नृसिंह और वाराह तथा क्रमशः उनकी योगिनियाँ हैं, उत्कर्षिणी, ज्ञेया, ज्ञानी, क्रिया, योगा, प्रही, ऐशानी और अनुग्रही।

(5) वषट्मन्त्रों की शैली पर लिखे गए मन्त्रों से शंख, चक्र, गदा, पन की पूजा।

(6) नैवेद्य केवल फल मूल, घृत, दही आदि निरामिष पदार्थ। ऊपर पार्षदों की सूची में संकर्षण (बलभद्र), प्रद्युम्न (काम) एवं अनिरुद्ध तो भगवान वासुदेव के साथ रहनेवाले व्यूहसदस्य हैं जो पांचरात्र प्रचारित है। शेष पाँच यहाँ कालान्तर में जोड़े गए हैं। योगिनियों के नाम व्यक्तिवाचक संज्ञा न होकर भाववाचक संज्ञा ज्ञात होते हैं। दस महाविद्याओं की तरह अष्ट योगिनियों की कल्पना कामरूपी साधना की कल्पना है।

ऐसा लगता है कि समस्त पूर्वी भारत में पांचरात्र वैष्णव धर्म पर शाक्त रंग चढ़ा था। ऊपर वासुदेव की प्रिया 'श्री' (लक्ष्मी) न होकर विमला है। जगन्नाथ (पुरी) के मन्दिर के बाई और सटा हुआ विमला मन्दिर है और दाईं और लक्ष्मी मन्दिर। विमला मन्दिर प्राचीनतर है। शक्तिपीठों की संख्या भारत में 84 है। उसमें विमला की भी गणना है। प्रत्येक शक्तिपीठ का एक भैरव होता है जैसे अन्नपूर्णा के विश्वनाथ (काशी) या कामाख्या के उमानन्द। विमला के भैरव जगन्नाथ को ही बताया गया है। विष्णु शक्तिपीठ के भैरव हो यह विचित्र बात है। इससे पता चलता है कि पूर्वी भारत के वासुदेव पीठों

में तन्त्र एवं गुह्यसाधना चलती थी। ऐसे वासुदेव पीठों में प्रधान था पुरी का जगन्नाथ मन्दिर। साथ ही वासुदेव पीठों में, कम-से-कम पूर्वी भारत में, तन्त्र साधना की वर्तमानता स्वीकार कर लेने पर जगन्नाथ प्रतिमा के सम्बन्ध में ऐतिहासिकों की अनेक अटकलों की कोई आवश्यकता ही नहीं रह जाती जो उन्हें पुरी मन्दिर को प्राचीन बौद्ध वज्रयान पीठ घोषित करने को बाध्य करते हैं। कालिका पुराण (10वीं शती) का संकेत है कि ऐसा वासुदेव पीठ में होता था। इसके उपकरण भले ही पंचमकार न रहकर सात्विक रहे हों।

ऊपर अन्धकार में कल्पना का व्यायाम लक्षित है पर इसका यह तात्पर्य नहीं कि केवल पूर्वी भारत (असम, बँगाल और उड़ीसा) में ही गुह्य साधना प्रचलित थी। गुह्मसाधना का सम्बन्ध तो वर्ग विशेष से रहता है। बहुमत तो श्रद्धाप्रधान सीधी सादी उपासना करता है। उसकी उपासना और अर्चना तो बिना रोक-टोक चलती रहती है। कामरूप में श्रद्धाप्रधान उपासना एवं भागवत धर्म के अस्तित्व का संकेत तो हम शिलालेख श्रादि के द्वारा पहले ही कर चुके।

हम 12वीं शती तक धर्मपाल को प्रशस्ति की चर्चा कर चुके। 14वीं शती का सबसे बड़ा प्रमाण है माधवकन्दली का 'रामायण', जिसके सामने सारे शिलालेख और सारी ताम्रप्रशस्तियाँ तुच्छ हैं। यह भारत को आर्यभाषाओं की पहली 'रामायण' है जिसे माधवकन्दली ने वाल्मीकि रामायण के असमिया पद्यानुवाद के रूप में प्रस्तुत किया है। कम्बन, तुलसीदास और कृत्तिवास तो परवर्ती हैं। प्रथम भाषा रामायण सम्पूर्णतः प्रस्तुत करने का श्रेय असमिया को है।

असम में नव्य वैष्णववाद

नव्य वैष्णवोत्थान, श्रीमद् मानुजाचार्य के नेतृत्व में प्रारम्भ हुआ। इसके पूर्व वैष्णव धर्म का कोई क्रमबद्ध इतिहास पाना कठिन है। सभी देशी विदेशी पंडित इस विषय में अँधेरे में टोह करते हैं। परन्तु 11वीं शती के पश्चात् विविध दिशाओं से श्रीसम्प्रदाय (विशिष्टाद्वैत : श्रीमद्रामानुजाचार्य), ब्रह्म सम्प्रदाय (द्वैतः आनन्दतीर्थ मध्व), रुद्र सम्प्रदाय (विष्णुस्वामी और वल्लभ : शुद्धद्वैत), सनक सम्प्रदाय (द्वैताद्वैतः निम्बार्क), गौड़ीय वैष्णवमत (चैतन्य : अचिंत्य भेदाभेद) आदि आन्दोलन देश की धार्मिक पटभूमि पर आते हैं। 15वीं शती तक वैष्णव धर्म की जययात्रा पूरी हो जाती है। अन्तिम सन्देशवाहक चैतन्य, वल्लभ और शंकरदेव। जो स्थान चैतन्य का बंगाल में है वह असम देश में महापुरुष शंकरदेव का है। उनका चलाया हुआ

वैष्णवमत लोकभाषा में 'महापुरुषिया' परन्तु शास्त्रीय भाषा में 'एकशरण धर्म' कहलाता है।

15वीं शती तक जैसा कि ऊपर व्यक्त किया जा चुका है, असम की सामान्य जनता शाक्त उपासना से ऊब चुकी थी। माधवकन्दली का 'रामायण' रामावतार की ख्याति का प्रमाण है। यदि कन्दली केवल काव्य या लोकरंजन की दृष्टि से लिखते तो 'रघुवंश' को चुनते। वाल्मीकि के रामायण ने उन्हें इसलिए आकृष्ट किया कि राम के आदर्श से जनता को खींचकर लोक उन्नयन मार्ग पर वे ले जा सकते थे। अत: उस युग में जनता के मन में राम या विष्णु के लिए श्रद्धापूर्ण भाव अवश्य रहा होगा।

कामरूप या असम में नव्य वैष्णवोत्थान का नेतृत्व करते हैं महापुरुष शंकरदेव। इन्होंने एकमात्र भक्ति को ही अपना साधन मार्ग बनाया और ज्ञान की ओर ध्यान नहीं दिया। भक्ति में रहस्य साधना के लिए कोई स्थान नहीं था। ये असमप्रदेश के चैतन्य थे। इनमें चैतन्य की तरह प्रखर पांडित्य और साधना तो थी ही, चैतन्य से अधिक साहित्यिक कृतित्व था। इनकी प्रतिभा बहुमुखी थी जो दर्शन, प्रबन्ध काव्य, गीतिकाव्य, नाटककारिता, अभिनय, चित्रकला एव प्रचार-अभियान सबमें शक्तिशाली रूप में व्यक्त हुई। साहित्यिक स्तर पर ये असमिया के तुलसीदास हैं। इन्हीं कारणों से इन्हें 'महापुरुष' की संज्ञा मिली।

शंकरदेव (1449-1569) चैतन्य (1465-1533) एवं वल्लभाचार्य (1401...) के समसामयिक हैं। वल्लभाचार्य के जन्म के सम्बन्ध में दो मत है। परन्तु डॉ. राधाकृष्णन् सन् 1401 ई. ही मानते हैं। शंकरदेव भूयों (कायस्थ) परिवार में अलिपुखरी (नवगाँव जिला) में पैदा हुए थे। उस समय असम के मध्य भाग में अहोम नरेशों का राज्य था, पश्चिम में कामता में कोच, पूर्व में चोटिया, दक्षिणपूर्व में कछारी एवं धुर दक्षिण में भूयों लोगों का राज्य था। शंकरदेव प्रथम विवाह के उपरान्त पत्नी का देहान्त हो जाने पर तीर्थयात्रा में निकले। भारतवर्ष के प्राय: सभी मुख्य तीर्थ पुरी, गया, काशी, अयोध्या, (?), वृन्दावन, बदरिकाश्रम, प्रयाग घूमे। विविध साधुओं और पंडितों से संसर्ग हुआ। फिर लौटकर असम आए एवं वैष्णव धर्म का प्रचार प्रारम्भ किया। प्रथम वैष्णव मठ, जिसे यहाँ 'सत्र' अथवा 'सार' कहा जाता है, बरदोवा में स्थापित हुआ। इन्होंने वैष्णव मन्त्र की दीक्षा सबको देनी प्रारम्भ की। अहोम दरबार शाक्त था। दरबारी ब्राह्मणों के उत्तेजित करने पर दरबार इनसे रुष्ट हुआ। फलत: बरपेटा (कामरूप) में नया 'सत्र' बाँधकर

रहने लगे। कालान्तर में इन्होंने पुनर्विवाह किया। बरपेटा को केन्द्र बनाकर वैष्णव आन्दोलन का नेतृत्व किया। बरपेटा उस समय कूचबिहार ('कामता' राज्य) के अन्तर्गत था। राजकीय प्रोत्साहन भी इन्हें पर्याप्त मिला। माधवदेव, अनन्त कन्दली आदि कई विख्यात प्रतिभाशाली शिष्यों की सहायता से वैष्णवधर्म की जययात्रा इन्होंने अपने अन्तिम काल तक पूरी कर दी। कीर्तन, भागवत, भक्तिरत्नाकर, भक्तिप्रदीप अनेक वर गीत एवं अनेक एकांकी भावना नाट्यों की रचना कर वैष्णव साहित्य को विस्तार एवं मानदंड प्रदान किया। इनके गुरु कौन थे। कोई गुरु थे अथवा इन्हें भागवत आदि शास्त्रों के मनन द्वारा स्वयं बोध हुआ, यह प्रश्न विवादास्पद है। पर इतना निश्चित है कि उक्त युग की बड़ी-बड़ी वैष्णव प्रतिमाओं के सम्पर्क में ये आए। मैथिल पंडित जगदीश मिश्र, जिन्हें कहते हैं स्वप्न में जगन्नाथ जी ने शंकरदेव से मिलने की आज्ञा प्रदान की थी, इनसे आकर मिले एवं एक वर्ष तक भागवत पर श्रीधर स्वामी की टीका को सुनाया। इसके बाद उक्त ब्राह्मण की मृत्यु हो गई। दूसरे पंडित विष्णपुरी का नाम भी आता है जिन्हें इन्होंने 'विष्णुपुरी मोर संगी' अर्थात् विष्णुपुरी मेरे मित्र कहकर सम्बोधित किया है। अतः इनके दीक्षागुरु सम्भवतः कोई नहीं थे, पर सत्संग बहुतों से हुआ। इनके सिद्धान्तों पर श्रीधर स्वामी की टीका भागवत-भावार्थ दीपिका' का पर्याप्त प्रभाव ज्ञात होता है। परन्तु बोध अपना ही है। किसी गम्भीर समस्या को सुलझाने के लिए किसी की सहायता भले ही ली गई हो। सुधारवादी एवं व्यावहारिक बुद्धि होने के कारण किसी भी स्रोत के पूर्णतः अनुगामी ये नहीं ज्ञात होते हैं। इनकी शिष्य परम्परा में सबसे मुख्य व्यक्तित्व है माधवदेव का जो इनके द्वारा उत्तराधिकारी चुने गए थे। श्री माधवदेव भी जाति के कायस्थ ही थे। एक अन्य शिष्य श्री दामोदरदेव जाति के ब्राह्मण थे। माधवदेव ने गुरु के मरने पर कई बातों में मनमानी करनी प्रारम्भ की, जो दामोदेरदेव को खली। फलतः धीरे-धीरे वे अलग होने लगे और अन्त में जाकर एक नवीन वैष्णव मत की स्थापना की-दामोदरिया सम्प्रदाय। इस नवीन सम्प्रदाय में शास्त्रों की मर्यादा स्वीकार की गई थी। परन्तु माधवदेव के सुधारवादी जोश ने उन्हें कई स्थलों पर ब्राह्मण गौरव एवं शास्त्रीय मर्यादा को उपेक्षित करने को बाध्य किया। फिर भी माधवदेव ने महापुरुषिया सम्प्रदाय के लिए वही किया जो सारिपुत्र और मौद्गल्यायन ने बौद्ध धर्म के लिए किया था।

इस नवीन वैष्णवता का मूलस्रोत था 'भागवत महापुराण'। पांचरात्र धर्म के वासुदेव व्यूह के स्थान पर उनके अवतार श्रीकृष्ण या श्रीराम की पूजा या

विष्णु—लक्ष्मी की पूजा गुप्तकाल से तो चल ही रही थी इस नवीन उत्थान के युग में वह राष्ट्रीय धर्म बन गई। कामरूप में शंकरदेव ने श्रीकृष्ण की पूजा का ही प्रसार किया। यद्यपि राम की अभ्यर्थना में भी उन्होंने गीत लिखे एवं 'राम विषय नाट' की रचना ब्रजबोली में की। फिर भी उपास्य के रूप में श्रीकृष्ण ही मान्य हुए और नारायण के साथ उनका अभेद माना गया।

इस नवीन साधना का नाम है 'एकशरण धर्म'। 'एकशरण' अर्थात् एकमात्र श्रीकृष्ण की शरण। अनादि निरंजन परम पुरुष' श्रीकृष्ण की एकमात्रता पर इतना अधिक जोर दिया गया है कि पुरुष की नायिका प्रकृति (राधा अथवा रुक्मिणी) को भी उपासना-पद्धति में स्थान नहीं है। यह पूर्णतः पुरुष प्रधान धर्म है जिसमें केवल पुरुष श्रीकृष्ण की ही उपासना होती है। उस युग में सारा असम कुमारीपूजा और वामाचार से भ्रष्ट हो चुका था। विशेषतः कुमारी की रात्रिपूजा और एकान्त सह जागरण भ्रष्टता का रूप धारण कर चुका था। इसी से शंकरदेव अपने सम्प्रदाय में स्त्री तत्त्व या 'नारी' को किसी भी रूप में स्थान देने के लिए तैयार नहीं हुए। विशेषतः राधा भाव की माधुर्य साधना तो उक्त वातावरण में और अनिष्टकर हो जाती और 'वैष्णव वामाचार' जैसी नई वस्तु बन पाती। 'भैरवी चक्रो' के नाम बदलकर 'राधा चक्र' हो जाते, पर शेष बातें सब चलतीं। शंकरदेव गृहस्थ थे। प्रथम पत्नी के मरने के बाद उन्होंने द्वितीय विवाह भी किया और गृहस्थ के रूप में मरे। अतः उनके सामने सामाजिक नैतिकता की अनिवार्यता कोई मामूली अनिवार्यता नहीं थी। इसी सामाजिक नैतिकता की रक्षा के लिए उन्होंने पुरुषप्रधान धर्म का उपदेश किया।

श्रीकृष्ण लौकिक स्तर पर ब्रज के श्रीकृष्ण बालगोपाल हैं। वे अर्जुन के सखा है। रुक्मिणी के हरणकर्ता श्रीकृष्ण, सत्यभामा के प्रिय श्रीकृष्ण भी शंकरदेव की लेखनी से चित्रित हुए है।[6]

परन्तु दार्शनिक स्तर पर यही श्रीकृष्ण अवतार नहीं स्वयं परम ब्रह्म हैं। यही 'भागवत महापुराण' का भी दृष्टिकोण है। प्रायः सभी वैष्णववादों में द्वैत के साथ एक सीमा तक और एक विशेष रूप में ही सही, अद्वैत मान्य है। लेकिन यह सीमित अद्वैत है। मध्वाचार्य और आनन्दतीर्थ ने ही स्पष्टतः द्वैत की घोषणा की। डॉ. चन्द्रधर शर्मा के शब्दों में हेगेल जिस भाँति रहस्यवाद का शत्रु है, उसी तरह मध्व अद्वैत के शत्रु। अन्यथा शेष सभी आचार्यों ने किसी-न-किसी रूप में अद्वैत को स्वीकार किया है। यह दृष्टिकोण विशुद्ध तर्कसंगत भले ही न हो परन्तु व्यवहारात्मक है। सत्य तभी सत्य है जब वह

यथार्थ के साथ व्यवहारात्मक भी हो। श्रीमद्रामानुज के सत्—ख्यातिवाद का यही निर्णय है। श्रीमद् शंकरदेव भी इसी तरह भेदाभेद का समर्थन करते हैं। ईश्वर कुछ अर्थों में तो अद्वैत है। उस समय उसकी अवस्था विशेष होती है। परन्तु सृष्टि सत्र में वह बअद्वैत के रूप में ईश्वर है जिसकी उपासना भक्त जीव रूप में करता है।

इस 'एकशरण धर्म' में षोडशोपचारों का कोई खास महत्त्व नहीं। यहाँ न तो हरिविग्रह होना ही आवश्यक है और न शालिग्राम, जैसा कि अन्य वैष्णव सम्प्रदायों में होता है। यहाँ तो सिक्खों के ग्रन्थ साहब की तरह भागवत महापुराण का ही पूजन होता है। श्रीविग्रह रहे तो ठीक है। अन्यथा उसकी कोई अनिवार्य आवश्यकता नहीं मानी जाती। प्राय: वैष्णव सत्रों में सिंहासन पर भागवत की पोथी (संस्कृत या असमिया) ही रखी रहती है। यह इस तरह देखने से तो निराकार उपासना सा लगता है परन्तु यहाँ मूर्तिवाद का खंडन नहीं। दूसरी बात यह कि कीर्तन ध्यान में यह सगुणोपासना ही है। कीर्तन में राम या कृष्ण का गुणानुवाद गाते हैं—ध्यान में बैकुंठवासी नारायण की मूर्ति का मनन करते हैं। भगवान का ध्यान 'ध्यान वर्णन' में प्रस्तावित किया गया है। उसमें बैकुंठ का वर्णन अत्यन्त रोचक है। वैकुंठ भी एवं विष्णु का निस्यधाम है।

वैकुंठ नामे आछे महाथान ॥
सारी सारी रंजे विमानचय।
वैदूर्य्य हीरा मरकत मय ॥
चन्द्र सूर्य जेन प्रकाशे अति।
न जानि यात पासे दिन राति।।
चारु सरोवर निर्मल बल।
सुगन्ध पद्म सोभे उत्पल॥
आछे राजहंस समूहे रंगी।
लीलाए मृनाल भुजे उभंधी॥
पावे पारिजात मलय वाव।
चातक त्याजे सुललित राव।
भ्रमर गने गावे हरि गीत।
वैष्णव बने सुनि आनन्दित ॥[6]

यहाँ ध्यान से भी बढ़कर महत्त्वपूर्ण स्थान दिया गया है 'कीर्तन' को। कीर्तन में विशेषत: नामकीर्तन का ही विशेष महत्त्व है। 'एकशरण धर्म'

का ही दूसरा नाम 'नाम धर्म'। इस सम्प्रदाय में बीज मन्त्र भी नाम मन्त्र : 'राम कृष्ण-हरिनारायण'। इन चार नामों में प्रत्येक को समान महत्त्व दिया गया। शंकरदेव ने 'कीर्तन' नामक एक ग्रन्थ की रचना की है जिसमें विविध पौराणिक कथाओं का संग्रह है। यह गुण-संकीर्तन है। इस ग्रन्थ का महत्त्व शंकरदेव के 'भागवत' से भी बढ़कर है। इसके उपरान्त माधवदेव की रचना 'नामघोषा' है। नामघोषा में कुछ गुण संकीर्तन रहता है और नामकीर्तन। प्रत्येक घोषा का प्रथम और अन्तिम भाग नामों की आवृत्तियों, मध्य भाग गुणानुवाद। यह असमिया वैष्णवधर्म का सबसे महत्त्वपूर्ण अंग है। प्रत्येक गाँव में यहाँ नामघर है वहाँ प्रति सन्ध्या को 9 बजे रात तक कीर्तन चलता रहता है।

नाम के बाद वर गीतों का गान सर्वाधिक सम्मानित और लोकप्रिय है। वर गीतों की रचना पर वैष्णव पदावली शैली की स्पष्ट छाप है। ये वर गीत प्राय: विनयपूर्ण आत्मनिवेदन हैं। शंकरदेव का एक बर गीत इस प्रकार है—

'राग-केदारा'

पौवे परि हरि करहों कातरी आन राखबी मोर
विषये विषधर विषे जराजर जीवन ना रहे योर
अथिर धन ज्ञान जीवन यौवन
अथिर यहु संसार
पुत्र परिवार सबहिं असार
करबो काहे री सार
कमल दल बल
चित्त चंचल थिर न हे तिल एक नाँहि भयो भाव
माँगे हरि हरि परम पद परतेक कहत शंकर
ए देहु श्रीपति पार करा हृषीकेश तुहु गति मति
देहु श्रीपति तत्वपथ उपदेश।

ऊपर की भाषा ब्रजबुली है, विशुद्ध असमिया नहीं। देवनागरी उच्चारण से पढ़ने पर प्रवाह बाधित हो जाता है, पर असमिया लिपि के मंगोल उच्चारण पर धारा अटूट रहती है। अर्थ स्पष्ट है। दूसरा उदाहरण —

'पामर मन राम चरण चित देहु।
अथिर जीवन राम माघष केरि नाम
मरण संबल लेहु।

कृष्ण किंकर भण राम परम प्रभु
भरणहि संग न छोरा
अवनिसि सेवहु राम परम प्रभु
रहु छवि पंकज मोरा।

कीर्तन के बाद 'श्रवण' है। 'भागवत' सुनने से सभी पाप कट जाते हैं, ऐसा लोगों का विश्वास है। कट्टर महापुरुषिया परिवारों में श्राद्ध न कराके भागवत का ही वाचन करा देते हैं। कीर्तन और श्रवण दोनों सम्बन्धित तत्त्व है। कीर्तन में पुरुषों की मंडली में स्त्रियाँ नहीं बैठ पाती। उनकी मंडली अलग-अलग रहती है। शंकरदेव ने अपने जीवनकाल में किसी भी स्त्री को दीक्षित नहीं किया।

सामाजिक स्तर पर इस सम्प्रदाय में नामकीर्तन के बाद 'भावना-नाट्यो' का स्थान है। भाँवरिया या 'भावना' अथवा 'अंकियानाट' उन एंकाकी नाटकों को कहते हैं जो प्रायः पौराणिक घटनाओं पर आधारित है और ग्रीक ट्रैजिडी की तरह उनमें सहगान (कोरस) भी चलता है। ब्रजबुली गद्य और असमिया ब्रजबुली मिश्रित पद्यों में लिखित ये नाटक लोकमानस पर आज भी छाए हुए हैं। शंकरदेव द्वारा लिखित कई अंकियानाट हैं परन्तु साहित्यिक दृष्टि से महत्त्व तीन का ही है: 'रुक्मिणीहरण', 'रामविजय' और 'पारिजातहरण'। चित्रित रंगमंच पर नृत्यवाद्य के साथ इनका अभिनय होता है। इनकी शैली उत्तर प्रदेश तथा बिहार के 'रास', बंगाल के 'यात्रा', तथा श्राद्ध के 'यक्षगान' से मिलती है।

ऊपर उपासना के विविध उपकरणों यथा भागवतपूजा, ध्यान, कीर्तन, अभिनय की चर्चा की गई है। गौड़ीय वैष्णव-रस सिद्धान्त में भक्तिरस के 'रसो वैसः' (उनसे साक्षात्कार ही रस है) का सिद्धान्त माना जाता है। उस 'सः' (श्रीकृष्ण) का साक्षात्कार पाँच भावों से होता है—शान्त, दास्य, सख्य, वात्सल्य और माधुर्य। शंकरदेव एवं उनके शिष्यों द्वारा विरचित साहित्य में श्रृंगार रस पर्याप्त मात्रा में है। नख-शिख-वर्णन में विद्यापति भी कभी-कभी मात खा जाते हैं। परन्तु यहाँ की उपासना में माधुर्य भाव का कोई स्थान नहीं। गोपिकाएँ अवश्य पर 'गोपीकृष्ण' की साधना नहीं है। यहाँ पर मूलतः शान्त और दास्य भावों से उपासना की जाती है। माधवदेव ने वात्सल्यरस के उच्च कोटि के पदों की रचना की है। परन्तु उपासना पद्धति दास्यभाव-प्रधान है। राधा या राधापरक तन्मयता का बहिष्कार किया गया है। परन्तु गौड़ीय वैष्णवधर्म राधापरक तन्मयता पर ही आश्रित है।

विघटन एवं अन्य शाखाएँ

श्री शंकरदेव की शिष्य-परम्परा में माधवदेव, ठाकुर आता, दामोदरदेव आदि अनेक शिष्य आते हैं। श्रीमन्त शंकरदेव ने अपना उत्तराधिकारी माधवदेव को ही चुना। श्री तीर्थनाथ शर्मा का कथन है कि दामोदरदेव श्रीमन्त शंकरदेव के शिष्य थे। परन्तु समान प्रतिभा होने के कारण श्री माधवदेव का अनुशासन वे मानने के लिए तैयार नहीं थे। श्री माधवदेव के शास्त्र-विरोध को वे उस सीमा तक सहन करने को तैयार नहीं थे जितना माधवदेव चाहते थे। फलतः उन्होंने अपना अलग सम्प्रदाय स्थापित कर लिया। शंकरी भागवत को कौन कहे 'संस्कृत भागवत को' भी वे एकमात्र श्रुति मानने के लिए उपदेश नहीं देते थे। उनकी वैष्णवता अधिक उदार भी थी। शास्त्रसम्मत मार्ग का वे सदैव समर्थन करते रहे। श्रीमन्त दामोदरदेव जाति के ब्राह्मण थे और शास्त्रसमर्थक। अतः यह वैष्णवता ब्राह्मणों को आकृष्ट करने में समर्थ हुई।[7]

आज भी श्रीमन्त दामोदरदेव की गुरुता को मानने वाले ब्राह्मण ही अधिक हैं। इस दामोदर सम्प्रदाय में श्रीकृष्ण की उपासना एवं श्रीमद्भागवत की प्रामाणिकता उसी तरह स्वीकृत है जैसे महापुरुषिया सम्प्रदाय में। भेद यही है कि वे श्रीमद्भागवत को अन्तिम प्रमाण न मानकर श्रुतिपरम्परा को अन्तिम मानते हैं। यह धर्म एकमात्र पुरुषप्रधान नहीं है। फिर भी राधा-पूजन का कोई महत्त्व यहाँ भी नहीं। दामोदरिया सात्रों में श्रीविग्रह (मूर्ति) एवं शालिग्राम पूजे जाते हैं। मूर्तिपूजन, एवं श्राद्ध आदि संस्कारों को यहाँ आवश्यक माना गया है। संक्षेप में शंकरदेव की वैष्णवता से शास्त्रविरोधी अति सुधारवादी दृष्टि निकाल देने पर जो कुछ बच पाता है वही दामोदरीय वैष्णवता है। जब दामोदर सम्प्रदाय ने अस्तित्व धारण कर लिया तो दोनों सम्प्रदाय में पर्याप्त विरोध बढ़ा। यहाँ तक कि कुछ दामोदरदेव के शिष्य इस बात से इनकार करते हैं कि वे शंकरदेव से दीक्षित थे। उनका कथन है कि श्रीमन्त शंकर एवं दामोदरदेव के पिता में मैत्री थी। दामोदर नाम भी सम्भवतः शंकरदेव ने ही रखा हो। वे आजीवन दामोदरदेव से स्नेह करते रहे। यह सब ठीक है पर वे दीक्षित नहीं हुए थे। इस कथन के विरोध में प्रमाण दिए जा सकते हैं और बहुमत यही मानता है कि वे शंकरदेव के शिष्य थे। यद्यपि उनके अनुयायी विरोध करते हैं। श्रीमाधवदेव का धर्मानुशासन अत्यन्त कड़ा था। एक ऐसा प्रसंग आता है उन्होंने एक नवीन शिष्य को नदी में फेंकवा दिया क्योंकि उसने मध्यधारा में तूफान आने पर किसी अन्य देवता की (सम्भवतः 'कामारका' की) गोहार लगाई थी।[8]

संक्षेप में निम्नलिखित वैष्णव वर्गों का, भी माधवदेव के आदर्शों की प्रतिक्रिया में, प्राकट्य हुआ —

1. ब्रह्म संहति : इसमें श्री दामोदरदेव, गोपालदेव एवं हरिदेव के अनुयायी पाते हैं। कट्टर दामोदरिया यह मानते हैं कि श्री दामोदर को वैष्णवधर्म अचार की आशा श्री महाप्रभु चैतन्यदेव से मिली थी। ये लोग अपना सम्बन्ध मध्वाचार्य के ब्रह्म सम्प्रदाय एवं चैतन्य के अचिन्त्य भेदाभेद से जोड़ते हैं। इसमें शक्तिपूजा (दुर्गा, लक्ष्मी, सरस्वती) को भी मान्यता दी गई है। 'एकशरण धर्म' में पुरुष की पूजा होती है, 'शक्ति' के लिए कोई स्थान नहीं।

2. पुरुष संहति : यह शंकरदेव का 'एकशरण धर्म' माननेवालों की संहति है। इसमें भी बाद में अनेक वर्ग हो गए हैं। श्री माधवदेव का वर्ग अपने को 'निका' (विशुद्ध) पुरुष संहति मानता है। 'एकशरण धर्म' के सब वर्गों का समिलित नाम है पुरुष संहति।

3. कृष्ण संहति या काला संहति : महापुरुष के शिष्यों में अनेक ऐसे थे जो प्राचीन शाक्त आदर्शों से सम्भवतः प्रभावित थे। श्री माधवदेव की कट्टरता से ऊबकर न केवल वे विरोधी हो गए बल्कि उन्होंने अपने को पुरुष संहति से अलग कर एक नवीन संहति का निर्माण कर लिया। इस संहति को कृष्ण संहति या काला संहति कहते हैं। कुछ लोगों का खयाल है कि दोनों अलग-अलग हैं। परन्तु श्री शरदचन्द्र गोस्वामी ने उन्हें एक बताया है।[9]

इनमें अनेक ने गुण साधनापद्धति अपना ली है। इनमें 'राति खोवा' (रात्रि आराधक) नामक एक वर्ग है जिसके बारे में बहुत-सी अच्छी बुरी बातें सुनने में आती हैं। 'गोपीधार वर्ग', 'तामूलन-खोवा' वर्ग आदि अन्य वर्ग हैं। इनमें विचित्र रीति-रिवाज और प्रथाएँ हैं। इस संहति के माननेवाले वैष्णववर्ग 'ऊपरी आसाम' (जोरहाट, डिबूरगढ़ को शिवसागर एवं लखीमपुर जिले में हैं) आदि में है।

4. चैतन्य मत : चैतन्य मत का एक 'सात्र' नलबारी (कामरूप) में है। नित्यानन्द के वंशजों में कोई 16वीं शती में यहाँ आया था, पर चैतन्यमत का प्रचार अधिक नहीं।

श्रीमन्त दामोदर के सम्प्रदाय में विष्णु का कृष्ण प्रधानदेव है, फिर भी किसी अन्य देव के मन्दिर में जाकर शीश झुकाने पर इतना कड़ा प्रतिबन्ध नहीं क्योंकि शिव, दुर्गा आदि अन्य देव भी शाखसम्मत हैं। हाँ, श्रीकृष्ण या विष्णु को इष्टदेव मानना आवश्यक है।

महापुरुषिया एवं दामोदरिया के अतिरिक्त तीसरा वैष्णव मत श्रीमन्त हरिदेव का चलाया हुआ है जो स्वभाव एवं सिद्धान्त में दामोदरमत से मिलता जुलता है। असमिया वैष्णव धर्म में इन चार पुरुषों को महापुरुष कहा जाता है : शंकरदेव, माधवदेव दामोदरदेव, एवं हरिदेव।

साम्प्रदायिक संगठन केन्द्र

असमिया वैष्णव धर्म का केन्द्र है 'सार'। सात्र का अर्थ 'गद्दी' या 'मठ' है। अनेक वैष्णव मठों की स्थापना श्रीमन्त शंकरदेव ने की है। दामोदरदेव एवं हरिदेव के अनुयायियों के भी अपने अपने अलग सात्र है। 18वीं शती में अहोम राजा जो शाक्त था, वैष्णवों पर अत्याचार करने लगा। इस अत्याचार का कारण धार्मिक ही नहीं, आर्थिक भी था। राजा प्रजा से बेगार लेता था। छोटी जातियों के लोगों के लिए महापुरुषिया सम्प्रदाय का फाटक तो खुला ही था। लोग कंठी माला धारण करके 'भक्त' बन पाते थे और बेगार देने नहीं जाते थे। फलतः राजा ने वैष्णव दमन प्रारम्भ किया। उसके शाक्त पुरोहित ने भी उकसाया। इसकी प्रतिक्रिया में वैष्णवों की 64 गद्दियों ने संगठित होकर सशस्त्र विरोध किया। फल हुआ दशकों तक चलनेवाला 'मराठा' शैली में धर्मयुद्ध या जिहाद। अन्त मैं सन्धि हुई परन्तु प्रजा और राजा दोनों तबाह हो गए। फलतः वे चीनी और वर्मी हमलों को जो 19वीं शती के प्रारम्भ में होने लगे, निरुद्ध नहीं कर सके। असम का आधा भाग कुछ काल तक वर्मी छत्रच्छाया में शासित होता रहा। इस राजनीतिक धक्कमधुक्की के कारण यहाँ के शासकों ने अंग्रेजों को 1826 में निमन्त्रित किया। तब शान्ति स्थापना हुई।

प्रत्येक 'सात्र' के अन्तर्गत अनेकों ग्राम होते हैं। प्रत्येक ग्राम में एक 'नामपर होता है, जहाँ विशेष उत्सव एवं कीर्तनादि सम्पन्न होते हैं। सात्राधिकारी अपने दीक्षित भक्तों को धर्मानुशासन देता है। यह महन्त एवं दीक्षा गुरु दोनों का कार्य करता है। वैष्णव भक्त दो प्रकार के होते हैं, एक गृहस्थ दूसरे ब्रह्मचारी। ब्रह्मचारी भक्तों को 'केवलिया' कहते हैं। ये भी दो प्रकार के होते हैं। एक तो घूम घूमकर भिक्षा ग्रहण करनेवाले और कीर्तन करनेवाले, दूसरे मठ में रहनेवाले। माधवदेव बालब्रह्[रचारी थे और 'केवलिया' परम्परा के वही जनक है। महापुरुषिया सम्प्रदाय में पहले स्त्रियों को मन्त्र नहीं दिया जाता था। परन्तु आज यह नियम ढीला पड़ गया है।

शूद्रों और निम्नजातियों के प्रति शंकरदेव का धर्म बड़ा ही उदार है। महापुरुष स्वतः कायस्थ थे। जब उन्होंने अनन्त कन्दली आदि ब्राह्मणों को मन्त्र दिया तो ब्राह्मणों ने इसका विरोध यह कहकर किया कि शूद्र को अधिकार नहीं कि ब्राह्मणों को मन्त्र दीक्षा दे। कालान्तर में श्रीमन्त शंकरदेव ने अपने पुरोहित रामगुरु को ब्राह्मणों की दीक्षा के लिए नियुक्त किया। इस सम्प्रदाय में जातिबन्धन एवं बाहा्रणगौरव दोनों का प्रबल निषेध है। शुद्र भी भागवत पढ़ सकता है।

इस महापुरुषिया सम्प्रदाय का बीज मन्त्र है 'राम कृष्ण हरि नारायण'। इसी का प्रयोग प्रत्येक धार्मिक कृत्य में होता है। षोडश संस्कारों को कौन कहे, कट्टर महापुरुषिया परिवार में श्राद्ध के स्थान पर भागवतवाचन एवं वैष्णवभोजन कराया जाता है। मृतकदाह तो करते ही हैं, परन्तु श्राद्ध की अन्य नियमावली का पूरी तरह पालन नहीं करते। ऐसा अति कट्टर परिवारों में ही होता है, सर्वत्र नहीं। वास्तव में यह धर्म तान्त्रिक विधि-निषेध एवं गुह्यता की प्रतिक्रिया में पाया है। इसी से इसमें सब कुछ खुला-खुला सीधा-सादा है। भगवान की शरण में जाओ। उसी का अनुग्रह माँगो। इसके अतिरिक्त और कोई रहस्य नहीं। एकान्तिक भक्ति एवं नामकीर्तन ही असमिया वैष्णव धर्म की एकमात्र साधना है।

सन्दर्भ ग्रन्थ (सहायक पुस्तक)

प्रधान धार्मिक ग्रन्थ

श्रीशंकरदेव—1. कीर्तन, 2. भागवत (दशम स्कन्ध-असमिया पद्यानुवाद), 3. भक्तिप्रदीप, 4. भक्ति रत्नाकर।

श्री माधवदेव —1. नामघोषा, 2. भक्तिरत्नावली-विष्णुपुरी के संस्कृत ग्रन्थ भक्ति रत्नावली का स्वतन्त्र अनुवाद।

श्री भट्टदेव—1. कथा गीता, 2. कथा भागवत। (ये दोनों दामोदरिया सम्प्रदाय के ग्रन्थ है।)

गौण ग्रन्थ

1. कथा गुरुचरित—महापुरुषिया सम्प्रदाय के गुरुओं की जीवनी।
2. 'चरितपूँथी' (चरित पोथी)—गुरुओं एवं अन्य वैष्णव सन्तों के जीवन सम्बन्धी अध्ययन का स्रोत।

सहायक ग्रन्थ

मनोरंजन शास्त्री : असमर वैष्णव धर्मर रूपरेखा (असमिया)

डिम्बेश्वर नियोग : वैष्णव धर्म मँतिगुरी (असमिया)

महेश्वर नियोग : शंकरदेव ''

डॉ. वाणीकान्त काकती : शंकरदेव (नटेसन, मद्रास) (अंग्रेजी)

,, ,, : ऐस्पेक्ट आव् आसामीज लिटरेचर ''

,, ,, : मदर गोडेस कामाख्या ''

हरमोहनदास : शंकरदेव ''

डॉ. विरंचि बरुआ : शंकरदेव ''

शरद गोस्वामी : इंट्रोड्यूसिग असमीज वैष्णविज्म।

सन्दर्भ ग्रन्थ

1. दे. श्रीकृष्ण स्वामी आयंगार 'अर्ली हिस्ट्री ऑव वैष्णविज्म इन साउथ'।
2. डॉ. एच. सी. रायचौधरी 'द अर्ली हिस्ट्री ऑव वैष्णविज्म'।
3. श्री बलदेव उपाध्याय : 'भारतीय दर्शन'।
4. इस अंश में शिलालेखादि के प्रसंग प्राय: डॉ. डिंबेश्वर नियोग की पुस्तक 'वैष्यवधर्मर मँतिगुरी' से लिए गए हैं।

5. लेखके अन्त में दे. परिशिष्ट 'क'

5. डॉ. काकती द्वारा 'द मदर गाडेस कामाख्या' में उग्रत 2 (70-4)
6. 'रुक्मिणी हरण' और 'पारिजात हरण' दो नाटक।
7. ऐसपेक्ट्स ऑफ आसामीज लिटरेचर, पृ. 151
8. द मदर गाडेस कामाख्या : बा. काकती।
9. इंट्रोड्व्यूसिंग आसामीज वैष्णविज़्म

(नागरी प्रचारिणी पत्रिका अंक-4 में प्रकाशित)

इतिहास और शुक-सारिका कथा

आज का साधारण भारतीय विशेषत: मूर्तिपूजक वर्ग, अपनी बुद्धि को भारतीय राजनीति के केन्द्रीय और प्रान्तीय पुरोहितों के चरणों पर सौंपकर बड़े मौज की तन्द्रा में लीन है। आखिर जब घोड़ा बेच ही दिया तो फिर जुम्मन को घास काटने की फिक्र क्यों सताए ! इधर गतवर्ष देश में प्रान्तीयता और मजहब के नाम पर काफी रक्त-पात हुआ। श्वान-पुच्छ न्याय से पुरानी बातें फिर लौटीं। सरदार पटेल और गाँधी जी सभी को याद आने लगे। राष्ट्र के कर्णधारों ने सोच-समझकर तथ्य ढूँढ़ निकाला कि इन सारी खुराफातों की जड़ इस देश का इतिहास ही है। अत: क्यों न सर्व-प्रथम उसे ही दुरुस्त किया जाए ! फिर क्या था? गली-कूचे, बाग-बाजार, हर जगह, लोकसभाई विधानसभाई बन्धुओं से लेकर प्रान्त-पतियों और भारत-भाग्य-विधाता के मनसबदारों तक, सभी एक स्वर से कीर वचन बोल उठे। राष्ट्रीयता का सैलाब आ गया। 'भावात्मक एकता' की चर्चा ऐसी चली कि राष्ट्र का सारा बौद्धिक समाज डूब गया। सबने महसूस किया, इतिहास फिर से लिखा जाए। जितने संघर्षपूर्ण स्थल हैं उन्हें या तो हटा दिया जाए या इस रूप में संशोधित किया जाए कि वे 'कुश्ती' की जगह 'आलिंगन' प्रतीत हों। प्रस्ताव की भलमनसाहत से किसी को एतराज नहीं ! बिलकुल भोली-भाली बात है—बाल-सुलभ, हर के अर्थ में सुलभ। पर इतिहासकार का दायित्व क्या है? क्या यह सिद्धान्तत: उचित है कि साहित्य और इतिहास, जो विशेषज्ञों से सम्बन्धित क्षेत्र हैं, एक विशेष नीति या पूर्वाग्रह स्थापित करके लिखे जाएँ चाहे उस नीति का सामयिक महत्त्व कितना भी अधिक क्यों न हो ? क्या यह सम्भव नहीं कि व्यक्ति रूप से ऐसी छूट पा जाने पर इतिहासकारगण अपने वर्गों के निहित स्वार्थों के लिए इस सद्भावनापूर्ण लक्ष्य का दुरुपयोग करेंगे? क्या यह कदम मार्क्सवादियों की इतिहास की ''पाजीटिव व्याख्या'' पुनराकलन (रिवीजन) और 'दिमाग परिष्कार' (ब्रेन वाशिंग) का रूप, आगे चलकर, नहीं धारण कर सकता? इतिहासकारों की अपनी एक मर्यादा होती

है। उस मर्यादा को सरकारी नीति से निगड़-बद्ध करने की यह प्रथम भूमिका (यदि 'प्रयास' नहीं तो) समस्त भारत के बुद्धि-जीवियों के सामने एक चुनौती, एक प्रश्न चिन्ह उपस्थित करती है।

प्रस्ताव का कल्पित अर्थ और फल

तथ्यों के ज्ञापन या अध्ययन की दो प्रक्रियाएँ होती हैं : ''रीजनिंग' (विवेचन) और 'रेशनलाइजेशन'। किसी सच्ची बात को सिद्ध करने के लिए जो तर्क पेश किए जाते हैं वे तो रीजनिंग (ऊहा)। किसी मिथ्या की वकालत के लिए जो तर्क बनाए जाते हैं वह है 'ऊहा' या रेशनलाइजेशन। ऐसा लगता है कि वर्तमान सरकारी इतिहास-नीति 'ऊहा' की ओर अधिक बल देनेवाली है पर इस निष्कर्ष के पूर्व हम इसके लक्ष्य आदि पर प्रथम विचार करें तो अच्छा है।

जहाँ तक लक्ष्य का प्रश्न है तो इसकी ईमानदारी में किसी को शक नहीं हो सकता। भूमिति के साक्ष्यों में प्रतिज्ञा या कथन के दो भाग होते हैं : कल्पित अर्थ और फल। हमें प्रस्ताव के कल्पित अर्थ से कोई एतराज नहीं।

इतिहास संशोधन के प्रधान व्याख्याता और हमारी संस्कृति के सरकारी विधाता प्रो. हुमायूँ कबीर ने हाल ही में एक लेख लिखा है: 'भारत की राष्ट्रीय एकता'। जो इस देश के अनेक दैनिक पत्रों में प्रकाशित हुआ। उसमें सरकार की इतिहास नीति का भी एक स्पष्ट आभास मिलता है। लेख का आरम्भ इस प्रकार होता है—''भारत के इतिहास में एक ओर तो धर्म और संस्कृति के आधार पर एकत्व की ओर झुकाव दिखाई पड़ता है। दूसरी ओर भाषा, रीति-रिवाज, राजनीति और आर्थिक स्वार्थों के आधार पर टुकड़े-टुकड़े में विभक्त होने की प्रवृत्ति विद्यमान है।'' (इन पंक्तियों के लेखक को इसे 'आसाम ट्रिब्यून' में दुर्गापूजा अंक (1961) में पढ़ने का अवसर मिला) प्रो. कबीर का यह प्रारम्भिक कथन ही भ्रामक और आधारहीन है। भाषा या राजनीतिक आधार पर देश विगत काल में भी विभक्त था पर उस विभक्तता को हमने कभी भी महसूस नहीं किया। हमने कभी भी अनुभव नहीं किया कि तमिलनाडु और बंगाल अलग राष्ट्र हैं—आर्य धर्म परम्परा (वैदिक, द्रविड़, हिन्दू, बौद्ध, जैन, सिम्ख आदि) संस्कृत भाषा और उसकी उत्तराधिकारिणी सधुक्कड़ी हिन्दी; ये दो सूत्र देश की एकता के विधायक सदैव रहे। भाषा और रीति-रिवाजों के आधार पर नेहरू-युग में संघर्ष का सूत्रपात हुआ और इसका बीज उन लोगों के भाषणों में निहित है जिनमें भारतवर्ष में सर्वप्रथम

'हिन्दी इम्पीरियम' (हिन्दी साम्राज्यवाद) शब्द की रचना की गई। गाँधी-युग में भी भाषा के आधार पर संघर्ष का कहीं भी वृहद्रूप दिखाई नहीं देता। ऊपर के वक्तव्य में सत्य को उल्टा रखकर देखने की चेष्टा की गई है। भारत के प्राचीन इतिहास में संघर्ष हुआ है पर विजातीय तत्त्वों के साथ। अन्त में वे विजातीय तत्त्व आत्मसात हो गए और शेष आत्मसात होने की प्रक्रिया में हैं। पर यह सब एक स्वाभाविक नियम के अनुसार होगा, न कि सरकारी कानून द्वारा।

आगे चलकर प्रोफेसर कबीर भी विजातीयता को ही दबी जबान से संघर्ष का मूल कारण मानते हुए प्रतीत होते हैं। उनका कथन है कि बहुत थोड़े से भारतीय ऐसे हैं जो भारत के 'सम्पूर्ण सांस्कृतिक उत्तराधिकार' को अपना निजी समझते हैं और ज्यादातर लोग ऐसे ही हैं जो एक वर्ग-विशेष की संस्कृति और इतिहास को ही महत्त्व देकर अपने को धन्य मानते हैं। मुसलमान प्राचीन भारत के नायकों यथा राम, कृष्ण, व्यास, अशोक, चन्द्रगुप्त विक्रमादित्य आदि को अपना नहीं मानते हैं। उनके नायकों की परम्परा विदेशी आक्रमणकारियों से चलती है—यथा महमूद गजनवी, गोरी आदि। हिन्दू भी शेरशाह, अकबर और बहादुर शाह के प्रति वैसी भक्ति नहीं दिखाते। प्रोफेसर कबीर की स्पष्टवादिता की हम सराहना ही करेंगे।

1. (उर्दू के 'राष्ट्रीय' कवि इकबाल जिनकी राष्ट्रीयता का 'रेशनलाइजेशन' (ऊहा-प्रमाण) श्री नेहरू ने 'डिस्कवरी आफ इंडिया' में दिया है, 'इस्लामी खुदा' से कहते हैं 'ऐ खुदा, इस्लाम के बन्दों ने तेरे नाम पर ही रक्तपात किया है। सब कुछ तेरे लिए—

   'कौम अपनी जो जर-ओ-माले जहाँ पर मरती।
   तो बुत-फरोशी के इबज बुत-शिकनी क्यों करती?''

यह देश के लिए दुर्भाग्य सूचक है कि 'भारतीय इतिहास' को हम 'हिन्दू इतिहास' या 'मुस्लिम इतिहास' के रूप में पढ़ें। अतः प्रोफेसर कबीर का यह निष्कर्ष कि भारतीय इतिहास को असाम्प्रदायिक रूप दिया जाए, इससे असहमत होने का कोई कारण नहीं।

आपत्ति का धरातल

तब प्रश्न उठता है कि आपत्ति और मतभेद की गुंजाइश कहाँ है, जब हम मूलतः स्वीकार कर लेते हैं कि भारतीय इतिहास असाम्प्रदायिक रूप में लिखा जाए? मतभेद का सूत्रपात होता है इस इतिहास के 'भारतीयकरण' की

प्रणाली पर। व्यक्तिगत और वर्गगत पूर्वाग्रहों से रहित सत्य अर्थात् 'निष्पक्ष सत्य' का उद्घाटन तो इतिहास का कर्तव्य ही है, इससे कौन इनकार करेगा? पर जब इसका उपयोग इतिहासकार वकील की तरह करने लगेगा और असत्य की वकालत को 'सत्य का संशोधन' का रूप देने लगेगा, तब तो मतभेद अवश्य उपस्थित होगा। प्रोफेसर कबीर ने प्रारम्भिक इतिहास पुस्तकों की चर्चा की है उस चर्चा से ज्ञात होता है कि सरकार का किस प्रकार के इतिहास की ओर झुकाव है। जो पूर्वाग्रह सरकारी नीति से प्रारम्भिक पुस्तकों में पोषित होगा, उसे सरकार उच्च स्तर पर भी प्रोत्साहन निश्चय ही देगी। अत: जब कोई अधिकारी प्रारम्भिक इतिहास-पुस्तकों के स्वरूप पर कोई बात करता है तो उस बात के अन्दर सरकार की इतिहास-नीति का लघु-चित्र निहित है। बड़े पैमाने पर वही चित्र बड़ा बनकर आएगा ही। प्रोफेसर कबीर का कथन सत्य है—"स्कूलों की प्रारम्भिक इतिहास पुस्तकें केवल सच्ची बातें ही बताएँ परन्तु ये आवश्यक नहीं कि प्रारम्भिक इतिहास में 'पूर्ण सत्य' दिया जाए। प्रारम्भिक इतिहास में केवल गिने-चुने प्रसंग ही रहें और वे सब प्रसंग जो विविध वर्गों या सम्प्रदायों के संघर्ष एवं घात-प्रतिघात से सम्बन्धित हैं, दिए जाएँ और इतिहास लेखन में भारतीय जीवन एवं संस्कृति में निहित पारम्परिक सहयोगिता पर बल दिया जाए।" अर्थात् प्रारम्भिक इतिहास पुस्तकों में (जो हायर सेकेंड्री स्कूलों तक चलेंगी) 'पूर्ण सत्य' देना आवश्यक नहीं। इनमें 'अर्द्धसत्य' या 'संशोधित सत्य' को ही मान्यता दी जाए, तो अच्छा है।

बात ऊपर से देखने पर उतनी आपत्तिपूर्ण नहीं लगती, जितना उसके परिणाम चिन्तन पर। 'संशोधित सत्य' को मान्यता देकर हम 'निष्पक्ष सत्य' को उसके चरम अधिकार से वंचित करते हैं। अभी तक तो इतिहासकार का लक्ष्य था कि जहाँ तक हो सके वह 'निष्पक्ष' एवं 'पूर्वाग्रह-हीन' सत्य उपस्थित करे। अब तो वह बात रही नहीं। अब तो एक माध्यमिक (सेकेण्डरी) ध्येय उसके बुनियादी ध्येय के ऊपर बैठा दिया गया। किसी भी घटना या चरित्र के ऊपर 'समग्रता' से विचार करना, उक्त ध्येय के अनुसार, कठिन हो जाएगा। अलाउद्दीन खिलजी की लूट और रक्तपात विश्व के इतिहास में अतुलनीय है। उसने चीजों का भाव स्थिर करने की चेष्टा भी की थी। यह उसने किया था अपने लश्कर-खर्च को कम करने और हिन्दू व्यापारियों के दमन के लिए। पर आज का इतिहासकार उसे वकील की तरह देखेगा। उसके मर्मान्तक अत्याचारों की कथा तो राष्ट्रीयता के नाम पर दबा दी जाएगी और

उसका उक्त प्रयत्न एक अर्थशास्त्रीय दूरदर्शिता के रूप में देखा जाएगा। फलतः नए इतिहास में अलाउद्दीन एक अत्यन्त उज्ज्वल चरित्र के रूप में आएगा-जन-नायक, एवं जन-मंगलकारी शासक के रूप में। पर क्या यह 'सत्य' का मजाक नहीं होगा?

इतिहास के पुनराकलन एवं पुनर्गठन की आवश्यकता हम भी मानते हैं पर 'संशोधित सत्य' के फार्मूले से इतिहास लेखन अपने वर्ग के निहित स्वार्थों का भी पोषण कर सकते हैं। एक नई किस्म का पूर्वाग्रह गढ़ सकते हैं। श्री नेहरू ने एक ऐसा ही भ्रामक पूर्वाग्रह गढ़ने की चेष्टा 'विश्व इतिहास की झलक' में की है। अलाउदद्दीन खिलजी के अध्याय में वे कहते हैं कि उक्त युग के अफगान भारतवर्ष को अपना घर समझकर अपने को भारतीय मानने लगे थे और हिन्दुओं से शादी-व्याह करने की भी चेष्टा उन्होंने की, एवं अलाउदद्दीन की बीवियों में भी कई हिन्दू थीं। (यह शब्द प्रतिशब्द उद्धरण नहीं। पर श्री नेहरू के कथन का सारांश यही है) गोया ऐसा सब हुआ हिन्दू-मुस्लिम ऐक्य के नाम पर! पर इतिहास बताता है कि वास्तविकता क्या थी। यदि हिन्दू पूर्वाग्रह या मुस्लिम पूर्वाग्रह से सत्य के आधे या चैथाई पहलू को देखते थे तो इस प्रकार के गढ़े पूर्वाग्रह से हमें सत्य का वह भाग भी दिखाई नहीं पड़ेगा। 'भूषण' की कविताएँ आज की पाठ्यपुस्तकों में अनुपस्थित हैं। पद्मिनी हिन्दू कुल में जन्म लेने के कारण भविष्य की पाठ्य पुस्तकों में जाति-बहिष्कृत हो जाएगी। प्रताप एक कबीले का सरदार रह जाएगा और मानसिंह एक राष्ट्रीय नायक के रूप में आएँगे। महाराष्ट्रवालों की चढ़ी त्योरियों का डर न रहा तो शिवाजी भी कालक्रम से ...।

इधर स्वतन्त्रता के बाद राजनीति कुछ इस प्रकार हमारे जीवन के हर एक अंग में घुस गई है कि हमें सत्य को छिपाना धर्म प्रतीत होने लगा है। किसी भी व्यक्ति या राष्ट्र के चरित्र की प्रथम एवं अन्तिम कसौटी है उसकी सत्य-ज्ञापन एवं सत्य-सहन की क्षमता। प्रौढ़ता का यही लक्षण है। पर हमें असत्य और सत्य को एक-दूसरे में गड्डमड्ड करना आज के राष्ट्र-कर्णधार ज्यादा सिखाते हैं। अनेक लेखक, नेता और एम.पी. तहे दिल से अनेक असत्य एवं अनर्थकारी तथ्यों को नापसन्द करते हैं, पर उन्हें वर्ग-विशेष या व्यक्ति-विशेष के नाखुश होने की चिन्ता अधिक है। उक्त सत्य के पालन एवं ज्ञापन की कम। इसी सिलसिले में एक ''सन्तुलित निन्दा'' का नवीन सिद्धान्त निकला है, जिसमें वादी-प्रतिवादी दोनों की बराबर निन्दा करके सबके तुष्टिकरण की चेष्टा की जाती है। उत्पात अलीगढ़ विश्वविद्यालय में

होता है तो सजा बनारस हिन्दू विश्वविद्यालय को भी साथ भुगतनी पड़ेगी। अथवा उक्त उत्पात को 'राष्ट्रीयता के नाम पर "चुप, चुप" करके दबा दिया जाएगा। इस "सन्तुलित निन्दा" के सिद्धान्त के आधार पर ही श्री दिनकर ने पाकिस्तान बनाने का श्रेय हिन्दुओं को दिया है। प्रो. कबीर ने औरंगजेब के अत्याचारों (लेखक ने 'मुस्लिम' शब्द का प्रयोग नहीं किया है) का उदाहरण देते हुए उसकी भूमिका में ब्राह्मणों द्वारा किए 'अत्याचारों' की चर्चा इस प्रकार की है—"जब अभिनव ब्राह्मण धर्म के उदय से बौद्ध धर्म के प्रति अश्रद्धा या दमन का प्रारम्भ हुआ तो भारत का पतन शुरू हुआ।" यदि दमन का भौतिक अर्थ लिया जाए तो इतिहास साक्षी है कि धर्म के नाम पर ब्राह्मणों ने कभी भी रक्तपात नहीं किया। दो एक स्थानीय संघर्षों को छोड़कर भारत में धर्म के नाम हत्याकांड इस्लाम के पूर्व कभी नहीं हुआ। रही अश्रद्धा की बात। वह तो बौद्धिक धरातल की वस्तु है। यदि बुद्धि ने सुझाया कि यह तथ्य श्रद्धा का पात्र नहीं तो इसे क्या औरंगजेब के अत्याचार के समानान्तर रखा जाएगा? पर 'सन्तुलित निन्दा' का राष्ट्रीय सिद्धान्त यही कहता है।

प्रोफेसर कबीर द्वारा 'संशोधित' सत्य

प्रोफेसर कबीर के अनेक भाषणों और पुस्तकों में ऐसे 'संशोधित सत्यों' की भरमार है जो उन्होंने 'नवीन राष्ट्रीयता' के नाम पर प्रसारित किया है। प्रोफेसर कबीर ने अपनी पुस्तक 'अवर इंडियन हेरिटेज' (भारत की सांस्कृतिक विरासत या भारत का सांस्कृतिक उत्तराधिकार) में हिन्दू और इस्लामी संस्कृतियों का ऐक्य दिखाने की चेष्टा करते हुए बताया है कि बहुत सम्भव है कि शंकराचार्य ने अद्वैत की शिक्षा इस्लाम से ग्रहण की हो। कितनी जबर्दस्ती है ! दो शताब्दियों तक तो इस्लाम एक 'अनुशासन संहिता' मात्र रहा। 'कुरान' के वर्तमान संस्करण में भी दर्श नाम की वस्तु अत्यल्प है। बाद में ग्रीक प्रभाव के फलस्वरूप (या भारतीय प्रभाव के फलस्वरूप) उसमें अद्वैत लाने की चेष्टा इमाम गजाली जैसी प्रतिभाओं ने की जो 10वीं एवं 11वीं शती में उत्पन्न हुई। फिर भी इस चेष्टा से इस्लाम में 'एकेश्वरवाद' और 'अद्वैतवाद' में एक भेद होता है। उसे साधारण दार्शनिक भी जानता है। पैगम्बर हजरत मुहम्मद साहब का जन्म होता है 6वीं शती में, और उपनिषदों की रचना हुई गौतमबुद्ध के कम-से-कम 500 वर्ष पूर्व। ऐसी अवस्था में शंकर को इस्लाम का ऋणी बताना बौद्धिक अराजकता है, चाहे उद्देश्य कितना भी सुन्दर क्यों न हो। इस अराजकता का वास्तविक श्रेय श्री कबीर

को नहीं बल्कि 'कांग्रेसी' इतिहासकार एवं नेहरू दरबार के मनसबदार श्री ताराचन्द को है।

प्रोफेसर कबीर द्वारा 'संशोधित सत्य' का दूसरा उदाहरण उनके गौहाटी विश्वविद्यालय-कमला-लेक्चर में मिलता है जब उन्होंने अपने शोध का यह तत्त्व प्रस्तुत किया है कि भारत में इस्लाम का प्रवेश आक्रामक रूप में नहीं बल्कि व्यापारी एवं नाविक संगठन के रूप में हुआ है। इसी संशोधित सत्य का उदाहरण प्रो. कबीर का विश्वविद्यालय में भाषण देते हुए 'हिन्दुस्तानी' को विश्वसम्मत राष्ट्रभाषा बताना भी है जिस पर 'सरस्वती' सम्पादक पंडित श्री नारायण चतुर्वेदी ने कड़ी टीका की थी।

इसी प्रकार अन्य उदाहरण प्रोफेसर कबीर के श्री मुख से निकले अनेक वचनों से दिए जा सकते हैं। जब श्री सुनीति कुमार चटर्जी और श्री सुकुमार सेन दशकों पूर्व बहुत पहले से ही असमिया को स्वतन्त्र भाषा मानते रहे हैं, तो हमारे प्रोफेसर ने 1952 में वक्तव्य दिया था कि 'असमिया' बंगला की एक बोली-मात्र है। इसका उल्लेख गतवर्ष असमिया के प्रधान साहित्यकार श्री अम्बिका गिरि चैधरी ने किया था। इन पंक्तियों का लेखक प्रोफेसर कबीर को व्यक्तिगत प्रतिभा एवं उनकी देश-भक्ति का कायल है। पर राष्ट्रीय स्तर पर तथ्यों की तोड़-मरोड़ का विरोध हरेक भारतीय द्वारा होना चाहिए, विशेषत: जब कि तथ्यों का सम्बन्ध (संस्कृति और इतिहास) से है। संस्कृति के विकारों का निराकरण निष्पक्ष होकर करना आवश्यकता है, पूर्वाग्रह लेकर नहीं। यदि आज का 'हरिजनोद्धार' 'ब्राह्मण-दमन' का रूप धारण कर ले, तो उसका समर्थन कोई भी विवेकशील व्यक्ति नहीं करेगा।

ऊपर के उदाहरणों से स्पष्ट है कि सरकार द्वारा प्रसारित नीति की भावी दिशा क्या होगी। जिस देश के नागरिकों को पाप-पुण्य, अच्छा-बुरा, शिव-अशिव दोनों को राजनीति के नाम पर समान पूजा देकर स्वीकृत करने की प्रेरणा दी जाती है, उस राष्ट्र की बौद्धिक एवं सांस्कृतिक बरबादी निश्चित है।

इतिहास-लेखन : एक कठोर संयम

सन्यासी और इतिहासकार दोनों को चराचर-जितेन्द्रिय होना चाहिए। जिस प्रकार सन्यासी व्यक्तिगत भावों और पूर्वाग्रहों का दमन कर के विश्व के प्रति कठोर वस्तुगत (आब्जेक्टिव) दृष्टि रखता है उसी प्रकार इतिहासकार को भी व्यक्तिगत पूर्वाग्रहों और वर्गगत स्वार्थों की वंचनापूर्ण मरीचिका में, जल-कमल न्याय से, निर्विकार रहना चाहिए। इतिहास लेखक के लिए ऐसे

आत्म-संयम की घोर आवश्यकता है और इसी अर्थ में वह 'जितेन्द्रिय' है। इतिहासकार पर साधारणतः तीन प्रकार के पूर्वाग्रह काम करते हैं : धरातल, दिशा और बिन्दु। उसके दृष्टिकोण पर इन तीनों तथ्यों का प्रभाव पड़ता है। एक ही तथ्य तथा प्रान्तीय धरातल पर एक विशिष्ट पक्ष का महत्त्व रखता है और देशगत धरातल पर दूसरे प्रकार का। प्लासी की हार बंग धरातल पर नवाब की हार थी, अखिल भारतीय धरातल पर अँगरेजी साम्राज्य का बीजारोपण बनी तथा विश्व-धरातल पर औद्योगिक क्रान्ति और आधुनिक सभ्यता के उदय एवं एशिया से मुस्लिम-दर्प के अन्त की शुरुआत बन गई। घटना एक ही रही। पर इतिहास के विविध धरातलों ने उनका महत्त्व अन्य, प्रकारों से दिखाया। दूसरा नियामक तत्त्व है दृष्टिकोण की दिशा। आर्थिक दृष्टिकोण से लिखे गए भारतीय इतिहास में वास्कोडिगामा का आगमन पानीपत की तीसरी लड़ाई से कई गुना अधिक महत्त्वपूर्ण घटना के रूप में आएगा। यदि इतिहास की दिशा एक सम्प्रदाय-विशेष का स्वार्थ है तो दूसरे सम्प्रदाय के चरित्रों पर वह सच्ची कलम नहीं चला सकता। बदायूँनी के दृष्टिकोण से अकबर कोई अच्छा बादशाह नहीं था, क्योंकि वह हिन्दू प्रजा से भी प्रेम करता था। दरबारी इतिहासकार सदैव राजा की तारीफ लिखते हैं क्योंकि उनका दृष्टिकोण चारु-कथन (या 'चाटु कथन' कहिए) तक ही सीमित होता है। 'रामचरितमानस' की रूसी भूमिका में इस तथ्य का उल्लेख किया गया है कि तुलसी ने रावण-युग के बहाने मुगल-युग का वर्णन किया है। खेद है कि मुगल-युग के इतिहासकार दरबारी लेखक बादशाह नामों पर ही अधिक निर्भर रहते हैं पर मध्य युग के हिन्दी साहित्य के भक्तिवादी कवियों ने दैन्य का और जन पीड़न का जो चित्र रावण या कंस या कलियुग की वक्रोक्ति से दिया है उसे भूल जाते हैं। मुगल युग का इतिहास 'मानस' के 'उत्तरकांड के आधार पर रचित होना चाहिए। 'उत्तरकांड' ही जनमत की करुणा और आत्म-निवेदन प्रस्तुत करता है। तीसरा इतिहासकार को प्रभावित करनेवाला तथ्य है उसका स्थिति-बिन्दु। दृष्टिपथ का सिद्धान्त चित्रकला का राजमार्ग है। दूर की चीज बड़ी होने पर भी छोटी नजर आती है। दृष्टिपथ या 'पर्सपेक्टिव' का प्रभाव इतिहासकार पर भी पड़ता है। भारत के अन्दर साधारणतः लोग समझते हैं कि विश्व में जो कुछ हुआ वह यहीं हुआ। दूरदराज के यूरोपियन या गोरे इतिहासकार 'ग्रीक' की पुरखागिरि के सामने मिस्र भारत या चीन की कोई कदर ही नहीं करते। आज के इतिहासकारों में विश्वगत धरातल से हर एक घटना के निरीक्षण करने का फैशन चला है।

पर इसी स्थिति-बिन्दु के कारण वे भयंकर भूलें कर बैठते हैं। सबसे विचित्र निष्कर्ष कभी-कभी प्रोफेसर टायनबी देते हैं जिनकी विशालकाय पुस्तक 'ए स्टडी आफ हिस्ट्री' उनकी प्रतिभा का प्रमाण है। और जिनको विश्वव्यापी मान्यता प्राप्त हो चुकी है। टायनबी महाशय ने अपनी पुस्तक 'सभ्यता की परीक्षा' (सिविलाइजेशन आन ट्रॉयल) में लिखा है कि हिन्दू सभ्यता का उदय वैदिक धर्म पर ग्रीक प्रभावों के कारण हुआ। भारतीय शिल्प पर विशेषतः गान्धार शैली की मूर्तिकला पर, ग्रीक प्रभाव अवश्य है। थोड़ा बहुत ज्योतिष पर भी प्रभाव पड़ा हो तो नहीं कह सकते, क्योंकि इस पर पर्याप्त मतभेद हैं। पर इतने से ही इतना बड़ा निष्कर्ष है कि वैदिक सभ्यता पर ग्रीक सभ्यता के प्रभाव से ब्राह्मण या हिन्दू सभ्यता का उदय हुआ, निरर्थक या अनर्थक प्रयास है तथा घोर पूर्वाग्रह का परिचायक है।

प्रत्येक इतिहासकार को इन धरातलगत दिशागत और बिन्दुगत पूर्वाग्रहों के बीच 'निष्पक्ष सत्य' खोजना पड़ता है। 'निष्पक्ष सत्य' ही उसका लक्ष्य बिन्दु और आत्म संयम (सम्भवित अंशों तक) उसकी साधना है। अभी तक चरम रूप में निष्पक्ष सत्य इतिहासकार को नहीं मिला है और न तो शायद मिलेगा। फिर भी सापेक्ष सत्य के लिए भी निष्पक्षता का आदर्श "सत्य सत्य के लिए, न कि सत्य एक नीति-विशेष के लिए" यह नारा इतिहासकार के लिए अन्धकार की लाठी है। इस लाठी का परित्याग करने पर उसके पास कोई मार्गदर्शक नहीं रह जाएगा।

हम चाहते हैं कि भारतीय इतिहास निष्पक्ष रूप से आत्म संयम के साथ लिखा जाए। हिन्दू और मुस्लिम भाषा एवं पूर्वाग्रहों का परित्याग करके। मुस्लिम शासनकाल में केवल काले धब्बे ही नहीं, सुनहले बिन्दु भी हैं। शेरशाह और अकबर, मीरकासिम और बहादुरशाह ऐसे ही सुनहले बिन्दु हैं जिनका अभिनन्दन हिन्दू-मुसलमान-सिख-ईसाई सभी उसी भाँति करें जिस तरह वे अशोक-विक्रमादित्य, पृथ्वीराज, प्रताप, शिवाजी और रणजीतसिंह का करते हैं। उसी भाँति हिन्दू और मुसलमान दोनों के अन्दर सत्य सहने की इतनी क्षमता हो कि वे आत्याचारी की निन्दा सहन कर सकें, चाहे वह कोई भी क्यों न हो। प्रत्येक भारतीय को स्वीकार करना होगा कि मुहम्मद गोरी विदेशी आक्रामक था, पर शेरशाह एक स्वदेशी बन्धु। शेरशाह को स्वदेशी स्वीकार करके गोरी के बारे में मौन धारण कर लेना या तो कायरता है अथवा भयंकर चालबाजी। यदि इतिहास लम्बा इतिहास है तो वह पूर्व और उत्तर दोनों पक्षों पर भी निर्भीक निर्णय देगा। यदि इस आब्जेक्टिव एवं

नकार बौद्धिकता को मानने की क्षमता देश के अन्दर न आई तो भावात्मक एकता कभी नहीं आएगी। महमूद गजनवी को जब एक वर्ग अपना पुरखा मानता रहेगा, तो दूसरा वर्ग अपनी घृणा और अपमान को बिलकुल भूलकर चुप रहेगा, यह सामाजिक मनोविज्ञान के प्रतिकूल है। कोई भी व्यक्ति जो मुसलमान था इसी से स्वदेशी माना जाना चाहिए। यह दुराग्रह देश को शायद ही स्वीकार होगा। साथ ही कोई भी व्यक्ति मुसलमान है इसी से वह विजातीय है, यह भी उसी किस्म का दुराग्रह है जो तथ्यहीन और भ्रामक है। नवीन भारतीय इतिहासकार इन दोनों दुराग्रहों से युद्ध करके राष्ट्र को सत्य दृष्टि प्रदान करें, यही हमारी कामना है। आज यदि वह इन दोनों दुराग्रहों को ललकारता नहीं है तो द्रोणाचार्य की तरह उसे राष्ट्र का चीरहरण फिर 1947 की तरह, देखना पड़ेगा। ''सत्यं वद, धर्मं चर'' की जय हो !

(सरस्वती' अप्रैल 1962 में प्रकाशित)

धर्मनिरपेक्षता बनाम राष्ट्रीय संस्कृति

कभी-कभी अधकचरे प्रगतिशीलों द्वारा और कभी-कभी कट्टर पन्थी अ-हिन्दू बन्धुओं द्वारा यह प्रश्नपत्रों में आजकल उठाया जा रहा है कि धर्म निरपेक्ष राज्य में सरकारी मन्त्री होली-दिवाली क्यों मनाते हैं अथवा सरकारी प्रकाशनों के मुख पृष्ठों पर हिन्दू प्रतीकों द्वारा सजावट क्यों होती है एवं राजकीय समारोहों पर अभ्यर्थना-पद्धति एवं शृंगार-विन्यास में भी हिन्दू-धर्म द्वारा समादृत कला-प्रतीकों को क्यों महत्त्व दिया जाता है। दो-तीन वर्ष पूर्व कलकत्ते के एक उर्दू दैनिक में एक समाचार पढ़ा था कि असम राज्य के एक मन्त्री महोदय ने महात्मा गाँधी की मूर्ति को माल्य-प्रदान करने से इसलिए इनकार कर दिया कि उनकी धार्मिक भावनाओं को ठेस लगने का उन्हें भय हो गया, यद्यपि अरब, मिश्र या अफगानिस्तान के राजदूतों के मन में यह ठेस का भाव उठा ही नहीं। इस कार्य की कुछ क्षेत्रों में टीका-टिप्पणी होने के कारण 'जमैयत-उल-उलमाए-हिन्द', जो मुस्लिम बुद्धिजीवियों की 'प्रमाणित' राष्ट्रीय संस्था है, की ओर से यह वक्तव्य निकला कि मन्त्री महोदय का उक्त कार्य इस्लाम की शिक्षाओं के अनुकूल हुआ है और कोई भी भारतीय मुसलमान गैर-इस्लामी नायक या नेता के प्रति श्रद्धा अर्पित करने के लिए बाध्य नहीं है। वक्तव्य की प्रामाणिकता का तो पता नहीं, पर उक्त घटना असम के अनेक व्यक्तियों के मुँह से सुनी गई है। ये सब बातें मन में कुछ प्रश्नों को उठाती हैं। किसी देश के सांस्कृतिक उत्तराधिकार और उसके सम्प्रदायों में क्या सम्बन्ध है ? हिन्दू-धर्म और हिन्दू-संस्कृति दो वस्तुएँ है या एक? भारतीय संस्कृति कितने अंशों तक हिन्दू संस्कृति है? क्या 'भारतीय हिन्दू =+0' का समीकरण सत्य है? धनात्मक शून्य को सरकारी पैमाने पर कितना मूल्य मिलना चाहिए? क्या धर्मनिरपेक्ष राज्य से हिन्दू कला और हिन्दू भावधारा एवं वाङ्मय के प्रतीकों को निष्कासित कर देने पर यह देश 'भारत' जैसा लगेगा अथवा 'अरब' या 'वेटिकन सिटी' (पोप-राज्य) जैसा? ये सारे प्रश्न हमें राष्ट्रीय संस्कृति और धर्मनिरपेक्षता के सामंजस्य पर विचार करने

को बाध्य करते हैं। ये प्रश्न ऐसे हैं जिन्हें भलेमानस लोग शील-मुरव्वत के कारण या धूर्तता के कारण उठाना नहीं चाहते। पर राष्ट्रीय जीवन के पीछे से प्रश्न प्रेत की तरह लगे हैं और इन्हें खटाई में डालने की अपेक्षा वीरतापूर्वक इनका सामना करना देश के लिए अधिक हितकर होगा।

श्री आर. देवनन्दन ने, जो बंगलौर के कैथोलिक चर्च के मुख्य अधिकारी हैं अखिल भारतीय एकता सेमिनार में अपना मत व्यक्त किया था कि सेमेटिक धर्म (इस्लाम और ईसाई) की प्रवृत्ति आर्य धर्म, विशेषत: हिन्दू धर्म से भिन्न है, एवं इन सेमेटिक धर्मों की मूल आत्मा है प्रचार अभियान (मिशनरीकम्पेन), जिसे राष्ट्रीय एकता की रक्षा के लिए हिन्दू धर्म को 'बर्दाश्त' करना होगा। हम भी मानते हैं कि धर्मनिरपेक्ष ढाँचे में प्रचार अभियान की स्वतन्त्रता एक विशेष सीमा तक ही सही, देनी ही होगी। यह तो ठीक ही है। पर साथ ही यह भी ठीक है कि यह 'बर्दाश्त' एकांगी नहीं होगा। सेमेटिक धर्मों को भी आर्य वातावरण में बहुत-सी बातों को ''बर्दाश्त'' करने के लिए तैयार होना होगा। सहिष्णुता के बिना राष्ट्रीय जीवन एक डग भी आगे नहीं चल सकता। पर सहिष्णुता द्विपक्षीय होती है, एकांगी नहीं। हमें आज द्विपक्षीय सहिष्णुता का सूत्र खोजना है। इस सांस्कृतिक धार्मिक सन्तुलन का मूल खोजने के लिए आवश्यक है कि हम धर्मनिरपेक्षता और राष्ट्रीय संस्कृति के बीच के सूक्ष्म सम्बन्धों का विवेचन करें। इस विवेचन में उपर्युक्त सारे प्रश्नों का उत्तर अपने आप आ जाएगा।

2

संस्कृति शब्द को परिभाषा की मुश्कें चढ़ाकर हम अधिक दूर तक नहीं जा सकते हैं। इससे तो अच्छा है कि इसकी कुछ सीमाएँ ही निर्धारित की जाएँ। टी. एस. इलियट ने अपनी पुस्तक 'ए नोट टुवाड्‌र्स द रिफोनिशन ऑफ कल्चर' में यही पद्धति अपनायी है। संक्षेप में, संस्कृति जीवन के किसी अंश ही नहीं, बल्कि जीवन के पीछे जो उत्स या संस्कार काम करते हैं, उनकी समूहवाचक संज्ञा है। जब हम किसी देश या जाति की संस्कृति की चर्चा करते हैं तो उसकी परिधि भोजन-वस्त्र-शयन-आवास सम्बन्धी अभिरुचि से लेकर उस देश या जाति की कलात्मक चेतना एवं दार्शनिक चिन्तन धारा सब कुछ आ जाते हैं। ये सारे संस्कार एक दो पीढ़ी नहीं, बल्कि भूतकाल से आए हुए उस वर्ग विशेष के समूहगत चेतन या 'समष्टि मानस' (कलेक्टिव कांससनेस या कलेक्टिव माइंड) से प्रत्येक व्यक्ति भी उत्तराधिकार रूप में

प्राप्त होते हैं। यूंग के मनोविज्ञान का यह स्वीकृत तथ्य है कि मानस की अनेक वृत्तियाँ जातिगत होती हैं जो आनुवंशिक क्रम से पिता से पुत्र, पुत्र से पौत्र तक उसी रूप में जाती हैं जिस तरह चेहरे की बनावट और नाक-नक्शा। यह समष्टि-मानस उक्त वर्ग के सारे समष्टि मानसों में विकेन्द्रित पड़ा रहता है। पर यह प्रकृति की भयंकर शक्तिशाली योजना है जिसे प्रत्येक व्यक्ति को अज्ञात रूप में ग्रहण करनी पड़ती है। यह समष्टि मानस राजनीतिक कानूनों या वातावरण के दबाव से नहीं बदला जा सकता। राजनीतिक कारण या वातावरण का दबाव समष्टि मानस में परिवर्तन भले ही ला दे। हाँ, यही व्यष्टि मानस का परिवर्तन जब बहुत बड़ी संख्या में और दस-बीस या सौ वर्षों तक लगातार होता रहता है और यदि यह परिवर्तन मूल समष्टि मानस में सुपाच्य है तो स्वतः यह समष्टि मानस की एक नई शक्ति बन जाता है। समष्टि मानस वह विशाल वट वृक्ष है जो शाखा-प्रशाखा फोड़ता हुआ आगे बढ़कर छा जाता है। कालान्तर में मूल तना सड़-गल कर नष्ट हो जाने पर भी उसकी शत् जटाएँ धरती को विदीर्ण कर एक-एक तना बनकर खड़ी रहती हैं और विविध प्रकार की भूमियों से रस शोषण करके सम्पूर्ण वृक्ष जाल के पत्ते-पत्ते गुम्फ-गुम्फ तक रस पहुँचाती हैं।

इस समष्टि मानस में ही समस्त जातीय प्रतीक एवं उनकी जननी जातीय अभिरुचि के संस्कार बसे रहते हैं। यहाँ हमारा तात्पर्य बौद्धिक कलात्मक दार्शनिक अभिरुचि से लेकर खानपान-सम्बन्धित अभिरुचि तक सबसे है। इन्हीं अभिरुचियों के संस्कारों की समूहगत संज्ञा है 'संस्कृति'।

सभ्यता और संस्कृति में अत्यल्प अन्तर होता है। कई जगहों पर दोनों का प्रयोग एक ही अर्थ में किया जाता है। ऐसा लगता है कि सभ्यता बाह्य व्यंजना है और संस्कृति अन्तर्निहित 'भाव'। जैसे एक कलाकार की कल्पनाओं का भाव उठता है वह स्थूल प्रस्तर या चित्र-पट रूप में 'व्यंजित' होता है, उसी भाँति सभ्यता भी संस्कार समूह (अर्थात् 'संस्कृति') की स्थूल व्यंजना है। साथ ही सभ्यता में बहुत कुछ स्थूल नवीनता भी निहित रहती है जो जातीय संस्कार से उद्भूत न होकर बाहर से प्रतिष्ट है। यदि यह नवीनता सुपाच्य है तो वह जातीय संस्कार में अपना स्थान कालान्तर में बना लेगी। पर जबर्दस्ती या कृत्रिम दृष्टि से परिवर्तन लाने पर व्यष्टि मानस तक ही सीमित रहेगा और काल प्रवाह में पड़कर विलीन हो जाएगा। उदाहरण के लिए फारसी बोली 19वीं शती में उत्तर प्रदेश के रईसों की खास पहचान थी। उन रईसों के बेटे चाहे लाख सर मारे पर वह हमारी सभ्यता में पच नहीं सकी

है और काल के प्रवाह से अन्धकार में विलीन हो चुकी है। पर संस्कृत भाषा का महत्त्व मुगल और खिलजी भी नहीं मिटा सके।

अब देखना है कि समष्टि मानस या जातीय मानस किन-किन तत्त्वों से संस्कारों का ग्रहण एवं पोषण करता है। ऐसे मूलतः दो स्त्रोत है : धर्म और सौन्दर्योपासना।

आदिम काल से मनुष्य के मन पर इन दो प्रधान प्रवृत्तियों का आधिपत्य है। भयंकर बिजली की चमक और कड़क, आँधी-तूफान, वन्या, घोर वृष्टि, तप्त मरुभूमि, विविध रोग और मृत्यु आदि घटनाओं ने उसके मन में ईश्वरीय भय उत्पन्न कर दिया। साथ ही वृष्टि, अच्छी फसल एवं सुखकर प्रभात-सन्ध्या, आदि ने ईश्वरीय कृतज्ञता को जन्म दिया। भय और कृतज्ञता इन्हीं दोनों भावों से धर्म की उत्पत्ति हुई। दूसरी ओर सनातन प्रकृति में कुछ ऐसी वस्तुएं मिली जो मनोरम थीं पर उनका कोई उपयोगितापरक मूल्य नहीं था। रंगीन प्रभात, नील-पिंगल सन्ध्या, चाँदनी रात, घनी-घनी हरीतिमा, तरह-तरह के फूल आदि ऐसी घटनायें उसे अभिभूत हुईं जिससे उसका मन उल्लसित हो उठा। इनकी उपयोगिता नहीं थी, अतः उपर्युक्त कृतज्ञता बोध के लिए यहाँ कोई स्थान नहीं था, पर उल्लास की उसे अनुभूति हुई। यही अर्थहीन उल्लास उसकी द्वितीय वृत्ति सौन्दर्योपासना का जनक बना। इन्हीं दो प्रकार की प्रवृत्तियों से जो-जो संस्कार मनुष्य को आनुवंशिक कम से पीढ़ी-दर-पीढ़ी मिलते गए जिनकी समूहगत संज्ञा है 'संस्कृति'। ये ही संस्कार मारे खान-पान, वेष-भूषा, भाषा-साहित्य, नयम-कानून, शासन-पद्धति-समाज गठन, चित्रकला-मूर्तिकला आदि नाना रूपों में 'व्यंजित' हुए। इन्हीं 'व्यंजनाओं' की समूहगत संज्ञा है सभ्यता।

जहाँ तक सौन्दर्योपासना का प्रश्न है, उसका स्थान तो संस्कृति में स्पष्ट है। संस्कृति की स्पष्टतम व्यंजना कला और साहित्य में ही होती है क्योंकि इनका जन्म जातीय सौन्दर्य-संस्कृति से होता है। उदाहरण के लिए नीलवर्ण नयन या कंजी आँखें हमें चित्ताकर्षक नहीं लगती-उनमें एक प्रकार की भाव शून्यता विराजती है। नील वर्ण नयन भारतीय मानस को निरंजनता, निर्विकारता, शिशुता का बोध कराते हैं, पर वे विभ्रम या 'भावशबलता' उत्पन्न कराने में असमर्थ लगते हैं। यह हमारी जातीय सौन्दर्य-दृष्टि (जिसकी दूसरी संज्ञा है 'जातीय अभिरुचि') का परिणाम है। मृग-मीन-कमल से परिचय होने के कारण हम मृगनयनी, मीनाक्षी, कमल-नयन आदि तो अनुभूत कर जाते हैं, पर 'नरगिस' जैसी आँखों की कोई अनुभूति नहीं होती क्योंकि

'नरगिस' क्या वस्तु है, हमें नहीं मालूम है। भारतीय संस्कृति की जातीय सौन्दर्य-दृष्टि में यहाँ के पेड़-पौधे, पशु-पक्षी, नदी-पहाड़ एवं कवि-परम्परायें तथा कवि प्रसिद्धिएँ (जिन्हें अंगरेजी में 'मोटिफ' कहते हैं) आदि ही विद्यमान रहेंगे। ''उर्वशी के पदघात से नन्दन वन का अशोक मुकुलित हो गया — ऐसा पढ़कर लगता है कि हमने कुछ अनुभूत किया। ''पर उर्वशी की आँखें सत्तर हीरों से जुड़ी हुई''—ऐसा पढ़कर हमें भद्दापन के सिवाय और कुछ अनुभूत नहीं होता। परन्तु एक ईरानी बन्धु इसी को पढ़कर झूम उठेगा। इस जातीय सौन्दर्य-साधना में न केवल अपने देश की प्रकृति एवं वातावरण का हाथ रहता है वरन् ऐतिहासिक घटनाएँ, लोककथाओं और महाकाव्यों के चरितनायकों एवं त्योहारों-उत्सवों का भी महत्त्वपूर्ण योगदान रहता है। ये चरितनायक देश के मन में कितना रमे रहते हैं और जातीय जीवन को कितनी गहराई तक प्रभावित किए हुए हैं इसका परिचय गत महायुद्ध में मिला। सोवियत सरकार के रूसी लेखकों ने जनता का आत्मबल जगाने के लिए साम्राज्यवादी सम्राट पीटर महान और वोल्गा नदी का विजय-स्तवन-गान किया था। हमारे देश में कृष्ण-बुद्ध-शिव आदि कला प्रतीक के रूप में बहुत पहले से सम्मानित हैं। जब ये कला प्रतीकों के रूप में हमारे सामने आते हैं, तो उक्त स्थल पर इनका कोई सम्बन्ध नहीं। 'कुमार-सम्भवम्' रीतिकाल की कविताएँ एवं मुगलों तथा लखनवी नवाबों का प्रिय कत्थक-नृत्य आदि विशुद्ध कला प्रतीकों की उपासना प्रस्तुत करते हैं। इनमें यदि 'धर्म' का भाव निहित होता तो कालिदास अपने ''जगतः पितरौ'' की सम्भोग चेष्टा का वर्णन न करने जाते। यह विशुद्ध सौन्दर्योपासना है।

सौन्दर्योपासना जीवन को सत्य, शिव और सुन्दर प्रदान करने की धर्म-निरपेक्ष (सेक्यूलर) प्रणाली है। यह धर्म सम्प्रदाय-वर्ग की शर्तों के ऊपर की साधना है जिसमें किसी भी सम्प्रदाय का व्यक्ति भाग ले सकता है। दूसरे शब्दों में, संस्कृति का यह 'सेक्यूलर' पहलू है। परन्तु संस्कृति चूँकि जीवन को समग्र रूप से बाँधा है अतः अन्य तथ्यों, अन्य प्रवृत्तियों का भी उस पर प्रभाव है जिनमें मुख्य प्रवृत्ति है धर्म, जैसा की ऊपर कहा जा चुका है।

टी.एस. इलियट का कथन है कि धर्म और संस्कृति में कोई विशेष अन्तर नहीं। दोनों एक ही तथ्य के दो पहलू हैं। संस्कृति को धर्म का 'पुनर्जन्म' कह सकते हैं। इलियट का यह कथन सत्य है पर आधारित होते हुए भी अधिक अलंकारपूर्ण शैली में व्यंजित है। इलियट स्वतः कट्टर कैथोलिक हैं अतः उसकी भावुकता ही उसकी उक्त अतिशयोक्ति का कारण है। यदि धर्म और

संस्कृति दोनों एक ही रहते तो चीनी संस्कृति में इस्लाम और बौद्धधर्म दोनों कैसे चलते? स्वतः ईसाई-धर्म का विकास ग्रीक-रोमन संस्कृति के ढाँचे में हुआ है। यह ढाँचा उक्त धर्म को इतनी दूर तक प्रभावित करता है उसका 75: हिब्रू स्वभाव (जिससे मूलतः वह पैदा होता है) आज शून्य में विलीन है। अतः धर्म और संस्कृति दोनों एक ही नहीं है। हाँ, उनके बीच गहरा सम्बन्ध अवश्य है। इस स्थल पर मैथ्यू अर्नाल्ड का दृष्टिकोण अधिक निष्पक्ष और भावुकता-पूर्वाग्रह-हीन ज्ञात होता है। उसका कथन है कि (1) संस्कृति, धर्म की अपेक्षा, अधिक व्यापक सत्ता है एवं (2) धर्म द्वारा संस्कृति को नैतिक आधार तथा 'थोड़ा-सा' रागात्मक स्पर्श मिलता है।

किसी संस्कृति के नैतिक आधार के लिए 'धर्म' आवश्यक है। पर जहाँ तक रागात्मक-स्पर्श या भाव साधना का प्रश्न है उसके लिए धर्म ही एकमात्र साधन नहीं। संस्कृति के पास उससे व्यापक साधन विद्यमान हैं और वह है सौन्दर्योपासना, जो मानव मन की उतनी ही बलशाली वृत्ति है जितनी कि धर्म। महाप्रभु चैतन्य को जो रागात्मक स्पर्श धर्म के माध्यम से मिला, वही कत्थक नृत्य में लखनवी नर्तक को सौन्दर्यदृष्टि द्वारा प्राप्त हुआ। दोनों का आधार है, राधा-कृष्ण-प्रेमलीला। पर रागानुभूति का माध्यम अलग-अलग है। फलतः 'राग' के स्वभाव में भी अन्तर है। प्रथम का आनन्द केवल गौड़ीय वैष्णव ही प्राप्त कर सकता है, परन्तु द्वितीय का आनन्द हिन्दू-मुसलमान-ईसाई सभी प्राप्त कर सकते हैं, यद्यपि कला प्रतीक दोनों रागों में उभयनिष्ठ है।

3

संस्कृति के तीन धरातल होते हैं : व्यक्तिगत, समूहगत और क्षेत्रगत। उत्तर प्रदेश का एक ब्राह्मण 'क' है और एक चमार है 'ख', तथा तमिलनाडु का एक ब्राह्मण 'ग'। 'क' के संस्कारों में कुछ व्यक्तिगत विशेषताएँ रहेंगी और कुछ ऐसी भी जो 'ग' के साथ उभयनिष्ठ होगी कि दोनों ब्राह्मण हैं। साथ ही बहुत-सी बातों में 'क' और 'ख' दोनों समान रूप से भाग लेंगे, क्योंकि दोनों उत्तर प्रदेश के निवासी हैं। यद्यपि एक है ब्राह्मण और एक है शूद्र। संस्कृति पर विचार करते समय हमें यह 'त्रैत' सदैव ध्यान रखना चाहिए। संघर्ष वहीं प्रारम्भ होता है जब समूहगत संस्कृति के स्तर पर व्यक्तिगत या क्षेत्रगत संस्कृति-स्तर की बात घुसेड़ने लगते हैं। जो व्यक्ति किसी सम्प्रदाय का होता है तो उसके व्यक्तिगत संस्कार उसी समुदाय की भावभूमि पर पोषित होते हैं—समूहगत संस्कारों का सम्बन्ध समुदाय से तभी

होता है जब समूह की कसौटी केवल सम्प्रदाय-विभाजन ही हो। क्षेत्रीय संस्कृति-स्तर से तो सम्प्रदाय का तो कोई सम्बन्ध ही नहीं। मुसलमान के लिए स्वाभाविक है कि अरब के लिए उसके व्यक्तिगत संस्कारों में आस्था रहे। पर क्या यह वास्तविक नहीं है कि समूहगत स्तर या क्षेत्रगत स्तर पर उसके संस्कारों का नियमन राष्ट्रीय संस्कृति के प्रतीक करें क्योंकि वह भी भारत के महान उत्तराधिकारी का उतना ही अधिकार है जितना की हिन्दू का। पर कैसी अस्वाभाविक बात है कि वह अपने उत्तराधिकार का अपमान करने में ही अपनी मर्दानगी मानता है? चीनी मुसलमान चीनी संस्कृति पर, इंडोनेशियाई मुसलमान इंडोनेशियन संस्कृति पर, फारसी मुसलमान फारसी संस्कृति पर गर्व कर सकता है, तो हिन्दी मुसलमान हिन्दी संस्कृति पर गर्व करने में इस्लाम के नाम पर बट्टा लगाना क्यों मानता है ?

हम बता चुके हैं कि धर्म और संस्कृति एक ही तथ्य नहीं। धर्म संस्कृति को नैतिक आधार और अत्यल्प रागात्मक स्पर्श देता है। जहाँ तक नैतिक आधार का प्रश्न है, मूलभूत नैतिकता सभी धर्मों में एक ही है। जहाँ तक सम्प्रदायगत नैतिकता का प्रश्न है, वह उक्त सम्प्रदाय तक ही सीमित है। पर समूचे देश के लिए जो नैतिक मापदंड चाहिए, वे हैं सत्य, दया, क्षमा, ईमानदारी, मानव-प्रेम आदि। इससे किसी मुल्ला-मौलवी या पादरी-पंडित का झगड़ा नहीं हो सकता। अब रही उक्त अत्यल्प रागात्मक स्पर्श की बात। भारतीय संस्कृति के अन्दर रागात्मक-स्पर्श या भाव-साधना हिन्दू को तो 'धर्म' एवं 'सौन्दर्योपासना' दोनों माध्यमों से प्राप्त हो सकती है, परन्तु एक मुसलमान और एक ईसाई से हम निश्चय ही इस रागात्मक स्पर्श पाने के लिए 'धर्म' का माध्यम अपनाने का दुराग्रह नहीं कर सकते। ऐसा हमें अधिकार नहीं। पर दूसरा माध्यम सौन्दर्योपासना है। यह धर्म निरपेक्ष (सेक्यूलर) माध्यम है। इसके द्वारा, वह अपने को ईमानदारी से भारतीय मानता है तो निश्चय ही भावविभोर होगा और अपनी संस्कृति के प्रति उल्लास अनुभूत करेगा। यदि ऐसा नहीं तो निश्चय ही दाल में काला है।

4

भारत में इस्लाम अफगानों और तुर्कों द्वारा लाया गया। इस्लाम का तुर्क-संस्करण उसके अरबी-ईरानी संस्करण से भिन्न है। अरबी-ईरानी इस्लाम प्रगतिशील और सहिष्णु धर्म था। जब ईसाई-मत असहिष्णुता एवं वैचारिक दासता में जकड़ा हुआ था, उस समय अरब जगत में काफी

सहिष्णुता थी। इस्लाम की छत्रछाया में यहूदी-ईसाई चर्चों की विविध शाखाएँ स्वतन्त्रतापूर्वक चल रही थीं। सीरिया बहुत काल तक 'नेस्टेरियन' चर्चों का केन्द्र था जब कि मसीहा के व्यक्तित्व पर मतभेद के कारण यूरोपीय ईसाई जगत में उनका क्रूरतापूर्वक दमन हो रहा था। पर भारत में इस्लाम ने क्रूरता एवं आमूल परिवर्तन की नीति लेकर प्रवेश किया। चीन या हिन्देशिया में ऐसा नहीं हुआ। माओत्से तुंग जन्मतः (सम्भवतः) मुसलमान हैं, यद्यपि आज वह किसी वर्ग से सम्बन्ध नहीं रखता। उसके नाम को देखकर हम यही कह सकते हैं कि वह चीनी है। इससे अधिक नहीं। पर भारत में ऐसा नहीं। यहाँ पर तो राजपूतों या भूमिहार ब्राह्मणों के वंशज कमसार के मुसलमान 'सिंह' या 'शर्मा' नहीं लिखकर अपने को अमुक 'खाँ' लिखने में गर्व करते हैं, यद्यपि इस 'खाँ' का इस्लाम से कोई सम्बन्ध नहीं। यह मंगोलों की वंशगत उपाधि है जिन्होंने प्रारम्भ में इस्लाम को क्षति ही पहुँचाई, बाद में जाकर इस्लाम ग्रहण कर लिया। चंगेज खाँ, जो शामनी मत (बौद्ध धर्म की एक शाखा : 'श्रामणिक') का अनुयायी था। बगदाद की मस्जिदों को उसी तरह ध्वस्त किया जैसे औरंगजेब ने हिन्दू मन्दिरों को। यह भी एक विचित्र बात है कि विश्व का सबसे हत्याकारी विजेता बौद्ध धर्म से, अप्रत्यक्ष रूप से ही सही, सम्बन्धित हैं।

मूल कुरान में उदारता का उपदेश बिखरा पड़ा है। उदाहरण के लिए—
"ऐसी कोई भी जाति नहीं जहाँ (खुदा ने) कोई रहनुमा न भेजा हो।" (35:24)

"प्रत्येक कौम के लिए एक-न-एक पथ प्रदर्शक अवश्य दिया गया है।" (13:)7

"ओ मुहम्मद! तेरे पहले भी हमने पैगम्बरों को भेजा है। कुछ का नाम तुझे बताया गया है और कुछ का नहीं।"(40:78)

कुरान शरीफ में यहूदी-ईसाई धर्मों के पूर्व पुरुषों का नाम गिनाया गया है। ग्रीक महापुरुषों के भी नाम हैं। सिकन्दर का नाम पैगम्बरों की सूची में आता है (मेण्यबुक : ए कम्पेनियन टु वर्ल्ड लिटरेचर)। राम और कृष्ण का, बुद्ध और व्यास का नाम इसलिए नहीं आया कि भारतीयों से उस समय अरबों के साथ अधिक सांस्कृतिक सम्बन्ध नहीं थे। आगे हजरत ने कई आयतों में (8-18, 48-11) मुसलमानों को स्पष्ट आज्ञा दी है कि वे किसी कौम के पैगम्बर का अपमान न करें, क्योंकि सभी परम पिता के संवाहक हैं। वे विश्वास सिर्फ हजरत की बातों का ही करें, पर सम्मान सबका करें।

यह है इस्लाम की मूल आज्ञा और पैगम्बर हजरत मुहम्मद साहब का मूल वचन। पर भारतीय इतिहास का साक्ष्य इसके उलटा है। यहाँ तो शाहजहाँ जैसे कलाप्रिय मुसलमान ने भी मथुरा के मन्दिरों को धराशायी किया।

यह है इस्लाम का वास्तविक रूप और एक धर्मनिरपेक्ष ढाँचे में, एक विजातीय संस्कृति के वातावरण में, एक गैर-सेमेटिक जाति के अन्तर्गत इस्लाम इसी रूप में विकास कर सकता है। आमूल परिवर्तन का नारा आज अव्यवहारिक है। आमूल परिवर्तन का चक्र तब चल सकता है जब दिल्ली पर मुस्लिम शासक बैठे। पर इस प्रजातन्त्र में यह असम्भव है।

5

सौन्दर्य दृष्टि का ही दूसरा नाम है अभिरुचि। रुचि को विकृत करने का अर्थ ही है संस्कृति की आत्मा को विकृत करना। कला और साहित्य में यह अभिरुचि प्रतीकों के माध्यम से प्रदर्शित होती है। किसी भी देश की जातीय अभिरुचि की जानकारी उक्त देश के कला-कौशल और साहित्य से प्रदर्शित होती है और कला कौशल से साहित्य जिस 'छन्द' में प्रदर्शित होते हैं वे प्रतीक हैं। उदाहरण के लिए 'कमल' प्रतीक को लें। यह जातीय मानस के अन्दर बड़ी गहराई तक जड़ समाये हुए है। मूर्तिकला, चित्रकला, स्थापत्यकला, काव्य वह सबमें समाहित है। भारतीय चित्रकला एवं मूर्तिकला में अंग विश्वास भी कमल-'छन्द' पर आधारित होते हैं। छन्द का अर्थ वह 'मीटर' या 'वृत्त' नहीं बल्कि आकृति का पैमाना है। उदाहरण के लिए शिव, बुद्ध या किसी देवी अथवा अप्सरा के चरणों को चित्रित या उट्टंकित करते समय पाँचों उँगलियों का आकार-मुड़ाव विकसित पद्यदलों के 'छन्द' व पैटर्न में बनाया जाता है। अधरों एवं पलकों में भी छन्द विद्यमान रहता है स्तम्भों की सजावट तथा भीतरी छत के केन्द्र में केन्द्र-प्रसारी-अल्पना वृत्त सब कमल के खिले आकार का अनुगमन करते हैं। मन्दिरों के शिखरों की तैयारी चाहे गिरिशिखरपरक (पिरामिडनुमा) हो। उन्नतोदर शिखर (जगन्नाथपुरी) हो अथवा नसोदर (जैसे रामेश्वरम्), परन्तु शिखर पर कमलदल या कमल मुकुल अवश्य विद्यमान रहता है। यहाँ तक की ताजमहल के गुम्बज का अन्तिम शिखर भी कमल के उलटे छन्द से सुशोभित है। जहाँ तक काव्य और दर्शन का सम्बन्ध है, कमल प्रतीक पर आधारित भावधाराओं का गहन जाल बिछा हुआ है। इसी तरह अन्य भी लोकप्रिय प्रतीक हैं, यथा सिंह, हाथी, बैल, सर्प, गाय, मयूर, हंस, कोकिल, कदम्ब, पीपल, वट, देवदारु (विशेषतः

शिखरों की बनावट में) राधाकृष्ण, त्रिभंगीकृष्ण, नटराज, बुद्ध आदि। इन सब प्रतीकों को धर्म निरपेक्षता के नाम पर बहिष्कृत कर दें तो, सारा देश कुरूप हो जाएगा, अभिरुचि विकृत हो जाएगी एवं मानसिक संस्कारों के लिए कोई भूमि नहीं रह जाएगी कि वे पनप सकें। भारतीय कला और साहित्य, चिन्तन और दर्शन के बिना जी नहीं सकते। इन प्रतीकों के बहिष्कार का अर्थ होगा भारतीय कला-साहित्य एवं चिन्तन की मृत्यु क्योंकि भारतीय कला-साहित्य एवं चिन्तन की वर्णमाला उक्त प्रतीक ही है और सरकारी नीति यदि इन प्रतीकों का बहिष्कार धर्म-निरपेक्षता के नाम पर करेगी तो साहित्य, कला और चिन्तन को भी प्रकारान्तर से बहिष्कृत करेगी। अब तो राजे-महाराजे-सामन्त साक्षात नहीं रहे, सेठ-साहूकार भी कुछ दिनों के लिए ही हैं। ऐसी स्थिति में सरकार ही एकमात्र आश्रयदाता रहेगी और वह धर्मनिरपेक्ष के साथ संस्कृति-निरपेक्ष भी हो जाए, तो वह द्वार भी बन्द! वास्तविकता तो यह है कि हमारी संस्कृति ने इस देश में जो गुणगान एवं सुर हैं पहले से ही अपना लिया है। उदाहरण के लिए पक्षी वर्ग में, शुक-सारिका, चकोर, चातक, नीलकंठ, गरुड़, हंस, मयूर आदि पहले से ही भारतीय भाव-साधना में विद्यमान हैं। बचा है क्या? कौआ, तीतर, कठफोड़वा, भुचेंग, चील, जाँघिल और सारस। धर्म-निरपेक्षता के नाम पर यदि कुरूपता की साधना करनी हो, विकृति को सिर आँखों पर चढ़ाना हो तो ठीक है, कौआ, चील ही समादृत हों। मध्यप्रदेश की सरकार ने 'गधा बनाम गणेश जी' के झगड़े में 'गधा' का पक्ष समर्थन कर भ्रम-निवारण पहले से ही कर दिया है। उत्तर प्रदेश और विहार की राजनीतिक प्रतिभायें भी निकट भविष्य में जौहर दिखायेंगी ही। हाँ, बंगाल, महाराष्ट्र, मैसूर, मद्रास अवश्य ही इस धर्म-निरपेक्षता की पाठशाला में विकृति उपासना की दीक्षा बहुत बाद में लेंगे। सिंहल के ईसाई चित्रकार जार्ज केट ने, जो चित्रकला की आधुनिक शैली में एशिया भर का प्रतिनिधित्व करते हैं, 'गीतगोविन्द' के आधार पर 'क्यूबिस्ट'-शैली में कुछ चित्रों की रचना की है। उनका समादर विश्व के हर भाग के चित्रकला के प्रेमी करेंगे। पर भारत में वे चित्र सिर्फ 'हिन्दू चित्र' ही माने जाएँगे। क्या दुर्भाग्य है !

ऊपर के लम्बे विवेचन का तात्पर्य यह है कि धर्म-निरपेक्षता बढ़कर संस्कृति-निरपेक्षता नहीं बननी चाहिए। राष्ट्रीय संस्कृति की आराधना सभी वर्गों को करनी चाहिए। यही कर्तव्य है, जिसका पालन करना राष्ट्रीय जीवन के लिए आवश्यक है। हिन्दू-बौद्ध-जैन-सिख-आर्यसमाजी आदि संस्कृति में रागात्मक स्पर्श धर्म और सौन्दर्योपासना दोनों माध्यमों से पा सकते हैं,

एवं मुसलमान-ईसाई-सौन्दर्योपासना मात्र द्वारा। इस्लाम का मूल रूप बहुत आसानी से उपर्युक्त ढाँचे में मेल खा सकता है, और इस्लाम का यही रूप उदात्त और हजरत-प्रणीत है। फिर यदि भारतीय मुसलमान दावा करें कि गैर-मुस्लिम प्रतीकों एवं गैर-मुस्लिम नायकों को वे समादर नहीं देते, तो यह दावा असत्य है। दारा, सिकन्दर, सोहराब, रुस्तम, बहराब, चंगेज, पैगम्बर हजरत मूसा, पैगम्बर हजरत सुलेमान, पैगम्बर हजरत दाउद, युसुफ (जोजेफ), इसहाक (आइजक), अफलातून, अरस्तू आदि में कोई भी मुसलमान नहीं। ये सब नायक यूनान, फारस या सीरिया में इस्लाम के जन्म के पूर्व पैदा हुए थे। इस्लाम का जन्म तो ईसा की 6वीं शती में होता है। फिर भी भारतीय मुसलमानों द्वारा लिखित साहित्य में इन नायकों का समादर है। इसी तरह ईसाई-धर्म में भी ग्रीक-रोमन और हिन्दू संस्कृति के प्रतिनिधियों से उदासीनता नहीं। तो फिर राम-कृष्ण, बुद्ध-व्यास, अशोक-विक्रम, कनिष्क-शालिवाहन पर ही क्यों एतराज हो?

('सरस्वती' सितम्बर 1962 में प्रकाशित)

गीत गोविन्द

गीत गोविन्द में मंगल 'लोक का यही व्यंजनागत मर्म है। गीत गोविन्द के पूरे दृश्य-विन्यास को मंगल 'लोक के इस व्यंजनागत मर्म से जोड़कर न देखा जाए तो सही समझ के स्थान पर नासमझी हाथ आती है। 'गीत गोविन्द' माना कि कथा ही रहता तो जयदेव मांडरी खब की पावस सन्ध्या से इस बासन्ती दृश्य-विन्यास को जोड़ने नहीं जाते, बल्कि बासन्ती परिवेश के उल्लेख से ही अपना मंगलाचरण करते। राधाकृष्ण के प्रथम मिलन की घटना मांडरी खब की उस पावस सन्ध्या में छायी हुई है। उससे जोड़कर ही वे लीला प्रस्तुत करते हैं तो इस कारण कि यह केलिकथा नहीं 'कृष्ण कथा' है। यह लौकिक नहीं, अलौकिक से जुड़ी हुई है। अतः उस अलौकिकता के प्रति निष्ठ श्रद्धा हो तथा मन रागरंजित हो तभी उनकी पदावली के शब्द अपना सही मर्म दे पाएँगे। जयदेव ने अपनी दिदृक्षा और सिसृक्षा की सीमा खींच दी है और उनका मूल्यांकन उसी सीमा-रेखा के भीतर ही होना उचित है। अन्तिम अष्टपदीय के अन्त में भी वे पहले कहीं बात को बार-बार दुहराते हैं ''यह गन्धर्वकलासु कौशल मन, ध्यानचगद 'वैष्णव' जो गान्धर्व विद्या और काव्य कला के विवेकी है और जो वैष्णव हैं वे सभी सुधीजन ''श्रीकृष्ण के साथ एकात्म हुए जयेदव' की इस कविता का परिशीलन करें अतः वेदव्यास और तुलसीदास की 'भणिता' की जो सर्वमान्य सर्वव्यापी भूमिका है, उसकी कसौटी पर जयदेव को कसना उचित नहीं। जयदेव के इन गीतों की मार्मिक संवेदना पढ़ने पर नहीं, संगीत की स्वर लहरी में और नृत्य की मुद्राओं पर अपने सम्बन्ध रूप में लब्ध हो पाती हैं। कमल जल के बाहर प्रस्फुटित नहीं होता।

अमिधा, लक्षणा और व्यंजना भारतीय दर्शन और भारतीय साहित्य व्यंजना को ही सर्वाधिक महत्त्व देता है। यह दृश्यमान जगत ईश्वर की माया शक्ति की 'व्यंजना' ही है और उसकी संज्ञा है 'रस'। भारतीय धर्म-साधना पर आधारित काव्य रामायण, महाभारत, भागवत आदि को व्यंजन वृत्ति के

अधीन हम समझ सकते हैं। सारा लीला काव्य मानुषी रूप में व्यक्त होते हुए भी दिब्य लीला के रूप में व्यंजना के स्तर पर समझा जाता है। परन्तु आज के युग में भारतीय-साहित्य-चिन्ता इस व्यंजना को महत्त्व नहीं देगी और आज के विशेषज्ञ स्थूल अमिर्धार्थ के आधार पर समस्त भारतीय वाङ्मय का चरित्र हनन राजनैतिक उद्‌देश्य से करने के लिए तत्पर है। वे आर्षचिन्तन पद्धति के इस विशेष द्विक की ओर कभी अपनी अक्षमता के कारण और कभी दुरभि सन्धि के कारण ध्यान नहीं देते और इसकी अवहेलना करते हैं। इस तथ्य का उदाहरण है 'गीत गोविन्द' की अन्तिम अष्टपदी ''कुरुयदुनन्दन चन्दन शिशिर तरेण करेण पयोधरे...)' जिसमें मिलमान्तनीति में नायिका राधा कृष्ण से कहती है, 'हे प्रिय, मेरे इस छिन्न-भिन्न शृंगार को पुनः सज्जित करो। तुम मेरे अंगों को अपने हाथ से अलंकृत करो।'' एडविन अर्नाल्ड ने इसे स्थूल अर्थ में लेते हुए एक रीति-अनुषंगी चालू परम्परा का परिपालन मानकर अपने अंग्रेजी अनुवाद में कोई जगह नहीं दी है। अन्य आलोचक भी इसे रीति-निर्वाह सूचक कमजोर पद मानकर छोड़ देते हैं। परन्तु व्यंजना के स्तर पर इस गीत का अर्थ बड़ा ही भाव-गम्भीर और उदात्त है। इस स्तर पर ग्रहण करने पर यह सारी लीला का सारमर्म व्यक्त करता ज्ञात होता है। जीवात्मा साधना की सिद्धावस्था में 'आग्रह कर रही है, प्रिय मेरा शृंगार करो और अलंकरण स्थूल अलंकार, चोआ, चन्दन, भृगमदतिलक या भूषण-वसन नहीं कुछ और ही है जो जीवन चरम शक्ति और चरम सुन्दर रूप दे देता है। रवीन्द्रनाथ के अनेक गीतों में 'चिर सुन्दर' और 'जीवन-देवता' के प्रति ऐसे ही भाव व्यक्त किए गए हैं। जब जीवात्मा साधना व्यवस्था में रहती है तो अपने प्रेम के अनुरूप अपना शृंगार स्वयं करती है। निर्वेद उसका वसन है, महाभाव ही उसका मान है, पूर्व राम-राम महारण उसके पूज्य शृंगार हैं, शील और समर्पण ही उसका आराधना है, विविध भाव ही चोआ चन्दन और अंगराग है। वह साधक या भक्त इस अतीन्द्रिय शृंगार को धारण करके अपनी जीवन-प्रेमी भगवान के चरणों में अर्पित कर देता है। प्रभु जीवन देवता हैं, परम प्रेमी हैं और उसे इस अतीन्द्रिय शृंगार को भोगकर छिन्न-भिन्न कर देता है। रतिक्रिया इन्हीं का प्रतीक है। महा-भाव साधना की मनोभूमि में जाकर परम पुरुष कृष्ण को छोड़कर शेष सारा माया जगत, पुल्लिंग हो स्त्रीलिंग प्रेमिका है, नारी है, (राम की बहुरिया) निर्गुण साधना के अनुसार साधक का - स्व' तब परम सत्ता प्रभु में आत्मसात हो जाता है और परस्पर का भेद मिट जाता है। 'शान्त अद्वैत शिवम' की इस स्थिति तक सन्त कबीर जैसे साधक जाते हैं। परन्तु 'सगुण

साधना' इस महाभाव की भूमि में भी लीला रस के लिए 'द्वैत' भाव रखती हैं माया मिथ्या नहीं। प्रभु की प्रेमिका है और प्रिय प्रेमिका के अधीन रहता है। फलस्वरूप भगवान भी लीलारात की मौज के लिए माया के रंग में रंग जाते हैं। 'निरंजन' से रंगीन हो जाते हैं। जयदेव ने अपने "पद्मप्योधरतटी परिणम्म लवन काश्मीर मुद्रित मुरो मधुसूदनस्य" (पद्मा के आलिंगन फलस्वरूप उनके कुंच-कुंकम की छाप से मुदित हृदयवाले मधुसूदन) में भगवान के इसी माया-राग रंजित भगवान का वर्णन किया है। भगवान भी अपनी शक्ति माया या उसका प्रतिनिधि जीव ('गीत गोविन्द' में राधा) में इसी स्थिति का संकेत देते हैं। सगुण भक्ति की मधुरा उपासना सिद्धावस्था प्राप्त करके भी एक डग आगे जाती है और द्वैतभाव को रखते हुए कहती है 'कुरु यदुनन्दन शिशिर करेण पयोघरे...' (इत्यादि) अर्थात् हे प्रिय मैं निर्वस्त्र निराभरण, अलंकरणविहीन हो गई। अन्त तुम्हारी बारी है। तुम मेरा श्रृंगार करो। पुनः मेरे जीवन को नन्दित करो, अलंकृत करो। परमाभक्ति के श्रेष्ठ गुणों से मेरी जीवन साधना को सहज दिव्य गुणों से भूषित करो। मुझे सुन्दर रूप दो, श्री दो, शोभा दो!" पहले द्वारा स्वयं किया गया अलंकार तो 'साधनावस्था' का अलंकरण उससे भिन्न होगा। स्वयं भगवान के द्वारा दिया गया अलंकरण। यह आशीर्वाद होगा। ईसाई रहस्यवादियों ने इसे ही 'ग्रेस' (Grace) कहा है। यह बहुत ऊँचे दर्जे की बात है। राग-विराग और शुभ-अशुभवाले संसार में रहते हुए भी जीवन को भागवत सौन्दर्य से मंडित करके जीना। योगी यह नहीं कर पाते। वे माया से भयभीत रहते हैं अतः वे 'मुक्ति' चाहते हैं। भक्त ऐसा कर लेता है और वह भागवत सौन्दर्य और ब्राह्मी श्रीकरे धारण करके जीवन जीता है। जिस शुभ या अशुभ पर उसकी पवित्र दृष्टि पड़ती है वह निर्मल और सुन्दर हो जाता है। यह एक श्रेष्ठतम सिद्धि है जिसकी प्रार्थना इस अष्टपदी में प्रस्तुत है। पर यह मर्म अभिधा या लक्षणा के स्तर पर व्यंजना के स्तर पर उतरने पर लब्ध होता है।

व्यंजनावृत्ति आर्ष साहित्य में साहित्यकार के चरम बल के रूप में स्वीकृत है। इसके ही बल पर वह 'वाङ्मनसा अगोचर' अनुभवों को अपनी भाषा के कमन्द में फाँसकर शब्दों के वैखरी धरातल तक उतार लाती है। अन्य कोई उपाय भी नहीं। व्यंजना को भारतीय चिन्तन में अपार महत्त्व दिया गया है। सारा सृजन ही व्यंजना है। दिल्ली काल के एकान्त में त्रिलोचन पुरुष अट्टहास करता है। ठीकराशीभूत हित ही उसकी अट्टहास की व्यंजना है। अन्यथा वह अट्टहास अभिव्यक्त नहीं हो सकता। नटराज की डमरूध्वनि

की व्यंजना के रूप में उद्‌घाटित होता है 'सृष्टि' और 'स्थिति' का खेल। यह अनुराग मन माया जगत कृष्ण की मुरलीधुन काव्य व्यंजना रूप ही है जिसके जीवन में यह मुरलीधुन बन्द हो जाए, उसका जीवन नीरस और निरर्थक हो जाता है। भोजनपान, अपत्य स्नेह, नारी संगम, घरबार सब कुछ नीरस हो जाते हैं। जीवन के प्रति सारे आकर्षण विदा हो जाते हैं। ग्लानि और सन्त्रास ही एकमात्र भावबोध रह जाते हैं। यह एक आत्महत्या की स्थिति है और आधुनिक सेक्यूलरिज्म मनुष्य करे इसी भयावह स्थिति की ओर ठेल रहा है। यह सारा स्वादिष्ट माया जगत तो ईश्वर के 'हास' की उसकी मुस्कुराहट की ओर उसके अट्टहास की व्यंजना हैं, "माया हास, बाहु दिगपाला"। ईश्वर की शक्ति माया भी जहाँ-जहाँ हँस देती है सृष्टि हो जाती है। उसकी एक-एक नजर पर, एक-एक दृष्टिपात पर अयोध्या-काशी-काँची-मथुरा-मायावती-अवन्तिका जैसी सप्तपुरियाँ अभिव्यक्त हो जाती हैं, उसके एक-एक नखरे या हाव-भाव पर कलकत्ता, बम्बई, टोक्यो,-लन्दन, न्यूयार्क-हालीवुड जैसे महानगर जन्म ले लेते हैं। ये महानगर, भगवान की मायाशक्ति की ही व्यंजना है।

कहने का तात्पर्य यह कि सारा सृजन ही-अभिव्यक्ति' है और इस अभिव्यक्ति का मूलवृत्ति है व्यंजना। तो साहित्य में व्यंजना ही साहित्यकार का चरमबल मानी जाऐ। यह कि स्वाभाविक बात है। विशेषत: भारतीय साहित्य जो 'रस' पर आधारित है और 'रसो वै स:' की पहचान देना चाहता है। परन्तु दिक्कत तो यह है कि एक विशेष चिन्तन-पद्धति को लेकर गत तीन हजार वर्षों में यह साहित्य लिखा गया, वैदिक ऋषि से लेकर रवीन्द्रनाथ और निराला तक। उसे विश्वविद्यालयों में 'साहब' लोग और 'साहब' के शिष्यगण पढ़ाये एक सर्वथा भिन्न पद्धति से। अत: व्यंजना के महत्त्व को स्वीकार करने की उनकी मानसिकता ही समाप्त होगी। अंग्रेजी अनुवाद और अंग्रेजी व्याख्या के जरिये। भारतीय वाङ्मय और साहित्य के मर्म को पकड़नेवाले अहिंसात्मक स्तर से ऊपर जाने की क्षमता से हीन हो चुके हैं। 'लार्ड कृष्णा' और 'लेडी राधा' के रूप में अनुदित 'कृष्ण' या 'राधा' परात्पर पुरुष और परमाप्रकृति की व्यंजना देने में असमर्थ है। नवशिक्षित जब 'गणगामिनी' तरूणी की पहचान (elephant gaited lady) के रूप में करना चाहता है तो अभिव्यक्ति के मुख पर कालिख पुत जाती है। इस मानसिकता में प्रशिक्षित नया पंडित मूल पाठ भी पढ़े तो उसे अमिधागत अर्थ से अधिक समझ में नही आता। इससे हमारे इतिहास-लेखन और साहित्य-

चिन्तन में तरह-तरह की भ्रान्तियाँ पैदा हो रही है ऐसे में भक्ति इसकी रस की बात को कौन कहे, इससे कौन रीझगा और रिझाएगा? रीझाने और रिझाने के 'सत्संग' से ही भक्ति का मर्म खुलता है। अध्ययन गोष्ठियाँ और सेमीनारों से नहीं जहाँ कुर्तक बोलता है। सत्संग में मनुष्य नहीं उसका शील बोलता है। ये विचार गोष्ठियों दु:शीलता का चरम रूप लेकर आती हैं। ऐसे परिवेश में कोई कैसे समझाए कि 'भक्ति की मानसिकता का आहरण अत्यन्त कठिन है, भक्ति ईश्वर का दान है, 'कोउ एक पाव भगति जिमि मोरी' मात्र प्रशंसा वाक्य नहीं है भक्ति का रस तो कृष्ण की मुरलीधुन से ब्रजांगनाओं के नेत्रों में व्यंजना बनकर अभिव्यक्त होता है। आज के लोगों के लिए इस बात का मर्म समझना कठिन है।

मुरलीरधुन की वन्दना करते हुए 'अलंकार कौस्तुभ' के मंगलाचरण में कवि 'कर्णपूर' लिखते हैं। श्रीकृष्ण की उस मुरली ध्वनि की जय हो जो पद-पदार्थ (शब्द-अर्थ) की अतिरिक्त या अतिक्रान्त 'ध्वनि' (ध्वन्यार्थ) की तरह सुनयना वज्रवधू की आँखों में 'व्यंजना की सृष्टि करती है। 'व्यंजना' शब्द में यहाँ 'लेष है। अतिरिक्त अर्र्थ है 'व्यंजना' अर्थात् अश्रुधारा से 'विगत अंजना'। वे भरसक वाग्देवी के कर्णाभरण थोजेक कहे गए हैं।

''स जयति येन प्रभवति दृशि सुदृशां व्यंजना वृतिः।
अतिशसित पद पदार्थो ध्वनिखि मुरली ध्वनिर्मुरा रास्ते।''

(राधा उपासना की मूल प्रवृत्ति जिसका सूत्रपात निम्बार्काचार्य द्वारा होता है स्वकीया ही है। जयदेव की राधा भी स्वकीया ही है। उसको परकीया रूप में ग्रहण करने की परम्परा गौड़ीय वैष्णव मत के माध्यम से आई।) वस्तुत: गौड़ीय वैष्णव मत की नींव या आधार संस्कृति में स्थानीय लोकधर्म सहजिया मत या सहजयान का प्रभाव था। यह सहजयान बौद्धों के बज्रयान का लोक-संस्करण है। पर इनकी अपनी निजी शब्दावली है। कालान्तर में नित्यानन्द ने छोटी जातियों प्रचलित सहजयानी समुदायों को वैष्णव धर्म में लिया। तथ्य तो यह है सहजयान में यह परकीया प्रेम देह-साधना नहीं, भाव-साधना के रूप में स्वीकृत था। 'परकीया' जैसा प्रेम। यह जिसके अन्दर सहज यानियों के अनुरूप आठ क्रमिक विकास सोपान हैं : रति, प्रेम, स्नेह, मान, प्रणम, राग, अनुराग और महाराग। चैतन्य सम्प्रदाय मुं पूर्व राग, अनुराग, महाराग, या महाभाव की अवधारणाओं का मूल स्त्रोत परम्परागत सहज यानी चिन्तन में निहित है। गौड़ीव वैष्णव की रस-साधना की शब्दावली में भी स्थानीय लोकधर्म और भंगिमाओं का प्रभाव है। कुछ शब्दों के अर्थ अनोखे हैं। एक

शब्द है 'अभियोग'। इसका अर्थ होता है अंकित (विशेष रूप में) 'युक्त' करना। अर्थात् किसी घटना या तथ्य से किसी को जोड़ना। हिन्दी में इस मामले-मुकदमें के सन्दर्भ में प्रयुक्त करते हैं। पर बंगाली वैष्णव-साहित्य में इसका प्रयोग प्रेमी द्वारा प्रेमिका का (अथवा प्रेमिका द्वारा प्रेमी) को आकर्षित करने, फँसाने की युक्ति 'अभियोग' है। जैसे नायिका जा रही हो उसे दिखाकर किसी झुकी शाखा की टहनी को तोड़ लेना, या कच्चे कोमल किसलय को उसे दिखाकर दाँतों से काटकर फेंक देना, या फूल या किसी (श्रृंगार वस्तु) को उसे दिखाकर जल में प्रवाहित कर देना आदि। प्रत्येक क्षेत्र के वैष्णव धर्म में उसके लोक-साहित्य और लोक-संस्कृति की भाव रूढ़ियों की एक अन्तर्धारणा विराजमान है। गौड़ीय वैष्णव धर्म के बारे में भी यही बात है। सहजयान के वैष्णव संस्करण में 'मदन काम' की पूजा होती है। इसमें 'मदन' है राधा और 'काम' है कृष्ण। काम माने इच्छा। इच्छा तो कई तरह की हो सकती है। वात्सल्य या दास्य भी 'इच्छा' के ही रूप हैं। पर काम (इच्छा) का वह रूप जो 'मदन' से जुड़ा है, सर्वोत्कृष्ट और सुन्दरतम रूप है और श्रेष्ठतम आनन्द का स्त्रोत है। राधाकृष्ण की सहजयानी उपासना को 'मदन काम' देवता के रूप में करने का रहस्य यही है।

देश-बोध और मैथिलीशरण गुप्त

बोलचाल की भाषा और साहित्य, दोनों में ही 'देश' का मतलब सर्वदा वही नहीं होता जो भूगोल में है। भूगोल तो राजनीति का अनुधावन करता है। उसकी मर्जी पर इसका नक्सा बनता बिगड़ता है। कभी अपना भूगोल सीर और आमू तक विस्तृत था और इन दोनों की मिली-जुली धारा 'वक्षु' (oxus) वैदिक ऋषियों की प्रियतमा नदी थी तथा 'आइजर बेजान' (संस्कृत : आर्य बीजस्थान) की घाटी ही अपना घर-द्वार थी। वह था 'त्रिसप्त सिन्धु' यानी इक्कीस नदियों का प्रवेश जिसकी पूर्वी सीमा थी शतद्रु यानी वर्तमान सतलज। आज वही सतलज अपनी पश्चिमी सीमा है और भूगोल खिसककर कहाँ-से-कहाँ चला गया है। एक समय था कि यमुना पूर्व की भूमि को ही प्राच्य कहा जाता था और वाल्मीकि इस प्राच्य संस्कृत के आदिकवि है। भाषाविज्ञान के पंडित कहते हैं कि सही शब्द होना चाहिए 'श्रोक', परन्तु प्राच्य बोलियों के दबाब से 'र' का 'ल' हो गया और वाल्मीकि के आविष्कार को 'श्लोक' कहा गया। इतिहास के दूसरे दौर में प्राच्य की सीमा-रेखा खिसककर गंडक (सदानीरा) हो गई और उसके पूर्व की भूमि कही गई अंगदेश। अंगदेश अर्थात् अंगनादेश, नारी राज्य। 'नारी राज्य' इसलिए कि आर्एतर जनजातियों में उत्तराधिकार कन्या को ही मिलता है, पुत्र को नहीं। इतिहास के अन्य अगले धक्के में हमारी यज्ञभूमि का विस्तार प्राग्ज्योतिषपुर (असम) तक हो गया, तो मणिपुर हो गया नारी राज्य। इस प्रकार हमारा भूगोल इतिहास के दबाब में बढ़ता-सिकुड़ता रहा है। अवश्य ही उत्तर में हिमालय और दक्षिण में 'महोदधि' (हिन्द महासागर) और 'रत्नाकर' (अरब-समुद्र) ज्यों-के-त्यों रहे। जो हो इस भूगोलवाले 'देश' का महत्त्व राजनीति और अर्थशास्त्र में ज्यादा है। साहित्य और सामान्य बोल-चाल में 'देश' शब्द स्थूल भूगोल का कथन न होकर एक भावसत्ता है।

बोलचाल में जब हम देश शब्द का प्रयोग करते हैं तो इसका तात्पर्य होता है अपना घर-गाँव, जिला-जवार मात्र। यह आइडिया पूरे उत्तर प्रदेश तक

भी विस्तृत नहीं हो पाती। सच पूछिए तो उत्तर प्रदेश महज एक प्रशासनात्मक संगठन या इकाई मात्र है। इसकी भाषा, संस्कृति, नेतृत्व के आधार पर कोई युक्ति नहीं, कोई समुचित आधार ही नहीं कि यह उस तरह एक भावबोध बन पाए जैसे 'महाराष्ट्र' या 'गुजरात' या 'बंगाल' से बन जाता है। जब साहित्य में हम 'देश' शब्द का प्रयोग करते हैं तो यह एक विस्तृत भूखंड और उससे संलग्न भावबोध का द्योतक होता है जो 'भारत' शब्द से जुड़ा होकर भी शत-प्रतिशत आज के राजनैतिक भारत के नक्शे का अनुगमन नहीं करता। हम कभी नहीं मान सकते हैं कि सीमाप्रान्त का शालातुरीय वैयाकरण पाणिनि, या बौद्ध योगाचार दर्शन के प्रवर्तक असंग और वसुबन्धु भारतीय नहीं थे अथवा तक्षशिला, हिंगलाज (बिलोचिस्तान), शारदापीठ (गिलगिट) से विदेशीपन जुड़ा है। ये सारे शब्द हमारे मन में स्थित 'देश' सत्ता के अंग हैं बाहरी या बेगाने नहीं। कहने का तात्पर्य यह कि साहित्य में 'देश' एक विस्तीर्ण भावसत्ता में आता है। जो स्थल आवास भूमि से कहीं अधिक हमारी 'समग्र मानसिक आध्यात्मिक अधिष्ठान भूमि' (Total spiritual & psychological inhabitation) से जुड़ा है। यह हमारे सामूहित त्रिकालव्यापी चेतना प्रवाह का अंग है। यह 'हमारी परमास्मृति' (W. B. Yeats ने इसे ही Racial Memory' कहा है) का सगुण रूपान्तर है। इसे वैदिक साहित्य में आर्यभूमि, यज्ञभूमि, पृथ्वी माता कहा गया है। बौद्धों ने इसे 'जम्बूदीप' कहा है। पुराणों ने 'कुमारिकादीप' और 'भारतवर्ष' कहा है। इसका ही एक प्राचीन नाम था 'अजनाभ वर्ष'। इसी अर्थ में इस देशबोध का नाम है भारतबोध। जो कोई या जो कुछ भी हमारी 'परमास्मृति' से जुड़ा है वह इसका 'अपना जन' (Insider) है और जो इस प्रवाह से नहीं जुट पाया वह 'बाहरी' (Outsider) रह गया। जो कोई इसमें रहते हुए भी अपने को इससे काट लेता है। वह मानसिक आध्यात्मिक रूप में विस्थापित बन जाता है। मुझे स्मरण आता है इससे आकार-जुड़नेवाला एक ग्रीक राजदूत हेलिओडोरस जिसने मालविका नामक एक कुमारी से प्रेम करके वैष्णवधर्म ग्रहण किया था और ईसापूर्व द्वितीय शती में स्थापित उसका गरुड़ स्तम्भ आज भी विदिशा (मध्य प्रदेश) में खड़ा है जिस पर प्राकृत सभा में ब्राह्मी अक्षरों में खुदा है —

"त्रीनि अमृत पदानि (सु) अनुठितानि नेयन्ति स्वर्ग दम याग अपमाद"

अर्थात् "तीन अमृत पदों का अनुष्ठान हमें स्वर्ग पहुँचा देता है और ये हैं दम, याग (त्याग), अप्रमाद।" और यह 'महाभारत' की आइडिया है

'दमरत्यागोहप्रमादश्च ब्रह्मगोहया:' -दम त्याग और अप्रमाद ब्रह्म के घोड़े हैं। जिस पर सवार होकर हम अपना ऊध्र्वतम विकास कर पाते हैं। तो यह विदेशी हेलिओडोरस अथवा बाद के इतिहास के जाएसी-रसखान, खुसरो, अकबर-शेरशाह या सी. एफ. एंड्रूज, एनीबेसेंट और सिस्टर निवेदिता, ये सब के सब उसी देशबोध या भारतबोध में अन्तर्भुक्त हो होकर 'अपने जन' (Insider) बन जाते हैं, 'देशी' बन जाते हैं, इन्हें कभी भी हमारा मन 'विदेशी' स्वीकार नहीं कर सकता। यह देशबोध उस राष्ट्रवाद से भिन्न है जो भाषा पर आधारित है। भाषा पर आधारित राष्ट्रवाद तो आधुनिक शिक्षा की देन है। यह हमें पीछे की ओर, भाषा आधारित 'ट्राविलिज्म' की ओर, ले जाता है। भाषा और सम्प्रदाय को अतिक्रान्त करते हुए जिस देशबोध या भारतबोध का विकास किया गया है वह हमें परम उदार और रमणीय बनाता है। वह क्षुद्रता की सीमाओं को अतिक्रान्त करके हमें सम्पूर्ण मनुष्यत्व से जोड़ता है। उसे छोड़कर अब भाषा और सम्प्रदाय पर आधारित राष्ट्रवाद का वरण करना पीछे लौटना है। यह हमारी शताब्दियों की साधना का फल है जिस बिन्दु की ओर यूरोप के राष्ट्र भी दो-दो महायुद्धों के घूँसे खाकर अग्रसर हो रहे हैं और एक महायुद्ध और हो जाए तो भाषा पर आधारित राष्ट्रवाद पश्चिम यूरोप से तो खतम ही हो जाएगा।

हमारे अन्दर 1947 से पहले यह 'देशबोध' मौजूद था। फलत: गुलामी के बावजूद हमने विश्वसंस्कृति और चिन्तन को प्रभावित किया रवीन्द्रनाथ, गाँधी और अरविन्द के माध्यम से। चीनी, जापानी, रूसी, अरबी और अंग्रेजी-फ्रेंच-जर्मन के शब्दकोषों में 'सर्वोदय', 'अहिंसा', 'सत्याग्रह', 'योग', 'ब्रह्म' आदि शब्दों का प्रवेश हो जाना (ठीक वैसे ही जैसे हमारे शब्दकोषों में 'सोशलिस्ट' 'कम्यूनिस्ट' आदि शब्द आ गए हैं। इस बात का सबूत है कि हमने विश्व-सभा और चिन्तन को समृद्ध किया है। यह इस बात का सबूत है कि हमने केवल लिया ही नहीं है, दिया भी है। हम 'दाता' भी रहे हैं अपनी राजनैतिक गुलामी के बावजूद ! परन्तु आज? आज तो बात ही उलटी है। न केवल आर्थिक क्षेत्र में बल्कि चिन्तन, शिल्प और साहित्य के क्षेत्र में भी हम मात्र 'टुक्कड़खोर' और 'ऋणी' हैं। जब रेलतार, वायुयान नहीं थे, देश दुर्गम पथों से भरा हुआ था, लोग तीर्थ करने चलते थे तो घर-परिवार से गले मिलना होगा या नहीं, कोई ठीक नहीं। तब उस अविकसित कालखंड में हमने गंगा, यमुना, गोदावरी, कावेरी का एक साथ स्मरण किया, 'स्नानमन्त्र' ''जम्बूद्वीपे भारत-खंडे'' का उच्चारण किया 'संकल्प' में, और

जब वीरगाथा की रचना की तो पूरे आसेतु हिमाचल भारत को ला खड़ा कर दिया कुरुक्षेत्र के मैदान में। परन्तु आज जब प्रगति कर रहे हैं, ढोल मँजीरे बजाते हुए 21वीं शदी 'कम्प्यूटर युग' में जा रहे हैं तो अपने को खंड—खंड करके फिर उसी 'ट्राइबल' स्थिति में लाना चाहते हैं जो 3000 वर्ष पूर्व आर्यों के आगमन के समय में थी। आप इसे चाहें तो प्रगति कह लें, परन्तु मैं तो इसे अधोगति ही कहूँगा। इस मानसिक अधोगति का ही एक नमूना है कि 1947 के पूर्व युवाशक्ति हीरो ये 'जवाहरलाल' और आज की युवाशक्ति के हीरो हैं अमिताभ बच्चन ! मैं तो नहीं मानता कि हमारा विकास श्रेष्ठतर मनुष्यत्व की दिशा में हो रहा है।

इस देश में एक प्रकार के बुद्धिजीवियों का एक दल पैदा हो गया है। वे देशबोध, देशप्रेम, देशभक्ति आदि शब्दों पर नए बुद्धिवाद के नाम पर थू—थू छी-छी करते हैं और इसकी बात को सम्प्रदायवाद और पुनरुत्थानवाद से जोड़ते हैं। इनकी दृष्टि में देशबोध अप्रासंगिक और फालतू बात है और कभी अन्तराष्ट्रीय दृष्टि के नाम पर तो कभी बुद्धिवाद के नाम पर तो कभी जनवादी मोर्चे के नाम पर भारतबोध या देशबोध को हर तरह से क्षीण और दुर्बल करने की अपचेष्टा में लगे हैं। कुछ ऐसी ही हालत फ्रांस के बुद्धिजीवियों की द्वितीय महायुद्ध के पूर्व थी। फलतः जर्मनी के एक तमाचे से ही फ्रांस ढह गया और अंग्रेजों के शरणापन्न हो गया। अंग्रेजों की भी हालत कुछ ऐसी-वैसी ही थी। तो भी अंग्रेज "God save the king" से सदैव चिपकी रहनेवाली जाति है और वे पहले दाव में गिर कर भी फिर उठकर सँभल गए और खड़े हो गए। तो भी अंग्रेज वामपन्थी बुद्धिजीवी की भूमिका के बारे में महायुद्धोत्तर काल के प्रसिद्ध औपन्यासिक जार्ज आरवेल (George Orwell) की बात द्रष्टव्य है। वह तीसोत्तरी के अंग्रेजी साहित्य को लक्ष्य करके लिखता है, "All through the critical years (1930's) many left writers were chipping away at English morale, trying to spread out an outlook that was sometimes squashily pacifist, sometimes violently Pro-Russian but always anti-British...If the English people suffered for several years a real weakening of morale, so that Fascist nations judged that they were 'decandent' and that it was safe to plunge in war, the intellectual 'sabotage' from the Left was partly responisible'' (तीसोत्तरी के खतरनाक वर्षों में वामपन्थी लेखक ब्रिटेन के मनोबल को तिल-तिल कर काट रहे थे।

कभी तरल शान्तिवादी बनते तो कभी उप रूसपन्थी परन्तु सदैव ही ब्रिटिश-विरोधी रहते थे। ब्रिटिश जाति का मनोबल निरन्तर कमजोर होता रहा और यही समझकर कि अंग्रेज अब पतनोन्मुख गलित जाति बन गए फासिस्ट देशों ने लड़ाई छेड़ दी थी, तो इस स्थिति के लिए आंशिक रूप से जिम्मेदार है वामपंथियों द्वारा किया गया 'अन्तध्वन्स'।) मुझे तो ऐसा लगता है कि अपना देश भी कुछ ऐसे ही अनुभव से गुजर रहा है।

तो ऐसे सन्दर्भ में हम देशबोध के पुनर्जागरण को सर्वथा प्रासंगिक मानते हैं। यह आज के सन्दर्भ में हमारी सबसे बड़ी आवश्यकता है कि हम देशभक्ति के महत्त्व को स्वीकारें और देशबोध को शक्ति का सर्वोत्तम स्त्रोत मानकर चलें। इसे बदनाम करने के लिए एक दल इसे नाजी या फासिस्ट चिन्ता से जोड़कर देखता है। परन्तु वह भूल जाता है कि भारतीय राष्ट्रवाद सनातन से त्याग, दम, अप्रमाद और अहिंसा से जुड़ा हुआ है और यह सार्वभौम मानववाद का नामान्तर है। 19वीं शती के भारतीय पुनर्जागरण काल में इसके सर्वोत्तम व्याख्याकार रवीन्द्रनाथ ने 'हे मोरचित्त' नामक कविता में भारतवर्ष को 'महामानव-सागर' कहा था। इस देश की कहानी उन्होंने ज्ञानधर्मकृत पुण्य काहिनी के रूप में देखा था। उनकी एक प्रसिद्ध कविता का प्रारम्भ है—

''अयिभुवन मोहिनी,
प्रथम प्रभात उदय तव गगने
प्रथम सामरव तव तपोवने
प्रथम प्रचारित तव तप भवने
ज्ञानधर्मकृत पुण्य पुण्यकाहिनी।''

हिन्दी में इस 'ज्ञान-धर्म' पर आधारित राष्ट्रीयता के कृषि दो हैं। प्रथम है—मैथिलीशरण गुप्त जिन्होंने 'भारत भारती' के माध्यम से इसका प्रस्थान बिन्दु रचा था और उस प्रस्थान बिन्दु का उच्चतम विकास हम पाते हैं दिनकर की कविताओं और विशेष रूप से उनके महाकाव्य 'कुरुक्षेत्र' में। इसी अर्थ में जयप्रकाश नारायण ने 'कुरुक्षेत्र' को आधुनिक युग की गीता कहा था। W.B. yeats ने आयरलैंड के सांस्कृतिक और राष्ट्रीय पुनर्जन्म के लिए प्राचीन केल्टिक गाथाओं (Caltic Mythology) का आश्रय लिया था और रवीन्द्रनाथ के 'महामानव समुद्र' के समानान्तर ही नए आयरलैंड की कल्पना प्रस्तुत की थी जो क्षुद्र राष्ट्रीयता से ऊपर 'मनुष्यत्व' का प्रतीक होगा। मैथिलीशरण गुप्त और दिनकर ने भी भारतीय पुराणों (Mythology) का

आश्रय लेकर अपनी इसी देशबोध की भावना को अभिव्यक्ति दी थी। दिनकर की कविता "किसका नमन करूँ मैं" इसी भाव को अभिव्यक्त करती है कि भारत 'देह' नहीं 'मन' का वाचक है। यह सूक्ष्म चिन्मय भावसत्ता है। प्रश्नवाचक शैली में उन्होंने कहा था :

"तेरा या तेरे नदीश, गिरिवन पथ का नमन करूँ मैं
मेरे प्यारे देश 'देह' या 'मन' का नमन करूँ मैं।"

गुप्त जी ने भी अपने महाकाव्यों के माध्यम से देश के प्राचीन आदर्श, त्याग-तप, अप्रमाद (कर्म योग) और अहिंसा का ही आदर्श रखा है। नायक रामचद्र, गौतमबुद्ध से लेकर दिवोदास तक एक ही बात कहते हैं कि मनुष्यत्व को इतना ऊपर उठा दो कि स्वर्ग या देवलोक धरती पर ही आ जाए। उनका एक द्वितीय श्रेणी नायक सिद्धराज तक इसी बात को कहता है :

"आर्य भूमि अन्त में रहेगी आर्य भूमि ही
आकर मिलेगी यहीं संस्कृतियाँ सबकी
होगा एक दिन विश्व तीर्थ भारत ही भूमि का।"

वस्तुतः यह देश-बोध या भारत-बोध एक विश्व-बोध नित्यरूप में जुड़ा है। भारत की अस्मिता क्षुद्र राष्ट्रवाद, क्षेत्रवाद (Parochialism) या लड़ाकू राष्ट्रवाद (Cauvinism) का रूप कहीं भी नहीं लेती है हमारे किसी भी शास्त्र या प्रतिनिधि काव्यग्रन्थ में ऐसी आक्रामक और संकीर्ण-भावना को जगह नहीं दी गई है। हम सबको 'मित्रेण चक्षुषा' अर्थात् सूर्य की दृष्टि से देखें, यही इस देश के ऋषि और कवि का आदर्श रहा है। जब हम देश-बोध की बात करते हैं तो उससे ही जुड़े विश्व-बोध की भी बात उसमें आ जाती है क्योंकि प्रत्येक राष्ट्र और जाति का विश्व-बोध उसकी निजी अस्मिता से उत्पन्न होता है और बिना उसकी चर्चा किए उस जाति की पहचान अधूरी रह जाती है। अतः भारत-बोध एक खास किस्म के विश्व-बोध से जुड़ा है और किसी सटीक शब्द के अभाव में इसे मैं 'वेदान्ती मानववाद' कहना चाहूँगा। यह भारतीय पिता के प्रत्येक पृष्ठ पर, चाहे वेद उपनिषद् हो या काव्य पुराण हो या स्मृति हो या दर्शन, अपनी एक विशिष्ट भंगिमा में मौजूद है। गुप्त जी का देशबोध इस विश्वबोध से प्रत्यक्ष और प्रत्यक्ष रूप में सर्वत्र जुड़ा चलता है। यही कारण है कि जिस श्रद्धा से ये पौराणिक मिथों को ग्रहण करते हैं उसी श्रद्धा से बौद्ध-कथा (यशोधरा), मुस्लिम इतिहास (काबा और कर्बला) तथा आधुनिक मार्क्सवाद ('जयिनी' अर्थात् मार्क्सपत्नी जेनी) को भी देखते हैं। भले ही वह दृष्टि उनकी क्लासिकल आकृति से किसी-किसी कोणों में भिन्न

हो। तथ्य तो यह है कि गुप्त जी ने पौराणिकता के अर्थ को विस्तार दिया है। उनकी पौराणिक दृष्टि में आधुनिकता का विस्तार मिलता है। उनमें शम्बूक-प्रसंग के लिए कोई जगह नहीं। परन्तु कार्ल मार्क्स और कर्मकांड विरोधी, तथा वैदिक देववाद के प्रतिकूल मानुषी पुरुषार्थ का उद्घोष करनेवाले राजा दिवोदास के लिए श्रद्धास्पद आसन है।

''करें सदा सानन्द स्वर्ग में सुर निर्विघ्न बिहार।
हम पृथ्वी के पुत्र, हमीं पर निज भू माँ का भार।।
कर दी है देवावलम्ब ने नर की निजता नष्ट।
अमृत पुत्र होकर भी हम हैं पौरुष पद से भ्रष्ट।।
किन्तु आत्म विश्वासी हूँ मैं पाकर दुर्लभ देह।
सहे सुरों का भी शासन क्यों मेरा अपना गेह?
फिर भी नहीं किया जा सकता विग्रह देवविरुद्ध।
अपदेवों से हम अवश्य ही कर सकते हैं युद्ध।।

पुराणों में कथा आती है कि काशी के राजा दिवोदास ने देवताओं को काशी से निकाल बाहर कर दिया था और अपने पुरुषार्थ द्वारा ही प्रजा का पालन करता रहा, बिना किसी देवता की सहायता के। इस घटना को गुप्त जी ने एक आधुनिक पुरुषार्थवादी चिन्तन प्रस्तुत करने का माध्यम बनाया है अपनी लघु नाटिका 'दिवोदास' में। मनुष्य की अपनी कर्म साधना ही पर्याप्त है, उसे किसी देवता की कृपा की जरूरत? यह भाव शुद्धतः 20वीं शदी का भाव है। अतः गुप्त भी की पौराणिकता परम्परा के उसी अंश को स्वीकार करती है जो प्राणवन्त और सजीव है। उनके काव्य से सिद्ध होता है कि प्राचीन का अर्थ 'वृद्ध' नहीं होता। कुछ ऐसी भी बातें जो प्राचीन होने के बावजूद जरामरण से परे है, जिनकी अर्थवत्ता सार्वकालिक और सार्वभौम है और किसी भी कालखंड में 'बासी' या 'बूढ़ी' नहीं कहीं जा सकती है। सूर्य बहुत पुराना है। पर वह नित्य तरुण है। आकाश बड़ा नहीं होता। समुद्र और पर्वत वयोवृद्ध नहीं कहे जाते हैं। सत बूड़ी नहीं होती। चन्द्र ज्योत्स्ना नित्य तरुणी है। पंचमहाभूत शाश्वत पट्ठा जवानों की तरह विचरण करते ही रहते हैं। केवल प्राचीन होना या परम्परा-सम्भव होना कोई निषेधात्मक स्थिति नहीं है। मनुष्य जीवन में कुछ मूल्य ऐसे है जो परम प्राचीन और परम्परागत होते हुए भी 'नित्य' नवीन रहते हैं और प्राचीन का वह अंश जो इन मूल्यों का धारक है जीर्ण या वृद्ध नहीं कहा जा सकता। गुप्त जी की काव्य-साधना के प्रधान उपजीव्य 'प्राचीन' और परम्परागत के ऐसे ही

स्वस्थ और शाश्वत तरुण अंश रहे हैं। इसकी आकृति-प्रकृति की संरचना वे युगबोध और युगदृष्टि के परिप्रेक्ष्य में रखकर ही करते हैं। 'साकेत' और 'द्वापर' की वस्तुगत संवेदना इसी कारण 'रामचरितमानस' और भागवत से भिन्नतर हो जाती है। यह उनकी विशिष्टता है कि परम्परा को परम्परा के रूप में अक्षुण्ण रखते हुए भी उन्होंने परम्परा के आश्रमों का अर्थगत विस्तार किया है। 'द्वापर' या 'साकेत' की तुलना यदि दिनकर के 'कुरुक्षेत्र' से करें तो यह बात बिलकुल साफ हो जाती है। 'कुरुक्षेत्र' की विषयवस्तु मूलतः महाभारत से आई है परन्तु उसमें परम्परा नहीं 'आधुनिकता' अभिव्यक्त होती है। परम्परागत या प्राचीन तो उनकी तकनीक का अंग भर है। उसकी स्थापना का उद्देश्य है आधुनिक इतिहास-बोध और पुरुषार्थवादी जीवन दर्शन। 'दिनकर' का 'कुरुक्षेत्र' आधुनिक समाजवादी मूल्यों की 'गीता' है। विषय एक होते हुए भी गुप्त जी ने पौराणिक दृष्टि पर बलाघात किया तो दिनकर ने आधुनिक दृष्टि पर। यहाँ केवल दृष्टि-भेद की ही बात नहीं। सिसृक्षा की अवधान भूमि (अवस्थिति-विन्दु) भी अलग-अलग है। दिनकर परम्परागत में एक 'आउट साइडर' या शोधकर्ता की दृष्टि से प्रवेश करते हैं, परन्तु गुप्त जी परम्परा के भीतर 'इन-साइडर' या स्वगृही के रूप में रहकर परम्परा के विचार देते हैं। गुप्त जी का काब्य परम्परा की अग्नि में पकाया परमान्न है तो यह कोई दोष की बात नहीं। महत्त्व अग्नि का नहीं परमान्न का है। मनुष्य यदि मनुष्य ही है, बीसवीं सदी के अन्तिम दशकों में आकर कोई नई जीव-प्रगति (spicies) नहीं बन गया है, तो गुप्त जी का यह परिवेशन उसके स्वाद और स्वास्थ्य के प्रतिकूल नहीं होगा। वैसे तो तर्क या तर्काभास के लिए चाहे जो बक दिया जाए।

गुप्त जी परम्परा के भीतर अपने को सर्वदा 'स्वगृही' या 'इन-साइडर' (Insider) रहते हुए भी परम्परा के बाहर आज के आधुनिक जीवन के भय और आतंक, आशा और आकांक्षा के प्रति सचेत रहें है।

आज पर्यावरण-प्रदूषण और तीसरे महायुद्ध का भयानक दुःस्वप्न ये दोनों तथ्य विश्व-चिन्ता के मूल विषय बन गए हैं। पर्यावरणवाली बात तो भारतवर्ष में गत दशक से ही चर्चित होने लगी है। परन्तु अगले महायुद्ध का दुःस्वप्न गुप्त जी के समय में भी एक अत्याधुनिक दुःस्वप्न था। गुप्त जी मनुष्य के भविष्य को लेकर उतने ही चिन्तित थे जितना कि हिन्दी का कोई भी आधुनिकतम कवि हो सकता है। इसका सबूत है उनकी 1950-51 के आसपास लिखी गई एक कविता 'पृथिवी पुत्र'। इसका भारत की अन्य

भाषाओं में तथा अंग्रेजी में भी अनुवाद हो चुका है। उसका अन्तिम अंश इस प्रकार है। कविता धरती माता और उसके पुत्र मनुष्य के बीच संवाद के रूप में है।

पृथ्वीपुत्र : 'युद्ध से ही युद्ध को समाप्त कर दूँगा मैं।
माताभूमि : 'एक के अनन्तर अपेक्षा एक युद्ध की
देखती मैं आ रही हूँ ज्ञात नहीं कब से।
एक सदुद्देश्य कहकर सब जूझे हैं
किन्तु एक इति से जुड़ा है अथ दूसरा।
शासक का नाम रख शासक ही होगा तू
भय से बाध्य होंगे साध्य होंगे क्या कभी?
पृथ्वीपुत्र : छोड़ूँगा नहीं कहीं कुत्सित कदर्य को
माता-भूमि : कुत्सित कदर्यं किसे कहता है तू भला?
एक दृष्टिकोण से ही देखा नहीं जाता है।
होता नहीं नष्ट कर देने योग्य मल भी।
उसका भी सार बना लेने में बड़ाई है
वृद्धि पावे जिससे हमारी शस्य-सम्पदा।''
पृथ्वीपुत्र : तो क्या चाहती है तू, बता दे यही मुझको।
माताभूमि : ''तुमको बड़े से बड़ा देखना चाहती हूँ मैं।
मेरे जात जन्तुओं में मुख्य तू ही है।
किन्तु छोटा होकर ही कोई बड़ा होता है।
मिथ्या दर्प छोड़ने का साहस हो तुझमें
तो व्यक्तित्व अपना समष्टि में मिला दे तू
देश कुल जाति किंवा वर्ग-भेद भूल के।
जा तू, विश्व मानव हो, सेवा कर सबकी।
भीति नहीं प्रीति यथा रीति तेरी नीति हो।
उठ बढ़, ऊँचा चढ़ संग लिए सबको
सबके लिए तू और तेरे लिए सब हैं।
नाश में लगी बुद्धि विलसे विकास में
गर्व करूँ मैं भी निज पुत्रवती होने का।''

''पृथ्वीपुत्र'' कविता की ये अन्तिम पंक्तियाँ हैं। कवि एक और युद्ध के लिए युद्ध की व्यर्थता और इस नारे के भीतर के पाखंड का उल्लेख करता है, तो दूसरी ओर 'वर्ग संघर्ष' की थ्योरी के ऊपर सर्वोदय-दर्शन की प्रतिष्ठा

करता है। ये पंक्तियाँ इस तथ्य को प्रभावित करती है कि परम्परा के भीतर स्थित होकर भी गुप्त जी आधुनिक जीवन के प्रति अत्यन्त सचेत थे।

आखिर में एक बात की और चर्चा कर दूँ। अत्यत अनिच्छापूर्वक ही सही। हाल में हिन्दी संस्थान लखनऊ में गुप्त जी पर एक विचार गोष्ठी हुई थी। उसमें प्रगतिशील खेमे से एक घिसापिटा आक्षेप आया कि गुप्त जी हिन्दू या पौराणिक राष्ट्रीयता के ही प्रतिनिधि हैं। उनका काव्य हमारी सामाजिक संस्कृति (composite culture) मानी मिली-जुली हिन्दी मुस्लिम संस्कृतिवाले भारत का जो संविधान-सम्मत 'भारत' है कोई प्रतिनिधित्व नहीं करता। इस सन्दर्भ में मुझे वह पूछना है कि यह सामाजिक संस्कृति वाली बात एक राजनैतिक समझौता से ज्यादा और कुछ है क्या? क्या यह एक 'स्टंट' या तिकड़मबाजी नहीं है जो उस वर्ग द्वारा हर एक मंच से उपस्थित्त की जाती है जो देशबोध को या भारत बोध की मुख्य सुषुम्ना नाड़ी को, जो उसकी प्रमुख प्राणधारा है, शिक्षा, संस्कृति और राजनीति से बहिर्भूत और निष्कासित करने का षड्यन्त्र करता रहता है। संस्कृति की रचना मन और प्राण के भीतर से होती है। वह राजनीति के बन्दरबाँट जैसे फैसलों से नहीं बनती है। बेगम सीता, 'बादशाह राम' और 'महर्षि मुहम्मह' के फार्मूलों के आधार पर राजनीतिज्ञगण संस्कृति रचने चले हैं और उनके 'पवनी फ्जहर' की तरह सेवारत साहित्यकार उनकी भाषा को हर जगह उछालते रहते हैं। 'सामाजिक संस्कृति' को आज जिस रूप में समझाया जा रहा है उसके पीछे भय, शंका और चालबाजी है। भीतर-भीतर सब अपनी-अपनी तलवार पुजा रहे हैं। परन्तु भय-शंका और तिकड़म से संस्कृति नहीं बनती है। संस्कृति बनती है विश्वास और प्रेम के माध्यम से। अकबर और शेरशाह के जमाने में विश्वास और प्रेम का यह वातावरण पैदा हो गया था और एक सामाजिक संस्कृति अपना रूप लेने लगी थी। संस्कृति का जनक होता है लोकमानस। लोकमानस और लोकसंस्कृति के पथ से आकर ही कोई बात संस्कृति का अंग बन सकती हैऔर कोई रास्ता ही नहीं है। सामाजिक संस्कृति यानी मिली-जुली संस्कृति की बात को हिन्दी कविता में आने से पहले लोकसंस्कृति और लोकभाषाओं के पथ पर उतरना होगा। बंगला के दरवेशों और बाउलों के गीतों के पथ से यह गुजरी है। हिन्दी क्षेत्र के सूफी कवियों के अन्दर वह प्रतिष्ठित हुई है। क्योंकि हिन्दी क्षेत्र के लोकमन और लोकसंस्कृति का अंग बन गया था सूफीवाद। कौन कह सकता है कि मलिक मुहम्मद जायसी भारतीय संस्कृति के उतने ही महत्त्वपूर्ण अंग नहीं हैं जितने कि सूर-तुलसी हैं?

सामाजिक संस्कृतिवाली बात अभी तक राजनैतिक जीवन के भीतर प्रतिष्ठित एक आदर्श मात्र है। मैं यह कदापि नहीं कहता हूँ कि यह आदर्श ग़लत है। आदर्श बिलकुल सही है यदि इसको ईमानदारी से अमल में लाया जाए परन्तु यह लोकमन और लोकसंस्कृति में अभी उस गहराई में प्रतिष्ठित नहीं हो पाया है कि महाकविता का उपजीव्य बन सके। इस पर लेख लिखा जा सकता है। कुछ कोशिश करके उपन्यास-कहानी भी रची सकती है। परन्तु कविता नहीं। कविता किसी जाति के मन का 'थर्मामीटर' है। वह जातीय मन से, जातीय हृदय से जुड़ी विधा है और वह आरोपित सत्यों के आधार पर नहीं लिखी जा सकती है। तुकबन्दी या प्रचार-काव्य की बात और है। जब तक सामाजिक संस्कृति लोकमन के धरातल पर उतरकर उसकी आकांक्षा का अंग नहीं बन जाती कविता में उतारना असम्भव है। स्मरण रहे कि हिन्दी और उर्दू दोनों शिक्षित समाज की भाषाएँ हैं। ये लोकभाषाएँ नहीं हैं। उर्दू की बात कहने का हकदार मैं नहीं परन्तु इतना दृढ़तापूर्वक कहता हूँ कि हिन्दी भाषा हिन्दी क्षेत्र की 'जबान' यानी 'जीभ' भर है। हिन्दी का 'हृदय' रचती है लोकभाषाएँ यानी भोजपुरी, अवधी, ब्रजभाषा वगैरह। राजनीति और अर्थशास्त्र मस्तिष्क और जीभ से जुड़े हैं। परन्तु कविता का सम्बन्ध सीधा 'हृदय' से होता है। तो इस सामाजिक संस्कृति का प्रथम अंकुरण होना चाहिए हिन्दी के 'हृदय' में, लोकभाषाओं में। हिया में उपजने के बाद तो वह वाणी में पुष्पित-पल्लवित होगी और तब वह वाणी होगी खड़ीबोली हिन्दी। पर आज तो हालत यह है कि जनगणना के समय गाँव का हिन्दू अपनी मातृभाषा 'भोजपुरी' कहकर ही कोष्ठक में लिखवाता है हिन्दी, तो उसी गाँव का मुसलमान, जिसके लिए करिया अक्षर भैंस बराबर है, अपनी भाषा लिखवाता है एकमात्र 'उर्दू'। अतः दोष कहीं पर और प्रहार कहीं और पर हो रहा है। सूफी साधकों और चिन्तकों ने लोक भाषा को श्रद्धा से देखा था। वे उसमें उतर कर अवगाहन किए थे। फलतः तत्कालीन साहित्य में सामाजिक संस्कृति का प्रतिनिधि चेहरा बनकर उनका चिन्तन उपस्थित हुआ। हिन्दी सूफी महाकाव्यों में, बँगला में लाल फकीर के बाउल गीतों में (बाउलगान परम्परा में मुसलमान फकीर ही ज्यादा हैं), असमिया जिकिर (प्रभुनाम कीर्तन) सजा वाले गीतों में। मुस्लिम चिन्तन और भावबोध को पहले भोजपुरी में उतरना होगा, तब वह नागरिक हिन्दी में आ सकता है। विशेषतः काव्य साहित्य में। अन्यथा नहीं। इसके लिए पहल भोजपुरी मुस्लिम समाज को करनी होगी। उन्हें अपनी संस्कृति को लोकभाषा और लोकसंस्कृति को अन्दर निमज्जित करना होगा तभी कुछ

बात बन सकती है। जब तक यह नहीं होता है तब तक काव्य के सन्दर्भ में यह प्रश्न एक फूहड़ राजनैतिक प्रश्न पर बनकर रहेगा। गुप्त जी के बारे में उठाया गया सवाल कोई नया सवाल नहीं। महाकवि रवीन्द्रनाथ के बारे में भी उनके जीवन काल में ढाका के मुसलमान बुद्धिजीवियों ने यह प्रश्न और यही आक्षेप उपस्थित किया था और गुरुदेव ने कमोबेश वही उत्तर दिया था जो ऊपर प्रस्तुत किया गया है। सच्ची कविता समूहमन का थर्मामीटर होती है और वह झूठ नहीं बोल सकती। समूह में जब इस 'सामाजिक संस्कृति' (नए राजनैतिक अर्थ में) की कोई आकृति ही नहीं प्रतिष्ठित है तो वह हिन्दी या उर्दू की कविता में सच्ची कविता के रूप में उपस्थित कैसे हो सकती है? हमारे सामाजिक जीवन की इस ट्रैजिडी के लिए राजनीतिज्ञ ही सबसे बड़ा ज़िम्मेवार है। अकबर, शेरशाह, मुहम्मदशाह बहादुरशाह वगैरह बिना 'धर्मनिरपेक्षता' का कानून बनाए ही अपने चरित्र के माध्यम से वर्तमान शासकों की अपेक्षा अधिक धर्मनिरपेक्ष थे और 'सामाजिक संस्कृति' की थोड़ी बहुत जो बू-बास हमारे जन-जीवन में मौजूद है वह उन्हीं की देन है, जवाहरलाल नेहरू और वामपन्थी राजनीतिज्ञों की नहीं। इन्होंने तो अपने कार्य-कलापों द्वारा इस मामले को सुलझाने की अपेक्षा और अधिक उलझाया ही है।

('ज्ञान-तरंगिणी' अंक 1990 में प्रकाशित)

ब्रह्मर्षि वंश 'विस्तर' का मन्थन

जब स्वामी जी का इस देश के सामाजिक जीवन में आविर्भाव हुआ उसके पूर्व ही गाजीपुर में भारतीय महाजागरण का पग-निक्षेप हो चुका था। वैसे तो महाजागरण अर्थात् 19वीं सदी के उत्तरार्द्ध का 'रिनैसाँ' (Renaissance) गाजीपुर में बंगाल की तुलना में 50 वर्ष बाद पहुँचा था और वह भी गाँधीवादी राष्ट्रीय आन्दोलन और आर्यसमाजी सामाजिक चिन्तन का परिवेश लेकर। गाजीपुर ही नहीं सारे उत्तर भारत के सन्दर्भ में मोटे तौर पर यही बात थी। अत: इसमें बगाल के पुनर्जागरण के कुछ तत्त्व अनुपस्थित थे। यहाँ पर कोई डिरोजिओ नहीं पैदा हुआ जो 'युवा बँगाल' जैसे उन्मुक्त और परम्परा-भंजनवादी आन्दोलन की सृष्टि करता और भारतेन्दु के बावजूद यहाँ पर बँगाल की तरह नवशिक्षित आधुनिक विचारधारा का वैसा प्रखर प्रभाव नहीं पड़ सका। जो कुछ आया वह सीधे पश्चिम से न आकर बँगाल की मार्फत ही पहुँचा। फलत: उसकी उग्रता और प्रखरता बहुत संयमित हो चुकी थी। गाजीपुर की अफीम कोठी में गगन राय नामक बँगाली सज्जन ऊँचे पद पर कार्यरत थे। उनके यहाँ स्वामी विवेकानन्द प्राय: आते-जाते थे और उन्हीं के माध्यम से पवहारी बाबा से भेंट भी की थी। बाद में विवेकानन्द ने पबहारी बाबा पर एक छोटी सी किताब भी लिखी 'A Saint of Ghazipur' (गाजीपुर का एक सन्त)। रवीन्द्रनाथ ने भी गाजीपुर आकर कुछ दिन प्रवास किया था और 'मानसी' की कुछ कविताएँ गाजीपुर के गंगातट पर ही लिखी गई है। परन्तु महाजागरण के इन दोनों तेजोददीप्त पुरुषों की उपस्थिति की सुगन्ध गाजीपुर के जनसमुदाय को नहीं मिल सकी। पवहारी बाबा से जब विवेकानन्द ने बाहर निकलकर भारतीय जनता को महाजागरण का सन्देश देने को कहा तो उन्होंने यह कहकर इन्कार कर दिया कि प्रकृति के विधान में यानी इतिहास-प्रवाह में हस्तक्षेप हम क्यों करें? और योगी तो अपनी चिद्शक्ति द्वारा ही विश्व की चेतना को प्रभावित करता है। कुछ इसी किस्म का तर्क उत्तरकालीन योगी अरविन्द भी देते थे। तो कहने का तात्पर्य यह कि

गाजीपुर उन्नीसवीं सदी के अन्तिम दशक तक अट्ठारहवीं सदी की रात्रि में ही सुप्त था। सच तो यह है कि 1857 के गदर के बाद गाजीपुर में काल की गति थम गई थी और पूरे पचास वर्षों तक यहाँ काल स्तम्भित और जड़ीभूत रहा। तत्पश्चात इस शताब्दी के द्वितीय दशक का आरम्भ होने के साथ काल में कुछ थरथराहट आई और काल-धर्म का मिजाज बदला एवं महाजागरण का प्रवेश हुआ 'गाँधी' तथा 'दयानन्द सरस्वती' के नामों की अनुगूँज के साथ बँगाल के महाजागरण की प्रकृति ज्यादा उन्मुक्त, ज्यादा आधुनिक, ज्यादा पश्चिमाश्रयी और सबसे बढ़कर रोमांटिक तथा रहस्यवादी (mystic) थी। उसमें भावुकता का रुझान ज्यादा था। परन्तु हिन्दी क्षेत्रों में आर्यसमाजी चिन्तन के अप्रत्यक्ष प्रभाव के कारण महाजागरण का स्वरूप पुनरुत्थानवादी, सुधारवादी तथा शुद्धतावादी (Puritan) था और गाँधी जी इस नई चेतना के राष्ट्रीय प्रतीक बन रहे थे। आर्यसमाज और गाँधीवाद दोनों सामाजिक-सांस्कृतिक चिन्तन में कमोबेश एक ही थे। अतः इसमें बँगाल जैसी भावावेग की तरलता और उम्मुक्त क्रान्तिकारीपन नहीं थे। इसके प्रतिकूल इसमें संकल्प की कठोरता थी, सुधारवादी उत्साह था और पुनरुत्थानवाद की उमंग थी। उस समय उत्तर भारत के हिन्दी साहित्य में 'द्विवेदी-युग' चल रहा था और इसके नेता पंडित महावीरप्रसाद द्विवेदी जीवन में नैतिक अनुशासन और भाषा में व्याकरण के अनुशासन के प्रबल पक्षधर थे। पुरानी साहित्यिक भाषा व्रजभाषा विदा हो रही थी और नई भाषा खड़ी बोली को व्याकरण के व्यायाम-सूत्रों पर ढाला जा रहा था। कहने का तात्पर्य यह कि आर्यसमाज, महात्मा गाँधी, खद्दर, सादगी, संयम, स्वदेशी आन्दोलन, देशीपन का पुनरुत्थान, सुधारवादी शुद्धतावाद, नैतिकताशासित साहित्य, व्याकरण-शासित भाषा, अनुशासन-शासित संकल्प-चेतना आदि मिलकर इस कालखंड की मनोभूमि या मिजाज की रचना करते हैं। यह मिजाज रोमांटिक, भाव-तरल और उग्र आधुनिक नहीं था। तो भी 18वीं सदी की रात में अचेत गाजीपुर के लिए बिलकुल नया मिजाज था, एक नई हलचल थी। ऐसे परिवेश में स्वामी सहजानन्द सरस्वती का प्रवेश होता है और उनके मनोमय पुरुष का निर्माण भी इन्हीं उपयुक्त तत्त्वों से प्रभावित है। इन सारी बातों ने उनकी जन्मजात विद्रोही प्रकृति को एक खास आकृति दी है जो भविष्य के उनके सारे क्रिया-कलापों में अभिव्यक्त होती रही। उस जमाने की एक घटना को लें। दिल्ली के एक कवि सम्मेलन में ठाकुर गोपालशरण सिंह ने एक कविता पढ़ी थी जिसकी एक पंक्ति थी 'मन अहो! किसका न

विमोहती, कुसुमिता नमिता वनिता लता'? इसी पंक्ति पर उत्तर भारत का साहित्यिक समाज कुपित हो उठा था। समाचार पत्रो में 'शृंगार रस या संहार रस' जैसे लेख लिखे गए। लोगों को 'कुसुमिता' शब्द पर घोर एतराज था। लोगों ने कहना शुरू किया 'भला, यह देश गुलाम क्यों न हो, जहाँ ऐसी घोर शृंगारी कविताएँ लिखी जाती हैं। (आधुनिक युग के उत्तान शृंगार रस की तुलना में यह पंक्ति निहायत मासूम लगती है। उस जमाने में ब्रह्मचर्य के गुण गाना एक रीतिबद्ध भंगिमा या मुद्रादोष बन गया था। स्वामी सत्यदेव की पुस्तक 'ब्रह्मचर्य ही जीवन है' बड़ी लोकप्रिय हुई थी। स्वयं स्वामी सहजानन्द ने कई लेखों में ब्रह्मचर्य का गुणगान किया है। वस्तुतः उस युग का यह लोकप्रिय टॉपिक था। लोग नशापान, धूम्रपान आदि को सामाजिक पाप मानने लगे थे। परन्तु अपने सारे अधूरेपन और एकांगिता के बावजूद इस उत्तर भारतीय युगरुचि में एक आदर्शवाद था और कर्मनिष्ठा का प्रबल आग्रह था। समूहजीवन के व्याकरण को ठीक कर रहा था आर्यसमाज, भाषा के व्याकरण को ठीक कर रहे थे पं. महावीरप्रसाद द्विवेदी और राजनैतिक जीवन का व्याकरण नए सिरे से गढ़ रहे थे सत्याग्रह और अहिंसा के माध्यम से महात्मा गाँधी। व्याकरण का उद्देश्य ही होता है संयम, अनुशासन और स्वास्थ्य। इसी मानसिकता और उत्तराधिकार को लेकर स्वामी सहजानन्द सरस्वती भारतीय लोकजीवन में प्रवेश करते हैं।

हमने इन बातों की चर्चा इसलिए की है कि स्वामी सहजानन्द सरस्वती और उनके क्रियाकलाप को समझने के लिए बीसवीं सदी के प्रथम दशकों को युगरुचि और मिजाज को समझना आवश्यक है और गाजीपुर तथा पूर्वी उत्तर प्रदेश की महाजागरणकालीन मनोभूमि की समझ लेना आवश्यक है। यह महाजागरण एक चुनौती लेकर आया था। मध्यकालीन मानसिकता के विरोध में जो प्रत्यक्ष तौर पर तो मुगलकालीन पतनोन्मुख संस्कृति यानी सांस्कृतिक सड़ाँध (Decandence) की उत्तराधिकारिणी थी, परन्तु सूक्ष्म दृष्टि से देखा जाए तो इस मानसिकता के बीज बहुत पूर्व राजपूत युग में ही, या एक तरह से कहें तो सम्राट हर्षवर्द्धन की मृत्यु के बाद ही, बो दिए गए थे। सम्राट हर्षवर्द्धन की मृत्यु के बाद जब बौद्धधर्म संकुचित होने लगा और प्रत्येक वर्ण में नई-नई उपजातियों का सृजन होने लगा गुण और कर्म के आधार पर और एक स्वयं-स्फूर्त सामाजिक प्रक्रिया के माध्यम से। पुराने वर्गों का रूपान्तर नई आकृतियों में और नए नामों से होने लगा। बहुत-सी नई उपजातियाँ बनीं जो आज के उत्तर भारतीय समाज का प्रमुख चेहरा बनाती

हैं। हम मानते हैं कि मध्यकाल की शुरुआत गाहरवाड़ पराभव और मुस्लिम विजय के साथ नहीं बल्कि हर्षवर्द्धन की मृत्यु के बाद राजपूत युग के प्रारम्भ के साथ ही हो जाती है। राजपूत युग मध्यकाल का प्रथम पर्व है तो मुस्लिम युग द्वितीय पर्व और शासकों की जाति भिन्न-भिन्न होते हुए भी दोनों पर्वों की मानसिकता में बहुत प्रभेद नहीं है। यह मध्यकाल का प्रथम पर्व ही है जिसकी अन्तिम सीमा रेखा है गाहरवाड़ वंश, यह ब्राह्मणों और क्षत्रियों की वर्तमान उपजातियों और वर्तमान आस्पदों (यथा राय, सिंह तिवारी, मिश्र, पांडेय, उपाध्याय, द्विवेदी, चतुर्वेदी आदि) का उद्‌भवकाल है। ब्राह्मणों की कान्यकुब्ज, सरयूपारीण, सनाढ्य, भूमिहार आदि उपजातियों तथा क्षत्रियों की परमार, प्रतिहार, चन्देल, राठौर, गाहरवाड़ आदि के उद्‌भव का यही काल है। वैश्यों की ज्यादातर उपजातियाँ भी इसी कालखंड में अपना नया नाम-रूप ग्रहण करती हैं। कहने का तात्पर्य यह कि यह राजपूत युग ही आधुनिक जाति व्यवस्था को एक विशेष प्रकार की विच्छिन्नतावादी और मानसिक अवरोधों से जुड़ी हुई आकृति प्रदान करना प्रारम्भ करता है तथा जीवन, साहित्य और शिल्प में एक विधि-निषेधमूलक कृत्रिमता को जन्म देता है। ये सारे संस्कार गृह्यसूत्रों और धर्मसूत्रों की कट्टरतावादी अपरिवर्तनशील (कान्जरवेटिव) दृष्टि के चरम परिणाम हैं और एक प्रकार से इनकी परम्परा उत्तर बौद्धयुग से ही चलती है। परन्तु जाति-व्यवस्था के नए नाम और रूप राजपूत युग में ही उदित होते हैं। द्वितीय पर्व यानी मुसलमानी युग में आन्तरिक अनुशासन और संयम की जरूरत आत्मरक्षार्थ आ पड़ी। फलतः उस व्यवस्था तथा उन संस्कारों में अधिक से अधिक रक्षणशीलता और कट्टरता आती गई। निरर्थक अभिमान और घोर विलासोन्मुख दृष्टि ही संस्कृति और सभ्यता के नामान्तर बन गए। दिन-पर-दिन भारतीय समाज 'शान्ति' और 'सद्' से दूर होता गया और 'घार' तथा 'मूढ़' में पतित होता गया। मध्यकाल के द्वितीय पर्व में सन्तों और वैष्णवों ने कुछ ज्ञान-प्रदीपों को जलाया अवश्य। परन्तु समाज के नेता ब्राह्मण और क्षत्रिय ही थे। वे रक्षणशीलता के स्थान पर संशोधित दृष्टि और कट्टरता के स्थान पर उदार चिन्तन को सम्भवतः अनुशासन के बिखर जाने के भय से स्वीकृति न दे सके। यह मध्यकाल इतिहास का अन्धकार युग है, रात्रि है, जिसकी सन्ध्या है राजपूत युग, अर्धरात्रि है मुगल काल और अरुणोदय है उन्नीसवीं सदी (उत्तरार्थ) का महाजागरण या पुनर्जागरण (रिनैसाँ)। यह पुनर्जागरण पूर्वी यू.पी. और गाजीपुर में 50 वर्ष बाद आया और स्वाभाविक है कि इसके दो आयाम थे। एक था राजनैतिक और

दूसरा था सामाजिक। राजनीति में उसने चुनौती दी विदेशी शासन को और सामाजिक सन्दर्भ में इसने चुनौती दी कुशिक्षा, अशिक्षा और मध्यकालीन मानसिक जकड़बन्दी को। स्वामी सहजानन्द सरस्वती ने इस महाजागरण से सम्भूत इस नई चेतना को पहले-पहल सामाजिक स्तर पर ही अनुभूत किया और एक जाति-विशेष यानी भूमिहार ब्राह्मण की मानसिक जकड़बन्दी और आत्मविस्मृति के खिलाफ लड़ाई छेड़ दी। यह उनके विद्रोही चरित्र का प्रथम प्रस्फुटन था।

स्वामी जी का प्रथम महत्त्वपूर्ण कार्य है भूमिहार ब्राह्मणों का 'जातीय' आन्दोलन और इसी के परिप्रेक्ष्य में 'ब्रह्मर्षिवंश-विस्तर' तथा कुछ काल बाद 'कर्मकलाप' जैसे ग्रन्थों की रचना। हम यहाँ पर स्पष्ट करना चाहते हैं कि यह एक सामाजिक आन्दोलन था। इसे 'जातीय' कह सकते हैं परन्तु 'जातिवादी' नहीं। 'जातीय' और 'जातिवादी' दो भिन्न शब्द हैं और उनके अर्थ में मौलिक प्रभेद है। 'जातीय' शब्द में 'जातिवादी' शब्द की राजनीतिप्रधान, दुराग्रही और कुटिल व्यूहरचनापरक गन्ध नहीं। 'जातिवादी' का सीधा अर्थ होता है 'फासिस्ट' या 'नाजी'। यह सत्ता-संघर्ष के लिए राजनीतिज्ञ की व्यूहरचना का एक अंग है जिसे जातीय उन्नयन के आकर्षक नारों से जोड़कर सबल किया जाता है। यह देश के लिए जहन्नुम का रास्ता है। परन्तु जातीय आन्दोलनों की प्रकृति भिन्न होती है और उनकी संघर्षभूमि राजनीति नहीं सामाजिक जीवन होता है तथा वे शिक्षा और सुधार के अतिरिक्त 'आत्म-पहचान' (Search for Identity) से भी जुड़े रहते हैं और उनके सारे क्रियाकलापों का उद्देश्य (कहीं-कहीं ऊपर से वे जातियुद्ध जैसे लगें तो भी) रचनात्मक होता है। वे सामाजिक आत्म-संशोधन तथा रूपान्तर के आवाहन को लेकर चलते हैं। उनके सूत्रधार राजनीतिज्ञ नहीं, बल्कि समाज, संस्कृति और शिक्षा के क्षेत्रों से आते हैं। भूमिहार ब्राह्मण आन्दोलन भी मूलतः आत्मविस्मृति को भंग करके अपनी सही तलाश और सामाजिक कायाकल्प का आन्दोलन था। यह आन्दोलन स्वामीजी के पूर्व जन्म ले चुका था। इसके प्रथम प्रस्तोता राजे-महाराजे तथा अभिजात वर्ग के नव शिक्षित एवं जागरूक व्यक्ति थे। स्वामी जी के आगमन तथा उनके संचालन से इसे प्रबल प्राणशक्ति मिली क्योंकि स्वामी जी भूमिहार ब्राह्मण समाज के बूर्जुआ ढाँचे के भीतर रहनेवाले बहुसंख्यक 'आन्तरिक सर्वहारा' अर्नाल्ड टॉयनबी के शब्दों में (Inner Proletariat) अर्थात् छोटे-छोटे किसानों के नेता थे। स्वामी जी ने इस आन्दोलन से उन 'किसानब्राह्मणों को नद्ध कर दिया। तो

भी अभिजात वर्ग से यह मुक्त नहीं हो सका। यही कारण है कि आगे चलकर स्वामी जी ने अपना सम्बन्ध इससे तोड़ लिया और उनके जैसे व्यक्तित्व के अभाव में तथा इतिहास के बदलते सन्दर्भ के कारण भी यह आन्दोलन डेढ़ दो दशक चलकर समाप्त हो गया। मैं इस बात को स्वीकार करता है कि यह आन्दोलन स्वामी जी का उतना महत्त्वपूर्ण कार्य नहीं जितना कि उत्तरकाल में उनके द्वारा संचालित किसान आन्दोलन। यह एक क्षुद्र जातीय आन्दोलन ही था और किसी भी अखिल भारतीय आन्दोलन की तुलना में इसका महत्त्व क्षुद्र ही कहा जाएगा। तो भी यह 'ना'-धर्मी (Negative) मूल्यों वाला जातिवादी आन्दोलन नहीं था और इसका स्वरूप आज के जातिवादी संगठनों से सर्वथा भिन्न था। स्वामी जी का यह प्रस्थानबिन्दु है और इसका आनुषंगी दस्तावेज है 'ब्रह्मर्षिवंश विस्तर' जो आज भी जातिमीमांसा के एक शोधग्रन्थ के रूप में महत्त्व पाने योग्य है। यह पुस्तक आधुनिक पाठक को प्रथम बार विरक्तिकर लग सकती है। इसका कारण है इसकी पुरानी शास्त्रार्थशैली। पहला भाग 'कंटकोद्धार' यानी विरोधियों को मुँहतोड़ उत्तर है और दूसरा भाग है 'स्थापना' जिसमें अयाचक ब्राह्मणों (भूमिहार, त्यागी, महियाल) के गोत्रों और कुरियों का परिचय और विवेचन है। मैटर भूमिहारों पर ही ज्यादा है। सामान्य पाठक कंटकोद्धार तक जो बहुत ही लम्बा और तर्कपूर्ण हो गया है, जाते-जाते धैर्य छोड़ देता है और पुस्तक को जातियुद्ध का दस्तावेज मानकर रख देता है। परन्तु पूरा पढ़कर इस पर विचार करें तो यह भ्रान्ति नहीं होती। उस काल के प्रसिद्ध आलोचक पं. महावीरप्रसाद द्विवेदी ने 'सरस्वती' में इसकी समीक्षा की थी और इसकी सर्वांगपूर्णता को स्वीकार करते हुए लिखा था, 'इसमें कोई बात छूटने नहीं पाई है।'

भारतीय समाज की आन्तरिक बनावट ही ऐसी है कि जो कम्पन या थरथराहट जड़ और तने में होती है वह शाखाओं और पत्तियों तक जा कर शाखाओं और पत्तियों की आकृति के अनुरूप अपनी आकृति ले लेती है। उत्तर भारत में आज भी सामाजिक संगठन की सर्वाधिक संवेदनशील और प्राणवान इकाई 'जाति' है। इसका एक ऐतिहासिक कारण है। आयों ने वर्ण-धर्म के माध्यम से विभिन्न आर्य और आर्येतर ट्राइबों (प्रजातियों) को एक सूत्र के अन्तर्गत भारतीय जाति की एकरूपता प्रदान की। परन्तु महासमन्वय की आर्यशैली की यह विशेषता थी कि प्रत्येक ट्राइब या टोली के आन्तरिक चरित्र को नष्ट करके उसे एक साँचे में कठोरतापूर्वक ढालने का प्रावधान नहीं था। वर्ण को प्रत्येक इकाई को अपने अन्तर्निहित व्यक्तित्व के रक्षण

का अधिकार दिया गया और विभिन्न आर्य-आर्येतर ट्राइबों या दलों को इस वर्ग या उस वर्ग में डालकर उन्हें पूरी आन्तरिक स्वतन्त्रता दी गई तथा उनके लोकधर्म के कुछ अंशों को व्यापक स्वीकृति देकर अखिल भारतीय लोकधर्म का रूप दे दिया गया। इन्हीं ट्राइबों और टोलियों का गुण-कर्म के अनुसार आगे चलकर नामान्तर हुआ 'जाति' जिसे अंग्रेजी में Caste कहते हैं। अत: चार वर्ण तो आर्य-अवदान हैं परन्तु चार वर्णों के भीतर छत्तीस ही नहीं, अनेक जातियों का उद्‌भव आर्य-आर्यतर ट्राइबों के द्वारा हुआ है। उन्होंने अपने आन्तरिक व्यक्तित्व और खानपान तथा रक्तसम्बन्ध के अपने निजी अनुशासन को ज्यों-का-त्यों रखा। बीच-बीच में जब-जब ऐतिहासिक युगान्त घटित हुए इन जातियों का पुनर्गठन या विनिमय थोड़ा बहुत होता रहा। परन्तु आमूल परिवर्तन सम्भव नहीं था। कहने का तात्पर्य यह कि 'जाति' की जड़ें 'वर्ण' से भी गहरी हैं। वर्णव्यवस्था तो गुण-कर्म द्वारा आरोपित रही-बाद में इसमें आनुवंशिकता वाला भाव आया। परन्तु जाति बाहर से आरोपित व्यवस्था नहीं बल्कि यह या तो विभिन्न मौलिक आर्य-आर्येतर ट्राइबों का आत्म-विकसित रूप है अथवा कभी-कभी पेशे के आधार पर स्वत: स्फूर्त ढंग से 'वर्ण' के भीतर स्वयं उत्पन्न हुआ नया संगठन है। इसी से भारत में वर्ण भले ही समाप्त हो जाए 'जाति' 'समाप्त करने में कठिनाई है। भारत के हरेक आन्दोलन में दो एक शताब्दियों बाद या तो जातिचेतना ही सूत्रधार हो जाती है अथवा जातिचेतना उसे आत्मसात करके उलटा-पुलटा कर डालती है। बौद्धों ने, वैष्णवों ने, सन्तों ने जाति के खिलाफ बहत कुछ आन्दोलन किया परन्तु यह रह ही गई क्योंकि (अब इसे आधुनिक दृष्टि से दुर्भाग्य कहेंगे) इसकी जड़ें इतिहास में बड़ी गहरी है और इनके द्वारा समूहमन में मानसिकता की जो आकृतियों बनी हैं वे अति दीर्घजीवी हैं। तो, ऐसी हालत में यह स्वाभाविक था कि 19वीं सदी के उत्तरार्द्ध का महाजागरण अखिल भारतीय आकृति के साथ-साथ जातीय आकृतियाँ भी ग्रहण करे। महाजागरण ही क्यों? आज की वामपन्थी चेतना भारत के अन्दर ऊपर से वर्गचेतना की थ्योरी लेकर भले ही चले, नीचे के वास्तविक धरातल तक पहुँचते-पहुँचते जातिचेतना का रूप ले लेती है। ऐसा हो जाना, चाहे वह कितना भी सिद्धान्त: गलत क्यों न हो, एक स्वाभाविक परिणाम है अपने देश के सामाजिक विकास का। स्वामी जी किसान आन्दोलन के सन्दर्भ में वर्गचेतना के कट्टर पक्षधर अन्त तक रहे। परन्तु वे अपने जीवन के अन्तिम काल में जातिचेतना की अन्तर्निहित 'अपील' का तमाशा भी देख चुके थे।

यह सब एक भिन्न प्रसंग है। मैं यहाँ पर यही कहना चाहता हूँ कि स्वामी जी ने जब भूमिहार ब्राह्मण आन्दोलन शुरू किया तो उस कालखंड में ऐसी बहुत-सी पाश्र्ववती जातीय सभाएँ एवं जातीय आन्दोलन चल रहे थे। राजपूत महासभा, अग्रवाल महासभा, मैथिलसमाज जैसे अनेक छोटे-बड़े, अस्थायी संगठन उदित होते थे और कुछ वर्ष चलकर तिरोहित हो जाते थे। 'आल इंडिया कायस्थ कान्फ्रेंस' सबसे पुरानी और दीर्घजीवी संस्था रही है जिससे प्रथम श्रेणी के बुद्धिजीवी जुड़े थे। ये सारे आन्दोलन शिक्षा और संस्कृति के क्षेत्र में काम करनेवालों के द्वारा ही चालित थे और ये सब के सब कमोबेश महाजागरण की उद्‌बुद्ध चेतना की अभिव्यक्तियों ही थे। इनको कार्यसूचियों में नई शिक्षा का प्रचार सामाजिक कुरीतियों का अपसारण और सामाजिक अभ्युदय आदि समान भाव से स्वीकृत थे। उस युग का इतिहास बताता है कि उत्तर भारत में महाजागरण के स्पष्टतः तीन रूप साथ-साथ चल रहे थे। (1) अखिल भारतीय राष्ट्रीय जागरण (गाँधीवादी आन्दोलन) (2) हिन्दू महाजागरण (आर्यसमाज या सनातनधर्म सभा आदि) और (3) जातीय जागरण। स्वामी जी ने भी भूमिहारब्राह्मण आन्दोलन में योगदान दिया तो केवल इसलिए कि यह जाति मध्यकालीन मानसिकता का परित्याग कर अपने को पहचाने और अपनी आत्मविस्मृति भंग करे, साथ ही आत्म-शोधन द्वारा अभ्युदय प्राप्त करे। यह कोई गलत काम नहीं और न अप्रगतिशील कार्य था। उस युग की प्रगतिशीलता और जागरूकता की इस क्षेत्र में यही सीमा थी। सामूहिक स्तर पर इससे आगे जाना उन दिनों सम्भव नहीं था। व्यक्तिगत चिन्तन की बात और है।

यह भूमिहार ब्राह्मण आन्दोलन महाजागरण की अभिव्यक्ति था। अतः इसने मध्यकालीन पतनशील संस्कृति से उत्पन्न मानसिक जकड़बन्दी और आत्मविस्मृति को 'चैलेंज' दिया। यह 'चैलेंज' ह्मणत्वक उस पतन के विरुद्ध था जिसका प्रारम्भ सम्राट हर्षवर्द्धन के समय ही हो गया था और जिसका एक संकेत 'बाणभट्ट की आत्मकथा' में पंडित हजारीप्रसाद द्विवेदी ने दिया है। 'बाणभट्ट की आत्मकथा' के नवम् उछ्वास में प्रसंग आता है भट्टिनी को लेकर बाणभट्ट की नौका-यात्रा का। जब नौका वर्तमान मिर्जापुर के निकट पहुँचती है तो एक युवक सूचित करता है, "यह चरणाद्रि दुर्ग है। कान्यकुब्जेश्वर का यही इस समय पूर्वी दुर्ग है। इसके बाद के देशों में अराजकता है। उत्तरकाशी और दक्षिण का कारुष जनपद इस समय न तो मगध के गुप्ता के हाथ में है और न अपने। महाराजाधिराज के ज्येष्ठ ने यहाँ

बड़ी कुशलता की नीति बरती थी। उन्होंने उत्तरी तट के कुछ ब्राह्मणों को भूमि का अग्रहार देकर अपने पक्ष में कर लिया था। वे भूमि अग्रहारभोजी ब्राह्मण समस्त जनपद में प्रधान हो उठे हैं। वे ही इधर के सामन्त हैं। उनमें वैदिक क्रिया लोप होती जा रही है। अब वे खुलकर बौद्ध राजाओं का समर्थन करने लगे हैं। पर दक्षिण के व्याघ्र-सरोवर में आभीर सामन्त ईश्वरसेन का प्रभाव है। वह गुप्त सम्राटों का बड़ा ही विश्वासभाजन है।'' अर्थात् काशी जनपद की भूमि में सामन्त ब्राह्मणों अर्थात भूमि-अग्रहार भोजी ब्राह्मणों का प्राधान्य है तो 'व्याघ्रसर' (वर्तमान 'बक्सर') में आभीरों का। ये सामन्त ब्राह्मण बौद्ध राजाओं के समर्थक थे और इनमें वैदिक क्रिया-कर्म का लाप होता जा रहा था। 'बाणभट्ट की आत्मकथा' एक ऐतिहासिक उपन्यास है जिसके बहुलांश पात्र कल्पित है। परन्तु अभिव्यक्त जीवन कल्पित नहीं बल्कि घटित इतिहास का ही एक दस्तावेज है। यहाँ एक इशारा है उन ब्राह्मणों की ओर जिनके वंशज ही अगली शताब्दियों में 'भूमिहार ब्राह्मण' कहे गए। 'बाणभट्ट की आत्मकथा' की विषयवस्तु ही यह है कि भारतवर्ष पर विदेशी दस्युओं का दल चढ़ा आ रहा है और भारतीय समाज आनेवाले खतरे के प्रति बेखबर है। उत्तर भारतीय क्षत्रिय बौद्ध धर्म और बौद्ध आचारपद्धति के प्रभाव में अपना प्रकृत धर्म भूल चुका है और उत्तर भारतीय ब्राहाण अपनी मानसिक जकड़बन्दी के कारण नई स्थिति के अनुरूप अपने को तैयार नहीं कर पा रहा है और कहीं-कहीं पर तो राजाओं से भूमिदान का अग्रहार पाकर सामन्त बन चुका है तथा सामन्ती संस्कृति में इतना मोह-मूढ़ होता जा रहा है कि वैदिक क्रियाकर्म से भी इसका नाता धीरे-धीरे छूटता जा रहा है। असावधान क्षत्रिय और उसका सामन्त तेजहीन ब्राह्मण ये ही समाज के नेता हैं ('बाणभट्ट की आत्मकथा' में इस तथ्य को बड़े ही स्पष्ट ढंग से प्रस्तुत किया गया है। नायक बाणभट्ट स्वयं ही एक सामन्त ब्राह्मण था। उसके वत्सगोत्री पिता पौराहित्य करते हुए भी एक समृद्ध भू-स्वामी ब्राह्मण थे। देखिये 'हर्षचरित')।

पौरोहित्य और अध्ययन-अध्यापन के साथ-साथ 'कृषि' भी ब्राह्मणों का पेशा सनातन काल से रही है। यह कहना नितान्त गलत है कि ब्राह्मण मात्र विद्याजीवी ही होता है, कृषिजीवी नहीं होता। इतिहास से इस प्रवाद को कोई समर्थन नहीं मिलता। हाँ, इतना अवश्य है कि कृषि उसकी जीविकामात्र है, उसके ब्राह्मणत्व का द्योतक नहीं। हर हालत में ब्राह्मणत्व का द्योतक तो तप-विद्या और शील ही रहेंगे, जीविका-अर्जन का साधन चाहे जो हो। यदि 'कृषि' ब्राह्मणों का पेशा नहीं होती तो गुप्तकाल से ही प्राप्त ताम्रपत्रों और

दानपत्रों पर ब्राह्मणों को 'यावत चन्द्रदिवाकरौ' के लिए श्रद्धापूर्वक भूमिदान क्यों दिए जाते? और ये दानग्रहण करनेवाले ब्राह्मण भी ऐरे-गैरे नहीं होते थे। बल्कि विद्वत्ता और राजसेवा की प्रथम पंक्ति में बैठनेवाले श्रेष्ठ ब्राह्मण ही होते थे। सच्चाई तो यह है कि भारतीय भूमिसामन्तवाद की नींव या दागबेल 'ब्राह्मण भूस्वामी' द्वारा ही डाली गई है और प्रारम्भ में यह एक प्रगतिशील तथा रचनात्मक प्रक्रिया थी जो बाद में चलकर शोषण का जघन्य साधन बन गई। भूमिदान प्रारम्भ में एक प्रगतिशील कदम था। इसका उद्देश्य था वीरान भूमि को आबाद करना, जनजातीय और पिछड़े वर्ग में संस्कृति का विस्तार और भूमिव्यवस्था-नियमन के साथ-साथ ग्रहीता ब्राह्मणों के माध्यम से प्रजा के जीवन का सुनियोजन। इस भूमि-अनुदान को प्रथा से अधिक जमीन आबाद होने लगी और नई-नई बस्तियाँ वीरान अंचलों में स्थापित होने लगीं तथा इस प्रकार 'कृषि' एवं सभ्यता-संस्कृति का व्यापक विस्तार इन ग्रहीता ब्राह्मणों द्वारा घटित हुआ। इस प्रक्रिया का स्पष्ट विवेचन हम डॉ. कौशाम्बी तथा डॉ. रामशरण शर्मा जैसे प्रथम श्रेणी के मार्क्सवादी इतिहासकारों के लेखन में प्राप्त होता है। डॉ. शर्मा अपने 'भारतीय सामन्तवाद' नामक ग्रन्थ में लिखते हैं, वीरान इलाकों में गाँव बसाने तथा भूमि आबाद कराने के उद्देश्य से ब्राह्मणों को भूमिदान देने का प्रचलन प्राय: मौर्यकाल से ही प्रारम्भ हुआ जब यदाकदा 'राजकीय भूमि' के कुछ हिस्से कोसल और मगध में ब्राह्मणों को दान दिए जाते थे। यह प्रथा मौर्यकाल तक चालू रही। इस काल में कर और दंड के अधिकारों से मुक्त कुछ भू-क्षेत्र कतिपय ब्राह्मणों के लिए अलग रख दिए जाते थे। इनका उद्देश्य अधिक भूमि को जोत में लाना था क्योंकि कौटिल्य के 'अर्थशास्त्र' की यह व्यवस्था नई बस्तियों बसाने की योजना अर्थात् 'जनपद निवेश' की योजना का एक अंग है। यह प्रक्रिया आगे भी जारी रही। (पृष्ठ 40)। वीरान, बंजर या आरण्यक भूमि दान करने का उद्देश्य ही रहा होगा कि अनुदानभोगी इसे आबाद कराएगा और इस प्रकार कृषि सभ्यता तथा आर्य-व्यवस्था का विस्तार होगा। विशेषत: उत्कल, बंग, कलिंग तथा वर्तमान मध्य प्रदेश से प्राप्त होनेवाले कई दान-पत्रों में जिनका सम्बन्ध इधर के राजपूत-युग से है, भूमि के परती होने का या जंगल होने का स्पष्ट संकेत है। उत्तर भारत में भूमि के आबाद इलाकों में जो अग्रहार या भूमिदान ब्राह्मणों को दिए गए उनके पीछे दृष्टिकोण यह था कि (1) ग्रहीता ब्राह्मण जनजातीय कृषिपद्धति के स्थान पर विकसित पद्धतियों द्वारा कृषि-व्यवस्था की उन्नति करेगा तथा (2) अपने क्षेत्र में सामाजिक व्यवस्था

और राजनिष्ठा का भी नियमन करेगा। 'हर्षचरित' के अनुसार सम्राट हर्ष ने मध्यदेश में एक बार 1000 हलों के साथ 100 गाँव ब्राह्मणों को दिए। डॉ. शर्मा के अनुसार 1000 हलों का अर्थ होता है 10,000 एकड़ भूमि कृषियोग्य थी। यानी प्रत्येक गाँव में महज 100 एकड़ भूमि कृषियोग्य थी। शेष भूमि को उन ब्राह्मणों द्वारा धीरे धीरे आबाद किए जाने की अपेक्षा थी। इसके अतिरिक्त एक तथ्य और है कि इन ब्राह्मणों के पास खेती का प्रचलित तरीका और कृषि के ऐसे प्रगतिशील तरीकों की जानकारी थी और उनकी प्रवृत्ति पूजा-पाठ और अध्ययन-अध्यापन तक ही सीमित नहीं रहती थी।' (पृष्ठ 42, 'भारतीय सामन्तवाद')। हर्ष के समय तक ब्राह्मणों के पास काफी जमीन आ चुकी थी। प्रारम्भ में दो ही वर्ग थे 'महीपति' (राजा) और 'किसान'। 'अर्थशास्त्र' के अनुसार किसान को जमीन महीपति (राजा) से प्राप्त होती थी। डॉ. शर्मा ने दिखाया है कि याज्ञवल्क्यस्मृति की मिताक्षरा टीका के समय तक यह बात ते हो चुकी थी कि किसान को जमीन राजा नहीं भू-स्वामी (अर्थात् अग्रहारभोगी ब्राह्मण या जागीर-भोगी क्षत्रिय) देगा। तब तक भूमि से जुड़े लोगों की 4 श्रेणियाँ बन चुकी थीं (1) 'महीपति' (2) 'भू-स्वामी' (अग्रहार या जागीर का ग्रहीता) (3) कृषक और (4) उपकृषक। इन्हें 'आधुनिक भाषा में राजा, जमीदार, किसान (काश्तकार) और शिकमीदार या हलवाहा कह सकते है। प्रारम्भ में अग्रहारभोगी ब्राह्मण सभ्यता-संस्कृति के प्रसार का माध्यम था। तब उसे भूमि से प्राप्त आमदनी भागने का ही अधिकार था। कालान्तर में जब उसे दंडाधिकार तथा प्रशासनाधिकार भी मिल गया तो वह धीर-धीरे उस शोषक वर्ग के रूप में रूपान्तरित हो गया जिसकी चालू संज्ञा 'जमींदार' है। यह दंडाधिकार विशेष रूप से हर्षवर्द्धन की मृत्यु के बाद ही भूमिव्यवस्था का अंग बना और ब्राह्मण का 'सामन्त' रूप तभी अपने चरम निखार पर आया। वह कृषक से भू-स्वामी बना। भू-स्वामित्व के नशे, में वह ब्राह्मणोचित कर्म विद्या, तप, त्याग से बिछुड़ता गया और स्वधर्म से च्युत होने के कारण जो कभी सभ्यता के प्रसार का प्रगतिशील यन्त्र था, जो कभी राष्ट्रीय एकीकरण का वाहन था वह शोषण का प्रतिक्रियावादी संगठन बन गया। तुर्कों ने इस व्यवस्था को बरकरार रखा। तुर्क-शासनकाल में इनकी रही सही सांस्कृतिक भूमिका भी समाप्त हो गई और संस्कृति के रक्षण का भार पुरोहित ब्राह्मणों के दुर्बल कन्धों पर ही आ पड़ा, जो इसे जैसे-तैसे पेट के बल सरकते हुए अब भी ढोये जा रहे हैं। उधर भूस्वामी ब्राह्मणों में माया का जोर इतना प्रबल हुआ कि वे ब्रह्म को गौण मानने लगे अर्थात् भू-स्वामित्व के आगे ब्राह्मणत्व

की कोई कीमत ही उनकी दृष्टि में नहीं रही। अपने ब्राह्मणोचित 'मिश्र', 'पांडे', 'झा' और 'तिवारी' आस्पदों को भी बेहिचक त्यागकर 'सिंह' 'राय' को दम्भपूर्वक धारण कर लिया। दम्भ और कुटिलता तथा आत्मकेन्द्रित व्यक्तिमुखी स्वार्थ-साधन इस वर्ग में सामान्य अनुपात से अधिक बढ़ते गए। आज उत्तर भारत के 'अयाचक' ब्राह्मणों की जिन्हें 'भूमिहार ब्राह्मण' कहा जाता है सारी 'कुरियाँ' (कुल) इन्हीं सामन्त ब्राह्मणों की वंशज है। सारी-की-सारी नहीं तो अधिकांश के बारे में यही सत्य है। सामन्त जब गरीब होता है तो कृषक बन जाता है। आज ये 'भूमिहार ब्राह्मण' वस्तुतः 'किसान ब्राह्मण' है। स्वयं स्वामी सहजानन्द सरस्वती 'भूमिहार ब्राह्मण' की अपेक्षा कृषक 'ब्राह्मण' शब्द ही पसन्द करते थे। परन्तु उनकी चली नहीं। 'जमींदार' अपने को 'किसान' कैसे कहें?

पं. हजारीप्रसाद द्विवेदी ने भूमिहार ब्राह्मणों पर कहीं अलग से कुछ नहीं लिखा है। वे तो ऐसे मनीषी थे जो एक अखिल भारतीय की सत्ता में विश्वास करते थे। अतः भूमिहार, मैथिल, सरयूपारी आदि के पचड़े में वे क्यों पड़ने जाएँ? वस्तुतः आज का कोई भी बुद्धिजीवी इस विषय पर लिखना पसन्द नहीं करता। करना भी नहीं चाहिए क्योंकि भारतीय समाज अपने व्यक्तित्व और मनुष्यत्व दोनों को इस 'जाति' शब्द के नशे में भूल जाता है। (अब यदि 'ब्रह्मर्षिवंश-विस्तर' जैसे जातिमीमांसा के शोधग्रन्थ पर चर्चा करने का भार आ ही पड़े तो कोई चारा नहीं!) आज की राजनीति अपना नग्नतम स्वरूप जाति के ही माध्यम से व्यक्त कर रही है। विषय बड़ा ही संवेदनशील है। पता नहीं कौन किस बात पर नाराज हो जाए। अतः इस विषय में 'दश हस्तेन वाजिनाम्' का उपदेश मानकर चलना ही समीचीन माना जाता है। पं. हजारीप्रसाद द्विवेदी ने भूमिहार ब्राह्मणों पर अलग से भले ही न लिखा हो, परन्तु स्वामी विमलानन्द सरस्वती को लिखे गए एक पत्र में जो 'ब्राह्मण कौन?' नामक पुस्तक में प्रकाशित है, अपने विचारों को बड़ी स्पष्टता से व्यक्त किया है, ''भूमिहार शब्द का बहुत पुराना प्रयोग मुझे नहीं मिला। 12वीं सदी से पहले तो यह शायद ही मिले। मेरे विचार से भूमिहार ब्राह्मण की यह व्याख्या है, वह जाति जो किसी समय विद्याबल के कारण राजवंशों से भूमि का अग्रहार प्राप्त कर चुकी थी और बाद में यजन-याजन न करके भूमिपति होने को सौभाग्य मानती रही।' इसी पत्र में वे आगे लिखते हैं, ''मेरा अनुमान है कि प्रतिहारों और गाहरवाड़ों के बाद मुसलमान शासकों के काल में सभी जातियाँ छोटी-छोटी टोलियों में सिमटने लगीं। कई उपजातियों ने स्वयं जाति

का रूप धारण कर लिया और उसी समय भूमिहार भी अपनी अलग सत्ता बनाने लगे। यही संक्षेप में मेरा विचार है।' पंडित जी की बात सर्वथा सत्य लगती है। अब तक इस शब्द का प्राप्त प्राचीनतम उल्लेख 'कान्यकुब्न-वंशावली' में ही मिलता है और उसके अनुसार 'भूमिहार' संज्ञक कान्यकुब्ज ब्राह्मणों ने यवनसेना से पराजित होने के बाद अपनी मूल भूमि को त्याग दिया और काशी की ओर जा बसे। परन्तु स्मरण रखना चाहिए कि आज पूर्वी उत्तर प्रदेश और बिहार के वे सभी लोग जिन्हें भूमिहार ब्राह्मण कहा जाता है, कान्यकुब्जवंशीय नहीं हैं।

बिहार के प्राचीन मागध ब्राह्मणों के वंशज 'बाभन' कहे जाते हैं जो कश्यपगोत्रीय भूमिहार ब्राह्मण हैं। दोनवार हिमालय की तराई-भूमि से ('दोन'/'द्रोण') जो देहरादून से वैशाली (उत्तर बिहार) तक फैली है, आते हैं। जुझौतिया लोग बुन्देलखंडी हैं। काशी के गौतम मूलतः सरयूपारीण हैं। इसी तरह सकरवार, किनवार, कस्तुवार आदि कुरियों का मूल स्थान 'कान्यकुज' देश से बाहर है। यह बात अवश्य है कि इनमें से बहुतों को प्रतिहार और गाहरवाड़ शासनकाल में कान्यकुब्ज साम्राज्य के भीतर (विशेषतः पूर्वी उत्तर प्रदेश में) भूमिदान मिला था और इनके प्रवजन का अन्तिम पड़ाव कान्यकुब्ज साम्राज्य में पड़ता है। 'भूमिहार' शब्द जाति से अधिक पेशे का द्योतक है जिसका अर्थ होता है 'भूमिधर' या 'भूमिधारक'। यहाँ भूमि शब्द भी मात्र धरती के अर्थ में नहीं बल्कि 'मिल्कियत' या 'भू-सम्पत्ति' (Estate) और राज-प्रदत्त 'अग्रहार' के अर्थ में प्रयुक्त है। कान्यकुब्ज वंशावली में उल्लिखित 'भूमिहार' इसी प्रकार के कश्यपगोत्रीय ब्राह्मण थे। वस्तुतः यह शब्द कम चालू हुआ और प्रथम कहाँ से चला, यह कहना कठिन है। परन्तु 12वीं सदी के बाद ब्राह्मणों की उस टोली ने जो 'यजन' कर्म छोड़कर भू-स्वामी सामन्त या कृषक बन गई थी इस शब्द को अपना लिया। तो भी लगता है इस शब्द को व्यापक मान्यता बहुत हाल में मिली है। गाजीपुर में अशिक्षित जन आज से 50 वर्ष पूर्व अपने को 'जिमदार बाभन' ('जमींदार ब्राह्मण') कहते थे। मगध में आज भी 'बाभन' शब्द ही चलता है। मिथिला और उत्तर बिहार में 'पश्चिम ब्राह्मण' तथा पश्चिम यू.पी. में 'त्यागी'। सम्भवतः ऐसे ब्राह्मणों को यह संज्ञा लोकमत के द्वारा प्राप्त हुई है। शेष सामान्य जनता इन्हें 'भूमिधर' ह्मण कहकर पहचानती थी और लोकप्रदत्त संज्ञा को इन्होंने भिन्न गोत्र, प्रवर और मूल स्थान के बावजूद अपनी अलग पहचान के लिए स्वीकार कर लिया। भूमिहार या 'भुइँहार' शब्द का अर्थ आर्य और आर्येतर

दोनों भाषागत संस्कारों के आधार पर 'भूमि' का 'धारक' या स्वामी ही ठहरता है। छोटा नागपुर और दक्षिण बिहार के अंचलों में मुगल-काल से ही दो तरह का भूमि-स्वामित्व चालू था। सीरधरी और 'भुइँहरी'। 'सीर' वह भूमि है जिस पर कृषक की खेती पैतृक उत्तराधिकार सूत्र से होती है। भुइँहरी का अर्थ होता है नई अर्जित भूमि और यह अर्जन किसी से दान में प्राप्त करके, अथवा शस्त्रबल से छीनकर अथवा परती भूमि को आबाद करके तीनों तरीकों से सम्भव था। हमने पहले इस तथ्य को सामने रखा है कि भूमिदान में आबाद भूमि ही नहीं, परती, जंगल, अरण्य आदि भी दिए जाते थे और दान-ग्रहीता से उसे आबाद करने की अपेक्षा की जाती थी। यह कोई आवश्यक नहीं है कि मात्र दान से ही ऐसी भूमि प्राप्त की जाए। जीविका-अभियान के सिलसिले में स्वतन्त्र रूप से ऐसी परती या जंगल भी आबाद किए जा सकते थे। एक तरह से यह प्रक्रिया तो आज भी चालू है। मुँगेर भागलपुर, स्थाल परगना या सोनभद्र तथा छत्तीसगढ़ के अंचलों में उत्तर भारत से राजपूत, भूमिहार और सरयूपारी आदि जाकर जंगल कुदालते हैं और आरण्यक भूमि को काटकर खेती के लायक आबाद करते हैं। भुइँहरी के लिए जमींदार शब्द का प्रचलन हुआ। 'भुइँहरी' किसान द्वारा अर्जित भूमि है, जिस पर वह स्वयं खेती कर सकता है अथवा अन्य को लगान पर उठा सकता है परन्तु 'सीर' उसकी अपनी काश्त भूमि है जिसे उसने आनुवंशिक सत्र से प्राप्त किया है। मुगलकालीन भूमिव्यवस्था में 'सीर' शब्द ज्यों-का-त्यों ले लिया गया। परन्तु 'भुइँहर' (भूमिधर) और 'जमींदार' शब्दों का अर्थ एक ही होता है। मुझे लगता है कि मध्यकालीन शताब्दियों में भू-अर्जन करनेवाले ब्राह्मणों के लिए 'भुइँहार' शब्द इसी 'भुइँहर' शब्द का एक संस्करण है और इसका शुद्ध संस्कृत रूप होगा 'भूमिधर'। उत्तर प्रदेश के नए भूमि कानून में यह संस्कृत शब्द पुनः गृहीत हुआ है।

तो कहने का तात्पर्य यह कि भूमिहार शब्द जाति, नस्ल आदि का द्योतक न होकर शुद्धतः पेशावाचक शब्द है। पूरी संज्ञा है 'भूमिहार ब्राह्मण'। इसमें 'ब्राह्मण' शब्द ही जाति का द्योतक है। 'भूमिहार' तो एक विशेषण मात्र है। यही कारण है कि भारतवर्ष में कहीं-कहीं पर 'भूमिहार क्षत्रिय' भी मिलते हैं। ट्रैजिडी यह हुई है कि भूमिहार जाति ने स्वयं तथा अन्य वर्गों ने भी 'विशेषण' को ही प्रमुखता दी है। फलस्वरूप कालान्तर में इनका विशेष्य (संज्ञा) गौण हो गया। इनकी ब्राह्मणेतर जीवनपद्धति, क्षत्रियवत आचरण तथा विद्याविमुखता ने इनकी पहचान को अस्पष्ट कर दिया। इनका पुरोहित भी जो

सनातन से कर्मकांड के अवसरों पर इनके नाम के आगे ब्राह्मणोचित आस्पद 'शर्मा' ही जोड़ता है, इन्हें ब्राह्मण स्वीकार करते हुए भी कभी 'त्रिकर्मा' तो कभी 'पंचकर्मा' कहकर इन्हें हीनतर ब्राह्मण घोषित करता है। जिस छठे कर्म (दान-ग्रहण अर्थात् पौरोहित्य) का परित्याग इनके पूर्वजों ने स्वेच्छया या स्थिति की बाध्यता के कारण किया था वह परित्याग आज इनकी अनर्हता का ही प्रमाण नहीं बन गया है बल्कि लोक-मानस में इनके ब्राह्मणत्व पर शंका का कारण भी बन गया है क्योंकि लोकजीवन में ब्राह्मणत्व के सारे अन्य अर्थ निरर्थक हो चुके हैं और एक ही अर्थ प्रतिष्ठित है जिसके अनुसार 'ब्राह्मण' वह है जो दान-दक्षिणा लेकर कर्मकांड कराता है। यह तथ्य तो मात्र इतिहासविद् ही जानता है कि भारतवर्ष में आर्यत्व के विस्तार और कृषि सभ्यता के मूल में पुरोहित ब्राह्मण की सुवा और भूमि-धारक ब्राह्मण की कृषि दोनों का समान अवदान है। केवल पुरोहित के माध्यम से समस्त आर्येतर भारत का आईकरण असम्भव था। हम यहाँ पर प्रसिद्ध वामपन्थी इतिहासकार डॉ. रामशरण शर्मा का एक उदाहरण देकर इस प्रसंग को समाप्त करते हैं। प्रारम्भिक भारतीय सामन्तवाद की ऐतिहासिक भूमिका कई दृष्टियों से बड़ी महत्त्वपूर्ण रही। पहली बात तो यह कि मध्य भारत, उड़ीसा और पूर्वी बँगाल में भूमि-अनुदान परती जमीन के आबाद किए जाने में बहुत सहायक था। उद्यमी साहसी ब्राह्मणों ने पिछड़ी जनजातियों से आबाद क्षेत्रों में बहुत उपयोगी काम लिए। वे ऐसे इलाके में कृषि के नए तरीके लाये। पुरोहितों द्वारा प्रतिपादित कतिपय मध्यकालीन विश्वास और विधि-विधान जनजातियों की आर्थिक समृद्धि में सहायक हुए। उदाहरण के लिए गोहत्या को नरहत्या के ही समान जघन्य कृत्य बताया गया जिससे गोधन के परिरक्षण में सहायता मिली। खेती के लिए गोधन कितना महत्त्वपूर्ण है, यह तो स्पष्ट ही है। ब्राह्मणों और पुरोहितों ने आदिवासियों को हल और खाद का उपयोग करना तो सिखाया ही, साथ ही उन्हें नक्षत्रों और ऋतुओं की जानकारी देकर भी कृषि की उन्नति में योग दिया। इस विषय की बहुत-सी जानकारी 'कृषि पराशर' में जो इस काल की कृति जान पड़ती है, संकलित है। जो इलाके बसे-बसाए थे, उनमें धार्मिक भोक्ताओं को ऐसी जमीन दान दी जाती थी जिसमें पहले से ही खेती बाड़ी होती थी। ऐसे क्षेत्रों में उनकी उपयोगिता इस बात में निहित थी कि वे लोगों में प्रतिष्ठित समाज-व्यवस्था के प्रति सम्मान का भाव पैदा करते थे। दूसरे भूमि-अनुदानों के परिणामस्वरूप अनुदत्त क्षेत्रों में शान्ति सुव्यवस्था कायम करने में सहायता मिलती थी क्योंकि इन क्षेत्रों

में कानून की सत्ता और शान्ति बनाए रखने का दायित्व ग्रहीताओं को दिया जाता था। दाताओं की कृपा का प्रतिदान भी ब्राह्मणा ने किसी-न-किसी रूप में अवश्य दिया। उन्होंने पूर्वमध्यकाल के राजाओं के लिए जाली वंश-वृक्ष तैयार किए और उन्हें सूर्यवंशी अथवा चन्द्रवंशी साबित करके लोगों में भ्रम फैलाया कि वे दैवी अधिकार से शासन कर रहे हैं। दूसरी ओर गृहस्थ सामन्तगण अपनी-अपनी जागीरों का शासन चलाकर और युद्धकाल में सेना जुटाकर अपने-अपने प्रभुओं की सहायता करते थे। तीसरी बात यह है कि भूमि-अनुदानों के फलस्वरूप जनजातियों के बीच ब्राह्मणसंस्कृति का प्रसार हुआ और अपने आदिम रहन-सहन को छोड़कर वे सभ्य और सुसंस्कृत बने। ब्राह्मणों ने उन्हें लिपिकला तथा साहित्य का ज्ञान कराया। इस अर्थ में सामन्तवाद से देश के एकीकरण में सहायता मिली। ये ब्राह्मण मूलतः मध्यदेश (वर्तमान उत्तर प्रदेश) और तीरभुक्ति (तिरहुत) के निवासी थे। (पृष्ठ 277-78 : भारतीय सामन्तवाद)। हमने इस प्रसंग को पं. हजारीप्रसाद द्विवेदी की 'बाणभट्ट की आत्मकथा' के एक उद्धरण से उठाया था। उस उद्धरण में ही 'सामन्त ब्राह्मण' की राजनैतिक भूमिका का संकेत है। परन्तु जैसा कि ऊपर के उद्धरण से स्पष्ट है, सामन्त या भूस्वामी ब्राहाणों की भूमिका बड़ी व्यापक रही है, इस देश की सांस्कृतिक और आर्थिक संरचना में ब्राह्मण इतिहास के प्रारम्भ से ही दक्षिणाजीवी और कृषिजीवी दोनों था और इन दो प्रकार के ब्राह्मणों के परस्पर सहयोग से ही भारत का आईकरण तथा परती का आबादी में रूपान्तरण सम्भव हुआ है। तुर्क शासनकाल में इनकी संयुक्त भूमिका का विच्छेद घटित हुआ और लोग भूल गए कि ब्राह्मण पुरोहित ही नहीं, सैनिक, सेनापति, प्रशासक, मन्त्री, अध्यापक आदि भी होता है। ब्राह्मण की भूमिका शुद्धतः राजनैतिक ही नहीं सांस्कृतिक भी थी परन्तु कालान्तर में भूस्वामी ब्राह्मण अपने को स्वयं ही सांस्कृतिक भूमिका से विच्छिन्न कर लेता है और संस्कृति तथा धर्म का जुआ गत छह सात सौ वर्षों से मात्र पुरोहित ब्राह्मण के कन्धे पर ही देखकर भारतीय समाज के मन में 'ब्राह्मण' अर्थात् 'पुरोहित' का सूत्र घर कर गया तो इसमें आश्चर्य की क्या बात है?

वर्तमान भूमिहार ब्राह्मण समाज में विशेषतः उत्तर प्रदेश के भूमिहार ब्राह्मणों में ज्यादातर लोग अग्रहारभोगी सामन्त ब्राह्मणों के वंशज हैं। परन्तु इस समाज में एक बहुत बड़ा समुदाय उन ब्राह्मणों का भी है जो बौद्धकाल में वैदिक धर्म का परित्याग करके बौद्ध हो गए थे और सम्राट हर्षवर्द्धन की मृत्यु के बाद जब बौद्धधर्म विघटित होने लगा तो पुनः अपने पुराने वैदिक

धर्म में लौट आए। चूँकि पौरोहित्य इनकी प्रकृति के अनुकूल नहीं था और ये सम्भवतः वैदिक धर्म-आश्रित जनता की दृष्टि में इतने श्रद्धास्पद भी नहीं थे अतः इन्होंने पौरोहित्य के अतिरिक्त दूसरा ब्राह्मणोचित पेशा कृषि और भू-स्वामित्व को अपनाया। यह तथ्य बड़ा ही संकेतपूर्ण है कि जहाँ-जहाँ बौद्धधर्म प्रबल था उन्हीं क्षेत्रों में आज भी ज्यादातर भूमिहार ब्राह्मण पाये जाते हैं। जैसे मगध (पटना-गया) वैशाली (मुज़फ्फरपुर-भागलपुर) मल्ल-भूमि (गोरखपुर-देवरिया-सीवान-छपरा) श्रावस्ती (बस्ती) आदि को हम ले सकते हैं। डॉ. राजबली पांडेय तथा राहुल सांकृत्यायन का यही अभिमत है और इसे शत-प्रतिशत अस्वीकृत नहीं किया जा सकता। आंशिक रूप से यह तथ्य लगता है। (देखिए डॉ. राजबली पांडेय : गोरखपुर का इतिहास तथा राहुल सांकृत्यायनः पुरातत्व निबन्धावली, (किताब-महल संस्करण)। कट्टर भूमिहार पंडित तथा प्रोफेसर जगन्नाथ राय शर्मा और आचार्य 'झड़प' आदि इसे बिलकुल मानने को तैयार नहीं। परन्तु देश के इतने बड़े भूखंड में फैली हुई उस जाति की संरचना में, जो शुद्धतः पेशे के आधार पर संगठित हुई है और जिसमें औदीच्य देश (काश्मीर-सीमा प्रान्त) से लेकर मगध तक के विभिन्न गोत्रों और प्रवरों के ब्राह्मण सम्मिलित होते गए हैं, केवल एक ही प्रक्रिया या एक ही कारण को सक्रिय नहीं माना जा सकता और यह असम्भव नहीं लगता कि भूमिहार ब्राह्मणों की कुछ कुरियों के बारे में दोनों विद्वानों का प्रतिपादन सत्य हो। इस विषय में एक मुक्त और पूर्वग्रहरहित दृष्टि को लेकर चलना ही समीचीन होगा। मगध के भूमिहार ब्राह्मणों के बारे में राहुल जी के ये विचार 'मगध के बाभनों (भूमिहार ब्राह्मणों) को ही शुद्ध प्राचीन मगध देशीय ब्राह्मणों की सन्तान मानता हूँ। इस वंश ने बाण जैसे महाकवि को ही जन्म नहीं दिया, बल्कि भगवान बुद्ध के सबसे प्रधान तीन शिष्यों (सारिपुत्र, मौद्गल्यायन और महाकाश्यप) को पैदा करने का गौरव भी इसे ही है। सम्राट अशोक के गुरु मौद्गलिपुत्र तिष्य भी इसी कुल के रत्न थे। बौद्ध महापुरुषों और दार्शनिकों को पैदा करने में मगध का ब्राह्मण (बाभन) कुल सबसे आगे रहा, इसी से बौद्धद्वेषी ब्राह्मणों के प्रभुत्व में उन्हें और उनके मगध देश को नीच कहना और लिखना शुरू किया गया (पृष्ठ 91, 'ज्ञात=जैथरिया शीर्षक निबन्ध, पुरातत्त्व निबन्धावली) राहुल जी जैथरिया भूमिहार ब्राह्मणों को जथरिया शब्द के आधार पर लिच्छवियों की एक शाखा 'ज्ञातृ' से जोड़ते हैं। उनकी 'जथरिया' शब्द की व्याख्या सही लगती है। ज्ञातृ=ज्ञातर=जातर=जतर=जथर)। परन्तु इससे मात्र यही सिद्ध होता है कि

'जथर' (जैथर) डीह पर हजारों वर्ष पूर्व ज्ञातृ लोग रहते थे। इससे यह सिद्ध नहीं होता कि 12वीं सदी के बाद आनेवाले वर्तमान 'जैथरिया' लोगों का जिन्होंने 'जैथर डीह' पर बसने के बाद इस शब्द को अपनाया होगा जबकि उन्होंने इस डीह से 15वीं सदी के बाद चम्पारन मुजफ्फरपुर की ओर बढ़ना प्रारम्भ किया, कोई मूलगत या वंशगत सम्बन्ध है। जैथरडीह उनकी यात्रा का अन्तिम पड़ाव था, परन्तु मूल डीह नहीं था। इनका गोत्र 'बगौछिया' अर्थात् वत्स गोत्र है। वत्सगोत्रीय=बछगोतिया=बगोछिया (भाषाविज्ञान के वर्णविपर्यय के सिद्धान्तानुसार)। राहुल जी ने गलत सूचना दी है कि इनका गोत्र 'वैयाघ्रपाद है' 'डीह' (वासस्थान स्थान वाचक शब्द है जैसे बँगाली-बिहारी आदि क्षेत्रवाचक शब्द हैं। एक ही डीह से निकलनेवाली अनेक जातियाँ हो सकती हैं जो अपनी जाति-संज्ञा के विशेषण के रूप में उस डीह-नाम का उपयोग करती हुई देखी जाती हैं। स्वयं राहुल जी 'मलैया पांडे' या 'मलाँव पांडे' है। इसका अर्थ है कि उनकी वंशपरम्परा मल्लभूमि से आती है। पर इसका अर्थ यह नहीं कि वे प्राचीन मल्लक्षत्रियों के वंशज भी हैं। तटिहा राजपूत, तटिहा भूमिहार, सकरवार ब्राह्मण, सकरवार क्षत्रिय, इन युग्मों में स्थान या डीह की एकता का संकेत है न कि वंशगत एकता का। वैसे मैं सिद्धान्त रूप से इस बात को स्वीकार करता है कि विगत हजार वर्षों के विकास और विस्तार की प्रक्रिया में कुछ घुसपैठ अथवा अपने से निम्नतर या श्रेष्ठतर तत्त्वों का अनुप्रवेश किसी भी जाति में हो जाना अस्वाभाविक नहीं बल्कि ऐसा न होना ही अस्वाभाविक होगा। नृजाति-तत्त्व की दृष्टि से तो सारा उत्तर भारत ही मिश्रित नस्ल का है और शुद्ध आर्यरक्त का अस्तित्व ही नहीं है। सभी आर्य द्रविड, किरात और निषाद नस्लों की विभिन्न उपज है। कही कुछ ज्यादा मिश्रण हुआ है तो कहीं कम परन्तु भिन्न-भिन्न रक्त और नस्ल के मिश्रण के बावजूद एक ब्राह्मण समाज या क्षत्रिय समाज की सत्ता और उसकी अलग पहचान पहले भी थी और अब भी है। अतः प्रश्न को सामाजिक दृष्टि से देखना ही समीचीन है। समाज की इकाई का आधार मात्र आदिम काल में ही रक्त और नस्ल थे। बाद में सामाजिक इकाई के संगठन के आधार व्यापक हो गए और वर्तमान जातियों उन व्यापक आधारों पर ही गठित है। इतना तो मानना ही होगा कि समाज के भीतर एक अपनी अलग पहचान रखनेवाला 'ब्राह्मण समाज' जैसी सत्ता महाकाव्य युग से ही वर्तमान है और इसका गठन गण, गोत्र, प्रवर, कुलधर्म और कुलाचार (लौकिक और वैदिक) के आधार पर हुआ है। इसका वर्तमान रूप भी कम-से-कम

एक हजार वर्ष पुराना है। इसकी उपजातियों पर विचार करना हो तो यह काम नृतात्त्विक दृष्टि से नहीं सामाजिक दृष्टि से ही करना होगा। तब यह भी मानकर चलना होगा कि समाज की आकृति पर राजनैतिक घटनाओं और आर्थिक दबावों का प्रभाव पड़ना स्वाभाविक है। अतः हर्षवर्द्धन की मृत्यु के पश्चात अथवा इसके कुछ शताब्दी बाद, तुर्क-विजय के बाद ब्राह्मण समाज की आकृति और प्रकृति में परिवर्तन आया और इस प्रक्रिया में बहुत से बौद्ध पंडित, जो कभी बौद्ध धर्म की ओर इसकी नवीनता से आकृष्ट होकर चले गए थे, पुनः अपने पुराने धर्म की ओर अवश्य लौटे थे और इस प्रक्रिया का असर भूमिहार जाति की आन्तरिक संरचना पर अवश्य पड़ा था। मगध, मल्ल-भूमि (गोरखपुर कमिश्नरी) श्रावस्ती- मुक्ति (काशी-कोसल) के अन्दर विकसित होते हुए जातीय संगठन इससे प्रभावित अवश्य हुए होंगे।

मगध के कश्यपगोत्री 'बाभनों' का ही नहीं, उत्तर प्रदेश और बिहार के दोनवारों का भी बौद्ध संस्कृति से घनिष्ठ सम्बन्ध ज्ञात होता है। दोनवार लोग वत्सगोत्री ब्राह्मण होते हैं। 'दोन' स्थान का वाचक शब्द है जिसका अर्थ होता है 'तराई' या 'उपत्यका'। हिमालय के पद-प्रान्त की भूमि 'दोन' (द्रोण) भूमि है और इससे आनेवाले वत्सगोत्री ब्राह्मण अपने को दोनवार कहते हैं। साहित्य में 'दोन' शब्द से जुड़े 'डीह' (वासभूमि या वास्तुभूमि) का उल्लेख 'थेरगाथा' में मिलता है। सिद्धार्थ कुमार के भविष्यजीवन का विचार करनेवाले आठ ब्राह्मण पंडितों में 'दोनवस्तु' (जो कपिलवस्तु के ही आसपास रहा होगा) के कोंडञ (कौंडिन्य) वय में सबसे छोटे थे। जब गौतम बुद्ध उरुवेला में तपस्या कर रहे थे, तो पाँच ब्राह्मण तपस्वी उनके साथ थे, उनमें एक ये भी थे। बाद में इनसे विच्छेद घटित हुआ। परन्तु फिर बाद में गौतम को बोधि प्राप्त होने पर उनका प्रथम उपदेश सुननेवाले पंचवर्गीय भिक्षुजन ये ही पाँच ब्राह्मण थे। इन पाँचों में भी 'कोंडञ' को ही भगवान बुद्ध ने प्रथम दीक्षा दी थी। 'थेरगाथा' के पन्द्रह निपात में उनके कुछ वचन संगृहीत हैं। बोधि-प्राप्ति के बाद उनका गाया हुआ उदान इस प्रकार है—

'बुद्ध द्वारा प्रबुद्ध थेरकोंडञ
दृढ़ संकल्प के साथ निकला था।
उसका जन्म मृत्यु क्षीण है
और ब्रह्मचर्य परिपूर्ण है।।
चाहे प्रवाह हो, पाश हो
दृढ़कील हो या दुर्भेद्य पर्वत हो

कील और पाश का छेदन करके
दुर्भेध पर्वत का भेदन करके
ध्यानी (मैं) उत्तीर्ण हुआ हूँ
पार पहुँच गया हूँ।
मैं मृत्यु का अभिनन्दन नहीं करता
मैं जीवन का भी अभिनन्दन नहीं करता।
मुक्त भृत्य की तरह मैं अपने
समय की प्रतीक्षा करता हूँ।।

-(अनुवादक-भिक्षु धर्मरत्न)

'वस्तु'(सं. 'वास्तु') का अर्थ होता है 'डीह'। 'दोनवस्तु' अर्थात् 'दोनडीह'। ये वत्सगोत्री ब्राह्मण थे (दोनवारों का भी गोत्र वत्स ही होता है। वैसे तो श्रावस्ती (बस्ती) तथा राजगृह के वत्सगोत्री स्थविरों की गाथाएँ भी 'थेरगाथा' में संकलित हैं। 'कोंडञ' का संस्कृत 'कौंडिन्य' है। बुद्ध का ज्येष्ठतम शिष्य होने के कारण इनका बड़ा सम्मान था। जातक कथाओं में इन्हें 'कौंडिन्य माणवक' (माणवक=ब्रह्मचारी) कहा गया है। वत्स गोत्र के कुछ ब्राह्मण कपिलवस्तु में भी थे। इनमें एक थे 'वनवत्स'। उनका एक उदान है, जिसमें प्रकृति-प्रेम की झलक है।

'सुन्दर, शीत, स्वच्छ जलाशयों से युक्त
इन्द्रगोपों से आच्छादित
नीली घटाओं के समान जो पर्वत हैं
वे मुझे प्रिय हैं।'

थेरगाथाओं में जिन स्थविरों की गाथाएँ संकलित है वे अधिकतर धनी ब्राह्मण कुलों की सन्ताने हैं और प्राय: श्रावस्ती, राजगृह, वैशाली या मल्लभूमि के निवासी हैं। यह बात संकेतपूर्ण है क्योंकि वर्तमान काल में भूमिहार ब्राह्मणों की संख्या इन्हीं स्थलों पर ज्यादा है। इनके अतिरिक्त बुद्ध की मृत्यु के बाद उनके भस्मावशेष के वितरण कार्य का संचालन करनेवाला भी कोई दबंग प्रकृति का द्रोण-ब्राह्मण ही था। उसने भस्मी बाँटकर आदेश दिया था, 'अपने-अपने देश लौटकर इस भस्मी के ऊपर स्तूप का निर्माण करो। मैं खाली घड़े को ले लेता हूँ। इस पर मैं स्तूप का निर्माण कराऊँगा।' यह घटना कुशीनगर में हुई थी। सीवान जिले में एक 'दोनडीह' है जिस पर किसी स्तूप का उल्लेख राहुल जी ने एक जगह किया है। 12वीं सदी के

प्रारम्भ में गाहरवाड़नरेश प्रतापी गोविन्दचन्द्र ने एक भूमिदान वत्स गोत्र, पंच प्रवर (भृगु-पवन-और्व-आप्नवान-जमदग्नि), छन्दोग शाखा वाले एक द्रोणायण (दोनवार) 'कुरी' के ब्राह्मण को दिया था। वह ताम्रपत्र 19वीं सदी में इसी 'दोन' टीले के पास हल चलाते समय अचानक मिल गया था। इसका पूरा विवरण तथा पाठोद्धार का कार्य पुरातत्व विभाग के निदेशक दयाराम साहनी ने किया है। (देखिए-Epigraphica Indica, Volume : 18, अंक 22, पृष्ठ 218-224)। साहनी महोदय ने इस ताम्रपत्र को लखनऊ राजकीय संग्रहालय में रखवा दिया था। आचार्य कुलदीपनारायण 'झड़प' की सूचना के अनुसार इस 'दोनडीह' से कुछ ही दूरी पर बसे माँझा, सिरसिया, तितरा, ठेपहा आदि सात-आठ गाँव हैं, जिनमें आज भी दोनवार भूमिहार ब्राह्मण बसे हैं और वे अपना निकासा इसी 'दोन' से बताते हैं। इनका गोत्र, प्रवर, शाखा और कुरी भी वही है जिसका उल्लेख उक्त दानपत्र में है। इससे सिद्ध होता है कि दोनवारों के पूर्वज प्रारम्भ में बौद्धधर्म की ओर आकृष्ट हुए थे। बाद में पुनः अपने पुराने धर्म की ओर लौट आए। इन्होंने विद्यावल और राजसेवा द्वारा भू-स्वामित्व का अर्जन किया और कट्टर ब्राह्मणधर्मी प्रतिहारों तथा गाहरवाड़ों की सभा के द्वारा भी ये सम्मानित हए एवं राजा ने इन्हें पुण्य तथा यश की प्राप्ति के लिए भूमिदान और ग्रामदान दिया। तुर्क शासन काल में ये 'दोनभूमि' (हिमालय की तराई) के अपने मूल स्थान को छोड़ कर पूर्वी उत्तर प्रदेश और बिहार के अंचलों में बिखर गए। उपर्युक्त सारे तथ्य इस बात का संकेत देते हैं कि भूमिहार ब्राहाणों की कुछ कुरियाँ अवश्य ही राजनैतिक-सांस्कृतिक उथल-पुथल के कारण ब्राह्मण से बौद्ध, तत्पश्चात् पुनः बौद्ध से ब्राह्मण धर्म की ओर लौटी हैं और पौरोहित्य को अपनी प्रकृति के अनुकूल न पाकर भूमि और प्रशासन-सेवाओं से जुड़ती रही हैं। इन कुरियों को श्रेष्ठ बौद्ध दार्शनिकों और कालान्तर में श्रेष्ठ ब्राह्मण पंडितों को जन्म देने का गौरव प्राप्त है।

हमने पहले कहा है कि स्वामी सहजानन्द सरस्वती भारतीय पुनर्जागरण के एक पुरोधा थे और उनकी सारी लड़ाई मध्ययुगीन मानसिकता के साथ है। एक ओर तो मध्ययुगीन मानसिकता के प्रमुख प्रवक्ता पुरोहित वर्ग के साथ वे इन अयाचक ब्राह्मणों को समानाधिकार दिलाने के लिए लड़ रहे थे और दूसरी ओर इन अयाचक ब्राह्मणों के जिनके पूर्व पुरुष भारतीय सामन्तवाद के मूल पुरुष रहे हैं, अभिजात वर्ग के राजाओं और महाराजाओं से भी लड़ रहे थे। दूसरी लड़ाई भीतरी लड़ाई थी। ये राजे-महाराजे और जमींदार यह कहा

करते थे कि यह संन्यासी हमारे लड़कों को पोथी-पत्रा और संस्कृत विद्या में उलझाकर 'भिक्षुक' बनाना चाहता है। ब्राह्मणत्व के प्रति यह उपेक्षा और अनादर भाव भी उसी मध्ययुगीन मानसिकता की उपज था जो शताब्दियों के तुर्क-शासन में और अधिक विकृत होता गया। वे एक ओर पुरोहित वर्ग के अहंकार और एकाधिकार के खिलाफ जूझ रहे थे तो दूसरी ओर अपने वर्ग के भीतर की आत्मविस्मृति और सामन्ती मनोवृत्ति के साथ, जिसके अनुसार ब्राह्मण होने का अर्थ होता है दीन-हीन होना, 'ब्राह्मण बछिया' बन जाना। उनकी परिकल्पना थी कि भूमिहार, मैथिल, सरयूपारी, सनाढ्य आदि प्रभेद वस्तुतः मध्यकालीन अहंकार और कूपमंडूकता के अनुर्वर अवशेष हैं और इन्हें तोड़कर एक सही सच्चे ब्राह्मणत्व की प्रतिष्ठा करना आवश्यक है। इस काम की शुरुआत, उन्होंने भूमिहार-मंच से की। उन्होंने ललकारकर कहा, 'तुम जागो, अपने को पहचानो, तुम ब्रह्मर्षियों के वंशज हो।'' बाहरी और भीतरी दोनों कोटि के विरोधियों को उन्होंने हर बात को परत खोलकर समझा दिया और सच्चाई खोलकर सामने रख दी। उनके तर्कों और प्रमाणों को काटना सम्भव्र नहीं है। अवश्य ही बेहयाई और दुराग्रह की तो कोई दवा ही नहीं। उन्होंने अपनी बात का प्रतिपादन मूलतः ब्रह्मर्षिवंश विस्तर' में किया है। उनकी अन्य दो छोटी पुस्तकों 'झूठा भय और मिथ्या अभिमान' तथा 'ब्राह्मण समाज की स्थिति' में 'ब्रह्मर्षिवंश विस्तर' के अन्दर स्थापित तथ्यों के सन्दर्भ ही हैं। इन पुस्तिकाओं का आज कोई विशेष महत्त्व नहीं क्योंकि 'ब्रह्मर्षि वंश विस्तर' के 'कंटकोद्धार'-प्रसंग का ही ये उपबृंहण हैं। परन्तु 'ब्रह्मर्षिवंश-विस्तर' आज भी कई दृष्टियों से महत्त्वपूर्ण ग्रन्थ है। जिस समय यह ग्रन्थ निकला था, हिन्दी जगत के किसी भी महारथी का इसे समर्थन नहीं प्राप्त हुआ था, मात्र सरस्वती-सम्पादक-पं. महावीरप्रसाद द्विवेदी को छोड़कर। भूमिहार ब्राह्मणों के सम्बन्ध में उनकी बातों का क्षीण समर्थन या अर्ध-समर्थन बाद के कुछ विद्वानों ने भिन्न-भिन्न सन्दर्भों में अवश्य किया है। इसीलिए हमने उनकी चर्चा भी कुछ विस्तार से की है। मैंने इस विषय में किसी प्रकार की कट्टरता से बचने का प्रयत्न किया है और यथासम्भव सर्वसारग्राही (Eclectic) दृष्टि अपनाने की चेष्टा की है। सम्भवतः स्वामी जी भी आज इस विषय पर लिखते तो इस सर्वसारग्राही दृष्टि को ही लेकर चलते।

'ब्रह्मर्षिवंश विस्तर' के बारे में भूमिहारों में और भूमिहार-विरोधियों में भी एक प्रचलित भ्रान्ति है कि यह भूमिहार जाति का इतिहास है। परन्तु यह

एक अर्द्धसत्य है। अर्द्धसत्य इस अर्थ में कि 'भूमिहार' शब्द किसी ऐसे मूल बीज का द्योतक नहीं जिसकी शाखा-प्रशाखाएँ इसकी विभिन्न कुरियाँ हों। सत्य तो यह है कि प्रत्येक कुरी का अपना स्वतन्त्र इतिहास है जो दूसरी कुरी से शाखागत भाव से नहीं जुड़ा है। 'भूमिहार' एक पेशावाचक शब्द है जो भूमि से जुड़े ब्राह्मणों के संगठन की समूहवाचक संज्ञा मात्र है। अत: 'भूमिहार' शब्द को आधार मान कर इस जाति का इतिहास लिखा जाना सम्भव नहीं है। इस जाति का इतिहास होगा 'भूमिहार' शीर्षक जातीय संगठन के भीतर की विभिन्न कुरियों के इतिहासों का संकलन, जिसका आदिपर्व अन्य ब्राह्मणों के इतिहास के आदि पर्व का ही अंग होगा। यह होगा उन सारे ब्राह्मण इतिहासों का संकलन जो मूलत: ब्राह्मण समाज से आते हैं, परन्तु कालक्रम से सामन्त अथवा कृषक बन कर 'अयाचक' हो गए हैं। हमने ऊपर दोनवारों के इतिहास का उल्लेख किया है। 'भूमिहार' संज्ञा को इन्होंने बहुत बाद तुर्कयुग के प्रारम्भ में धारण किया है। गाहरवाड़-प्रतीहार युग में 'द्रोणायन या दोण ब्राह्मण कहे जाते थे—बौद्ध युग में वत्सगोत्री और 'द्रोण-वस्तु' या 'द्रोणभूमि के निवासी कहे जाते थे।' इनका इतिहास वहीं होगा जो 'भमिहार' और गैर 'भूमिहार' वत्सगोत्रियों का इतिहास है और इनके मूल गण भार्गव ब्राह्मणों का इतिहास है। अत: दोनवार, सकरवार, किनवार या गौतम आदि की उत्पत्ति कहाँ से हुई है यह तो बताया जा सकता है और इनका अलग-अलग इतिहास लिखा जा सकता है, परन्तु शुद्ध 'भूमिहार' शब्द को लेकर इनकी उत्पत्ति पर विचार करने चलें, तो यह प्रचेष्टा बहुत दूर तक नहीं जा सकती। स्वामी सहजानन्द सरस्वती का 'ब्रहा्रर्षि वंश विस्तर' इसी अर्थ में भूमिहार जाति का इतिहास नहीं है। इसकी विषयवस्तु मूलत: दो अशों में विभाजित की जा सकती है। (1) भूमिहार अयाचक ह्मण है और अयाचक ब्राह्मण उतना ही पूर्णांग ब्राह्मण है जितना कि याचक। यह याचक ह्मणों से हीनतर नहीं है। (2) भूमिहार ब्राह्मणों की कुरियों के गोत्र, शाखा, प्रवर आदि का परिचय तथा इस कुरियों की ऐतिहासिक पृष्ठभूमि का परिचय। वस्तुत: इसका पहला नाम ही था 'भूमिहार ब्राह्मण परिचय'। बाद में और सामग्री जोड़कर इसे इस जाति के बारे में तब तक प्राप्त ज्ञान का एक कोष बनाने की चेष्टा की गई तथा सारे अयाचक ब्राह्मण दलों को इस में समेट लिया गया। तब इस ग्रन्थ की संशोधित संज्ञा हुई 'ब्रहा्रर्षि यश विस्तर'। इसमें जो कुरियों का इतिहास दिया गया है वह भी पूर्ण नहीं और 200 या 300 वर्षों पुरानी अनुश्रुतियों पर ही आधारित है। 'भूमिहार' शब्द स्वयं स्वामी

जी को पसन्द नहीं था। उनका तर्क था अयाचक ब्राह्मणों को केवल भोजपुरी क्षेत्र (गोरखपुर-बनारस कमिश्नरी तथा आरा-छपरा) में ही 'भूमिहार' कहा जाता है। मगध में ये बाभन' कहे जाते हैं जो संस्कृत 'ब्राह्मण' का ही प्राकृत रूप है। मिथिला में इन्हें 'पश्चिमा' कहा जाता है। पश्चिमी उत्तर प्रदेश में 'जमींदार' और 'त्यागी' संज्ञाएँ चलती हैं। पंजाब में इन्हें 'महियाल' कहते हैं जो प्राकृत 'महीवाल' अर्थात् 'भूमिहार' का बिगड़ा रूप है। अतः इन सब के लिए 'कृषक ब्राह्मण' या 'ब्रह्मर्षि' जैसा कोई नया शब्द चले तो यही उचित होगा। इसी दृष्टि से उन्होंने पुस्तक का नाम संशोधित कर दिया 'ब्रह्मर्षि वंश विस्तर'। इसमें 'विस्तर' शब्द बड़ा ही व्यंजनापूर्ण है। हमारे जैसा सामान्य लेखक तो 'विस्तार' शब्द का प्रयोग करता। परन्तु स्वामी जी ठहरे संस्कृत के विदग्ध पंडित। 'विस्तर' का अर्थ आप्टे के शब्दकोष के अनुसार (1) विस्तार (2) ब्यौरा (विवरण) (3) विष्टर (बिछौना) तीनों होता है और तीनों अर्थों को समान महत्त्व देते हुए स्वामी जी ने इस ग्रन्थ का नामकरण किया है 'ब्रह्मर्षिवंश विस्तर'। प्रथम दो अर्थ तो स्पष्ट हैं। तीसरा अर्थ भोजपुरी लोक संस्कृति के सन्दर्भ में आने पर खुलता है और स्वामी जी भी जन्मतः भोजपुरी थे। भोजपुरी में खानपान की बिरादरी के लिए 'भयवद्दी' और 'टाट' दो शब्द चलते हैं। 'टाट' यानी बैठने का 'विष्टर' या 'आसन'। 'टाट से अलग करना' मानो 'कुजात' (जातिच्युत) घोषित करना। अतः 'विस्तर' का लाक्षणिक अर्थ है खान-पान की बिरादरी और इस अर्थ में उपर्युक्त प्रयोग बड़ा ही सटीक हुआ है। 'ब्रह्मर्षि वंश विस्तर' के उत्तरार्द्ध भाग में अयाचक ब्राह्मणों के गण, गोत्र, प्रवर और मूल (कुरी) का परिचय तथा अयाचक ब्राह्मणों और पुरोहित ब्राह्मणों के बीच वैवाहिक सम्बन्धों पर महत्त्वपूर्ण सामग्री इस ग्रन्थ को जाति-विज्ञान का एक महत्त्वपूर्ण शोध-ग्रन्थ बना देती है तथा शीर्षक की सार्थकता को प्रमाणित करती है।

अन्त में एक बात और। स्वामी जी ने अपने इस ग्रन्थ में तथा अन्यत्र भी 'ब्राह्मण' की जो परिभाषा दी है वह आधुनिक बुद्धिजीवी को खिन्न करती है। स्वामी जी के अनुसार ब्राह्मण वह है जो ब्राह्मण-ब्राह्मणी की सन्तान हो। स्पष्ट है कि यह एक मध्ययुगीन पुरातनपन्थी परिभाषा है और 'किसानगुरु' स्वामी जी की उत्तरार्द्ध छवि से बिलकुल मेल नहीं खाती है। इस परिभाषा की तुलना में सुदूर अतीत के वेदव्यास और गौतम बुद्ध की 'ब्राह्मण' सम्बन्धी अवधारणाएँ अधिक 'आधुनिक' और प्रगतिशील लगती हैं। व्यास और बुद्ध दोनों ही सच्चे ब्राह्मणत्व के प्रति श्रद्धाशील हैं। बुद्ध ने 'ब्राह्मण' का नहीं

मात्र पौरोहित्य और कर्मकांड के अतिचार का विरोध किया था। 'धम्मपद' में श्रमण और ब्राह्मण दोनों के प्रति समान निष्ठा दिखायी गई है। ब्राह्मण की कसौटी विद्या, तप और उससे भी बढ़कर सदाचार को ही माना गया है। (महाभारत: 'यक्षप्रश्न')। परन्तु यहाँ पर एक बात ध्यान में रखने की है कि पूर्वार्ध के स्वामी सहजानन्द का चिन्तन कर्मकांड आश्रित चिन्तन है। वे गीता की ओर भी कर्म-मीमांसा के पथ पर होते हुए ही गए हैं और 'पूर्व मीमांसा' के कर्म-दर्शन को उन्होंने एक व्यापक अर्थ देते हुए अद्वैतवादी वेदान्त से जोड़ दिया है। अत: पूर्वार्ध के स्वामी जी से इसी परिभाषा की अपेक्षा की जाती है। इसके अतिरिक्त एक इससे भी गम्भीर कारण है। स्वामी जी एक सामाजिक लड़ाई लड़ रहे थे। वे ब्राह्मणों की ही एक शाखा को अन्य ब्राह्मणों के समान अधिकार और सम्मान दिलाने के लिए युद्ध छेड़ चुके थे और इसमें उनका प्रतिपक्ष था पुरोहित ब्राह्मण। उन्हें यह लड़ाई अपने प्रतिपक्षी के अखाड़े में ही, उसके ही सारे नियमों को मानते हुए लड़नी थी, उसके शस्त्र से उसी को पराजित करना था। अत: पुरोहित ब्राह्मण द्वारा चालू परम्परागत परिभाषा को लेकर चलना उनकी मजबूरी थी। वे प्रतिद्वन्द्वी द्वारा निर्धारित प्रमूल्यों (Norms) के भीतर ही चल सकते थे। वैसे देखा जाए तो स्वामी जी निरन्तर 'भवति' की अवस्था, निरन्तर विवर्तमान जीवन को लेकर चले हैं। उनका ईमानदार, देशभक्त और विद्रोही व्यक्तित्व ही इन सारे विवर्त्तों के बीच सर्वनिष्ठ कड़ी के रूप में स्थित रहा है। परन्तु कर्मकलाप की आकृति बदलती रही है। अत: उनके उत्तरार्द्ध की कर्म-प्रकृति के मापदंड से पूर्वार्ध को नापना समीचीन नहीं है। शुरुआत 'किसान ब्राह्मण' से की परन्तु आगे चलकर 'ब्राह्मण' छूट गया। रह गया केवल 'किसान'। इस किसान-प्रश्न को भारतीय राजनीति में पूर्ण महत्त्व के साथ प्रतिष्ठित करने के लिए उन्होंने हर एक स्रोत से यथासम्भव सहायता ली। यहाँ तक कि अपनी प्रिय 'गीता' को भी इससे नद्ध करने की चेष्टा की 'गीता हृदय' भाष्य लिखकर। और अन्त में 'ब्राह्मणसमाज की स्थिति' तथा 'झूठा भय और मिथ्या अभिमान' ये दो छोटी-छोटी पुस्तिकाएँ हैं। इनमें उसी मानसिक-बौद्धिक वातावरण की अभिव्यक्ति है जो 'ब्रह्मर्षिवंश विस्तर' के प्रथबर्द्ध (कंटकोद्धारप्रकरण) में अधिक तर्कपूर्ण ढंग से व्यक्त हो चुका है। तथ्य तो यह है कि आज के बुद्धिजीवी को इस प्रकार का साहित्य विरक्तिकर और निरर्थक लगेगा। इसका आधा भाग तो वर्तमान ब्राह्मणसमाज के अध:पतन की आलोचनाएँ है। वह तो अपनी जगह आज भी सही है। शेष आधा भाग जाति-युद्ध के सन्दर्भ में

'तू-तू-मैं-मैं' जैसा लगता है। यदि तटस्थ भाव से पढ़ा जाए तो इसमें एक साहित्यिक 'रस' मिल सकता है। परन्तु ले देकर यह भूमिहार ब्राह्मण समाज के विरोधियों को मुँहतोड़ उत्तर है 'ईंट का जवाब पत्थर' की शैली में। परन्तु आज स्वामी जी के पाठक मात्र भूमिहार ही नहीं हैं। सारा भारतीय समाज उन्हें पढ़ता है। अतः जिस वर्ग के लोगों को उन्होंने 'पूआप्रसाद पांडे' और 'पेटूमल शर्मा' आदि लिखा है (वैसे इस तरह लिखने का कारण भी यहीं पर दिया हुआ है। उसे यह सब रुचिकर नहीं लगेगा। तो भी उस युग के वातावरण में स्वामी जी द्वारा इतनी तीक्ष्ण और तिक्त भाषा में 'ढोल की पोल' खोलना अस्वाभाविक नहीं लगता। उन्हें लोगों ने हक-नाहक उत्तेजित किया था ऐसा लिखने के लिए और इसके पीछे भागे हुए यथार्थ की युक्ति और प्रामाणिकता है। आज तो हरिजनों का मन्दिर-प्रवेश स्वीकृत हो चुका है। हरिजन शिक्षितवर्ग आज 'दुर्गा सप्तशती' या 'विष्णुसहस्त्रनाम' भी यदा-कदा पढ़ते देखे जाते हैं और कोई इसका विरोध नहीं करता। कुछ लोग तो प्रसार ही होते हैं। हरिजनों के यहाँ विवाह और कथावाचन भी यत्र-तत्र ग्रामीण अंचलों में पुरोहितगण करवा रहे हैं। अवश्य ही आज भी वे उनका पका हुआ अन्न ग्रहण करने में हिचकते हैं। परन्तु हलवाई द्वारा बनाई गई उनकी मिठाइयाँ ले लेते हैं। आज अन्तर्जातीय विवाह भी शहरी-ग्रामीण अंचलों में, समाज की उपेक्षा करके ही सही, हो रहे हैं। प्रबुद्ध वर्ग, चाहे वह कितना ही छोटा क्यों न हो, भविष्य में सभी जातियों को मिलाकर एक महाजाति के निर्माण का स्वप्न भी देख रहा है। अतः आज के वातावरण में पला हुआ आधुनिक पाठक उस या के सामाजिक यथार्थ को समझने में असमर्थ है जिसमें ऐसी किताबें जैसे 'भूमिहार भ्रमभंजन' या 'मैथिल मानमर्दन' या 'दहीचूड़ा प्रकरण' आदि निकलती थीं। लोगों पर इनका असर होता था। इसी से स्वामी जी को बाध्य होकर जातियुद्ध के शास्त्रार्थ में उतरना पड़ा था। इन पुस्तकों की पृष्ठभूमि में जो विधेयात्मक (च्वेपजपअम) सामाजिक चिन्ता है, वह स्वामी जी के द्वारा मुजफ्फरपुरवाले 'भूमिहार ब्राह्मण महासभा' के अधिवेशन में दिए गए भाषण में पूरी-की-पूरी आ जाती है। वह भाषण कई दृष्टियों से महत्त्वपूर्ण है।

'झूठा भय और मिथ्या अभिमान' शीर्षक पुस्तिका में स्वामी जी ने भूमिहार ब्राह्मण समाज को पुरोहिती पेशे को ग्रहण करने की प्रेरणा दी है। भूमिहार ब्राह्मण पुरोहिती नहीं करते क्योंकि उनके मन में कुशिक्षा और अन्ध संस्कार के कारण एक धार्मिक भय है कि जिस काम को बाप-दादों ने कभी नहीं किया उसे करने में कोई क्षति न हो जाए अथवा उनके मन में

मिथ्या अभिमान है कि हम तो भू-स्वामी या उच्चपदस्थ हैं. हम ऐसे पेशे को क्यों ग्रहण करें जिसकी प्रथम शर्त ही दान लेना है और शास्त्र भी कहता है 'उपरोहिती कर्म अति मन्दा! 'स्वामी जी ने इस पुस्तिका में दोनों प्रकार की मनोवृत्तियों की असारता को बताते हुए भूमिहार ब्राह्मण युवावर्ग का आवाहन किया है कि वे निर्भीक होकर पूरे स्वाभिमान के साथ पुरोहिती करें और इसकी तैयारी के रूप में संस्कृत भाषा और संस्कृत शास्त्रों का अध्ययन करें। तर्क और शास्त्र-प्रमाण जो कहें परन्तु शेष जनसामान्य के मन में यह समीकरण दृढ़तापूर्वक बैठ गया है कि ब्राह्मण वही है जो पूजा-पाठ करे और पुरोहिती करावे। अत: आवश्यकता है अपने को भी उसी जनविश्वास के अनुकूल बनाने की। 'झूठा भय और मिथ्या अभिमान' की संक्षेप में यही थीम है। इसी बात को स्वामी जी ने अपने इस भाषण में जो 'महासभा के कत्त्तव्य, शीर्षक से छपा है, पुनः दुहराया है: कोई समय था, जब पुरोहिती न करने में गर्व था—इसे न करने की महत्ता हिन्दू समाज सामान्यत: और ब्राह्मणमात्र विशेषत : समझते थे। साथ ही इस पुरोहिती को निन्दित समझ त्याग करनेवाले नौकरी, सूदखोरी, जालसाजी, चापलूसी, वकालत, मुखतारी, मुकदमे की पैरवी आदि घृणित उपायों द्वारा धन-संग्रह का नाम भी लेना महापाप समझते थे। इसके साथ ही उन्हें वेद शास्त्र पढ़ाने और पढ़ने एवं शिल, उञ्छ, कृषि आदि का गर्व था। एक बात और भी थी। वह यह कि ब्राह्मणता पुरोहिती के गले में बांध कर लटकाई नहीं गई थी। यह नहीं था कि जो पुरोहिती न करे, ब्राह्मणों का जो समाज पुरोहिती से शून्य हो, वह ब्राह्मण नहीं माना जा सकता। आज पुरोहिती ही ब्राह्मणता का एकमात्र चिन्ह रह गई है। चाहे कोई ब्राह्मण ऐसा न भी करता हो, परन्तु यदि समय पर ऐसा न कर ले या करने को तैयार न हो जाए तो वह ब्राह्मणता से बलात अलग कर दिया जाएगा। यही हिन्दू-समाज की आज धारणा है और आप में शक्ति नहीं कि इसे बदल सके-कम-से-कम तब तक जब तक कि आप स्वयं पुरोहिती न कर लें। साथ ही पूर्व प्रदर्शित सैकड़ों पतित और घृणित उपायों से जब आप धनार्जन करने में जरा भी नहीं हिचकते जो ब्राह्मणों के लिए कभी भी उचित नहीं हैं तो फिर आपको यह कहने का मुख नहीं हो सकता कि हम पुरोहिती नहीं कर सकते, वह नीच कर्म है, क्योंकि पुरोहिती तो अन्ततोगत्वा ब्राह्मण का ही धर्म है, फिर वह चाहे आपत्तिकाल के ही लिए क्यों न हो और इससे बढ़कर आपत्तिकाल और क्या हो सकता है कि उसके बिना आप को कोई ब्राह्मण ही न माने? यहाँ आप की जाति की रक्षा ही इसी से हो

सकेगी। आपको शास्त्र के पढ़ने-पढ़ाने का गर्व भी अब कहाँ है वह भी तो इसी पुरोहिती के साथ चला गया। यदि आप फिर से उस अभिमान को लाना चाहते हैं, तो अपने समाज में पुरोहिती को स्थान दीजिए।

स्वामी जी ने अपने इस भाषण में एक और महत्त्वपूर्ण बात कही है। वह यह कि 'भूमिहार' शब्द तो मात्र बनारस और गोरखपुर कमिश्नरी (बिहार का आरा, छपरा भी) के भूमिहारों के लिए चलता है, मात्र भोजपुरी क्षेत्र में ही इस शब्द का चलन है, यद्यपि मूलरूप से यह शब्द कान्यकुब्ज वंशावली में आता है। तो भी मगध के भूमिहार 'बाभन' ('ब्राह्मण' का प्राकृत रूप) कहे जाते हैं, मिथिला में 'पश्चिमा'। भूमिहारों से जिनका रक्तसम्बन्ध है वे त्यागी, महियाल आदि अयाचक ब्राह्मण भी 'भूमिहार' संज्ञा के अन्तर्गत नहीं आते। अतः भविष्य में सारे अयाचक ब्राह्मणों की सभा बने और उसका नाम 'भूमिहार ब्राह्मण महासभा' न होकर 'ब्रह्मर्षि मंडल' हो या 'जमींदार ब्राह्मण महासभा'। 'तब इसमें दूसरे प्रदेशों के कृषक ब्राह्मण यथा जगदंशी, नागर, चितपावन आदि भी आ जाएँगे। 'स्वामी जी तब किसान राजनीति में कूदे नहीं थे। अन्यथा 'किसान ब्राह्मण महासभा' नाम का प्रस्ताव करते। वस्तुतः भारतवर्ष के सारे अयाचक ब्राह्मण 'किसान' हैं (जो कभी भू-स्वामी या सामन्त रहे होंगे) और इनके लिए मेरी समझ से सर्वोत्तम संज्ञा 'किसान ब्राह्मण' ही होगी। 'ब्रह्मर्षि' शब्द का एक विशेष अर्थ है। यह विशिष्ट प्रकार की आध्यात्मिक उपलब्धि का द्योतक है। यह जातिसूचक शब्द नहीं, योग्यतासूचक शब्द है। अतः इसकी तुलना में 'किसान ब्राह्मण' अधिक उपयुक्त लगता है।

श्रीरामदयाल सिंह ने जो अपने समय के प्रसिद्ध कांग्रेसकर्मी थे यह प्रस्ताव किया था कि 'महासभा' बहुत लम्बे चैड़े प्रस्ताव न पास करके दो एक बातें ही लेकर चले और उन पर सचमुच ठोस काम हो। इसके उत्तर में स्वामी जी ने महासभा के सम्मुख दो ही कार्यक्रम रखे हैं। प्रथम है महासभा का व्यापक स्तर पर (अयाचक ब्राह्मणों के सारे दलों को समेटते हुए) संगठन। दूसरा है संस्कृत भाषा के अध्ययन-अध्यापन का प्रचार। स्वामी जी ने स्वयं इस दिशा में ठोस कार्य किया और उनकी ही प्रेरणा से बिहार में भूमिहार ह्मणों में भी अनेक संस्कृत के प्रतिष्ठित पंडित पैदा हुए। इस भाषण के अन्त में स्वामी जी ने आग्रह किया है कि कांग्रेसी आन्दोलन के चर्खा तथा खद्दर के प्रोग्राम में पूरा योगदान किया जाए और महासभा के मंच से इसके विरुद्ध या समर्थन में कोई प्रस्ताव न आए क्योंकि महासभा का स्वरूप उन दिनों मिश्रित था और

स्वामी जी को भय था कि सामन्तवर्ग अपने प्रभुत्व का उपयोग करके कोई स्वतन्त्रताविरोधी राजनैतिक प्रस्ताव न पास करा दे। साथ ही उन्होंने हर्ष प्रकट किया कि समाज के द्वारा स्वतन्त्रता आन्दोलन में योगदान अत्यन्त उत्साहपूर्ण है। सच्चाई तो यह है कि भूमिहारों में भी स्वामी जी पिछड़े या गरीब भूमिहार किसानों के नेता थे। अभिजात वर्ग से उनकी कभी नहीं पटी। राजे-महाराजे जमींदार और उच्चपदस्थ बड़े-बड़े भूमिहार स्वामी जी के पुरोहिती आन्दोलन में सबसे बड़ी बाधा थे। स्वामी जी मध्यकालीन पतनशील सामन्ती व्यवस्था की मानसिकता से वहाँ भी लड़ रहे थे। उनकी लड़ाई जैसा कि हमने पहले ही कहा है, दुहरी थी। एक और उनका मोर्चा था अज्ञान और दम्भ में डूबे स्वार्थपरायण पुरोहित ब्राह्मणों से तो दूसरी ओर उनका युद्ध था भूमिहारों के भीतर सामन्ती मनोवृत्तिवाले लोगों से। अन्त में स्वामी जी को यह जातीय आन्दोलन इस वर्ग के कारण ही छोड़कर अलग हो जाना पड़ा और अलग से किसान अन्दोलन का सूत्रपात करना पड़ा।

('सामाजिक कामों में क्यों पड़ा' सम्पादक-रामचन्द्र शर्मा में प्रकाशित)

स्वामी सहजानन्द : एक पुण्य स्मरण

स्वामी जी जन्मतः किसान ब्राह्मण थे। मैं भूमिहार ब्राह्मण की अपेक्षा 'किसान ब्राह्मण' का प्रयोग करना ज्यादा समीचीन मानता हूँ। स्वामी जी के सन्दर्भ में तो यह और ज्यादा समीचीन है। उनकी चिन्ता और कर्मसाधना तो किसान ब्राह्मण को लेकर ही शुरू होती है। पर बाद में ब्राह्मण छूट जाता है और रह जाता है 'किसान' वैसे देखा जाए तो उनकी ब्राह्मण की परिभाषा मध्ययुगीन ही है। यह उस कालखंड की विचारधारा का द्योतक है जो गुप्तयुग के बाद, विशेषतः सम्राट हर्षवर्द्धन की मृत्यु के बाद उपजी और विकसित हुई है। यहीं से भारतीय इतिहास का मध्ययुग (Middle Age) शुरू होता है और 10वीं शताब्दी तक एक लम्बी काली रात की तरह चालू रहता है। यह मानसिक जकड़बन्दी और घोर रक्षणशीलता का काल है। यही कारण है कि उनकी ब्राह्मण की परिभाषा उतनी प्रगतिशील नहीं,'शील अर्थात् गुण और कर्म ही ब्राह्मणत्व की शिनाख्त हैं। स्वामी जी भी ब्रह्मर्षि-वंश-विस्तर में ले-देकर यही मानते हैं कि ब्राह्मण वह है जो ब्राह्मण-ब्राह्मणी की सन्तान हो और ब्राह्मणत्व की पहचान दे। कुरी, गोत्र, प्रवर और विवाह सम्बन्धों के माध्यम से ही स्थिर करते हैं। यही कारण है कि एक आधुनिक बुद्धिजीवी के प्रति ब्रह्मर्षि वंश-विस्तर की अपील बहुत कमजोर पड़ती है। पर यह तो ऊपरी बात हुई। ब्रह्मर्षि-वंश-विस्तर को यदि हम कर्मकलाप और गीता हृदय से जोड़ कर देखें तो स्पष्टत : चिन्तन की एक अविच्छिन्न संयोजक कड़ी (Link) मिलती है और हम पाते हैं कि उनका यह मध्ययुगीन प्रस्थान बिन्दु उनके चिन्तन को आश्चर्यजनक रूप से एक क्रान्तिकारी और प्रगतिशील पथ पर ठेल देता है जिसके चरम बिन्दु पर जाकर वे लब्ध करते हैं कि धर्म एक अत्यन्त रेडिकल यानी आमूल परिवर्तनवादी अवधारणा है जो गीता हृदय में आदि से अन्त तक प्रतिष्ठित हुई है और जिसे वे अत्यन्त संक्षेप में (मेरा जीवन संघर्ष पृष्ठ 26) में इस प्रकार व्यक्त करते हैं : 'धर्म सार्वजनिक वस्तु नहीं है और न वह सबके लिए है ही। यह तो अपवाद रूप में ! सो

भी यह बिलकुल व्यक्तिगत चीज है।' धर्म की यह अवधारणा आधुनिक है, नहीं, सुपर आधुनिक है। जो धर्म को 'रिचुअल' कर्मकांड और चर्च संगठित उपासना प्रणाली दोनों से काटकर उसके विशुद्धतम मौलिक रूप की ओर संकेत करती है। धर्म की इस 'रेडिकल' अवधारणा का बोध बीज रूप में प्रारम्भ से ही है। परन्तु ब्रह्मर्षि वंश-विस्तर में वह स्पष्ट व्यक्त नहीं होती है। इसमें यह 'रिचुअल' और चर्च के ऊपर आश्रित 'पुरोहितवाद' के विरोध के रूप में ही व्यक्त होती है और इस पुस्तक में वे 'ब्राह्मण' की परिभाषा का विस्तार कर देते हैं यह सिद्ध करते हैं कि ब्राह्मण का अर्थ मात्र 'पुरोहित' ही नहीं होता और ऊपर से देखने पर ब्रह्मर्षि वंश-विस्तर एक जाति-विशेष के लिए लिखी गई पुस्तक ही ज्ञात होती है। परन्तु भीतर-भीतर वह चालू पुरोहितवादी मान्यताओं के प्रति विद्रोह है और उसमें ब्राह्मण के अर्थ का विस्तार किया गया है। यह बात समझ में आती है जब उनकी परशु-मुद्रा का अगली बार कर्मकलाप और उसकी भूमिका को हम देखते हैं जिसमें श्रुति-स्मृति के आधार पर वे यह स्थापना करते हैं कि हवन इत्यादि दैनिक मन्त्रों के पाठ का विधान भी मौजूद है और शुद्र को भी सनातन से संस्कृत पठन-पाठन का अधिकार है अन्यथा यह क्यों कहा जाता कि 'महाभारत' आदि पंचम वेद-संज्ञाधारी शास्त्र शूद्र और नारी के लिए ही लिखें गए हैं। 'कर्मकलाप' लिखकर उन्होंने कर्मकांड का रहस्य द्वार सार्वजनिक रूप से खोल दिया। यह पुरोहितवाद और कर्मकांड पर प्रत्यक्ष आक्रमण उन्होंने किया है। 'गीता हृदय' में धर्म और गीता-तत्व की एक सर्वथा 'रेडिकल' व्याख्या प्रस्तुत करके वे अपनी इस रेडिकल व्याख्या से स्वयं इतने अभिभूत हैं कि आव देखते हैं न ताव और इसके नीतिशास्त्र को वे एक सर्वथा भौतिकवादी दर्शन मार्क्सवाद के नैतिक मूल्यों से जोड़ देते हैं। उनकी गीता की इस व्याख्या में ढेर सारे बिन्दुओं को स्वीकार करना कठिन है। परन्तु ये सब तो और बातें हैं। मैं जो बात यहाँ पर कह रहा हूँ वह यह है कि ब्रह्मर्षि वंश-विस्तर की मूल स्पिरिट को समझने के लिए उसे अकेले-अकेले नहीं बल्कि 'कर्मकलाप' और 'गीताहृदय' से जोड़कर देखना होगा और तब यह बात साफ होगी कि ब्रह्मर्षि वंश-विस्तर एक क्षुद्र जातीय आन्दोलन का दस्तावेज नहीं बल्कि स्थापित व्यवस्था के विद्रोह का प्रथम पग-निक्षेप है और यह स्थापित व्यवस्था है मध्ययुगीन पुरोहितवाद। ब्रह्मर्षि वंश-विस्तर में वे ब्राह्मणत्व के लिए चिन्तित हैं तो कर्मकलाप, और गीताहृदय में वर्ग निर्विशेष ब्राह्मणत्व के लिए। रीतिबद्ध 'ब्राह्मणत्व' से 'रीतिमुक्त' ब्राह्मणत्व

तक की अनुसन्धान यात्रा एक क्रान्तिकारी स्थापना है और इस दृष्टि से देखने पर ही ब्रह्मर्षि वंश-विस्तर की क्रान्तिकारी भूमिका स्पष्ट होती है क्योंकि इसकी शुरूआत वहीं पर है।

पुरोहितवाद के बाद स्थापित व्यवस्था और निहित स्वार्थ का दूसरा मोर्चा है सामन्तवाद। स्वामी जी की पहली लाठी पुरोहित पर और अब वे 'ब्राह्मण' को छोड़कर ''किसान'' पर आ गए। उनकी चिन्ता और उत्तर पक्ष हैं जिनमें यही संयोजक कड़ी (Link) है कि वे स्थापित व्यवस्था और निहित स्वार्थ के प्रति विद्रोही हैं। उनका पूर्व पक्ष था पुरोहितवाद के प्रति विद्रोह तो उत्तर पक्ष था सामन्तवाद के प्रति और उनके कर्मक्षेत्र में मुख्यत: ये सामन्त थे कौन? वे ही 'भूमिहार ब्राह्मण' जिनके लिए उन्होंने ब्रह्मर्षि वंश-विस्तर लिखा था। जाहिर है कि वे जाति विशेष के अनुराग या विराग से नहीं बन्धे थे। वे तो संन्यासी थे। संन्यासी की कोई जाति-पात नहीं। वह तो ऋत का भक्षण करता है और अमृत अर्थात् देवोपम निर्लिप्त बनकर विचरण करता है। अत: उन्होंने जहाँ कपटाचरण और अन्याय देखा वहीं 'न दैन्यं न पलायनम' भाव से लड़ाई छेड़ दी। उनकी पूर्वपक्ष और उत्तर पक्ष की दोनों लड़ाइयाँ अपनी-अपनी जगह पर महत्त्वपूर्ण हैं।

स्वामी जी एक संन्यासी थे। खांटी अद्वैतवादी संन्यासी आद्यशंकराचार्य के पन्थवाले। आद्यशंकराचार्य ने जीवन का आदर्श रखा 'संन्यास' और उसकी व्याख्या में उन्होंने 'निष्कर्म सिद्धि' के सिद्धान्त का प्रतिपादन किया। सन्यास का लक्ष्य है मोक्ष और उसका पक्ष है 'निष्कर्म सिद्धि'। कर्मों को शून्य करते-करते 'निष्कर्म' तक पहुँचा दिया जाए तो जीवन मोक्ष पक्ष से अपने आप जुड़ जाता है क्योंकि कर्म फल बन्धन रचता है और कर्मों से मुक्ति मोक्ष। परन्तु यह बात आद्यशंकराचार्य ने संन्यासियों के लिए ही कही है और वह भी परमार्थिक सन्दर्भ मानते हैं, पारमार्थिक, प्रातिभासिक व्यावहारिक और व्यावहारिक सत्ता के सन्दर्भ में सन्यासी को भी लोकयात्रा के सन्दर्भ में कुछ कर्म करना ही पड़ता है। आद्यशंकर स्वयं ही महाकर्म योगी थे। उन्होंने स्मार्त उपासना की प्रतिष्ठा की देवमूर्तियों क। जीर्णोद्धार किया मठों और आम्नायों का संगठन किया और घूम-घूम कर आसेतु हिमाचल शास्त्रार्थ करते रहे। वे व्यावहारिक सत्ता के सन्दर्भ में सम्पूर्ण कर्म निषेध की बात नहीं कहते हैं। तो भी उनके बाद अद्वैतवादी सन्यासियों में यह निष्कर्म सिद्धिवाली बात एक जड़ीभूत आदर्श बन गई। इस सारी स्थिति का प्रतिषेध उपस्थित हुआ 9वीं शती के हिन्दू महाजागरण युग में विवेकानन्द द्वारा और उन्होंने गीता के एक

श्लोक के आधार पर इस निष्कर्म सिद्धि में एक नया आयाम जोड़ा 'लोक संग्रह' का। सन्यास केवल व्यक्तिगत मोक्ष साधना ही नहीं, बल्कि लोकयात्रा के दौरान में इसके अन्तर्गत 'दरिद्रनारायण' की सेवा और 'लोक संग्रह' भी आता है। यह 'सक्रिय वेदान्त' (Active Vedant) है जो शान्त अर्थात् मध्ययुगीन निष्क्रिय वेदान्त से सर्वथा भिन्न है। स्वामी सहजानन्द सरस्वती भी अपनी लोकयात्रा में इस सक्रिय वेदान्त अर्थात् लोक संग्रह को ही लेकर चले थे और उन्हें यह श्रेय है कि उन्होंने इसे धर्म और नीति के धरातल से उठा-कर राजनीति और अर्थशास्त्र से जोड़ा शोषणमुक्ति और अवदमन-मुक्ति के क्रान्तिकारी कार्यक्रमों द्वारा यह वेदान्त में एक नए आयाम की सूचना थी और इस अपूर्व विशिष्टता के चलते ही वे मार्क्सवाद के सार्वभौम नैतिक पक्ष से जा जुड़े। वे मार्क्सवाद की ओर मार्क्सवादी चिन्तन के पथ से नहीं गए थे बल्कि स्वानुभत अनुभवों के पथ से और अपने भीतर निहित गहन भावबोध के पक्ष से। वस्तुत: वे जिसे स्वयं मार्क्सवाद कहते हैं वह 'सक्रिय वेदान्त' भी कहा जा सकता है पर मार्क्सवादी पार्टी में उनकी खास दिलचस्पी नहीं थी। वे कभी इसके मेम्बर नही बनें दो-दो बार जब कम्युनिस्टों ने किसान सभा को हथियाने की चेष्टा की थी। विभाजन के समय भारतीय कम्युनिस्ट पार्टी ने पाकिस्तान बनाने के दावे का समर्थन किया था परन्तु स्वामी सहजानन्द उन चोटी के चार-पाँच नेताओं में से थे जिन्होंने कांग्रेस वर्किंग कमेटी में अन्तिम क्षण तक पाकिस्तान का विरोध किया। उनके साथ अन्य लोग थे मौलाना अबुल कलाम आजाद, बादशाह खाँ, राजर्षि टंडन और डॉ. राममनोहर लोहिया। वस्तुत: मार्क्सवाद के सार्वभौम नैतिक पक्ष से ही वे जुड़े थे। वे परम्परागत 'लोक संग्रह' के पथ से ही यानी धर्म के पथ से ही मार्क्सवाद की समझ में शरीक हुए थे जिसके मूल में है शोषित मनुष्य के प्रति करुणा और शोषक के प्रति रोष। यह शोषक चाहे पुरोहित हो या सामन्त। दोनों ही उनके प्रतिपक्ष थे और दोनों के लिए उनमें कोई क्षमा नहीं थी। समझौते का अर्थ ही होता है सौदेबाजी और सत्य के साथ सौदेबाजी नहीं हो सकती। यह उनके स्वभाव के विपरीत था। समझौता तो सुधार करता है और स्वामी जी सुधारक नहीं क्रान्तिकारी थे। सुधारक का सब्र उनके बूते के बाहर की चीज थी। सुधार में अपेक्षित रचनात्मक धैर्य का उनमें सर्वथा अभाव था। गलत बात होने पर किसी को भी खरी-खोटी सुना देने में उन्हें हिचक नहीं थी चाहे वह सर गणेशदत्त जैसे प्रतिष्ठित व्यक्ति हों या गाँधी जी जैसा लोकनायक ही क्यों न हो। यदि ईश्वर की भी गलती पकड़ी जाए तो उस पर दंड प्रहार करने

में चूकनेवाले जीव वे नहीं थे और 'गीता हृदय' में तो कर्मकांडियों के ईश्वर भी पिट ही गए हैं। सन्यासी के बहुत से शान्तगुण (Passive Virtue) उनमें नहीं थे। परन्तु उसके सक्रिय गुण (Active Virtue) उनमें कूट-कूट कर भरे थे, विशेषतः दो गुण तो कुछ जरूरत से ज्यादा ही थे। वे थे अकुताभय साहस और अपराजित अक्खड़ता। परन्तु यह अक्खड़ता किसी निम्न कोटि के अहंकार से नहीं उपजी थी। बल्कि उसके पीछे मनुष्य जाति के अवदमनों और पीड़ाओं के प्रति करुणा और तज्जनित रोष ही थे। क्रौंचवध की घटना पर वे वाल्मीकि की जगह होते तो श्लोक बोलकर मात्र शाप ही नहीं देते, बल्कि पटक कर चढ़ भी बैठते। क्योंकि वे कवि नहीं थे। काश, वे थोड़ा कवि भी होते। श्रुति कहती है 'हृदयेनाभ्यनुज्ञातः' यानी चरम सत्य हृदय द्वारा ही लब्ध किया जा सकता है। स्वामी जी का हृदय पक्ष कमजोर था। वे सोलहो आने तर्क-बुद्धि पर अपनी प्रज्ञा को स्थापित करके चलते थे। अतः वे 'वाद-प्रतिवाद' के स्तर तक ही रह जाते हैं।' वाद-प्रतिवाद से परे 'समन्वय' तक उनकी मानसिक प्रकृति जा नहीं पाती थी। यहीं पर उनमें और गाँधी में फर्क हो जाता है। गाँधी मन से कवि थे, अत्यन्त सहज और अत्यन्त सरस। गाँधी का चिन्तन पथ 'समन्वय' की ओर चलता गया। 'पूर्णांग जीवन' जिसमें वाद-प्रतिवाद अपना विरोधी स्वभाव त्याग देते हैं, उनका आदर्श बना और 'सर्वोदय' बना चरम लक्ष्य। परन्तु स्वामी जी शुद्ध तर्क बुद्धि के माध्यम से चलते हुए वाद-विवाद के स्तर से अधिक आगे लब्ध ही नहीं कर पाते थे। फलतः मार्क्सवाद की द्वन्द्वात्मक प्रकृति उनके सक्रिय वेदान्त से मेल खा गई। तथ्य तो है कि उनकी मानवीय प्रकृति उनका चिन्तन और कर्म तीनों एकाकार है और इस प्रकार उनके सैद्धान्तिक और कर्मगत जीवन परस्पर विभक्त नहीं, बल्कि सत्ता की एक समग्रता (Unity of Being) धारण किए हुए हैं। ऐसे व्यक्तित्व से क्रान्तिकारी कर्म-साधना से भिन्न और किसी बात की अपेक्षा ही नहीं की जा सकती।

प्रारम्भ तो उन्होंने किया था 'भूमिहार ब्राह्मण' आन्दोलन से ही। 'भूमिहार ब्राह्मण' पद में 'भूमिहार' शब्द विशेषण है, उपाधि है और उपाधि का अर्थ होता है माया। माया को वेदान्त ब्रह्म की उपाधि या विशेषण ही तो मानता है। परन्तु असल तथ्य तो विशेषण नहीं, विशेष अर्थात् संज्ञा ही होता है। इस जाति की संज्ञा 'ब्राह्मण' है यह इसे ही विस्मृत हो गया और उपाधि की 'माया' इतनी प्रबल हुई कि यह अपना वंश-परिचय देनेवाले आस्पद तक को त्याग बैठी। मिश्र, पांडे, तिवारी की जगह सिंह और राय। त्याग ही नहीं बैठा, उस

माया का चेर बन कर इसे गर्व की बात मानने लगा। राहुल जी ने स्वामी जी की जीवन कथा लिखते हुए कहा है कि भूमिहार कोई पिछड़ी जाति नहीं थी। सही बात है। यह न तब पिछड़ी जाति थी और न अब है। परन्तु मात्र भौतिक दृष्टि से ही। आत्मिक दृष्टि से यह अत्यन्त पिछड़ी जाति थी शायद अब भी है। जिस समय स्वामी जी ने इतिहास-मंच पर प्रवेश किया उस समय इसकी आत्मा सुप्त थी। यह नितान्त आत्म विस्मृत हो गई थी। इसकी माया-निद्रा को तोड़ने के लिए स्वामीजी ने ब्रह्मर्षि वंश-विस्तर लिखा। संस्कृत पाठशालाएँ स्थापित कीं, सामाजिक आन्दोलन चलाया। यह जाति जगी भी। पर फिर करवट बदलकर सो गई। स्वामी जी इस जाति को 'ब्राह्मण' रूप में देखना चाहते थे और वे इसके मौलिक रूप 'ब्राह्मण' और 'किसान' को इसके भीतर प्रतिष्ठित करना चाहते थे। स्वयं इसके मूल स्वरूप को पहचान चुके थे। यह जाति से 'ब्राह्मण' और पेशे से 'किसान' थे। परन्तु ये पहचाने ब्राह्मण और किसान, इस समाज के नेताओं को सन्तुष्टि नहीं देती थी। पूरा समाज ही आत्मविस्मृत होकर सामन्तवाद का मुखौटा (Mark) धारण कर चुका था। इन दोनों शब्दों के प्रति समाज के नेताओं के मन में कोई गहरी श्रद्धा नहीं थी और वे इनके प्रति एक हीनता ग्रन्थि का भाव लेकर बैठे थे। उनकी दृष्टि में ब्राह्मण माने पोथीवाला, दरिद्र, याचक और किसान माने प्रजा या गुलाम जैसी कोई चीज। 'किसान' एक अत्यन्त पवित्र शब्द है। उतना ही पवित्र जितना ब्राह्मण। यह भारतीय संस्कृति और समाज की प्राण धारा में केन्द्र के रूप में बैठा हुआ है। इसे अपनाने में कोई अगौरव नहीं। ये बातें ऊपरी मन से स्वीकार करते हुए भी सब भीतर-भीतर अपनी शान के खिलाफ मानते हैं। सच पूछिए तो आज की बदली स्थिति में भी मामूली से मामूली भूमिहार भी मन-ही-मन अपने को 'केवल किसान' नहीं मानता और उसकी मानसिकता के अन्तराल में राजा जाति का भाव अब भी मरा नहीं है। तो तब की बात ही और है। स्वामी जी भी इधर राजनीति में प्रवेश कर चुके और एक विशेष मंच से जुड़ चुके थे जिस पर एक खास जाति को लेकर सोचा नहीं जा सकता था। अतः ब्राह्मण प्रश्न उस मंच पर 'आउट साइडर' था। परन्तु किसान प्रश्न उस मंच पर सर्वथा युक्ति-संगत था। अतः वे ब्राह्मण को छोड़कर 'किसान' से ज्यादा से ज्यादा जुड़ते गए और अन्त में ब्राह्मण प्रश्न पूरा-का-पूरा छूट गया और उनकी प्रतिबद्धता सम्पूर्णतः किसान-प्रश्न से ही जुड़ गई। अपनी ही संगठित की हुई 'भूमिहार ब्राह्मण महासभा' को उन्होने स्वयं अनावश्यक समझकर भंगकर डाला। राष्ट्रीय आन्दोलन के ढाँचे के भीतर ही किसान

मोर्चे को संगठित करना शुरू किया। किसान सभा की स्थापना हुई। यह सत्य है कि प्रारम्भ में किसान सभा में अधिक कार्यकर्ता सवर्णो से विशेषतः भूमिहार ब्राह्मण में से ही आए थे। उनके व्यक्तिगत सम्पर्क के कारण से और इस कारण से भी उन दिनों जमींदारों और काश्तकारों दोनों वर्गों में ये सवर्ण ही ज्यादा थे। परन्तु जातिवाली बात उनके जीवन से और उनकी किसान-सभा से धीरे-धीरे समाप्त हो गई। दूसरे स्तर के लोग किसान-सभा में आते गए और अपने दौर में जिला स्तर के कार्य-कर्ताओं में पिछड़ी जाति का बाहुल्य हो गया। इस प्रकार किसान सभा अन्त में जाकर वही नहीं रही जो प्रारम्भ में थी। इसके वर्गचरित्र का भी सम्पूर्णतः रूपान्तर हो गया। यह एक अखिल भारतीय राजनीतिक मंच बन गई और इसमें हरेक प्रान्त, हरेक भाषा और हरेक जाति नस्ल के लोग आ गए। इसके रूपान्तर के साथ-साथ स्वामी जी के राजनैतिक चरित्र और व्यक्तित्व का भी रूपान्तर हो गया। वे 'भूमिहार नेता' बिलकुल ही नहीं रहे और किसान नेता ही उनकी एकमात्र और अविकल शिनाख्त बन गई।

स्वामी जी के इस रूपान्तर और किसान-सभा के कार्य-कलाप की वस्तुगत व्याख्या और विश्लेषण शिकागो यूनिवर्सिटी शोध संस्थान के शोधकर्त्ता वाल्टर हौजर ने अपनी थीसिस में सप्रमाण किया है और स्वामी जी के जाति मुक्ति और वर्ग-मुक्त स्वरूप पर प्रकाश डाला है। स्वामी जी के लिए अपने को जाति मुक्त कर लेना आसान था। वे संन्यासी थे। आगे नाथ न पीछे पगहा। परन्तु पुराने साथियों के लिए सम्भव नहीं था। उनके अपने वर्ग स्वार्थ थे। फलतः वे स्वयं एक-एक करके छूटते गए और नए-नए साथी जुड़ते गए। परन्तु हौजर का अन्तिम निष्कर्ष स्वामी जी और किसान सभा के विपरीत जाता है। हौजर का कथन है कि किसान-सभा का प्रगतिशील नेतृत्व और उसकी क्रान्तिकारी भूमिका तभी तक प्रभावशील रही जब तक यह आन्दोलन राष्ट्रीय आन्दोलन के ढाँचे के भीतर संयुक्त था और जैसे जैसे स्वामी जी वामपन्थ की मार्क्सवादी सिद्धान्तवादी और राष्ट्र विरोधी नीतियों की ओर ढ़लते गए, वैसे-वैसे यह आन्दोलन लोकप्रिय समर्थन खोता गया। हौजर का संकेत इतना प्रबल है कि यद्यपि वह तथ्य तो लगता है कि स्वामी जी अन्त में कर्र्तव्यविमूढ़ से हो गए थे परन्तु ऐसी बात नहीं है। यह सही है कि उन्होंने पहले तो कांग्रेस की नीति के तहत महायुद्ध का विरोध किया। बाद में सोवियत यूनियन के युद्ध में प्रवेश कर लेने के पश्चात् हिन्दुस्तान के कम्युनिस्टों से सुर मिलाकर इसे (People's war) जनयुद्ध कहकर समर्थन

देना शुरू किया। जिस 1942 की क्रान्ति पर भारतीय जनता 'विशेषत: उनकी जन्मभूमि गाजीपुर' को बहुत गर्व है उसे उन्होंने 'जनविरोधी' और 'बबुआवादी' कहा। परन्तु इन बातों के बावजूद यह तथ्य नहीं है कि उनकी लोकप्रियता किसानों में घटी और इसके बाद भी किसान सभा की गतिविधियाँ कम हुई। जो लोग उनसे इन बातों के लिए कट सकते थे, वे तो पहले ही छोड़ चुके थे। यह कहना गलत होगा कि उनका कर्म निष्फल गया। आज मुँगेर, भागलपुर के दियरे में जो कुछ घटित हो रहा है, आज जो भोजपुर, आरा में नक्सलवादी किस्म का आन्दोलन चल रहा है उसके अग्निबीज स्वामी जी ही वपन कर गए हैं। यह और बात है कि उनकी वैवादिक फसल को कोई और ही काट रहा है, और यह हमारे लिए प्रसन्नता की बात है अथवा रोने की बात है। परन्तु उनका कर्म फल तो दे ही रहा है। उसके फल देने का समय तो अब आया है। फल चाहे कटु हो या मधुर। यह तो चखनेवालों की मानसिकता और चरित्र पर निर्भर करता है।

दरअसल जब उन्होंने किसान आन्दोलन प्रारम्भ किया था तो बहुत-सी बाते स्पष्ट नहीं थीं। तब 'किसान' शब्द 'जमींदार' शब्द की (Anti Thesis) विलोम मात्र था। अर्थात् किसान माने काश्तकार। किसान एक बड़ा ही उलझा हुआ और अस्पष्ट शब्द है। यह मूलत: एक सांस्कृतिक और सामाजिक शब्द है। गाँधी चिन्तन में यह ज्यादा एक सांस्कृतिक और सामाजिक इकाई के रूप में किसान का अर्थ उलझा हुआ और अस्पष्ट रूप में ही देखा गया है, आर्थिक इकाई के रूप में कम। परन्तु दिक्कत होती है इसकी आर्थिक परिभाषा को लेकर, इस बात को लेकर कि यह अर्थशास्त्र और चालू राजनीति के सन्दर्भ में किस आर्थिक सीमा को व्यक्त करता है। व्यास, वाल्मीकि का किसान, सहजानन्द का किसान और चारू मजूमदार का किसान, ये सभी किसान एक ही नहीं है। ये परस्पर वर्ग शत्रु भी हो सकते हैं। परन्तु 'किसान' शब्द की अर्थ यात्रा जो स्वामी सहजानन्द की कर्म साधना से शुरू होती हैं उसको चारू मजूमदार के किसान तक पहुँचना ही है। बीच में रूकने का कोई सवाल ही नहीं उठता। उसकी युक्ति संगत चरम परिणति यही हो सकती है। चाहे यह बात स्वयं स्वामी सहजानन्द को ही अच्छी लगे या न लगे। वे स्वयं काश्तकार को ही लेकर चले थे। पर 'काश्तकार' भी कम अस्पष्ट शब्द नहीं है। सौ दो सौ बीघे का 'हरित क्रान्ति' वाला काश्तकार और दो चार बीघे का अभाव ग्रस्त काश्तकार, दोनों एक ही वर्ग नहीं। तथ्य तो यह है कि 'किसान' और 'काश्तकार' शब्दों का

क्रान्तिकारी अर्थ दिन-पर-दिन बदलता जा रहा है और क्रान्ति की बात अन्त में जाकर खेतिहर मजदूर पर ही टिकेगी। स्वयं स्वामी जी ने एक जगह लिखा है कि 'किसान' से उनका मतलब 'गृहस्थ' से है और उसी में खेतिहर मजदूर भी आ जाता है। यहाँ गृहस्थ का अर्थ संस्कृत भाषा में प्रयुक्त गृहस्थ नहीं बल्कि भोजपुरी गिरिहस्त है। खेती गिरस्ती में आया गिरस्त या गिरिहत शब्द। दूसरे शब्दों में स्वामी जी का किसान अपने निजी मजूर और हलवाहे समेत खेती करनेवाला काश्तकार। यानी 'छोटा किसान'। परन्तु आज की बदली स्थिति में खेत-मजूर और छोटा किसान भी एक नहीं क्योंकि ये परस्परविरोधी स्वार्थोंवाले वर्ग हैं जिसमें छोटे से छोटा किसान भी 'स्थापित व्यवस्था' का प्रतीक है और खेत मजूर विद्रोह का। स्वामी जी के सामने यह वर्ग द्वन्द्व स्पष्ट नहीं था। परन्तु इसके प्रति सचेत तो वह निश्चय ही रहे विद्रोह और शोषण के प्रति विद्रोह के जिस पथ पर चल चुके थे उसकी आखिरी मंजिल यह 'खेत-मजूर' ही होता है और 'किसान' शब्द की सारी क्रान्तिकारिता उस बिन्दु पर जा कर चुक जाती है। स्वामी जी स्थापित व्यवस्था के प्रति विद्रोह के जिस पथ पर चल चुके थे, उस पर उसकी राजनीति की चरम परिणति 'खेतिहर मजूर' राजनीति में ही होती। यदि बीच में रुक जाते तो वे स्थापित व्यवस्था से जुड़कर चूक जाते। 'ब्राह्मण' का मोह जिस प्रकार छोड़ देना पड़ा, वैसे ही 'किसान' का मोह भी छोड़ देना पड़ता और रह जाता अन्त में खेत मजदूर यानी 'मजदूर'। वैसे तो वे जीवित रहते तो क्या करते, इस पर कुछ कहना कठिन है, पर उनके जैसे स्वभाव सिद्ध विद्रोही के लिए जो स्वाभाविक है उसी की ओर संकेत किया जा सकता है। उन्होंने नए-नए प्राप्त वस्तुगत अनुभवों के आधार पर अपनी राजनीति में संशोधन किया है और जो बात आदि से अन्त तक अपरिवर्तनीय रह जाती है वह है स्थापित व्यवस्था के अन्यायों से प्रति विद्रोह।

इधर एक अजीब सी बात मुझे देखने को मिली। यह है ध्यान आकर्षित करनेवाली बात। राष्ट्रीय स्वयं सेवक संघ के पोषक संगठन ने अपनी दैनिक प्रार्थना गें जिन प्रातः स्मरणीय महापुरुषों की सूची रखी है। उसमें व्यास, वाल्मीकि, रामचन्द्र, युधिष्ठिर आदि से शुरू करते हैं और अन्त में आते हैं ''कृषक नेता विरसामुंडा सहजानन्दौ''। स्मरण रहे कि राष्ट्रीय स्वयं सेवक संघ वालों की 'देशभक्त' की कसौटी बड़ी कठिन है। उक्त सूची में मुसलमान बादशाह सम्राट अकबर और सिस्टर निवेदिता आ जाते हैं पर इतने रोबदाब के बावजूद नेहरू खानदान को उसमें जगह नहीं उस प्रातः स्मरणीय

महापुरुष सूची में वामपन्थी सहजानन्द का सन्थाल कृषक नेता विरसा मुंडा के साथ 'जोड़े' के रूप में, द्विवचनान्त 'रामलक्ष्मणौ' की तरह 'विरसामुंडा-सहजानन्दौ'' भी आना बड़ा संकेतपूर्ण है। अर्थात् सारा देश उनको पूज्य मानता है, परन्तु नौरंगराय शर्मा के रूप में नहीं, 'स्वामी' और 'सरस्वती' से अलंकृत सहजानन्द सन्यासी के रूप में नहीं, बल्कि संथाल विद्रोही कृषक नेता विरसामुंडा के राजनैतिक भ्राता के रूप में। अखिल भारतीय दृष्टि में उनकी पहचान किसान नेता के रूप में ही है। यह बात निर्विवादरूप से साफ हो जाती है। तथ्य तो यह है कि उनकी यही पहचान इतिहास में दीर्घजीवी भी हो सकती है कि असली सहजान्द 'किसान सहजानन्द' ही है।

आखिर में एक और प्रश्न। स्वामी जी की समस्त कृतियों में सर्वोत्तम रचना कौन है? मेरी समझ से उनकी सर्वोत्तम कृति उनका जिया हुआ जीवन ही है हरेक नया चिन्तक अपनी निजी शब्दावली विकसित करता है। गाँधी जी ने अपनी शब्दावली का आविष्कार स्वयं किया था। विवेकानन्द की अपनी निजी वचनभंगिमा है। इधर डॉ. राममनोहर लोहिया ने अपनी निजी भंगिमा और स्वतन्त्र चिन्तन की भाषा विकसित करने की चेष्टा की है। मनुष्य जाति के चिन्तन में हर एक नया मोड़ एक नई शब्दावली या भाषागत भगिमा विकसित नहीं कर पाए, और न तो जीवन के हर एक अंग से जुड़ा हुआ कोई सर्वांगपूर्ण दर्शन ही प्रतिष्ठित कर पाये, जो कि उनके अगाध पांडित्य को देखते हुए यह अपेक्षा उनसे की जाती सकती थी। उनकी उत्तरकालीन रचना 'किसान कैसे लड़ते हैं' इत्यादि तो अखबारी स्तर की चीजें हैं। परन्तु अकेले-अकेले इस एक आदमी ने बिना किसी दल या बुद्धिजीवी वर्ग की सहायता के अखिल भारतीय सभा को जन्म दिया, विकसित किया और किसान आन्दोलन को एक अखिल भारतीय अवस्थिति प्रदान की तथा कार्यक्रम का एक ठोस रूप प्रस्तुत कर दिखाया यह काम ही इतना बड़ा था कि क्रमबद्ध चिन्तन की फुरसत उन्हें नहीं मिली। उनके चिन्तन और दृष्टिकोण को स्पष्टीकरण और निखार मिल सके इसी से इस सवाल का कि उनकी सर्वोत्तम पुस्तक कौन है, एक ही सटीक उत्तर हो सकता है। उनका जिया हुआ जीवन। यही कारण है कि उनकी सर्वाधिक जानदार रचना 'मेरा जीवन संघर्ष' ही है। हिन्दी में ऐसी 'प्रसन्न गम्भीर' आत्मकथा और कोई नहीं। शंकराचार्य के गद्य को प्रसन्न गम्भीर गद्य कहा जाता है। अंग्रेजी बाइबिल का गद्य भी कुछ इसी किस्म का है। 'प्रसन्न' का अर्थ होता है पारदर्शक अर्थात् तलदर्शी। पानी यदि गहरा हो, तो भी इतना साफ हो कि दिखाई पड़े, तो उसे 'प्रसन्न गम्भीर जल' कहते हैं।

स्वामी जी की यह आत्मकथा भी कुछ इसी किस्म की रचना है। इस कृति की सफलता के मूल में है उसकी विषयवस्तु अर्थात् उनका सहज और तेजस्वी, प्रसन्न और गम्भीर जीवन।

व्यक्ति महान होता है देश काल के बल को पाकर। 'काल' से हमारा तात्पर्य इतिहास की विशेष परिस्थियों से है। स्वामी जी को देश-बल तो मिला। उनकी कर्मभूमि बिहार रही जहाँ वे भूमिहार ब्राह्मण आन्दोलन के सिलसिले में अपने गैरिक वस्त्र और संन्यास दंड के सहारे एक स्थान बना चुके थे और व्यक्तिगत सम्पर्कों की निष्ठा को विकसित कर चुके थे। वह निष्ठा उनकी आजीवन सहायक रही। उग्र-किसान आन्दोलन के समय में भी। परन्तु उन्हें काल-बल नहीं मिला। उनका चिन्तन समय से कुछ दशक आगे था। वे यदि आज होते, यदि आज जैसा असन्तोष और विद्रोह का परिवेश रहता तो उनका आयाम और बृहत्तर होता और वे बिहार ही नहीं, समग्र हिन्दुस्तान के माओत्सेतुंग होकर रहते। चीन का माओत्सेतुंग एशिया भूखंड का सबसे बड़ा किसान नेता रहा है। काल-बल अनुकूल न होने से स्वामी जी को उतनी बड़ी ऐतिहासिक भूमिका नहीं मिली। तो भी भविष्य का हिन्दुस्तान उनके चिन्तन से प्रेरणा पाएगा। जिस प्रकार मध्यकालीन साहित्य के कबीर आज भी प्रासंगिक है और किसी भी आधुनिक से कम आधुनिक नहीं, उनकी प्रांसगिकता आज भी है और कल भी रहेगी, उसी प्रकार स्वामी सहजानन्द भी आगामी अनेक दशकों तक अप्रासंगिक और पुराने नहीं हो सकते। भारतीय अर्थनीति और राजनीति में उनकी बातें अब भी प्रासंगिक हैं। वस्तुतः उनका प्रस्थान बिन्दु ब्राह्मण परम्परा का होते हुए उनका गुण कम, स्वभाव भारत की महान श्रम परम्परा की प्रकृति के निकट था और उनका व्यक्तिगत चिन्तन उन्हें बुद्ध, महावीर, नानक, कबीर और रविदास की परस्परा से ही संयुक्त करता है जो अनुभवलब्ध सत्य को सत्य मानती थी, पोथी-वाक्य को नहीं। वही अक्खड़ता, वही साहस, वही विद्रोह और वही आह्वान उनकी भाषा और जीवन में मिलता है जो उपयुक्त सन्तों में पाया जाता है।

('निवेदिता' 2001 में प्रकाशित)

वे एक कर्मयोगी थे

केशव प्रसाद शर्मा जो हमारी संस्था के संस्थापक थे गाजीपुर जिले के डेढ़गाँवाँ ग्राम में एक 'किसान ब्राह्मण' परिवार में पैदा हुए थे। उन्होंने एक बार मुझसे बताया था कि उनकी वंश-परम्परा 'भारद्वाजी' भूमिहार ब्राह्मणों से आती है और वे लोग मूलतः 'मचियाँव के पांडे' हैं। कुछ पीढ़ी पूर्व उनके पूर्वज 'गौरा गठिया' (बलिया) से आकर रेवतीपुर में तथा बाद में 'डेढ़गाँवाँ में आकर बसे थे। स्थानीय व्यक्तियों ने उनकी वैष्णवता और विद्वत्ता से प्रभावित होकर आग्रह पूर्वक बसाया था। भारद्वाजी भूमिहार ब्राह्मण सादात परगने में बड़ी संख्या में हैं। परन्तु शर्मा जी के पूर्वज उनसे भिन्न स्थान से आए लगते हैं। मैंने स्वामी हंसानन्द सरस्वती की एक छोटी सी जीवनी कभी पढ़ी थी जिसमें भारद्वाजी वंश-परम्परा का इतिहास संक्षिप्त रूप से वर्णित है। उसके अनुसार प्रसिद्ध 'हरसू बरम' भी इसी वंश में थे और राज-रोष के कारण उनके अन्य भाई भी स्थान त्यागने को विवश हुए थे तथा वे ही लोग गाजीपुर, बलिया और मिर्जापुर में जाकर बस गए और उनके वंशज आज अपने को भारद्वाजी कहते हैं तथा महाभारत के प्रसिद्ध आचार्य द्रोण का सगोत्र बताते हैं। उक्त पुस्तिका में इस सम्बन्ध में कुछ श्लोक भी दिए गए थे। पर उन श्लोकों के स्रोत-ग्रन्थों का कोई उल्लेख नहीं था। जो हो, शर्मा जी के जो पूर्वज रेवतीपुर-डेढ़गाँवाँ आकर बसे वे तपस्वी और सदाचारी वैष्णव थे। उनके पांडित्य और सदाचरण के सम्मान में ही स्थानीय लोगों ने उन्हें अपने बीच ला बसाया। इससे यह ज्ञात होता है कि पं. केशवप्रसाद शर्मा में जो विद्यानुराग एवं विद्या-प्रसार के प्रति दृढ़ श्रद्धा थी उसका मूल आनुवंशिक है और इसके बीज उनकी कुल-परम्परा में थे जिसका मानसिक उत्तराधिकार उन्हें प्राप्त हुआ था। उनके पिता श्री विक्रमादित्य राय शर्मा ने भी हावड़ा (पश्चिम बंग)-सलकिया में अपनी संगठन-क्षमता के बल पर एक शिक्षण संस्थान 'विक्रम विद्यालय' की स्थापना की थी और उसे हाईस्कूल तक विकसित किया था। बाद में चलकर जब इस संस्था का

संचालन सूत्र शर्मा जी के हाथों में आया तो इसकी तीन और शाखाएँ इन्होंने स्थापित करके अपने को योग्य पिता का सुयोग्य पुत्र प्रमाणित किया। अपने सेवाकाल के अन्तिम दिनों में ये उक्त संस्था के ही प्राचार्य थे और उन्हीं दिनों गाजीपुर नगर में उन्होंने स्वामी सहजानन्द सरस्वती महाविद्यालय की स्थापना की थी। 1972 में इस महाविद्यालय की स्थापना हुई यह उनके अध्यवसाय और परिश्रम का ही फल था। यह सही है कि उनके साथ स्थानीय और प्रवासी सज्जनों की एक टीम थी। परन्तु इसे परिकल्पना से लेकर पूर्णता तक पहुँचानेवाले वे ही थे। ऐसे कार्यों में एक समूह शक्ति का सहयोग तो रहता ही है, परन्तु श्रेय जाता है समूह के उस केन्द्रीय व्यक्तित्व को जो उसे नेतृत्व प्रदान करता है। इस महाविद्यालय की स्थापना में उन्होंने न केवल नेतृत्व किया बल्कि पूँजी-संचार और साधन-संचय के श्रेय का 'सिंह-भाग' उन्हीं को जाता है। इस बात को जिले के सारे तटस्थ व्यक्ति जानते हैं और सामान्य जन इसे 'के. पी. शर्मा का कालेज' कहकर ही पहचानता है।

किसी भी व्यक्ति के बारे में लिखना बड़ा कठिन होता है क्योंकि इसके लिए उस व्यक्ति के अन्तरंग जीवन की जानकारी चाहिए। मेरे पास शर्मा जी के अन्तरंग जीवन अर्थात् पूर्व जीवन, बाल्यकाल, यौवन एवं उनके अन्तर्मन की जानकारी अंत्यल्प है। अत: मैं उन पर बहुत सटीक नहीं लिख पा रहा हूँ। 1986 से मैं उनके सम्पर्क में आया और उनके सद्गुणों से एवं उनकी कार्य क्षमता से परिचत हुआ। परन्तु निकट सम्पर्क के मौके बहुत कम आए। जहाँ तक उनके मुँह से सुना है, वे अपने चाचा स्वर्गीय ब्रह्मदेव राय से ज्यादा प्रभावित थे और उन्हीं के प्रभाव-सूत्र से स्वामी सहजानन्द सरस्वती के प्रति भी उनकी श्रद्धा अत्यन्त गहरी थी। कभी-कभी वह श्रद्धा मुझे अन्ध श्रद्धा जैसी भी लगती थी और मेरे द्वारा इस बात की ओर इशारा करने पर वे नाराज नहीं होते थे, बल्कि इसे एक 'प्लस-प्वाइंट' मानते थे। जब इस संस्था की स्थापना 1972 में हुई तो वे उसी समय मुझे बुलाना चाहते थे। श्री ब्रज बिहारी राय के एक पत्र से ऐसा ज्ञात हुआ था। परन्तु मैंने उस समय गाजीपुर आना अस्वीकार कर दिया। मेरा मन तब असम में रम गया था। वहाँ की संस्कृति और लोकधर्म की एक निराली ही छवि मिली जिससे अपने देश की पहचान को मैंने संशोधित रूप में प्रत्यक्ष किया और पहले की पहचान के अधूरेपन से सचेत हुआ। ये सब बातें मेरी पुस्तकों में आ गई हैं। 1964 से ही मैंने लिखना शुरू किया था और 1971 में मुझे

अपनी प्रथम रचना 'प्रिया नीलकंठी' पर उत्तर प्रदेश सरकार का 'आचार्य रामचन्द्र शुक्ल पुरस्कार' मिल चुका था। शर्मा जी मेरे लेखन से प्रभावित थे और अन्य व्यक्तियों की मार्फत मेरे पास अपना प्रस्ताव भेजवाया था। परन्तु घर से दूर रहकर मैं अपना पूरा समय लेखन को देना चाहता था और इसी बात का निवेदन मैंने अपने पत्रोत्तर में भी किया था। परन्तु जब 1986 में भूतपूर्व प्राचार्य डॉ. कपिलदेव राय सेवा निवृत्त हुए तो इस बार उन्होंने स्वयं पत्र दिया और बड़ी आत्मीयता से आग्रह किया कि मैं उच्चतर शिक्षा सेवा आयोग, इलाहाबाद को अपना प्रार्थनापत्र अवश्य भेजूँ। उन्होंने उत्तरभारत के पत्रों में आयोग द्वारा प्रकाशित विज्ञापन की कतरन भी भेजी। मेरे मित्र डॉ. इन्द्रदेव सिंह कुछ वर्ष पूर्व से ही भुड़कुड़ा में प्राचार्य के पद को सुशोभित कर रहे थे और उन्होंने प्रार्थना-प्रपत्र भी इलाहाबाद से मँगाकर अपनी ओर से गाजीपुर आने के आग्रह के साथ भेज दिया था। ये दोनों अनुरोध साथ-साथ मिले। असम की राजनैतिक स्थिति भी अशान्त हो चली थी। अब यह वह असम नहीं था जिससे आकर्षित होकर मैं 27 वर्षों तक वहाँ रह गया। पुरानी पीढ़ी के लोग थे। परन्तु उनकी विचारधारा को उनके घर के उनके ही बेटे-नाती रोषपूर्वक अस्वीकृत कर रहे थे। इस राष्ट्रीय ट्रैजिडी के कुछ सही कारण थे और कुछ राजनैतिक प्ररोचना भी थी। परन्तु वातावरण बिगड़ चुका था। अतः मेरा मन भी उस स्थान को छोड़ने को तत्पर था। घरवालों के निरन्तर दबाव का तो कुछ पूछना ही नहीं। वे तो वर्षों से चाहते थे कि मैं नजदीक रहूँ। मैंने प्रार्थना पत्र दिया। साक्षात्कार के एक हफ्ते बाद ही फल घोषित हो गया और मेरे चुनाव के अनुरूप मुझे संस्था के प्राचार्य-पद के लिए आयोग ने संस्तुति कर दी थी जिसकी एक प्रति प्रबन्धक को भी भेज दी गई थी। तत्काल मेरी नियुक्ति कर दी गई और शर्मा जी के कहने से मैंने अपनी पुरानी संस्था से साल दो साल का 'अवकाश' न लेकर एक बारगी त्याग-पत्र ही भेज दिया। फलतः पुनः असम लौटने का द्वार बन्द हो गया और यहीं रह जाना मेरी बाध्यता हो गई। 1959 में एम. ए. करने के बाद मैंने कुछ महीने 'विक्रम विद्यालय' (सलकिया, हावड़ा) में भी काम किया। तब हिन्दीभाषी शिक्षक बहुत कम वेतन पाते थे और इसकी क्षतिपूर्ति लोग सुबह और शाम दोनों वक्त 'ट्यूशन' करके कर लेते थे। कलकत्ते में रहकर बिना ट्यूशन किए काम चलता नहीं। परन्तु 'ट्यूशन' करने का अर्थ है अपने भीतर की प्रतिभा एवं रचनात्मक शक्ति को कुंठित करना। इससे चिन्तन शक्ति में एक जड़िमा आ जाती है। इसी से कलकत्ते

में पढ़ने-लिखने की सुविधा होते हुए भी मैंने कलकत्ता त्यागने का विचार किया। जुलाई 59 से ही पत्रों में विज्ञापन देखकर प्रार्थना-पत्र देने लगा और दुर्गापूजा प्रारम्भ होने के पूर्व मेरे हाथ में तीन असम से और एक उड़ीसा से आए हुए नियुक्ति पत्र थे। विक्रमविद्यालय के लोग मुझे छोड़ना नहीं चाहते थे। अत: उन्हें बिना सूचित किए हुए ही मैं असम चला गया और वहाँ से त्याग-पत्र भेज दिया। असम को ही चुनने का कारण यह था कि वहाँ पर मेरे मित्र प्रभासचन्द्र मजूमदार कुछ मास पूर्व से ही कार्यरत हो गए थे और वहाँ के प्राचार्य श्री त्रैलोक्यनाथ गोस्वामी असमीया के एक प्रख्यात लेखक थे। उनके बारे में सद्य: प्रकाशित Contemporary Indian Literature में मैं पढ़ चुका था। वहाँ के बौद्धिक वातावरण के बारे में मजूमदार ने मुझे विस्तार से बताया भी था। वहाँ जाने पर मेरा मन उस सुरुचिपूर्ण संस्कारवान वातावरण में इतना रम गया कि मैंने कभी सोचा भी नहीं कि गाजीपुर या उत्तर प्रदेश-बिहार में मुझे जाना चाहिए। तो भी 1984 के बाद मन में उच्चाटन होने लगा। पुराने लोग सेवानिवृत्त हो चुके थे। राजनैतिक चिन्तन बदल चुका था। व्यक्तिगतरूप में जनता और छात्र-समाज में मैं तब भी श्रद्धास्पद ही बना रहा पर भविष्य की मानसिकता क्या होगी, इस पर प्रश्नचिन्ह मेरे मन में बार-बार उठने लगा। इसी बीच में शर्मा जी का और डॉ. इन्द्रदेव सिंह का पत्र आया। मैंने आधे अधूरे मन से प्रार्थनापत्र दे दिया। बाद में शर्मा जी से मिलने पर उनकी आत्मीयता और सज्जनता से इतना प्रभावित हुआ कि 14 जुलाई, 1986 में वर्तमान संस्था का कार्यभार ग्रहण कर लिया। मेरा मानसिक परिवर्तन अचानक घटित हुआ था शर्मा जी के सम्पर्क में आने पर। अन्यथा आयोग की संस्तुति पाकर भी मैं हिचकिचाहट में ही था। यहाँ आकर किसी तरह की असुरक्षा का प्रश्न समाप्त हो गया। परन्तु अपनी प्रकृति के कारण अथवा अपने निजी संस्कारों के कारण मैं यहाँ के वातावरण से समरस नहीं हो पाया, तो इसमें उनका या और किसी का क्या दोष ? उन्होंने और प्रबन्ध तन्त्र ने तो मुझे सर्वदा ही सहयोग दिया है। वस्तुत: 'पूर्वांचल' के महाविद्यालयों के परिसर और अन्तराल की प्रकृति ही कुछ ऐसी बन गई है कि यहाँ पर प्राचार्य या कुलपति के आसन पर बैठकर शान्त एवं शिष्ट प्रकृतिवाले की गुजर नहीं है। इन पदों पर उग्र, उत्तेजक, उद्भट और चालू किस्म के लोग ही सफल हो सकते हैं और मुझमें इन गुणों का सर्वथा अभाव है। अत: दोष मेरी अन्त:प्रकृति और आत्मिक मूलाधार (Spiritual Base) का है। यदि मैं यहाँ पर कुछ कर पाया हूँ तो इसका श्रेय

स्वर्गीय केशवप्रसाद शर्मा की प्रेरणा और जोर-जबर्दस्ती को ही है। 'जोर जबर्दस्ती' इस अर्थ में कि इन अभावग्रस्त महाविद्यालयों में यदि एक ईंट भी रखनी हो तो प्राचार्य को 'जोखिम' उठाकर रखनी होगी, और शर्मा जी अपने से जुड़े किसी अन्य के 'जोखिम' के प्रति बिलकुल बेपरवाह थे! मैं शर्मा जी पर और प्रबन्ध तन्त्र की सदाशयता पर पूर्णतः विश्वास करके काम करता गया हूँ। मैंने देखा है कि पूर्वांचल के सारे अभावग्रस्त महाविद्यालयों में यदि कहीं पर कुछ प्रगतिशील कार्य हो रहा है तो प्राचार्य-प्रबन्ध तन्त्र के इसी पारस्परिक विश्वास के आधार पर और इसी शैली में हो रहा है। और कोई उपाय नहीं। शर्मा जी तो मेरे लिए भरोसे के एक बहुत बड़े स्तम्भ थे। हर काम में उनकी भूमिका मित्र, दार्शनिक और पथ-प्रदर्शक (Friend Philosopher And Guide) की थी। वस्तुतः उनका अपने बीच से इस प्रकार अल्पकालीन बीमारी से अप्रत्याशित रूप में चले जाना मेरी निजी क्षति के समान है। उनके दिवंगत हो जाने से मेरे अपने आत्म-विश्वास का एक स्तम्भ ही टूट गया, यद्यपि तत्कालीन प्रबन्ध तन्त्र और वर्तमान प्रबन्ध तन्त्र उसी प्रकार निर्भर योग्य और सहयोगी हैं। तो भी वे कुछ और थे, और उनके अभाव की पूर्ति, इस संस्था के सन्दर्भ में और मेरे अपने निजी सन्दर्भ में होना कठिन है।

उनकी सबसे बड़ी खूबी यह थी कि वे बुद्धिजीवी को सबसे ऊँचा आसन देते थे। यू.जी.सी. के अनुदान द्वारा बने पुस्तकालय के नए भवन के उद्घाटन का अवसर आया। सबके मन में भिन्न-भिन्न नाम थे। कुछ लोग किसी राजनेता या उच्चपदस्थ शिक्षाधिकारी को इसके द्वारा सम्मानित करके इस अवसर का महाविद्यालय के लाभ के लिए उपयोग करना चाहते थे। परन्तु उनका चिन्तन दूसरे किस्म का था। संयोगवश स्वामी सहजानन्द सरस्वती के साहित्य के शोध से जुड़े वर्जिनिया विश्वविद्यालय के इतिहासविद डॉ. वाल्टर हौजर दिल्ली आए थे। उन्होंने इसका उदघाटन डॉ. हौजर से कराने का निश्चय इसी आधार पर किया कि हौजर साहब एक प्रख्यात पंडित हैं और स्वामी जी के साहित्य के एक तरह से उद्धारक हैं। मैं स्वयं हिचकिचा रहा था और कुछ दूसरे नाम मेरे मन में थे। परन्तु उनकी युक्तियाँ पूर्णतः तर्कसंगत थीं। और एक बार जब निर्णय हो गया तो उसे उसी शीघ्रता से उन्होंने कार्यान्वित करवा डाला। हौजर साहब आए। उन्होंने अपना उद्घाटन भाषण दिया जिसमें स्वामी जी की तुलना उन्होंने प्रसिद्ध अमेरिकी विचारक और राजनीतिकर्मी प्रेसिडेंट जेफर्सन से की थी।

मीटिंग बड़ी सफल हुई। उनके इस निर्णय से मीटिंग के बाद सभी प्रसन्न थे। मात्र यही घटना नहीं, बल्कि अन्य अवसरों पर भी मैंने देखा है कि कोई शिक्षक या बुद्धिजीवी उनके पास जाता था तो जिस आत्मीयता और आदर से उसे वे बैठाते थे और उसका सत्कार करते थे उससे विरोधी मनोभाव लेकर जानेवाला भी प्रभावित होकर लौटता था। 'स्वामी सहजानन्द-समग्र' के प्रकाशन की बात हिन्दी संस्थान से तय हो गई, तो इसके सम्पादन का प्रश्न उठा। उन्होंने पहले मुझसे इसी के लिए आग्रह किया। परन्तु समय और रुचि दोनों के अभाव के कारण मैंने स्पष्ट रूप से इन्कार कर दिया। तब प्रकाशक श्री कृष्णचन्द्र बेरी का आग्रह हुआ कि मैं इसकी भूमिका लिखने का भार अवश्य ले लूँ। शर्मा जी भी यही चाहते थे कि भूमिका इस संस्था के प्राचार्य द्वारा ही लिखी जाए। इस बात में वे अपनी आत्म-तुष्टि देख रहे थे। तब भी मैं टालमटोल करता रहा। इसके दो बड़े कारण हैं। पहला तो यह कि उन विषयों में जिनसे स्वामीजी के साहित्य का सम्बन्ध है मेरी रुचि नहीं थी और उन्हें सायास पढ़ना कष्ट का कार्य था। दूसरा यह कि स्वामी जी की अनेक स्थापनाओं से मेरी असहमति थी। मैं प्रशंसा मूलक परिचय को भूमिका मानता ही नहीं। भूमिका आलोचक-दृष्टि से लिखी जानी चाहिए, यह मेरी मान्यता है। अतः मुझे संकोच हो रह था। मैं शर्मा जी तथा अपने आस-पास के समाज की जो स्वामी जी के प्रति श्रद्धा है उसे खूब जानता था। मुझे भय था और अब भी है कि 'बौद्धिक असहमति' का अर्थ लोग 'अश्रद्धा' और 'विरोध' लगाएँगे। मैंने अपनी बात साफ-साफ शब्दों में रख दी। उनका उत्तर था, ''जहाँ तक पहली बात का प्रश्न है, उस पर तो मैं कुछ कह नहीं सकता, परिश्रम तो आपको करना ही पड़ेगा। परन्तु जहाँ तक दूसरी बात का प्रश्न है, आप लेखक के रूप में अपने विचारों को व्यक्त करने के लिए पूर्ण स्वतन्त्र हैं। यह सही है कि जब आप स्वामी जी की आलोचना करते हैं तो मेरे कलेजे में 'कुछ' खच्च से उतर जाता है (ये उन्हीं के शब्द हैं), परन्तु इस मेरी व्यक्तिगत भावुकता को आप मेरी अपनी कमजोरी मान लें। यह भावुकता मुझे अपने चाचा स्वर्गीय ब्रह्मदेव राय शर्मा के प्रभाव के कारण मिली है। परन्तु इसका बौद्धिक सन्दर्भ में कोई महत्त्व नहीं। स्वामी जी को मैं भी एक 'खुला प्रश्न' मानता (Open Question) हूँ और मेरी भी राय है कि तरह-तरह से भिन्न-भिन्न दृष्टियों से उन पर विचार हो। अतः आप निर्भय होकर जो चाहे लिख सकते हैं। भूमिका अवश्य ही लम्बी होनी चाहिए। संक्षिप्त और प्रंशसा मूलक भूमिका का मैं भी पक्षपाती नहीं। बेरी जी की भी

राय कुछ ऐसी ही थी। अतः मैंने इस भार को उनके आदेश से उठाया और समाज तथा उनकी भावनाओं का आदर करते हुए स्वामी जी के प्रति श्रद्धा व्यक्त करते हुए भी मैंने अपनी असहमतियों को व्यक्त किया है। ये भूमिकाएँ कैसी हैं, छपने पर लोग जान पायेंगे। इस समय तो सीताराम आश्रम, बिहटा के हस्तक्षेप से 'समग्र' का प्रकाशन ही खटाई में पड़ गया है। मैंने प्रारम्भ में ही इस स्थिति का अनुमान करके यह चेतावनी श्री रामचन्द्र शर्मा के माध्यम से पहुँचाईं थी कि काम शुरू करने से पहले उक्त आश्रम से कुछ लिखवा लिया जाए क्योंकि स्वामी जी के साहित्य की 'कापी राइट' उन्हीं को प्राप्त है। परन्तु शर्मा जी आजीवन काम को देखते रहे, काम से जुड़ी वैधानिक अपेक्षाओं से जोर जबर्दस्ती करके चलना उनका स्वभाव था। फलतः कोई ध्यान नहीं दिया गया। अब जब श्रीरामचन्द्र शर्मा एवं डॉ. अवधेश प्रधान के परिश्रम के फलस्वरूप अन्तिम पंक्ति तक सारा मैटर कम्पोज होकर मुद्रण आदेश की स्थिति में आ गया, तो ऐन मौके पर 'आश्रम' कूद पड़ा। "न खेलेंगे, न खेलने देंगे, खेल ही बिगाड़ेंगे" वाली नीति को लेकर। यदि 'आश्रम' इसे प्रकाशित करने का भार ले लेता है तो हम लोगों द्वारा किया गया काम किस रूप में प्रस्तुत होगा, यह कहना मुश्किल है। वस्तुतः अपनी मृत्यु के पूर्व शर्मा जी इस 'समग्र' के प्रकाशन की चिन्ता को लेकर बहुत ही पीड़ित थे। यह विरोध उनके लिए अप्रत्याशित था और कुछ 'शक' जैसा था। खैर, ये सब तो अवान्तर बातें हैं। मैं जो इस सन्दर्भ में कहना चाहता हूँ वह यह है कि वे बुद्धिजीवी की वैचारिक स्वतन्त्रता के पूर्ण समर्थक थे और अपने पूर्वाग्रहों को बौद्धिक सन्दर्भ में महत्त्व नहीं देते थे। यह उनकी परिपक्व संस्कारशीलता का प्रमाण है और यह संस्कार शायद उन्हें बंगदेश के मुक्त बौद्धिक वातावरण में रहने के कारण प्राप्त हुआ था। घर के बाहर रहने पर आदमी की दृष्टि घरेलूपन की सीमाओं को पहचान लेती है। वे भी वस्तुतः 1984 से पूर्व बाहर-बाहर ही रहे थे।

जो व्यक्ति प्रतिकूल स्थितियों में भी विचलित नहीं होता, और एक मन:स्थिति से दूसरी मन:स्थिति पर अपने को अनायास स्थानान्तरित कर लेने की क्षमता रखता हो, उसे मैं एक योगी ही मानता हूँ। मेरे अन्दर यह क्षमता बिलकुल नहीं है। जिनके अन्दर मैं ऐसी क्षमता पाता हूँ उनको मैं नमस्य मानता हूँ। शर्मा जी ऐसे ही नमस्य पुरुष थे। किसी प्रतिकूल या विरूप स्थिति में मन उत्तेजित हो, उसी समय दूसरे किस्म की समस्या आ जाऐ तो उस उत्तेजित मन को खींचकर शान्त बिन्दु पर स्थापित करके

दूसरी समस्या पर पूर्ण धैर्य और संयम से तत्काल ही विचार करने की क्षमता मैंने उनमें कई बार देखी है। वे प्रतिकूल स्थिति में भी घबराते नहीं थे और उनका मन सर्वदा अपराजित रहता था। वे दृढ़तापूर्वक अपने रास्ते पर निरन्तर काम करते जाते थे। 1987-88 के दिनों में जब प्रबन्ध तन्त्र में विवाद चल रहा था उन्होंने अपनी इस क्षमता का अद्भुत परिचय दिया था। निरन्तर कर्मयोग में जीना उनका जीवन-दर्शन था। आध्यात्मिक विषयों में उनकी कोई गहरी रुचि नहीं थी। उनका जीवनदर्शन 'व्यावहारिक बुद्धि' (Philosophy of Common sense) के अतिरिक्त किसी अन्य सिद्धान्त के द्वारा निर्देशित होता था, यह मुझे नहीं मालूम। वैसे वे संस्कारों से धार्मिक और ईश्वर में आस्था रखनेवाले व्यक्ति थे। परन्तु उनकी धार्मिकता किसी प्रकार की औपचारिकता में व्यक्त नहीं होती थी। शायद यह स्वामी जी के चिन्तन का प्रभाव था। उन्हें किसी बात या समस्या को लेकर 'भावुक' यानी Sentimental होते मैंने कभी देखा नहीं। सर्वत्र ही उनकी प्रतिक्रिया तर्क-बुद्धि पर आश्रित रहती थी। यह भी हो सकता है कि उन्हें बहुत निकट से देखने का अवसर मुझे ज्यादा नहीं मिला। पर जितना मैंने उन्हें देखा, ऐसा ही मुझे लगा। विगत सात वर्षों (1986-1993) के बीच केवल एक बार अपनी मृत्यु के दो मास पूर्व वे भावना-प्रवाह में बह गए और मुझसे अपने व्यक्तिगत जीवन और परिवार के बारे में बहुत-सी निजी बातें बता डालीं और कुछ भावुक संस्मरण भी सुना डाले। वे सब निजी बातें हैं। परन्तु जिस आत्मीयता और विश्वास के साथ वे बताते गए उससे मुझे कुछ आश्चर्य हुआ? मरने के ठीक दो मास पूर्व, जबकि वे बीमार भी नहीं पड़े थे, इतनी अन्तरंगता से उन्होंने क्यों बातें कीं, यह मैं अब भी समझ नहीं पा रहा हूँ। उस दिन मुझे पता चला कि शर्मा जी के जीवन में उपलब्धियों और सफलताओं के अतिरिक्त कुछ खेद भी है, कुछ दुःख भी है! परन्तु वे एक योगसिद्ध पुरुष की तरह उन पर कभी व्यथित नहीं होते हैं, यह उनके चरित्र की खूबी है। ऐसे दृढ़ मनवाले कर्मयोगी व्यक्तित्व के प्रति मैं अपनी विनम्र श्रद्धांजलि अर्पित करता हूँ। वे 'यशःकाय' रूप में इस संस्था के अन्दर मूर्तिमान हैं। ''नास्ति येषां यशःकाये जरामरण भयम्'' वाले सत्पुरुषों में से वे भी एक हैं। उनकी स्मृति को बार-बार नमन।

'निवेदिता' 1995 में प्रकाशित

सम्पूर्ण क्रान्ति के सन्दर्भ में

'क्रान्ति' एक बड़ा ही मारक और धारदार शब्द है। श्री जयप्रकाश नारायण ने 'सम्पूर्ण क्रान्ति' का नारा दिया है। इसकी चर्चा सर्वत्र है। परन्तु इसकी साफ तसवीर किसी के भी मन में नहीं। जे.पी. ने उसकी जिस रूपरेखा का निर्देश 'जेल डायरी' में या अपने फुटकर भाषणों में दिया है उसके लिए 'क्रान्ति' शब्द छोटा पड़ जाता है। यह क्रान्ति नहीं उत्क्रान्ति (सुपर-रिवोल्यूशन) है। पर 'उत्क्रान्ति' शब्द से कुछ रहस्य - रहस्य जैसी गन्ध आती है और क्रान्ति शब्द युवा-मन को ज्यादा आकर्षित करता है अपनी मारक प्रकृति और प्रखरता के कारण। अतः क्रान्ति शब्द हो सटीक न होते हुए भी ज्यादा उपयोगी सिद्ध होगा।

इस सम्पूर्ण क्रान्ति का उद्‌देश्य है मनुष्य के भीतर बाहर और आस-पास यानी समाज, अर्थ-व्यवस्था, न्याय, राज-व्यवस्था, संस्कृति-शिक्षा आदि-मौलिक परिवर्तन और 'नए मनुष्य' का आगमन। परन्तु जे.पी. का 'नया मनुष्य' नव्य-वामपंथियों का होमोनोवस (नया आदमी) नहीं जो अतीत को सम्पूर्णतः अस्वीकार करके चलता है। जे.पी. का नया मनुष्य एक तरह से पूर्ण मनुष्य है और पूर्णता अपेक्षा करती है अतीत और भविष्य दोनों के पाजिटिव तत्त्वों की। जे.पी. ने स्पष्ट कह दिया है कि यह 'पूर्ण मनुष्य' वर्तमान का त्रिशंकू नहीं होगा बल्कि देशी मिट्‌टी अतीत में इसकी जड़ रहेगी- अवश्य ही अतीत के स्वस्थ अंश में ही। उसके दमन-प्रधान ह्रासोन्मुख अंश से ही तो सम्पूर्ण क्रान्ति की लड़ाई है।

मनुष्य की क्रान्ति

जे.पी. का फार्मूला है 'मानवीय क्रान्ति के द्वारा सामाजिक क्रान्ति'। यह 'मनुष्य' की, 'मनुष्य' के द्वारा, 'मनुष्य' के लिए की गई क्रान्ति है। इसी से यह राजनीति, अर्थनीति से प्रमुखता मनुष्यता को देती है। जे.पी. ने स्पष्ट

कहा है, ''आज के सन्दर्भ में सारे राजनीतिकवाद बेमानी, निरर्थक हो गए हैं, मौलिक समस्या है 'अच्छा आदमी' तैयार करने की। ... भौतिकवाद के पास इसका कोई हल नहीं। भौतिकवादी मार्क्सवादी दृष्टि से 'अच्छा' होता सदैव महत्त्वपूर्ण नहीं। वे किसी भी नैतिक मानक को नहीं स्वीकार करते हैं। उनके लिए 'अच्छा' वही है जो इस ऐतिहासिक सन्दर्भ में उपयोगी हो। यह तो शुद्ध राजनैतिक दृष्टि हुई। पर जे.पी. पार्टी-राजनीति के विश्वासी नहीं। इसी से वे लोकनीति के माध्यम से 'अच्छा आदमी' पहचानना चाहते हैं, पार्टी-टिकट के माध्यम से नहीं। 'राजनीति' के स्थान पर 'लोकनीति' की प्रतिष्ठा के मूल में यही 'अच्छा आदमी' की तलाश ही है। सम्पूर्ण क्रान्ति का भी मौलिक उद्देश्य शुद्धत: नैतिक ही है, 'मनुष्य को कैसे अच्छा बनाया जाए ? मनुष्य अपनी अच्छाई में सुन्दर हो, यही चरम लक्ष्य है। कहने का तात्पर्य यह कि सम्पूर्ण क्रान्ति अपने व्यौरे में अर्थ राज्य-व्यवस्था और समाज-व्यवस्था को समुचित स्थान देते हुए भी, चरमलक्ष्य में एक नैतिक क्रान्ति ही है।

आकस्मिक नहीं

जे.पी. का यह विचार आकस्मिक नहीं है। 1952-54 के दिनों से ही इस दिशा में वे सोच रहे हैं। समाजवादी पार्टी की (कांग्रेस से अलग होने पर) पहली बैठक में ही उनका भाषण सुनकर परम्परागत मार्क्सवादी तथा फेबियन विचार-धारा के सदस्यों को आश्चर्य हुआ था। क्योंकि उन्होंने राष्ट्रीयकरण, 'पाटी' 'राजसत्ता' एवं 'शोषण' आदि आर्थिक समस्याओं की चर्चा करते हुए भी 'भारतवर्ष के आध्यात्मिक पुनर्जागरण' की बात भी उठाई थी और कुछ लोगों को इन बातों में 'हिन्दू-हिन्दू' की गन्ध मिली थी, कुछ लोगों ने स्पष्ट आक्रोश व्यक्त किया था। उसी कालखंड में उनके दो महत्त्वपूर्ण लेख छपे थे 'मैटिरियलिज्म एडं गुडनेस' तथा 'द रिवोल्यूशन ब्यूटिफुल' जो 'सोशलिस्ट कमेंटरी' नामक पत्रिका में प्रकाशित हुए थे। वे प्रारम्भ से ही समाजवादी चिन्तन में नैतिक दृष्टि को प्रवेश देने के लिए प्रयत्नशील रहे हैं। इसीलिए सम्पूर्ण क्रान्ति की उनकी धारणा का चरमलक्ष्य भी नैतिक ही है। मनुष्य को 'अच्छा' बनाना, इसके लिए जीवन के हर एक क्षेत्र में, समाज के हर एक पहलू में, क्रान्ति लानी होगी। केवल राज्य व्यवस्था या अर्थव्यवस्था में परिवर्तन करने से कुछ नहीं होगा क्योंकि इन नई परिवर्तित व्यवस्थाओं के संचालक, उसी पुरानी मानसिकता के शिकार रहेंगे जिसके खिलाफ वे लड़े थे। फलत: शोषण और अवदमन दोनों भिन्न नामावली ओढ़कर लौट

आएँगे। अतः आवश्यकता है मनुष्य की मानसिकता मैं परिवर्तन अर्थात् नैतिक क्रान्ति की।

एक क्षुद्र नन्हा अंश

जे.पी. ने 'डायरी' में एक महत्त्वपूर्ण चिन्तन किया है भारत में कार्यकारी होनेवाली वर्तमान 'चालू व्यवस्था' या 'अधिकार रूढ़ व्यवस्था' पर। राजनीतिक दलों की हारजीत के बावजूद नीति निर्धारण और कार्यान्वयन (चाहे जिस पार्टी के नाम पर हो) चालू व्यवस्था के सदस्यों के द्वारा ही होता है क्योंकि नेतृत्व और कार्यान्वय करनेवाले सदस्य इसी वर्ग से आते हैं। भारत में यदि कोई 'चालू व्यवस्था' है तो उसमें कौन लोग आते हैं? उसमें आता है भारतीय जनता का एक क्षुद्र नन्हा अंश, अर्थात् शहरी बुद्धिजीवी, छात्र, शिक्षक, क्लर्क, डाक्टर, वकील, इंजीनियर से लेकर पूंजी-प्रतिष्ठानों के सदस्य और अफसर तथा शासन-यन्त्र के 'दन्तेल वाराह' जिनकी दाढ़ों पर भारतीय वसुन्धरा लटकी है, और नीचे है अतल जल का महासागर। तो इस चालू व्यवस्था का जीवन-दर्शन क्या है? जितना पा रहे हो, उससे और ज्यादा पाओ, येन-केन-प्रकारेण और नकल करो पश्चिमी जीवन की उस सभ्यता का जिसे मारक्यूज से तिक्त भाषा में 'समृद्धि का नरक' (हेल आफ एफ्लुयेंट सोसाइटी) कहा है। शिक्षा पूँजी अथवा राजनीति के बल पर इस व्यवस्था में, नीचे के तबके के लोग आवें, उन्हें भी इसी दर्शन में दीक्षित होकर इस व्यवस्था का अंग बनना पड़ता है। इस व्यवस्था से वह 'बाहरी' या 'आउट साइडर' रहकर कोई भी कार्य नहीं कर सकता। संक्षेप में इस व्यवस्था का सदस्य है 'पूँजी-आश्रित या शिक्षालब्ध' 'एलीट'। किसी राजनीतिक बल का ऊपरी नेतृत्व तथा नीति-निर्धारण इसी वर्ग के लोगों को सन्तानों के हाथ में है। ये ही शासन और प्रबन्ध दोनों के दिमाग और हाथ रचते हैं। अतः अर्थ-व्यवस्था में परिवर्तन और राज्य-व्यवस्था में परिवर्तन निरर्थक हो जाता है। आवश्यकता है इस चालू-व्यवस्था की मानसिकता को बदलने की, और यह सम्भव है जब इस चालू-व्यवस्था से नीचे की अपार जनता को नीति निर्धारण और कार्यान्वयन में हिस्सा मिले और सम्पूर्ण समाज की चेतना में एक मौलिक परिवर्तन हो। नहीं तो सुन्दर-से-सुन्दर नीति कार्यान्वित हो जाएगी, पर पांत का आखिरी आदमी भूखा-का-भूखा रह जाएगा। इसीलिए 'सम्पूर्ण क्रान्ति' केवल राजनीतिक या आर्थिक क्रान्ति नहीं, जीवन के समग्र रूप में क्रान्ति को प्रतिष्ठित करने का आदर्श प्रस्तुत करती है। लोक जीवन इतना

संस्कार सम्पन्न हो जाए कि दिमाग और हाथ अपने मन का न रहे और समग्र की चिन्ता ही उनकी कार्यपद्धति का संचालन करें, तब जाकर समस्या का सही समाधान सम्भव है। इस कार्य के लिए जे.पी. की अपील देश के युवा वर्ग से विशेष रूप से है। क्योंकि रुढ़, स्वार्थ-दीक्षित सयाने वर्ग को इसमें प्रशिक्षित करना जरा कठिन काम होगा।

वह प्रस्तावित पुस्तक :

अपनी 'जेल डायरी' में जे.पी. ने एक पुस्तक को लिखने का प्रस्ताव किया है। वे लिख पाये या नहीं, यह तो कहना असम्भव है उनके क्षीण स्वास्थ्य को देखते हुए। परन्तु उन्होंने उसकी जो रूपरेखा दी है उससे भी उनकी 'सम्पूर्ण क्रान्ति' की अवधारण पर कुछ प्रकाश पड़ता है। इस किताब को लिखने को इच्छा जिमोह ओमी फदका के निबन्ध 'विकास : एक तीसरा रास्ता' को पढ़कर हुई क्योंकि 1954 से ही वे ऐसी ही बातों की चर्चा स्वयं करते आ रहे हैं। किताब समाज के समूचे ढाँचे पर की गई परिकल्पना है जो उनके मन में है। उस रूपरेखा का सारांश इस प्रकार है :

(1) नैतिक - आध्यात्मिक ढाँचा:

(क) मनुष्य मौलिक सत्ता और आत्मा दोनों है। उसे भौतिक और आध्यात्मिक दोनों आवश्यकताओं की पूर्ति करनी होगी।

(ख) भौतिक आवश्यकता की पूर्ति जरूरी है। भोजन, कपड़ा, मकान आदि। भोजन पर्याप्त, सादा, पुष्टिकारक और स्वादिष्ट होना चाहिए। परन्तु यह अतिशय नहीं होना चाहिए। वस्त्र उपयोगी होने के साथ-साथ दृष्टि सुखद और स्पर्श सुखद भी होना चाहिए। प्रत्येक मौसम के लिए पर्याप्त वस्त्र चाहिए। परन्तु आधिक्य, बरबादी तथा फैशन के पीछे भाग-दौड़ नहीं होनी चाहिए। यथासम्भव कपड़ा सजीव वस्तुओं (कपास या भेंड़-बकरी) से प्राप्त हो, कृत्रिम और 'सिनथेटिक' पदार्थों से न बना हो। मकान औसत किस्त का और मनुष्य के रहने योग्य हो (हवा-रोशनी-आदि की सुविधा से पूर्ण) बड़ी-बड़ी कोठियाँ तथा मुहल्लों को तिरस्कृत करना चाहिए। विलास की प्रोत्साहन न दिया जाए। अवश्य ही विलास एक सापेक्ष शब्द है।

ब्रह्मराक्षस : अर्थबीज और विस्तार

1

मुक्तिबोध की प्रत्येक कविता में क्या प्रत्येक अनुच्छेद में, कोई-न-कोई वाक्य-खंड, बिंब या अनुभव-चित्र मिल ही जाता है जो अपने भास्वर कथन चमत्कार द्वारा या अनुभव की गहरी अँधेरी अकथनीयता द्वारा हमें उत्तेजित या मर्माहत कर देता है। पर साथ ही यह भी सत्य है कि मुक्तिबोध का संपूर्ण काव्य एक ही कविता है वे आजीवन एक ही कविता लिखते रहे। उनके काव्य-संकलन (चाँद का मुँह टेढ़ा है) के किसी अनुच्छेद को एक कविता से काटकर दूसरी कविता में बड़ी आसानी से 'फ़िट' किया जा सकता है- यदि शब्द कभी-कभार 'फिट' न हों, तो अनुभूति तो खप ही जाएगी। यह उनकी सीमा है और साथ ही भावात्मक ईमानदारी है। उनके संकलन को पढ़ते समय एक 'एकरसता' (मोनोटोनी) का स्पष्ट अनुभव होता है, पर इस एकरसता से ऊब नहीं पैदा होती और कविता-दर-कविता आनन्द ज्यों-का-त्यों मिलता रहता है। इसके दो कारण हैं: एक तो यह कि एकरसता के गर्भ में निरन्तर तेजस्वी रेडियोधर्मी वाक्यांश या बिंब लगातार आते रहते हैं, जो उस ऊब को काटते जाते हैं और पाठक का मन निरन्तर या तो चमत्कृत, नहीं तो मर्माहत होता रहता है। और दूसरा कारण है मुक्तिबोध का इन कविताओं में स्पष्ट उभरता कवि-व्यक्तित्व ('सांसारिक व्यक्तित्व' नहीं, 'कवि-व्यक्तित्व' - दोनों दो चीजें हैं जो आदि से अन्त तक 'खर्रा मर्द-खर्री ज़बान' के रूप में पाठक के सम्मुख आता है, और चाकू-सी धारदार प्रखर ईमानदारी के स्वर में बोलता है। फलत: अनुभूतिगत स्तर पर कवि पाठक के मध्य विश्वस्तता की सृष्टि होती है, ठीक वैसी ही विश्वस्तता, जो तुलसी-कबीर पढ़ते समय अनायास पैदा होती है। कबीर और तुलसी पढ़ते समय यह भ्रम आज तक मत-वैषम्य के बावजूद किसी के मन उठा नहीं कि ये झूठ बोलते हैं, या ये आरोपित या उधार बातें बोलते हैं। वैसा ही कुछ मुक्तिबोध के बारे में अनुभूत होता है। यह सही है कि महाकवि होने की दो मुख्य शर्तों- 'अभिव्यक्ति का

'बहुमुखीपन' विषय-वस्तु में अपेक्षाकृत, यथासंभव, 'जीवन की संपूर्णता'- इन दोनों का मुक्तिबोध में अभाव है। अतः मुक्तिबोध, व्यास या तुलसी या निराला केसमकक्ष नहीं रखे जा सकते। परन्तु रचनात्मक ईमानदारी और कवि पाठकीय विश्वस्तता में वे तुलसी निराला के सहपांक्तेय हैं। भले ही किसी युग में यह गुण बहुत आसान रहा हो, परन्तु नेहरू युग में यह असाध्य दुर्लभ श्रेष्ठता है। यही दो कारण हैं जो कविताओं की एकरसता के बावजूद उनके रसबोधक तत्त्वों को बासी नहीं होने देते। मेरे कथन की सचाई उनकी कोई भी कविता पढ़कर जांची जा सकती है। यों मेरा ख्याल हैं। कि जैसे 'लाइंस ऑन टिंटर्न एवे' और 'इम्मारटलिटी ओड' को पढ़कर वर्ड्सवर्थ को या 'राम की शक्तिपूजा', 'बादल राग' और 'बनवेला' पढ़कर 'निराला' को पहचाना जा सकता है, संपूर्णतः भले ही न 'जाना' जाए, पर इन कविताओं से इनका चेहरा बड़ा साफ़ हो जाता है, स्पष्टतः दृश्यमान मुखमंडल, वैसे ही सिर्फ़ दो कविताएँ पढ़कर मुक्तिबोध के कवि-व्यक्तित्व की सटीक पहचान उपलब्ध हो जाती है। वे कविताएँ हैं : 'ब्रह्मराक्षस' और 'आशंका के दीप अंधेरे में'। इनमें 'ब्रह्मराक्षस' मुक्तिबोध की सारी कविताओं से अलग एक स्वतन्त्र व्यक्तित्व रखती है। यह मुक्तिबोध की 'विशेष' कविता है, जबकि दूसरी उनके 'सामान्य' सर्वनिष्ठ कवि-धर्म का एक नमूना है। ऐसी कविताएँ रोज-रोज नहीं लिखी जाती हैं। 'ब्रह्मराक्षस' बिंब-विधान (चित्र-बिंब और ध्वनि-बिंब दोनों दृष्टियों से) की नवीनता और सफल रूप-संयोजना एवं विचार-विधान की स्वतन्त्र सत्ता के हिसाब से मुक्तिबोध की सर्वाधिक समृद्ध रचना है। हिन्दी-कविता-साहित्य में इसका वही स्थान होगा, जो कथा-साहित्य में चन्द्रधर शर्मा गुलेरी की कहानी 'उसने कहा था' का है। इस बात को हम ठीक से कुछ वर्ष बाद महसूस करेंगे, जब 'नयी 'कविता' जनसाधारण के बौद्धिक स्तर से वैसी ही आत्मीय प्रेषणीयता पा जाएगी जैसी आज छायावादी काव्य को प्राप्त हो चुकी है।

यह कविता एक फैंटेसी का विधान ग्रहण करके चलती है। यों मुक्तिबोध अपनी कविताओं को फैंटेसी कहा करते थे, और अन्य लोग भी कहते ही हैं। पर शुद्ध अर्थों में उनकी एक ही फैंटेसी-कविता है, और वह है 'ब्रह्मराक्षस'। फैंटेसी में कल्पना का मनमौजी निर्बंध विस्तार जरूरी है। यह निर्बंध कल्पना-विस्तरण केवल 'ब्रह्मराक्षस' में है। शेष कविताओं में चेतन या अर्द्धचेतन के अनुभवों की भूगर्भ-यात्राएँ हैं। उनमें कल्पना नहीं, अनुभव हैं, और एक बौद्धिक सचेत स्तर पर उन अनुभवों को रहस्य का नक़ाब पहनाकर

क़तार-दर-क़तार मार्च करा दिया गया।। इन सब में 'मन्तव्य' या 'अर्थ' इतना स्पष्ट है कि यह सारी प्रक्रिया फ़ैंटेसी न होकर अलंकार-विधान सी लगती है। फैंटेसी की अन्त तक उपस्थित रहने वाली रहस्यमयता का इनमें अभाव है, कवि स्वयं एक बिंब के बाद कूदकर दूसरे बिंब पर आ जाता है और प्राय: बिंब बदलने के पूर्व वह तथ्य को खोलकर रखता चलता है, यह कम-से-कम अभिधेय इशारा तो दे ही देता है। 'ब्रह्मराक्षस' में यह अभिधेय इशारा मौजूद होने के बावजूद कविता के वातावरण की आधिभौतिकता, ब्रह्मराक्षसत्व की रहस्यमयता अन्त तक सत्तावान् रह जाती है।

दूसरी बात यह कि फैंटेसी में कल्पना एक स्वतन्त्र जगत् की रचना करती है जिसके नियम हमारे अपने जगत् में सर्वथा निरपेक्ष रहते हैं। इस तथ्य का अनुभव 'ब्रह्मराक्षस' पढ़ते समय होता है। पर यह तथ्य अन्य कविताओं में उद्भूत नहीं। उनके अभिव्यक्त-जगत् के नियम-क़ानून हमारे नियम-क़ानून जैसे ही लगते हैं। 'गाँधी', 'तिलक', 'डाकू' या 'घुड़सवारों का जुलूस' आदि दूसरे ही क्षण मुखोशहीन होकर फैंटेसी का कल्पना जगत् छिन्न कर देते हैं और, हमारे जगत् के नियमों के अधीन हो जाते हैं। अत: कॉलरिज के 'क्रिस्टाबेल' या 'कुबला ख़ाँ' जैसे 'शुद्ध फ़ैंटेसी-जगत् की रचना मुक्तिबोध की कविताओं में 'ब्रह्मराक्षस' में ही मिलती है। अन्यत्र मुक्तिबोध का 'रेशनल' बुद्धिप्रधान और तर्कप्रधान चिन्तन इतना मुखर रहता है कि फैंटेसी की लाक्षणिकता निरन्तर विद्ध होती रहती है। इधर गद्य में फैंटेसी काफ्का ने लिखी है। उसने फैंटेसी को बड़े बृहद् पैमाने पर फैलाया है। पर वह ('कैसिल' या किसी भी लंबे उपन्यास में) अर्थ को कहीं भी नहीं खोलता है- कहीं भी व्याख्या करने नहीं बैठता है। परन्तु 'मुक्तिबोध' व्याख्या करने के लिए सदैव तत्पर दीखते हैं। अभिधेयता की सोद्देश्यता कहीं खो न जाए- इस बात पर बड़े सावधान हैं। इसी से 'ब्रह्मराक्षस' को छोड़कर थोड़े-से अन्य स्थलों पर, यानी श्यामल चाँदनी ('क्षयीचन्द्रिका') बरगद, भैरों या कुछ स्वप्न-चित्रों में में फ़ैटेंसी का 'खंड-आभास', और वह भी अल्पकालीन, मानता हूँ, पर शुद्ध फैंटेसी नहीं।

तथ्य तो यह है कि फैंटेसी 'स्वप्न- काव्य' या 'सुररियलिज्म' के खानदान का बच्चा है और इनका 'शुद्ध' कलावादियों, 'कला कला के लिए'-वालों से ही खून का रिश्ता हो सकता है। मुक्तिबोध से इनका बादरायण संबंध भर है। इससे ज़्यादा मानना मुक्तिबोध के 'कवि-व्यक्तित्व' की बेइज्ज़ती है, क्योंकि मुक्तिबोध एक अतिसचेत बुद्धिप्रधान, तर्क-प्रधान, 'रेशनल' कवि हैं। यह

सही है कि उनकी बुद्धिप्रधान चिन्ता पुस्तक-जनित या आरोपित नहीं, बल्कि अनुभव की अतल गहराई से छानकर निकाली गई है, इसी से यह मार्मिक और आर्द्र लगती है। तकनीकी सहायता के लिए वे यत्र-तत्र कुछ अनुच्छेदों में फ़ैटेंसी का उर्णनाभ बुनते हैं- पर दूसरे ही क्षण उसे 'प्राय:' तोड़कर अभिधा शैली में बोलने लगते हैं। परन्तु 'ब्रह्मराक्षस' में बीच में एक अभिधात्मक इशारा ("युग बदला व आया कीर्ति व्यवसायी....") होने के बावजूद फैंटेसी का संसार अन्त तक चलता है और माया टूटती नहीं। इसी से यह अपेक्षाकृत शुद्ध फैंटेसी है।

2

'ब्रह्मराक्षस' पढ़ते समय हमें वही अनुभव होता है जिसे कार्ल युंग ने 'आदिम बिंब-साक्षात्कार' (Primordial Vision) कहा है 'ब्रह्मराक्षस' आदिम संवेदनों से संपृक्त बिंब है। इससे बड़ी आसानी से रहस्यमयता, गहराई, आतंक, भय और गहन रचना-संचयन तहीभूत सन्देह की सृष्टि की जा सकती है। 'ब्रह्मराक्षस' एक आधिभौतिक (Super Natrural) सत्ता है और अधिभूतों (प्रेतादि एवं अप्सरादि) का जगत् हमारे 'समूहमन'' को सचेत स्तर पर, आदिम युग में दृढ़तापूर्वक गहे हुए था और वही 'समूहमन' अज्ञात रूप से आनुवंशिक उत्तराधिकार के रूप में हमने भी अर्जित किया है- भेद यही है कि बीसवीं शती के बुद्धिजीवी में वह अधिभूत सचेत मन की मुख्य भूमि से ठेलकर बाहर कर दिया गया है- पर वह हमारे अवचेतन का दृढ़ स्थायी अंग है और वह स्वप्न, मिथक और साहित्य के अन्दर हमारे अनुभूति पक्ष को प्रभावित करता रहता है। यह हमारे मानसिक संस्कारों का अंग है। ऐसी अवस्था में भय, सन्देह, मौनता और शापग्रस्तता के वातावरण के लिए 'ब्रह्मराक्षस' से अधिक उपयुक्त बिंब मिलना मुश्किल है। यह पाठक के अवचेतन के मानसिक तन्तुओं में रहस्य, भय और शापग्रस्तता के भावों का विद्युतसंचार कर देता है। यद्यपि यह अचेत-अनजाने रूप में होता है। इस बिंब का तात्पर्य क्या है? 'ब्रह्मराक्षस' किस तथ्य का प्रतीक है?यह प्रश्न कविता में अर्द्ध-उत्तरित और अर्द्ध-आच्छादित रह जाता है- जब कविता के अंश-प्रति-अंश पर उस उत्तर को बैठाने लगते हैं तो कहीं-न-कहीं कठिनाई उपस्थित हो ही जाती है। फलत: केन्द्रीय बिंब, जो देखने में अर्द्ध-स्पष्ट-सा पहले-पहले लगा था, और अधिक रहस्यमय हो उठता है। क्या 'ब्रह्मराक्षस' अतीत की बौद्धिक चेतना है अथवा 'ब्रह्मराक्षस' मुक्तिबोध का भोक्ता 'स्व'

है जो अचेतन के या अवचेतन के 'केऑस' में क़ैद है और उसकी मृत्यु से उसी की बलि प्रक्रिया के मध्य उसके 'सजल उर सर्जक 'स्व' का जन्म होता है? अथवा, ब्रह्मराक्षस मध्यवर्गीय चिन्तन है, जो अकेले रहने के लिए अभिशप्त है, ब्रह्मराक्षस नए बुद्धिजीवी को स्वानुभूत मूल ग़लती की या पाप की चेतना है? आदि-आदि अनेक संकेत प्रथम वाचन पर ही उठने लगते हैं और एक हद तक समूची कविता को इनमें से किसी के आधार पर निरूपित किया जा सकता है। तथ्य तो यह है कि यह कविता इतनी अर्थ-संपृक्त है कि 'निराला' की 'राम की शक्ति पूजा', येट्स के 'टॉवर' या इलियट के 'जिराशियन' की तरह कई व्याख्याओं के साथ खाप खा जाती है। यह इसकी क्षमता का लक्षण है और इसकी रहस्यमयता कवि द्वारा लाए गए अर्थ-तुषाराच्छादन की सन्तान है। और यह तुषाराच्छादन इसलिए भी शायद है कि मुक्तिबोध की प्रत्येक कविता बार-बार संशोधित हुई है, बार-बार लिखी गई है और प्रत्येक संशोधन के अन्दर पूर्ववर्ती का कोई-न-कोई निशान अनजाने छूटता गया है और वह निशान कभी-कभी द्वन्द्व, अन्तर्विरोध या उलझाव का कारण बन जाता है। 'ब्रह्मराक्षस' के प्रथम भाग का अन्तःस्वर वक्राघात और भय है- 'ब्रह्मराक्षस' के प्रति भी भीतर-भीतर विद्रूप की अन्तर्धारा है, जबकि द्वितीय भाग में उसके प्रति शिष्यवत् समर्पण तथा समवेदना है। यह अन्तर्विरोध बहुत हल्का है, फिर भी सचेत पाठक को 'हिट' कर जाता है। इसका कारण है कवि द्वारा संशोधन, पुनः संशोधन, पुनः पुनः संशोधन सुनता हूँ, मुक्तिबोध कभी-कभी एक कविता महीनों में लिखते थे। इस बिंब का अर्थ निर्णय इसलिए भी और अधिक विवादास्पद हो जाता हैकि अन्य स्थलों पर दूसरी-दूसरी कविताओं में भी यह बिंव आया है और कहीं पर कुरूप, अभावात्मक भूमिका में, तो कहीं पर सही स्वीकारात्मक भूमिका में और बिंब के इन प्रयोगों की स्मृति 'ब्रह्मराक्षस' के संपूर्ण बोध को अनजाने निरन्तर काटती रहती है- निरन्तर सन्देह पैदा करती रहती है। उदाहरण के लिए, 'ब्रह्मराक्षस' बिंब का प्रयोग कुरूप अभावात्मक शैतानी भूमिका में हुआ है। 'डूबता चाँद कब डूबेगा' में :

मानव-मस्तक से निकले
कुछ ब्रह्मराक्षसों ने पहनी
गाँधीजी की टूटी चप्पल
हरहरा उठा यह पीपल-तन
हँस पड़ा उठाकर गर्जन कर गाँव का कुआँ !

इसमें एक भिन्न स्थल पर इस बिंब का अपेक्षाकृत स्वीकारात्मक स्थिति में उपयोग हुआ है। क्षयिष्णुता की गहन अंध गली में कोई अदृश्य शक्ति निर्णय की भाषा बोलती है- परन्तु स्पष्ट नहीं, प्रेत-भाषा-सी बुदबुद, या आगामी कल की क्रान्ति की गुप्त मन्त्रणा जैसी फुसफुसाहट और ऐसे में प्रश्नों को लेकर उपस्थित होने वाले निर्णय के लोभी ब्रह्मराक्षसों की छाया –

चप्पलों की छप छप
गली के मुहाने से अजीब सी आवाज
फुसफुसाते हुए शब्द।
जंगल से गुजरती हवाओं की सर-सर
गली में ज्यों कह जाए
इशारों के आशय,
हवाओं की लहरों के आकार-
किन्हीं ब्रह्मराक्षसों के निराकार
अनाकार
मानो बहस छेड़ दें
बहस जैसे बढ़ जाए निर्णय पर चली आय
वैसे शब्द बार-बार
गलियों की आत्मा में बोलते हैं.........

('चाँद का मुँह टेढ़ा है)

इस तरह हम देखते हैं कि मुक्तिबोध ने इस बिंव को कहीं पर अभावात्मक (निगेटिव) भूमिका दी है, तो कहीं पर स्वीकारात्मक (पॉज़िटिव)। वैसे ही एक अन्य कविता 'भूतपूर्व विद्रोही का आत्मकथन' में 'ब्रह्मराक्षस' का बिंब नहीं, परन्तु उसके परिवेश का बीज स्पष्टतः आया है

...आत्म-चैतन्य के प्रकाश
भूत बन गए।
भूत-बाधा-ग्रस्त
कमरों की अंध-श्याम साँय-साँय
हमने बताई तो
दंड हमीं को मिला
बागी करार दिए गए,
चाँटा हमीं को पड़ा
बन्द तहखानों-कुओं में

फेंके गए हमीं लोग
क्योंकि हमें ज्ञान था
ज्ञान-अपराध बना।

इस अभिव्यक्ति-खंड से एवं 'ब्रेह्मराक्षस' के प्रारंभिक परिवेश (ज्ञानात्मा 'ब्रह्मराक्षस अंधेरी बावड़ी में क़ैद है' के साथ सांकेतिक समानता अवश्य है और इस अंश की स्मृति 'ब्रह्मराक्षस' कविता के समूचे बोध को अचेत स्तर पर प्रभावित करती है। परन्तु सूक्ष्म दृष्टि से देखने पर ज्ञात होता है कि 'भूतपूर्व विद्रोही' और 'ब्रह्मराक्षस' दोनों का 'ज्ञान' भिन्न है, और 'दंड' भिन्न है, यन्त्रणाएँ भिन्न हैं। ब्रह्मराक्षस की यन्त्रणा मात्र अत्याचार-बोध की यन्त्रणा नहीं, वह उससे महान्, उससे गहरी व्यथा। है, सारी सृष्टि के रहस्यों के मध्य संगति खोजने की और संगतियों के मध्य नैतिकता की सही घुरी स्थिर करने की पैग़बंरी यन्त्रणा है। यह मात्र वीर रस की व्यथा नहीं, यह साथ ही ज्ञान पावक के शान्त रस की व्यथा है। और इस व्यथा के कारण हैं, उसकी अन्तर की अन्वेषणा-अभिशप्तता और बाहर का निर्मम कीर्ति व्यवसायी युग। 'विद्रोही' में ट्रेजेडी का यह दुहरा पाट अनुपस्थित है। ब्रह्मराक्षस पैग़बरीय चरित्र है, तो विद्रोही राजद्रोही मात्र। उसका ज्ञान अपराध भी कर्म का ही एक रूपान्तर है वह 'कर्म - अपराध' ही है। इसके अतिरिक्त ब्रह्मराक्षस की स्थिति में शापग्रस्तता का, निरन्तर बेचैन अन्वेषण की अभिशप्तता का भाव जुड़ा है जबकि विद्रोही को कवि, करुणा और क्रोध के मध्य भी शाप-मुक्ति और वीर-पूजा के परिवेश में रखता है। यों 'सामान्य' अर्थ में हर एक पैगंबर विद्रोही होता है, परन्तु 'विशेष' अर्थ की स्थितियों में जाने पर हमें पता चलता है कि राजद्रोही या मामूली विद्रोही में और पैगंबर में वही अन्तर है जो विशिष्टाद्वैती भाषा में जीव और ईश्वर के बीच है, सोने के पहाड़ और एक स्वर्ण-कुंडल के मध्य है।

मुक्तिबोध की बिंब-रचना-पद्धति एक सचेत और जागरूक प्रक्रिया है। वे अंग्रेजी के 'मेटाफिजिकल' कवियों की तरह बिंब को पूर्व-निश्चित कर लेते हैं और अपनी सुविधानुसार उसे विकसित करते और तराशते रहते हैं। किसी भी बिंब की सन्दर्भ-निरपेक्ष स्वतन्त्र स्थिति में उसके अनेक संबंध-सूत्र होते हैं (कविता में बिंव की स्थिति स्वतन्त्र नहीं वरन् काव्य-कथ्य के परतन्त्र होती है) एक बिंब के कई संबंध-सूत्र होते हैं कुरूप सुरूप, स्वीकारात्मक अभावात्मक, जैसा कि ब्रह्मराक्षस बिंब के बारे में ही ऊपर दिखाया गया है। मुक्तिबोध अपनी किसी कविता में कोई बिंब लेते हैं तो मात्र वांछित संबंध-

सूत्रों को छोड़कर शेष का आच्छादन कर देते हैं अर्थात् संपूर्ण बिंव को न स्वीकार करके उसके कुछ क्रिया-कलापों का ही एक कविता में वरण करते हैं। उनकी किसी भी कविता में यह बात देखी जा सकती है। अतः मुक्तिबोध का बिंब-विधान विश्लेषणपरक है और बिंब-धर्म चयन-आश्रित (selective) तथा क्रियापरक (functional) है- अर्थात् वह कविता के भीतर अपनी मूर्ति में नहीं, अपने क्रिया-कलापों के माध्यम से जीवित और अस्तित्वशील होता है। 'ब्रह्मराक्षस' में ब्रह्मराक्षस का बिंब भी अपनी मूर्ति से नहीं, अपने क्रिया-कलापों के माध्यम से अस्तित्वशील रखा गया है। साथ ही ब्रह्मराक्षस बिंब के सारे अच्छे-बुरे संबंध सूत्रों को ढक करके, केवल दो-तीन सूत्र ही मुख्य भूमि पर स्वीकृत किए गए हैं। इनमें प्रथम दो ही सक्रिय सूत्र हैं। वे सूत्र हैं: (1) अंधलोक में क़ैद ('असुर्या नाम ते लोकाः अंधेन तमसावृता...' की स्मृति) (2) अभिशाप और अतृप्ति, और (3) ज्ञान-संबद्धता या ज्ञान प्रतिबद्धता (क्योंकि 'ब्रह्मराक्षस' ब्राह्मणवंशीय प्रेत होता है)।

ब्रह्मराक्षस एक पूजनीय प्रेत है। उसे लोक-विश्वास में देव-कोटि में (आंशिक रूप में ही सही) गिना जाता है। अतः साधारण प्रेत-अवस्था की वृत्तियाँ, यथा क्रूरता, घोरता, पाप, मूल-गलती, प्रतिशोध एवं पिशाचता-पिशुनता जो हर ब्रह्म-प्रेत या ब्रह्मराक्षस के गुण हैं-इस कविता के मुख्य बिंब में नहीं प्रविष्ट कराई गई है। इन अभावात्मक (निगेटिव) वृत्तियों को कवि दबाकर वस्त्र- आच्छादित करके रखता है। ये बिंब के उद्देश्य को निषेध द्वारा काटतीं, अतः ये जानबूझकर, अनुपस्थित रखी गई हैं। मूलतः केवल दो ही संबंध-सूत्र सक्रिय रहते हैं-अंधलोक का गहन अकेलापन और बेचैनी का ही अभिशाप, निरन्तर शान्तिहीन सक्रियता का अभिशाप यहाँ दो सवाल पैदा होते हैं: प्रथमतः, यह अकेली अभिशप्त आत्मा वाला ब्रह्मराक्षस है कौन? यह किसका ब्रह्मप्रेत है? दूसरा यह कि, यह बेचैनी और निरन्तर सक्रियता क्या है और क्यों है? यानी बिंब का क्या अर्थ है और बिंव के क्रिया-कलाप का क्या अर्थ है?

3

व्यक्ति-मन की ही तरह एक समूह-मन भी होता है। वास्तव में यह कोई बाह्य सत्ता नहीं, बल्कि यह प्रत्येक व्यक्ति के मन में निहित जातीय या आनुवंशिक संस्कारों, आदतों, रुचियों, विशिष्ट मानसिक वृत्तियों और अवचेतन के विविध दृश्य-प्रतीकों, रुचि-प्रतीकों, बोध-प्रतीकों आदि की ही समष्टि-बोधक संज्ञा है। और जैसे, चेहरे का नाक-नक्शा माता-पिता से

रज-वीर्य की विशिष्टता के कारण पुत्र या पुत्री को मिलता है वैसे ही वह समूह-मन भी। यह व्यक्ति द्वारा अर्जित नहीं, वरन् जन्मजात है। हाँ, वातावरण और शिक्षा के द्वारा व्यक्ति मन की तरह यह भी विकासमान और प्रवृद्ध होता है। इस 'समूह-मन' को सुविधा के लिए 'इतिहास-मन' भी कह लेते हैं। जैसे 'सेना' शब्द का कोई साकार रूप वाला 'एक' बाह्य अस्तित्व नहीं। उसकी सत्ता प्रत्येक सैनिक 'व्यक्ति' में है। उसका एक भावात्मक अस्तित्व है, मूर्त अस्तित्व नहीं। वह एक आइडिया- मात्र है। फिर भी हम नहीं कह सकते कि 'सेना' एक सत्ताहीन अवास्तविक शब्द मात्र है। वैसे ही जैसे अमूर्त 'सेना' शब्द सत्तावान् है; 'समूह-मन' या 'इतिहास-मन' शब्द भी एक सत्तावान् शब्द है, कपोल-कल्पना नहीं है। यह एक तथ्य है।

ब्रह्मराक्षस मानवीय इतिहास की एक दुर्दमनीय प्रवृत्ति 'अन्वीक्षा' का प्रतीकीकरण है। यह 'अन्वीक्षा' अक्सर अकाल-मृत्यु या उपेक्षा मृत्यु भोगती है। यह इतिहास का व्यंग्य है और जिस प्रकार दमित वासना दमित होकर भी मृत नहीं होती, बल्कि व्यक्ति के अवचेतन एवं अचेतन की गहराइयों में जाकर स्थित हो जाती है, एक गडम 'केऑस' के अन्दर जीती रहती है और मौका पाकर स्वप्न, काव्य, कला या एवनॉर्मल आदतें या अति की अवस्था में पागलपन बनकर व्यक्त होती है; वैसे ही वह दमित 'अन्वीक्षा' (या कोई भी दमित समूह-वासना) भी ऊपरी तौर पर मृत होने पर भी संपूर्णत: मृत नहीं होती, बल्कि अपने अस्तित्व का प्रेत में रूपान्तर करके इतिहास-मन या जाति के समूह-मन की गहरी अवचेतन स्थिति में बन्द हो जाती है। यह बात अन्वीक्षा ही नहीं, वरन् प्रत्येक जातीय प्रवृत्ति के लिए सत्य है। उदाहरण के लिए, चीन की वर्तमान महत्त्वाकांक्षा के पीछे चंगेज खाँ की दुर्दमनीय विश्व-विजय-लालसा है; कुबला खाँ की साम्राज्य-लिप्सा है। वह चीन के 'इतिहास-मन' के अवचेतन में निरन्तर वर्तमान है। और चीनी इतिहास-मन या चीनी समूह-मन बदलने वाली चीज़ नहीं-समाजवाद या साम्यवाद चाहे जो कुछ वहाँ पर आवे-जातीय अवचेतन में गड़ी हुई साम्राज्य-लिप्सा का प्रेत चीन के मन को सदैव अस्वस्थ किए रहेगा-इससे छुटकारानहीं।... इस कविता में मुक्तिबोध ने ऐसी समूह-मन की एक प्रवृत्ति 'अन्वीक्षा' के प्रेम को विषय-वस्तु बनाया है, परन्तु अन्वीक्षा एक उत्तम श्रेष्ठ प्रवृत्ति है, अत: इसके प्रेत को ब्रह्मराक्षस की संज्ञा मिली है। ये दमित समष्टि-वस्नायाएँ (जैसे इस कविता 'की 'अन्वीक्षा' अथवा चीनी समूह-मन की 'साम्राज्य-लिप्सा' या भारतीय समूह-मन का 'राम राज्य' इत्यादि) हमारे दैनन्दिन के समष्टिगत

राजनैतिक, आर्थिक-राजनैतिक जीवन पर गहरा प्रभाव डालती हैं। ये हमारे सामाजिक-आर्थिक-राजनैतिक जीवन को प्रेताविष्ट किए रहती हैं और उनके सहज 'स्व' स्थ रूप को विकसित होने नहीं देतीं। 'पंचशील' या सर्वोदय (दमित 'रामराज्य' की वासना का आधुनिक चेहरा) ऐसे ही प्रेत हैं। परन्तु स्मरण रखना चाहिए कि यह प्रक्रिया दुहरी है। समूह-मन के अतल में बैठी-बैठी एक ओर तो ये वर्तमान को प्रेताविष्ट किए रहती हैं-पर साथ ही वर्तमान के दबाव से ये भी संशोधित होती रहती हैं। जैसे चीन की साम्राज्य-लिप्सा 'विश्व साम्यवाद' में बदल जाती है, भारतीय मन की राम-राज्य वासना 'सर्वोदय' में यह रूपान्तर और स्वयं का संशोधन निरन्तर चलता है। यही कारण है कि मुक्तिबोध का ब्रह्मराक्षस निरन्तर स्नान, निरन्तर मेल-शोधन यानी स्वयं का संशोधन करता है। परन्तु है यह मूलतः एवनॉर्मल स्थिति। इतिहास-मन के अवचेतन में स्थित दमित समूह-वृत्तियों के ब्रह्मराक्षस या प्रेम जब तक सक्रिय हैं, तब तक यह बावड़ी शापग्रस्त और भय एवं सन्देह से मुक्ति नहीं पाएगी। 'बावड़ी' और कुछ नहीं, निरन्तर वर्तमान 'समूह-मन' या 'इतिहास-मन' ही है और प्रकारान्तर से मुक्तिबोध इसकी शापग्रस्त स्थिति को व्यक्त करके इस सामूहिक दमित वासना की उचित उदात्तीकरण द्वारा 'मुक्ति' का सुझाव पेश करते हैं, अन्यथा हमारा समूह-मन 'स्व' स्थ और सहज नहीं होगा। जिस प्रकार व्यक्ति मन की दमित वासना को मनोवैज्ञानिक प्रयोगों से उदात्त करके उसका स्रोत महत्तर दिशा में काव्य, संगीत या किसी आदर्श के प्रति- प्रतिबद्धता की ओर मोड़ देते हैं, जिससे वह दमित वासना पागलपन या एबनॉर्मलिटी में 'अभिव्यक्त' न होकर उक्त उदात्त रूपों में 'अभिव्यक्त' हो; वैसे ही समूह-मन के ब्रह्मराक्षसों को भी अवचेतन की गहराइयों से मुक्त करके ऐसे पथ की ओर उन्मुख करना होगा कि उनसे प्राप्त अकूत संस्कार-शक्ति किसी उदात्त रचनात्मक रूप में 'अभिव्यक्त' हो।

अतः जैसा कि हमने ऊपर व्यक्त किया है ब्रह्मराक्षस का विंब इतिहास की अन्वीक्षा-वृत्ति का प्रेत है, या सादी भाषा में, यह इतिहास की दमित अन्वेषण एषणा या दमित अन्वीक्षा है, जो 'इतिहास-मन' की बावड़ी के गहरे अवचेतन या अंध अचेतन में कैद रहने के लिए अभिशप्त है। विश्व इतिहास में ऐसी अनेक हुतात्माएँ आई जो सत्य शोधन या अन्वेषण के मार्ग पर अपने भीतर अन्तद्वन्द और बाहरी विषमता और अपेक्षा के दुहरे पाट के बीच अतृप्त अन्वेषण या अन्वीक्षा को लिए पिस मरीं। पर यह अतृप्त अन्वेषण या अन्वीक्षा, अपने वाहन किसी व्यक्ति क, ख, ग, पैगम्बर हजरत, ईसा मसीह,

मंसूर आदि के मरने पर भी, वृत्ति के रूप में मृत न होकर 'इतिहास-मन' या 'समूह-मन' का एक अंग बन गई, पर स्वस्थ अंग नहीं, बल्कि अवचेतन या अचेतन का प्रेत। परन्तु चूँकि अन्वीक्षा-वृत्ति ज्ञान-मार्गी है, ब्राह्मण-वृत्ति है, अतः इसका प्रेत पिशाच-योनि का नहीं, ब्रह्मराक्षस योनि का है, जो लोक-विश्वास के अनुसार पूज्य कोटि में अर्थात् देवकोटि नहीं तो देवोपम कोटि में आता है। पर है यह क्रुद्ध प्रेत ही, और इतिहास-मन की एवनॉर्मल स्थिति का कारक है। यह इतिहास-मन (जिसका प्रतीक है बावड़ी) भयानक सन्देह, खतरा और शापग्रस्तता के वातावरण में विकसित हो रहा है- इन्हीं अतृप्त समूह-वासनाओं के ब्रह्मराक्षसों और अन्य ऐसे प्रेतों के कारण। कविता के प्रथम भाग में बावड़ी (इतिहास-मन या समूह-मन) की इस शापग्रस्त स्थिति और ब्रह्मराक्षस बिंब के क्रिया-कलाप का वर्णन है और दूसरे भाग में ब्रह्मराक्षस के प्रतीक नायक (पर्सेनिफिकेशन Personification) की जीवन-गाथा दी गई है और यह गाया कवि को बावड़ी के मुंडेरों पर भीतर से आती ध्वनियों की प्रतीक भाषा के मध्य मिली थी। कविता का अन्त इस प्रतीक नायक के प्रति करुणा- जो मूलतः इतिहास की इस ट्रेजेडी के प्रति करुणा है एवं उसके प्रति श्रद्धा के साथ होता है। कविता की 'थीम' इस प्रकार है :

"शहर की पुरानी सूनी परित्यक्त बावड़ी में युग-युग से बद्ध, रुद्ध, सड़े जल की गहराइयाँ ('इतिहास-मन' का अवचेतन और अचेतन) हैं, गोया इनमें अज्ञेय गहन गंभीर रहस्य (दमित जातीय इच्छाएँ या अतृप्त सामूहिक वासनाएँ) छिपा हो। तट पर उलझी डालें; और मीन बूढ़े औदुंबर (मौनता और मानसिक उलझाव) हवा में कच्ची हरीतिमा जिससे किसी अतीत श्रेष्ठता या अतीत पुण्य की गंध आती है। (अवचेतन सदैव अतीत-मुखी होता है- इसमें अतीत पाप-वासना और अतृप्त पुण्य वासना दोनों को स्थान मिलता है, परन्तु यहाँ पर एक अतृप्त पुण्य वासना यानी 'अन्वीक्षा' का दमित प्रेत-रूप क़ैद है- इसी से, 'विगत शत पुण्य या आभास' कहा गया है)। इसी बावड़ी (इतिहास-मन) के मुँडेरे (सचेत स्तर) पर सफ़ेद फूलों वाली (सरलता) टगर हरी कुहनी टेके (बाल-सुलभ चपलता) झाँकती है तो दूसरी ओर लाल फूलों का झौर (लालसा और सम्मोहन) बावड़ी के खुले मुँह (खतरे) की ओर बार-बार इशारा करता है। इस प्रकार कवि इतिहास-मन के अवचेतन का अद्भुत चित्र प्रस्तुत करता है; अज्ञेयता, शाप-श्यामल गहराई, सन्देह, मौनता, वृद्धता, परित्यक्तता, अतीत की 'नोस्टेल्जिया' (अतीत की श्रेष्ठता की गंध...) एक

ओर है, तो दूसरी ओर अचेत स्तर पर बाल-सुलभ चपलता, सरलता, लालसा और सम्मोहन का खतरनाक इशारा और इन सबके ऊपर अखंड सूनापन, जिसे बावड़ी से आता हुआ प्रेत-स्वर ही काटता है।

इसी बावड़ी की अतल-श्याम गहराइयों में एक ब्रह्मराक्षस क़ैद है-बेचैन, क्रुद्ध, निरन्तर कर्म-रत, निरन्तर सक्रिय। पर कर्म क्या है? निरन्तर अखंड स्नान, निरन्तरमैल-शोधन (दमित अन्वीक्षा अवचेतन में निरन्तर अपने को संशोधित करती रहती है फिर भी पूर्णता नहीं, 'फिर भी मेल' रह ही जाती है) और दूसरा कर्म है निरन्तर आक्रोश-गाली और बाह्य जगत् के बौद्धिक क्रिया-कलापों का (ऋग्वेद से लेकर सार्व तक के चिन्तनों का) पुनर्व्याख्यान करना- (जैसे मार्क्स को अद्वैतवाद द्वारा संशोधित करना- अद्वैतवाद भारतीय मन की एक अतृप्त सामूहिक वासना है। यह ब्रह्मराक्षस अपने प्राणों में शापग्रस्त ('स्याह संवेदना') लिए निरन्तर कर्मलीन है। अतः एक और आत्मशुद्धि (जल द्वारा) की प्रक्रिया तथा दूसरी ओर अपनी अतीत की उपलब्धियों (यथा अद्वैतवाद) के द्वारा नए-पुराने सबका पुनःसंस्कार करना। यह दुहरी प्रक्रिया निरन्तर इतिहास-मन के अवचेतन में बैठे ब्रह्मराक्षसों द्वारा सर्वत्र चालित है। एक ओर यह बाहरी दबाव से आत्मशुद्धि करके 'राम-राज्य' से 'सर्वोदय' बनाती है, तो दूसरी ओर मार्क्स को शंकराचार्य के फ़ार्मूले में ढालती है- वीटनिक आन्दोलन को महेश योगी के हठयोग में।

परन्तु अपने सामूहिक मन के चेतन स्तर पर स्पष्ट भाषा में यह पुनर्व्याख्यान हम नहीं जान पाते। यह अवचेतन सदैव प्रतीक भाषा में बोलता है। जो अवचेतन से बात उठती है, वह हमें अनुगूँज या प्रतिध्वनि के रूप में मिलती है, या गूँज अनुगूँज के परस्पर द्वन्द्व के रूप में जहाँ अवचेतन के शब्द और उसकी प्रतिध्वनि का प्रतिशब्द एक-दूसरे को काटकर 'केऑस' की सृष्टि कर डालते हैं। फलतः चेतन स्तर पर यह उद्भ्रान्त पागल प्रतीक भाषा बन जाती है: कवि इस भाषा को सुनकर ब्रह्मराक्षस के अतीत का इस प्रकार पता पाता है :

" कविता का प्रतीक नायक जो मृत्यु के बाद ब्रह्मराक्षस बनता है, कोई 'वह' है। यह 'वह' अभिशप्त था अपने ही व्यक्तित्व के भीतर के अंधकारमय जीने पर चढ़ने के लिए; यह अभिशप्त था उत्तम से ऊपर उत्तमतर की ओर आरोहण करने के लिए, 'अच्छे' से 'बुरे' का नहीं, बल्कि 'अच्छे' बनाम 'और अधिक अच्छे' का संगर जूझने के लिए। 'वह' एक शोधक था, अन्वीक्षा- शाप का वाहक था, अन्वेषण अभिशप्त आत्मा था और इसी से

उसकी असफलता भी कवि की नज़रों में 'भव्य' है। उसके मन में पूर्णता को अतिरेकवादी रूप में पाने की अदम्य लालसा (प्यारी व्यथा) थी, वह संगतिपूर्ण दृष्टि से प्रतिष्ठित आत्मचेतन नैतिक मानों को अतिरेकवादी पूर्णता के स्तर पर ले जाने के लिए विकल था। उसकी ये 'मानवीय अन्तर्कथाएँ' (मानव इतिहास-मन के स्वप्न अर्थात् यूटोपियाएँ या जातीय वासनाएँ) कवि को बहुत 'प्यारी' लगती हैं। पर इन्हें पाना कब आसान रहा? फलतः 'वह' प्रतीक नायक अपनी इन मानसिक-बौद्धिक समस्याओं से जूझते जूझते भीतर-ही-भीतर क्षत-विक्षत व्यक्तित्व वाला होता रहता है। और एक दिन वह इस चिन्तन या शोध के संगर ('गणित') में मारा जाता है। पर उसकी सत्ता रह जाती है। 'वह' (अतिरेकवादी पूर्णता की एवं संपूर्ण मानवीय मूल्यों के बीच संगति का नैतिक सूत्र खोज पाने की अतृप्त लालसा)हमारे इतिहास-मन के अवचेतन (बावड़ी की गहराइयों) में ब्रह्मराक्षस बनकर क़ैद हो जाता है। कवि कहता है कि 'वह' भीतरी और बाहरी ट्रेजेडी के दो कठिन पाटों केबीच क्रूरतापूर्वक पिस गया। भीतरी ट्रेजेडी क्या थी? भीतरी ट्रेजेडी थी उसी के व्यक्तित्व के भीतर चलने वाला निरन्तर चिन्तन-समर ("व्यक्तित्व वह कोमल स्फटिक-प्रासाद-सा...") था। यह मनोगत समर 'उत्तमतर' के लिए तथा भाव-तर्क और कार्य के बीच संयोजन सूत्र पाने के लिए था। वह भाव-तर्क और कार्य (इच्छा-ज्ञान-क्रिया) की संयोजक सर्वमान्य धुरी नहीं खोज पाया और इसी अन्तस्संघर्ष के दबाव से भीतर-ही-भीतर क्षय होता रहा...। बाहरी ट्रेजेडी क्या थी? बाहरी ट्रेजेडी थी कीर्ति व्यवसायी युग का आगमन, जिसमें सबसे बड़ी नैतिकता, सहृदयता और सत्य होते हैं 'धन'! मात्र धन। फलतः इस युग की कसौटी ने इस शोध के अस्तित्व को शून्य से अधिक सत्तावान् और महत्त्वपूर्ण मानने से इनकार कर दिया। 'वह' के शोधक-अस्तित्व का युग द्वारा यह अस्वीकार ही बाहरी ट्रेजेडी है।

इस प्रकार 'वह' भीतरी और बाहरी ट्रेजेडी के दो पाटों के मध्य पिसता पिसता मर गया। एक ओर 'उस' के व्यक्तित्व की आत्मचेतना के भीतर प्राणवान् अन्तर्विरोध ('अनवन') चल रहा था, दूसरी ओर थी कीर्ति व्यवसायी युग की 'प्रतिकूल ('बेबनाव ') विश्व-चेतना (युग-धर्म)। इन दोनों के बीच पिसता हुआ भी 'वह' प्रतीक नायक महान् था, यद्यपि उसकी महत्ता रथी की नहीं, पदयात्री (पैदल) की थी, उसके वाहन चरण थे और चरणों के भीतर अन्तर्विषाद की 'शक्ति' थी। ('महत्ता के चरण में था विषादाकुल मन'; यहाँ 'महत्ता' और 'चरण' एवं 'विषदाकुलमन' तीनों का संबंध 'वह' से ही है।)

"मुक्तिबोध सत्- चिद्-वेदना के कवि हैं।" (विद्यानिवास मिश्र)। मुक्तिबोध ने 'वेदान्ती फ़ार्मूले में 'आनन्द' के स्थान पर 'वेदना' जोड़ दिया है। इसी उनके 'वह' की 'महत्ता' के 'चरण' (वाहन) में 'विषादाकुल मन' काम कर रहा है।

कवि कहता है कि यदि मेरा मिलन 'उस' से उसके जीवन काल में हुआ होता तो मैं उसे 'उसकी व्यथा को जीकर' (सहभोगी बनकर) बताता कि वह कितना महान् है एवं उससे आत्मगत मैत्री (आन्तरिकता) स्थापित करके उसकी उपयोगिता और महत्ता की औरों को पहचान कराता और स्वयं पहचानता। अन्त में कवि कहता है। कि "मैं ब्रह्मराक्षस का 'सजल-उर शिष्य' होना चाहता हूँ); जिससे उसकी वेदना का मूल खोज सकूँ और उसके अधूरे निष्कर्षो को पूर्णता तक पहुँचा सकूँ।"

यहाँ पर स्मरण रखने की बात है कि कवि 'ब्रह्मराक्षस' के प्रतीक नायक 'वह' का 'सजल उर शिष्य' होने की कामना इसलिए करता है कि यह इतिहास-मन की अतृप्ति और दमित शापग्रस्त वृत्ति होते हुए भी पाप-वृत्ति नहीं, पुण्यमयी वासना है। 'वह' का पथ एक पैगंबर, एक सत्यशोधी चिन्तक का पथ था, जो सत्य-शोधन करते वक़्त अपनी बन्द कोठरी में रहने को बाध्य था, क्योंकि बाहर का कीर्ति व्यवसायीयुग उसके शोधक-अस्तित्व को इनकार कर गया था। पर इतिहास-मन की वृत्तियों के प्रतीक ये नायक मरकर भी अस्तित्वहीन नहीं होते। वे समूह-मन या इतिहास-मन के अवचेतन में क़ैद रहते हैं और वहीं से हमारे सचेत मन को प्रभावित करते रहते हैं। यह प्रभाव कभी-कभी अस्वस्थ और एबनॉर्मल होता है। जैसे व्यक्ति-मन की दमित वासनाएँ ऊर्जा और प्राण (Vitality) का अपार स्रोत हैं, यदि उन्हें ठीक से स्रोतोन्मुख या दिशोन्मुख (चैनेलाइज़ेशन) किया जाए। वैसी ही उदात्तीकरण (सब्लिमेशन) की प्रक्रिया इस सामूहिक मन या इतिहास-मन के दमित अतृप्त 'ब्रह्मराक्षसों' के लिए भी ढूँढनी होगी। इनको ठीक से स्रोतोन्मुख करने पर उक्त जाति या समूह को प्राण और ऊर्जा का अपार स्रोत मिलेगा और बड़े-बड़े रचनात्मक या ध्वंसात्मक भी (जैसे माओवादी चीन करने पर तुला हुआ है), काम किए जाते हैं। परन्तु यह उदात्तीकरण तभी संभव है जब इन ब्रह्मराक्षसों के प्रतीक नायकों की वेदना का मूल उद्गम उनकी अतिरेकवादी व्यथा की अन्तर्कथाएँ ठीक से जान ली जाएँ। यह तब संभव है कि जब कोई इनका 'सजल-उर-शिष्य' (समवेदना-संपन्न बंधु) बने। बिना 'सजलता' अर्थात् सहृदयता के इनको ठीक से समझा नहीं जा सकता और फलतः ठीक से इनका उदात्तीकरण भी नहीं हो सकता। इसी से जैसे

व्यक्ति मन के 'मनोविश्लेषण' की शैली में पहले हरेक दमित वासना का मूल मनोविज्ञानशास्त्री पकड़ता है (यह मानसिक चिकित्सा का प्रथम चरण है), वैसे कवि 'सजलता' और 'निरभिमानता' (शिष्य भाव) से इन प्रतीक नायकों की व्यथा का मूल खोजना चाहता है। यदि इन ब्रह्मराक्षसों का उदात्तीकरण करके इन्हें किसी भी क्षेत्र में 'अभिव्यक्त' (मुक्त, 'रिलीज़्ड') कर दिया जाए, तो समूह या जाति को अपार मानसिक ऊर्जा और प्राणशक्ति मिलेगी, जिसका रचनात्मक उपयोग हो सकता है।

संक्षेप में 'ब्रह्मराक्षस' की यही 'थीम' है। मैं कह चुका हूँ कि इसकी एक से ज़्यादा व्याख्याएँ निकाली जा सकती हैं। परन्तु मुझे सबसे सीधी और संगत व्याख्या यही लगी, जो प्रस्तुत है। यों कोई पाठक 'ब्रह्मराक्षस' प्रतीक को इतिहास के भीतर 'दमित अन्वीक्षावृत्ति' के स्थान पर 'दमित अन्वेषक' या 'दमित चिन्तक' के अर्थ में ले, तो भी कोई हर्ज नहीं। परन्तु ऐसी अवस्था में अर्थ की पकड़ उतनी सूक्ष्म नहीं होगी।

(मुक्तिबोध : सं. विश्वनाथ प्रसाद तिवारी से)

अपने साहित्य-धर्म के बारे में

साहित्यकार की दृष्टि से मैंने अनुभव किया है कि आज देश के भीतर मूल संकट इच्छाशक्ति का संकट है। यदि इच्छा शक्ति विकृत चपटी और बेडौल हो जाती है तो ज्ञान प्रभावहीन और हो जाता है, क्रिया विकृत हो जाती है। बनाने की इच्छा है 'विनायक' को परन्तु हाथ बना देते हैं 'वानर'! बुद्धि और हाथ इच्छाशक्ति के अधीन हैं। इसी से मूल्यों पर रात-दिन की जानेवाली बहस निरर्थक हो गई है, सारी शिक्षा व्यवस्था मनुष्य के संस्कारों को ऊपर उठा देने में अक्षम है और सारी योजनाएँ सारी प्लानिंग एवं जनतन्त्र के महासंग्राम यानी निर्वाचन-युद्ध अपनी घोषित आकांक्षाओं से विपरीत फल देने लगे हैं। क्योंकि हमारी जातीय इच्छाशक्ति को रात-दिन चपटी और बेडौल करने का षड्यन्त्र जारी है। एक दिशा से उत्तेजक 'काम' का परिवेशन हो रहा है, प्रेस-टी.वी. फिल्म के माध्यम से, गोया सारी प्रगति का लक्ष्य ही हो 'काम' को अधिक उत्तेजक और चटपटा बनाना, जन-जन के अन्दर एक गलत स्वप्न स्थापित करना जिसका प्रतीक है अमेरिका। दूसरी ओर उग्र क्रोध का परिवेशन आज की राजनीति करती जा रही है। 'काम' हमें हीनवीर्य और नपुंसक बनाता है। यह एक है जिसे वर्तमान उपभोक्ता संस्कृति के भोगवादी आदर्शों द्वारा समूह माध्यम निरन्तर हमारे अन्दर प्रविष्ट करा रहा है। दूसरी ओर 'उग्र क्रोध' मनुष्य अन्तर्निहित भलमनसाहत को खतम कर रहा है और उसे पारस्परिक विनय एवं पारस्परिक संवेदना से हीन बनाता जा रहा है। मैं इस स्थिति के विरोध में अपना प्रतिवाद व्यक्त कर रहा हूँ। जानना हूँ, आप असहमत होंगे। जानता हूँ, आप मुझे प्रतिक्रियावादी कहेंगे। जानता हूँ, आप मुझे पढ़ा-लिखा नासमझ कहेंगे, आधुनिकता बोध से विहीन मानेंगे। परन्तु मनुष्य की पारस्परिक संवेदना और पारस्परिक विनय को समाप्त करके मैं आधुनिक नहीं बनना चाहता। साथ ही तीसरी दुनिया के गरीब देश का निवासी होने के कारण मैं संवेदना को उग्र काम के तहत 'ड्रग' या 'नशे' का रूप देना नहीं चाहता। क्योंकि हिन्दुस्तान की औकात के बाहर है अमेरिका बनना

और हिन्दुस्तान को अमेरिकी संस्कार देने का अर्थ है उसकी इच्छा शक्ति को अक्षम और दुर्बल करना। अत: मैं गाँधी के सूत्र ''शान्त सहजं सुन्दरम्'' में विश्वास करता हूँ। जो शान्त है अर्थात् उग्र क्रोध का वाहक नहीं है, जो सहज है अर्थात् जो कृत्रिम सुख की तृषा से पीड़ित नहीं है, वही असली सुन्दर है। इसी असली सुन्दर को मैंने अपने ललित निबन्धों में व्यक्त करने की चेष्टा की है।

मैंने एक जगह लिखा है: ''मैं साहित्य को राजनीति का अनुचर नहीं मानता।'' इस बार मैं जरा यहाँ स्पष्ट करना चाहूँगा। आज की राजनीति मनुष्य का अपनी Ideology के अनुसार फार्मूलों में सरलीकरण करके चलती है। राजनीति का मनुष्य है 'Ideological Man' किसी सिद्धान्त का एक प्राणहीन बौद्धिक प्रतीक, बीजगणित का एक 'Symbol! इतिहास में सरलीकृत अमूर्त सूत्रों के नाम पर आधुनिक राजनीति ने भयावह मानव उत्पीड़न किया है। स्टालिन द्वारा जनगण (People) के नाम पर विवेकहीन नरसंहार, 'राष्ट्रीय समाजवाद' के नाम पर हिटलर द्वारा भयावह यहूदी उत्पीड़न, 'गणतन्त्र की रक्षा' के नाम पर अणु बम द्वारा मानवता का विनाश ऐसे जघन्य कृत्य सहज संवेदनशील मनुष्य के स्थान पर 'वाद' या फार्मूलों को प्रतिष्ठित करने का परिणाम है। आधुनिक राजनीति इसी प्रकार के सपाट सतही अमूर्त फार्मूलों की राजनीति है और यह 'संवेदना विहीन' मनुष्य की रचना कर रही है। हम इस राजनीति आरोपित मनुष्य के स्थान पर संवेदनशील सहज मनुष्य के पक्षधर हैं। हम आइडियोलोजी-आश्रित 'मनुष्य' के स्थान व निरपेक्ष प्राणिमात्र के जीवन के प्रति श्रद्धाशील हैं। यह जीवन के प्रति श्रद्धा, प्राण के प्रति Reverence for Life ही मनुष्यत्व की सही पहचान है और गाँधी के 'अहिंसा' की अवधारणा का अर्थ, या बुद्ध की महाकरुणा का अर्थ, यही Reverence for Life ही है। यह तभी सम्भव है जब मनुष्य अपने को प्राणि-जगत एवं वनस्पति जगत से जोड़कर देखना सीखे। प्रकृति भोग्या नहीं धात्री है, प्रकृति मनुष्य को मनुष्य से, मनुष्य को समस्त प्राणिजगत् से एवं मनुष्य को ईश्वर से जोड़ती है। वस्तुत: 'परमा प्रकृति' के रूप में प्रकृति ईश्वर का विकल्प भी है। मैंने कभी 'मनुष्य धरती और ईश्वर' की Trinity (त्रिक) की चर्चा की थी। धरती यानी पृथ्वी से मेरा तात्पर्य महापृथिवी से था जिसमें वनस्पति-प्राणी-पर्यावरण से लेकर समस्त वैश्विक परिवेश आ जाता है। बौद्धों ने 'महापृथिवी' शब्द का इसी अर्थ में प्रयोग किया है। अत: पृथ्वी का अर्थ प्रकृति या परमाप्रकृति ही होता है। मनुष्य की सही पहचान,

एक जीवन्त प्राणवान इकाई के रूप में इसी 'त्रिक' के भीतर है। परन्तु आधुनिक राजनीति मनुष्य जीवन की खंडित भूमिकाओं के आधार पर उसे मात्र मानवीय संसाधन का एक पुर्जा अथवा मात्र मतदाता (Reverence for Life) मानती है। आधुनिक राजनीति में 'भारत' का अर्थ होता है 'मतदाता सूची' Voter's List आधुनिक राजनैतिक विचारधाराओं में 'मात्र गाँधी चिन्तन' के अन्तर्गत ही मनुष्य की इस जीवन्त और सम्पूर्ण स्थिति को मान्यता दी गई है, उसे एक संवेदनशील जीवन्त इकाई के रूप में स्वीकार किया गया है। मनुष्य किसी सिद्धान्त या वाद (Ideology) के समनुरूप मात्र एक अमूर्त इकाई नहीं है। कम-से-कम साहित्य और समाज के सन्दर्भ में तो कभी नहीं। वह मात्र वर्ण, वर्ग या जाति की अमूर्त इकाई नहीं है। भारतीय चिन्तन में यह 'मनुष्य-प्रकृति और ईश्वर' का त्रिक कोई नई बात नहीं। इसे ही भारतीय दर्शन में 'जीव-माया और ब्रह्म' तथा 'पशु-पाश और पशुपति' कहा गया है। भारतीय साहित्य में दो नायक के साथ एक नायिका का 'त्रिक' अत्यन्त परिचित 'अभिप्राय' (Ideology) है। यह नायिका केन्द्रीय नारी पात्र है जो माँ, बहन, बान्धवी, पुत्री एवं पत्नी या प्रेमिका कोई भी भूमिका लेती है। मित्र और वरुण के साथ उर्वशी, इन्द्र-उपेन्द्र के साथ उर्वशी, राम-लक्ष्मण के साथ सीता, बलभद्र कृष्ण के साथ सुभद्रा अर्जुन कृष्ण के साथ सुभद्रा, एवं लोक गाथाओं में 'आल्हा ऊदल के साथ सोनवाँ तथा सँवरू लोरिक के साथ चन्दा इस प्रवृत्ति के उदाहरण हैं। मनुष्य को समस्त प्रकृति और ईश्वर से जोड़ कर देखे बिना मनुष्यत्व की पूरी पहचान, उसके शुभ-अशुभ, सद्-असद्, श्री-विश्री की पहचान बन ही नहीं सकती। आधुनिक राजनीति के परिवेश में यह असम्भव है।

साहित्य को राजनीति का अनुचर न मानने का एक दूसरा स्पष्टतर कारण है। आज राजनीति इतनी महत्त्वाकांक्षी हो उठी है कि वह धर्म, समाज, संस्कृति एवं नीतिशास्त्र यानी सब कुछ को अपना उपनिवेश, अपनी जमींदारी मानती है। कभी धर्म में ऐसी सर्वग्रासी महत्त्वाकांक्षा थी तो मानववादी आन्दोलन ने इसका विरोध किया था। आज राजनीति वही कर रही है। परन्तु यहाँ गलतफहमी न हो। मैं यह नहीं कहता कि राजनीति को साहित्य का विषय ही नहीं बनाया जा जाता है। यदि कभी धर्म साहित्य था तो आज राजनीति भी हो सकती है। राजनीतिक विषयों को लेकर साहित्य रचा गया है और इसमें आपत्ति करने की कोई बात नहीं। मेरा विरोध राजनीति द्वारा साहित्य की स्वायत्तता के हनन से है। साहित्य की अपनी एक निजी स्वायत्त

भूमि है और उस भूमि पर धार्मिक या राजनीतिक संवेदनाएँ आकर अपना एक खास रूप ग्रहण करती हैं। धर्म या राजनीति दोनों ही साहित्य को कुछ मानवीय संस्कार ही देते हैं। उनके 'वाद' या Ideology को साहित्यकार अपनी मूल मानवीय संवेदना के तहत पुनर्व्यवस्थित करता है, Re-arrange करता है। वह उसे हूबहू नहीं स्वीकार करता। वह किसी चर्च, सम्प्रदाय, पार्टी या सरकार के द्वारा प्रस्तावित सूत्रों या निर्देशों का अनुपालन नहीं करता। वस्तुतः साहित्य में तीन तत्त्व मुख्य हैं 1. संवेदना 2. विचार तन्त्र और 3. पिंगल। 'पिंगल' से मेरा तात्पर्य अभिव्यक्ति की विधा, भाषा, छन्द आदि से है। इनमें संवेदना और विचार-तन्त्र परस्पर मिश्रित चलते हैं। परन्तु संवेदना और विचारतन्त्र के बीच वही सम्बन्ध है जो सोने और उसमें मिलाई गई 'खाद' या 'उपधातु' में है। विचार तन्त्र कितना भी महत्त्वपूर्ण क्यों न हो, वह स्वयं में साहित्य नहीं बन पाता, ठीक वैसे ही जैसे 'खाद' अकेले-अकेले स्वर्णालंकार नहीं बन सकती। साहित्यकार को यदि राजनीति की खाद देनी है तो वह अपनी 'संवेदना' और अपने 'पिंगल' की माँगों के अनुरूप देगा, न कि चर्च, सम्प्रदाय, पार्टी या स्टेट के निर्देशों के अनुसार देगा। परन्तु आज प्रतिबद्धता के नाम पर राजनीति इस रचनात्मक प्रक्रिया को भी निर्देशित कर रही है। साहित्य की स्वायत्तता का अपहरण तरह-तरह के आकर्षक और भ्रामक मुहावरों द्वारा कर रही है। "भुजबल सकल वश्य करि राखेसि कोउ न स्वतन्त्र।" राजनीति की इस सर्वग्रासी महत्त्वाकांक्षा के विरोध में ही मैंने कहा है कि साहित्य राजनीति का अनुचर नहीं। अन्यथा, मैं भी यह मानता हूँ कि राजनीतिक प्रमूल्यों और संस्कारों को लेकर श्रेष्ठ साहित्य लिखा गया है और लिखा जाएगा। प्रमूल्य और संस्कार और चीजें है, चुनावी रणनीति के प्रचार-वाक्य और चीज। साहित्य प्रमूल्यों और संस्कारों द्वारा बनाया जाता है, प्रचार-वाक्यों द्वारा नहीं।

राजनीति का सम्बोधन समूह से होता है, पूरा समूह एक-एकीकृत सत्ता की तरह एक Collective Being की तरह, सुनता है, उत्तेजित होता है और क्रिया करता है। इसी से राजनीति रंगमंच से बोलती है, 'माइक' पर बोलती है, उच्चकंठ से बोलती है। साहित्य का सम्बोधन भी समूह से ही होता है, परन्तु उसकी शैली 'व्यक्ति-दर-व्यक्ति' होती है और उसकी अपील व्यक्ति के प्रति पहले है, समूह के प्रति बाद में और वह भी व्यक्ति के माध्यम से ही। दोनों की जीवन में अपनी-अपनी भूमिका है। सही स्थिति में दोनों परस्पर पूरक हैं, दोनों रचनात्मक सामंजस्य में चलते हैं। परन्तु आज सामंजस्य बिखर

गया है क्योंकि मनुष्य का मन मनुष्यत्व के सहज-प्रकृत केन्द्र में विच्युत हो गया है। इसे पुनः सही केन्द्र पर स्थापित करना है। मनुष्य के मन को सही केन्द्र पर स्थापित करने का कार्य साहित्य द्वारा ही सम्भव है। मनुष्य को खंडित और वाद-आश्रित आकृतियों जैसे संसाधन की इकाई, आर्थिक इकाई या राजनैतिक इकाई के रूप में ग्रहण करने पर इसके मन को मनुष्यत्व के सही केन्द्र पर स्थापित नहीं किया जा सकता है। उसे उसके बृहत्तर परिवेशों प्रकृति और ईश्वर से जोड़कर ही यह कार्य सम्भव है। आधुनिक विचारकों में महात्मा गाँधी ने इसे स्पष्ट और गम्भीर रूप में समझा था। उनके 'हिन्द स्वराज्य' का सतही और अभिधापरक अर्थ आज फालतू लग सकता है। परन्तु उस सतही और अभिधापरक अर्थ के पीछे जो 'ध्वनि' या व्यंजनापरक अर्थ है हमें उसे देखना चाहिए। अपने व्यंजनापरक स्तर पर 'हिन्द स्वराज्य' में दिए गए संकेत आज भी महत्त्वपूर्ण हैं। गाँधी चिन्तन का हीनयान ही अभी तक हमारे सामने है। आवश्यकता है इसके चिन्तन को महायान रूप देकर परखने की। विशेषतः तीसरी दुनिया के गरीब देशों के लिए यह अत्यन्त महत्त्वपूर्ण है।

अन्त में आखिरी बात यह कि जीवन को स्वादिष्ट बनाना ही साहित्य कार्य है। साहित्य जीवन को स्वादिष्ट बनाता है हमारी भोगी गई दुःख-सुख, आशा-निराशा और कामक्रोध की अनुभूतियों उदात्त और 'विस्तृत' करके। हमारा जीवन अपनी व्यक्तिगत सीमाओं, अक्षमताओं और लाचारियों के विधि निषेध द्वारा घिरा हुआ है। साहित्य हमारे इस कुंठित जीवन-अनुभूति को 'महाजीवन' से जोड़ देता है। तब उनकी कुंठा या दीनता का हरण हो जाता है। साहित्य 'जीवन' और 'महाजीवन' अर्थात् पाठक के निजी जीवन और वैश्विक जीवन प्रवाह के बीच सेतु का काम करता है। प्रत्येक साहित्यकार अपने-अपने ढंग से यह सेतु रचता है। गंगा नदी को हम रोज देखते परन्तु 'निषाद बाँसुरी' के निबन्धों को पढ़ने के बाद गंगा नदी का यही रूप, यही प्रवाह, यही दृश्यपट एक बृहत्तर अर्थ का संकेत कर सकता है। 'किरात नदी में चन्द्र मधु' पढ़ने के बाद पूर्वांचल का किरात जगत एक नया और विस्तृत अर्थ ग्रहण कर लेता है। शर्त यही है, कि 'स्थानक मुद्रा' में खड़े-खड़े इन निबन्धों को न पढ़ा जाए, बैठकर पढ़ा जाए, हो सके तो एकान्त में पढ़ा जाए। मेरे इन निबन्धों को बैठकर और एकान्त में पढ़ने का अर्थ है अन्तर्मुखी होना, भीतर अपनी आत्मा के नजदीक जाना और बाहर के 'महाजीवन' को, वैश्विक जीवन प्रवाह को उससे जोड़ देना। हर कृति के पढ़ने की

निजी शैली अपेक्षित है। उसी शैली में उसकी शर्तों के अनुसार पढ़ा जाए तभी वह अपना सही मर्म उद्‌घाटित करती है। मेरे निबन्धों की शर्त 'स्थानक मुद्रा' नहीं 'आसीनमुद्रा' है। दैनिक जीवन और त्रिकाल व्यापी महाजीवन के बीच एक सेतु निर्माण करने की चेष्टा में मैं कितना सफल हुआ हूँ, इसका निर्णय मैं नहीं, आप स्वयं करेंगे। वैसे मुझे अपने बारे में आत्मविश्वास है। बिना आत्मविश्वास के लगातार लिखते जाना सम्भव ही नहीं है। इसी से मैं निन्दा-स्तुति दोनों से तटस्थ होकर लिखता जा रहा हूँ, और बहुत कुछ इस कथन-भंगिमा में जो 'चालू हवा' के खिलाफ। यहाँ तो अब हर पाँच वर्ष बाद 'चालू हवा' बदलती है और हर चालू हवा को 'युगधर्म' की संज्ञा देकर बदलते रहना मुझे मंजूर नहीं। युगधर्म से भी ऊपर एक धर्म है। वह है मनुष्य-धर्म ! युगधर्म को इतिहास के खलनायकों ने बार-बार अपना हथियार बनाकर इस्तेमाल किया है। पर मनुष्य-धर्म के साथ यह सम्भव नहीं हो सकता। अतः मैं 'मनुष्य-प्रकृति और ईश्वर' से जुड़कर उसी शाश्वत मनुष्यधर्म से जुड़ा हुआ चल रहा हूँ। यही मेरे लेखन का आत्मिक 'मूलाधार' (Spiritual base) बनाता है।

स्मृति शेष कुबेरनाथ राय : डायरियों में बन्द जीवन संघर्ष

(जन्म 26 मार्च, 1933—निधन 05 जून, 1996)

डॉ. मुहम्मद हारून रशीद खान

कुबेरनाथ राय का जीवन विडम्बनाओं से भरा है। शायद प्रत्येक प्रतिभाशाली व्यक्ति की यही सच्चाई है। आचार्य हजारी प्रसाद द्विवेदी भी बनारस से शान्ति निकेतन गए थे, जहाँ उनकी प्रतिभा पल्लवित, पुष्पित हुई थी। फिर वहाँ से काशी हिन्दू विश्वविद्यालय में आये जो उनका अपना वनप्रांटर था, लेकिन यहाँ भी रह नहीं सके और सीधे नौकरी से निकाल दिये जाने के बाद उनको शरण मिली सुदूर चण्डीगढ़ (पंजाब) के विश्वविद्यालय में और इस वनप्रांटर में जाकर उनकी प्रतिभा को अतिरिक्त सोपान मिला। लेकिन कुबेरनाथ राय इतने सौभाग्यशाली नहीं थे। उनका जीवन प्रवाह अपने अन्तिम समय में अवरुद्ध-सा था। कुबेरनाथ राय प्रतिभाशाली विद्यार्थी थे, लेकिन घर की आर्थिक स्थिति ने उनकी प्रतिभा को हजारी प्रसाद द्विवेदी की तरह ही यहाँ निखरने का अवसर नहीं दिया। यहाँ से कोलकाता गए ट्यूशन करके एम.ए. किया फिर एक सजातीय विक्रम विद्यालय हावड़ा में नौकरी शुरु की और वहाँ से असम के नलबारी में अपने जिन्दगी का साहित्यिक रुप से सर्वाधिक रचनात्मक जीवन जिया। वहाँ सत्ताईस वर्ष रहकर अन्ततः गाजीपुर के नलकूप में आ गए और अपने जीवन के अन्तिम नौ वर्ष दुष्चक्र में पड़े, झेलते रहे। यह कहानी शायद प्रत्येक प्रतिभा सम्पन्न व्यक्ति की होती है। उसकी जिन्दगी में इस तरह के खण्डहर और कूप मिल जाते हैं जिनमें वह डूबता-उतराता, अपने स्व को वाणी देता अन्ततः दुनिया से विदा ले लेता है। कम महाप्राण मिलेंगे जिनका सारा जीवन सुखमय हो। शायद प्रतिभा अपने साथ दुःसह पीड़ा लेकर ही जनमती है। कुबेरनाथ राय अपवाद नहीं हो सकते थे।

मुझे यहाँ कुबेरनाथ राय की जीवनी के बारे में कुछ लिखना है। क्या लिखूँ, यह समझ में नहीं आता। मुझे उनके घर से उनकी जो अप्रकाशित डायरियां मिली हैं वे सब उनके गाजीपुर आने के बाद लिखी गया हैं। अतः उनके जीवन में पहले क्या घटा, इसे आँक पाना कठिन है। निष्कर्ष बस इतना कहा जा सकता है कि उन्होंने आई.एस.ई. परीक्षा तक मेरिट पायी, लेकिन बी.ए. सेकेण्ड क्लास मिला। घर की डावाँडोल आर्थिक स्थिति के चलते उन्हें कोलकाता भेज दिया गया, जहाँ ट्यूशन करते हुए उन्होंने अंग्रेजी में एम.ए. किया और फिर विक्रम विद्यालय में पढ़ाया। फिर यहाँ से असम के नलबारी पहुँचे जहाँ उनकी प्रतिभा ने निखार पाया। सच पूछें तो उनका लेखन नलबारी में ही सुचारु रुप से चल सका। लेकिन सत्ताईस वर्ष बीतते-बीतते वहाँ उभरे असमगण परिषद की राजनीति से उपजे भय से अशान्त हो नलबारी छोड़कर गाजीपुर के कलह प्रधान माहौल में आने के लिए विवश हो गए। वैसे कुबेरनाथ राय का पारिवारिक जीवन वैष्णवी था और साथ ही स्वयं वे धर्म भीरु भी थे। लेकिन परिवार की एक विशिष्टता थी कि कुबेरनाथ राय को कुबेरनाथ राय बनाया। उनके परिवार में पढ़ाई-लिखाई का संस्कार था। उनके परिवार में पंडित बटुकदेव शर्मा जैसे पुरुष थे जो आजीवन अविवाहित रहकर पत्रकारिता के माध्यम से देश की सेवा में लगे रहे। उनके छोटे भाई नागानन्द राय वे स्वयं प्रतिभा सम्पन्न व्यक्ति हैं बताते हैं कि इन लोगों को बचपन में ही मैथिलीशरण गुप्त की भारत भारती, बंकिम चन्द्र का आनन्द मठ एवं देउसकर की देशेरकथा (देश की बात) जैसी पुस्तकों को पढ़ने का अवसर मिला। इसके साथ ही साथ ये तरह-तरह के पत्र-पत्रिकाओं को भी पढ़ते रहे। बटुकदेव शर्मा कोलकाता से पत्र-पत्रिकायें भेजा करते थे। इस तरह कुबेरनाथ राय ऐसे परिवेश में जन्में थे जिसमें प्रतिभा का निखर जाना स्वाभाविक था। जब वे अभी हाईस्कूल की परीक्षा नहीं पास किये थे तभी से वे माधुरी और विशाल भारत जैसे चर्चित पत्रिकाओं में लिखा करते। यह क्रम गाजीपुर आने तक चलता रहा। एक बड़ी प्रतिभा हजार तरक के बवालों में फंसकर भी अन्ततः निखार पाती ही है। कुबेरनाथ जी इसके सहज प्रमाण हैं। अन्तर यही है कि कुबेरनाथ जी ने जो अन्तिम नौ वर्ष स्वामी सहजानन्द महाविद्यालय, गाजीपुर को दिया वह अकारथ गया। उनकी अन्तिम कृति मराल के कुछ निबंध गाजीपुर में लिखे गए जो कमजोर हैं। इसके बाद वह कालेज के बवाल में इस तरह फँसे रहे कि कोई महत्त्वपूर्ण लेखन संभव नहीं हो पाया। कालेज की स्थिति

उनके समझ के बाहर की थी जिसे बार-बार वह अपनी डायरी में लिखते हैं। उनकी डायरी में उनके महाविद्यालयी जीवन की कुछ चर्चाएं हैं। चर्चा जो भी हैं उनके सामाजिक, साहित्यिक व्यक्तित्व पर भारी पड़ी है। डायरी में जो चर्चा है उसे लिख देना चाहता हूँ।

सर्वप्रथम स्वामी सहजानन्द स्नातकोत्तर महाविद्यालय की जिन्दगी के बारे में कुछ लिखना चाहता हूँ। यहाँ उनका जीवन बहुत कष्टकर था। चुनौतियाँ ऐसी थी जिससे पार पाना उनके बूते का नहीं था। पहली चुनौती थी कालेज प्रशासन की। कालेज का छात्र नेता जो कुछ सिरफिरे लड़कों को साथ लिये अपने प्राचार्य को जलील करता है, फिर अकेले में माफी माँगता है। इस तरह की आक्रामक घटनायें कुबेरनाथ जी ने यहाँ आने से पहले न देखा था न झेला था। जैसा कि प्रत्येक महाविद्यालय में होता है। यहाँ कुछ छात्र एक अध्यापक की शह पर प्राचार्य से उलझते हैं और उनसे संबन्धित शिक्षक के कहने-सुनने के बाद वहाँ से चले जाते हैं। यह घटना हफ्ते में दो-तीन बार प्राचार्य कुबेरनाथ राय के साथ घटती रही। कुबेरनाथ जी अपनी डायरी के (पृ. 51) और (पृ. 52) पर लिखते हैं, कालेज आया, बड़ी उत्पात। भूमिहार छात्रों द्वारा अनर्गल दबाव, कैसे चलेगा यह सब। इसमें महत्त्वपूर्ण है भूमिहार शब्द। भूमिहार लड़के स्वामी सहजानन्द स्नातकोत्तर महाविद्यालय को अपना महाविद्यालय मानते हैं। इसीलिए कुछ भी करने के लिए स्वतन्त्र हैं। ठीक यही स्थिति बगल के महाविद्यालय पी.जी. कालेज की थी। यह महाविद्यालय भी एक दौर तक क्षत्रियों का महाविद्यालय समझा जाता था। इसीलिए इसमें भी पढ़ने वाले क्षत्रिय छात्र नेता कुछ भी कहने और करने के लिए स्वतन्त्र थे। कालेज की स्थिति तब सुधरी जब वहाँ पिछड़े और दलित छात्रों ने संघर्ष करके महाविद्यालय का छात्र नेतृत्व अपने हाथ में ले लिया। यह मनोविज्ञान का विषय है कि ऐसा क्यों होता है? असम के नलबारी से गाजीपुर आने के पूर्व उन्होंने जो कुछ भी साहित्यिक काम किया वह लगभग वहीं तक सिमटा है। लेकिन जब गाजीपुर आ गए तब यहाँ की छात्र राजनीति के चलते उनके लिए कुछ ठोस कर पाना संभव नहीं था। उनकी लेखकीय सोच धरी की धरी रह गयी। गाजीपुर आने के बाद महाविद्यालय के आन्तरिक दबावों में फँसते चले गए। ऐसा लगता है कि यहाँ का माहौल वहाँ के माहौल से और अकादमिक दृष्टि से अधिक खतरनाक था। यहाँ आने के बाद उनकी कलम एकबारगी रुक गयी। कालेज के छात्र और शिक्षकों के बीच परस्पर सम्बंध इतने खराब थे कि

कोई भी संवेदनशील व्यक्ति उससे परेशान हो सकता था। कुबेरनाथ जी इस मायने में अपवाद नहीं हो सकते थे। उनकी डायरी में लगभग प्रत्येक पृष्ठ पर ऐसे नाम आये हैं जिन्हें लिखकर उन्हें महिमा मंडित करना उचित नहीं है, लेकिन क्या किया जाये मेरी मजबूरी है।

प्रथम हैं म. राय। उन्होंने अपने एक निबन्ध में लिखा है कि कुबेरनाथ राय गाजीपुर आने से पूर्व उनसे परिचित थे। म. राय ने उनके व्यक्तित्व और लेखन पर कलम भी चलायी है। लेकिन इतने से कुबेरनाथ जी के विरुद्ध रचे गए कारनामें सही नहीं हो जाते। कुबेरनाथ राय ने अपनी डायरी में बार-बार लिखा है कि शिक्षकों के उभार पर कुछ छात्र नेता प्राचार्य से तरह-तरह की शरारतपूर्ण बातें करते तथा म. राय के समझाने पर वे मान जाते और चुपचाप चले जाते। हर बार म. राय के हस्तक्षेप से मामला सलट जाता। कुबेरनाथ जी को यह सन्देह बना रहता कि ये बच्चे म. राय के उकसाने पर ही आकर उन्हें जलील करते और म. राय के हस्तक्षेप से वहाँ से चले जाते। इसमें कौन गलत है, कौन सही है? यह कहना तो कठिन है, लेकिन कुबेरनाथ राय के मन में यह बात बैठी थी कि इन घटनाओं के पीछे म. राय का ही हाथ रहा करता। कुबेरनाथ राय के ऊपर म. राय ने और भी आरोप लगाये हैं। म. राय के अनुसार कुबेरनाथ राय बहुत भीरु किस्म के आदमी थे। वे शिक्षकों की राजनीति करते। दुर्भाग्यवश म. राय की राजनीति में फिट नहीं बैठते। कुबेरनाथ जी का महाविद्यालय के शिक्षकों में उनका विश्वास केवल दो-तीन शिक्षकों पर था। डॉ0 रामनरायन राय और डॉ0 अजीत बहादुर सिंह पर। इन्हीं के सहारे वे महाविद्यालय में चलते थे। कुबेरनाथ राय का जब छात्रों से मुकाबला होता तो म. राय दूर खड़े होकर हँसते थे। मानों जो हो रहा है वह ठीक ही है। म. राय ने सहजानन्द महाविद्यालय की पत्रिका निवेदिता में जो भूमिका और निबंध कुबेरनाथ राय जी पर लिखा है उन्हें यथावत स्वीकार करने में भारी भूल होगी। आदमी के व्यक्तित्व और कृतित्व में अन्तर होता है जो म. राय के लेखन और आचरण से स्पष्ट है। म. राय का यह कहना है कि कुबेरनाथ जी गाजीपुर में उनके आवास को छोड़कर और किसी के आवास पर नहीं जाते थे। यह सर्वथा गलत है। जबकि डायरी में कुबेरनाथ जी ने यह भी लिखा है कि जरुरत पड़ने पर वह चपरासी के घर तक जाते थे।

उनकी डायरी में ऐसे पृष्ठ भी हैं जिन पर केवल राम, राम, राम,.... लिखा गया है। ऐसा लगता है कि ये पृष्ठ उन्होंने तब लिखें हैं जब वे अपने

कालेज के माहौल से बिल्कुल असहाय महसूस करते थे। अन्यथा उनकी डायरी में इस तरह से पेजों को भर दिया जाना विचित्र सा लगता है। बहुत से पेज ऐसे भी हैं जिन पर वे बातें लिखी गयी हैं जिनका कोई सीधा सरोकार डायरी लेखन से नहीं है। इस तरह कुबेरनाथ जी की डायरी के प्रथम दो भाग ऐसे हैं जिन पर कालेज सम्बंधी कुछेक क्रियाओं-प्रतिक्रियाओं का पता चलता है। इससे स्पष्ट है कि कुबेरनाथ जी की डायरी के कम से कम प्रथम दो भाग में कोई महत्त्वपूर्ण बात नहीं लिखी गयी है। यह उनके डायरी लेखन की सीमा है।

●●●